KB180969

한국어교육학 총서 5

통일 대비 국어교육과 한국어교육

저자 소개

박 갑 수(朴甲洙)

서울대 명예교수, 연변대 과기학원 겸직교수
일본 天理大學, 筑波大學, 중국 洛陽外國語大學 초빙교수 역임
국어심의 위원, 방송심의 위원, 방송언어심의 위원장, 법제처 정책자문 위원
(재)한국어 세계화재단 이사, 한국어능력시험 자문위원장
(재)재외동포교육진흥재단 상임대표, (사)한국문화국제교류운동본부 이사장 역임
국어교육학회·이중언어학회·한국언어문화교육학회·한국문화 국제교류운동본부 고문
저서: 『문체론의 이론과 실제』, 『현대문학의 문체와 표현』, 『고전문학의 문체와 표현』, 『일반국어의 문체와 표현』, 『신문·광고의 문체와 표현』, 『한국 방송언어론』, 『국어교육과 한국어교육의 성찰』, 『한국어교육의 원리와 방법』, 『한국어교육과 언어문화 교육』, 『재외동포 교육과 한국어교육』, 『언어·문화, 그리고 한국어교육』, 『한국인과 한국어의 발상과 표현』, 『국어순화와 법률 문장의 순화』, 『우리말 우리 문화』(상·하), 『재미있는 속담과 인생』, 『교양인을 위한 언어·문학·문화, 그리고 교육 이야기』, 『재미있는 곁말 기행』(상·하) 외 다수.

한국어교육학 총서 5

통일 대비 국어교육과 한국어교육

초판 인쇄 2019년 5월 1일
초판 발행 2019년 5월 10일

지 은 이 박갑수
펴 낸 이 이대현
편　집 홍혜정
디 자 인 최선주
마 케 팅 박태훈 안현진
펴 낸 곳 도서출판 역락
서울시 서초구 동광로46길 6-6 문창빌딩 2층(우 06589)
전화 02-3409-2058(영업부), 2060(편집부)
팩시밀리 02-3409-2059
이메일 youkrack@hanmail.net
블로그 http://blog.naver.com/youkrack3888
등록 1999년 4월 19일 제303-2002-000014호

ISBN 979-11-6244-383-5 94370
978-89-5556-021-3(세트)

정가는 뒤표지에 있습니다.

* 이 도서의 국립중앙도서관 출판예정도서목록(CIP)은 서지정보유통지원시스템 홈페이지(http://seoji.nl.go.kr)와 국가자료공동목록시스템(http://www.nl.go.kr/kolisnet)에서 이용하실 수 있습니다.(CIP제어번호: CIP2019014200)

한국어교육학 총서 5

통일 대비 국어교육과
한국어교육

박 갑 수

역락

봄이 왔다. 약동의 봄이 왔다. 이 봄에 한국어교육학총서(韓國語敎育學叢書) 제5권인 "통일 대비 국어교육과 한국어교육"을 세상에 선을 뵌다. 이 총서의 간행은 일단 이로써 마무리를 짓기로 한다. 2012년 "한국어교육의 원리와 방법"을 간행한 이래 7년만에 전5권을 완간하게 되는 것이다. 후련하다. 스스로도 대견스럽다.

한국어교육학총서 완간에 제하여 우선 도서출판 역락의 이대현 사장께 감사한다. "한국어교육학총서"를 간행하게 된 것은 오로지 이 사장의 기획에 의해 이루어진 것이기 때문이다. 저자는 총서 생각까지는 하지 않았는데, 이 사장이 첫 권을 내며 "한국어교육학 총서 1"이라 활자화하여 자의반 타의반으로 계속하여 전5권의 총서를 간행하게 되었다. 이는 하나의 언어의 마력(魔力)이다. "총서"라는 말로 말미암아 오늘의 결과가 마련되었다.

그러나 본 총서는 이름과 같이 "한국어교육학총서"라기보다 "한국어교육총서(韓國語敎育叢書)"라 할 성격의 것이다. 이는 한국어교육학의 총론과 각론으로 이루어진 이론서가 아니라, 오히려 한국어교육의 실제에 관한 연구 총서이기 때문이다. 따라서 여기에서는 한국어라는 언어교육과, 이와 불가분의 문화교육, 그리고 재외동포교육, 나아가 국어교육의 문제까지 아울러 다루고 있다. 이는 새로운 학문인 "한국어교육학(韓國語敎育學)"의 실천 이론과 현장의 문제를 다룬 한국어교육총서다. 따라서 이름으로 인한 오해가 없기 바란다.

본서 "통일대비 국어교육과 한국어교육"은 총서의 다른 책들과 마찬가지로 4부로 구성되어 있다. 제1부와 2부는 국어교육, 제3부와 4부는 한국어교육의 문제를 논의한 것이다.

제1부는 특히 국제화 시대의 국어교육의 문제를 다루었다. 여기서는 특히 새로이 모색되어야 할 국어교육의 개선방향에 대해 심도 있게 논급하였고, 우리말 우리글의 비판적 수용과 공용어의 문제를 다루었다. 그리고 국제화시대의 읽기, 특히 비판적 읽기를 하여야 함을 강조하였다. 제2부에서는 통일을 대비한 국어교육의 문제를 논의하였다. 우리는 본의 아니게 남북이 분단된 상황 속에 70여년을 살아왔다. 그리하여 민족의 표지(標識)의 하나인 언어의 이질화(異質化)가 꽤 빚어졌다. 민족의 통합을 위해서는 언어의 통일부터 꾀하지 않으면 안 되게 되었다. 그런데 작금의 현실은 독일의 경우처럼, 남북이 분단 상태에서 벗어나 통일의 꿈을 꾸게 하고 있다. 따라서 통일을 대비하여 국어교육의 문제를 사전에 심각하게 고민하고, 대책을 강구하여야 하겠다. 그리하여 남북이 통일된 뒤 언어문제로 분란이 일어나는 일이 없도록 하여야 한다. 오히려 다 같은 한민족으로서 통일된 언어를 사용하며, 찬란한 우리 조국의 미래를 구가하도록 하여야 하겠다.

제3부와 4부는 앞에서 언급한 바와 같이 한국어교육의 문제를 다룬 것이다. 제3부에서는 한국어교육의 실제로, 한국어교육의 교수법과, 대조 연구를 바탕으로 한 한국어교육의 문제를 고찰하였다. 특히 "한국어교육을 위한 교수법"은 외국어 교수법의 이론을 바탕으로 한국어교육의 교수법을 비교적 상세하게 고찰하였다. 다양한 교수법을 소개하고 있다. 따라서 교수자나 학습자는 다양한 교수법 가운데 학습자나 학습자료에 어울리는

교수법을 적의 선택하여 교수·학습함으로 최선의 교육 효과를 거둘 수 있을 것이다. 이는 일찍이 논문으로 발표하고, "국어교육과 한국어교육의 성찰"에 게재한 바 있어 그간 본 총서에 수록을 피해 왔다. 그러나 한국어교육학총서에 "교수법"이 빠질 수 없어 부분적으로 개고하여 본서에 수록하기로 하였다. 한국어교육의 실제로서는 한·일어의 대조론과, 중국 조선족의 서간문과 재소 고려인들의 언어 실태를 살펴 이에 대한 대처 방안을 구체적으로 문제 삼았다. 재외동포들에 대한 한국어교육은 국적을 달리하는 외국인에 대한 한국어교육으로서 이는 한국어 및 한국어교육의 세계화에 대한 발판 구실을 할 것으로 기대된다.

제4부에서는 비교를 통해 한국의 언어와 문화의 실체를 밝히고, 국어교육과 한국어교육의 세계화를 고찰한 것이다. "중·일·한의 신한어의 조어와 그 교류"는 근대화 과정에서 신조된 신한어(新漢語)의 실상과 그 교류 관계를 밝혀 한국어의 한자어의 실상을 밝힌 것이다. 이는 그간 제대로 의식하지 못했던 한국어의 실상을 밝힘으로 일본이나 중국에서의 한국어교육의 새로운 방향을 제시하게 할 것이다. "한·일·영어의 관용어의 비교"와, "한·중·일 '추석' 문화의 특성"은 언어와 문화의 본격적 비교연구로, 이들은 민족과 국가에 따라 다른 언어·문화의 특성을 이해하게 함으로 한국어교육을 보다 구체적이고 효과적으로 수행하게 할 것이다. 이들의 비교 검토는, 한국어의 기초가 아니라, 세 나라의 언어·문화적 특성을 이해하게 함으로 보다 고급의 한국어를 이해하고, 나아가 학습하게 할 것이다. "국어교육과 한국어교육의 세계화"는 우리말 교육의 과거·현

재・미래를 검토한 논문이다. 여기서는 국어교육과 한국어교육의 미래에 초점을 맞추어 과거를 돌아보고, 현재를 살펴, 앞으로 국어 내지 외국어로서의 한국어교육이 세계화를 지향하여 나아갈 방향을 제시한 것이다. 따라서 여기에는 여러 가지 비판적 고찰이 행해져 있다. 이러한 비판의 대상을 뛰어 넘어 발전할 때 우리의 언어교육은 크게 진보하고 세계화하게 되리라 믿어 의심치 않는다.

언어의 기능은 협동(協同)에 있다. 중국에서는 커뮤니케이션을 "교제(交際)"라 번역한다. 이는 언어의 기능이 협동에 있음을 단적으로 말해 주는 것이라 하겠다. 인간생활의 원칙은 협동에 있다. 오늘날은 국제화, 세계화의 시대이며, 더불어 친화적으로 공생(共生)해야 하는 시대이다. 대내적으로 국어교육을 강화하고, 대외적으로 한국어교육을 세계화함으로 오대양 육대주의 인민이 협동하고 우의를 다짐으로 온 세계가 평화롭게 사는 세상을 만들어야 한다. 국어교육과 한국어교육의 끊임없는 발전과 우리말의 세계화(世界化)로 세계의 인민과 우의를 다지며, 협동과 공생에 의한 평화로운 세계가 이루어지게 되기를 기원한다.

2019년 3월 1일
서초서실에서 南川 씀

제2부 통일 대비 국어교육의 방향

제3부 한국어교육의 방법과 대조 연구

제4부 언어문화의 비교와 한국어교육의 세계화

제1장 국어교육의 현황과 반성

1. 서언

언어는 일반적으로 학습(學習) 아닌 습득(習得)에 의해 이루어진다. 특히 자국어의 경우 그러하다. 따라서 이 땅에서 국어교육(國語教育)이 본격적으로 시작된 지는 그리 오랜 옛날로 거슬러 올라가지 않는다. 문자언어의 경우는 한글이 창제된 이후 주로 여인들의 세계와 불교계에서 이루어졌다고 할 수 있다. 그리고 근대에 접어들어 이는 천주교와 개신교에 의해 행해졌다. 음성언어의 교육은 겨우 개화기에 들어 학교교육(學校教育)이 시작되면서 행해지게 되었다고 하겠다. 따라서 본격적이고 체계적인 국어교육은 학교교육이 도입된 후부터라 할 수 있다. 그러니 국어교육의 역사는 약 120년이 된다.

국어교육은 그 짧은 기간에도 온갖 수난을 겪었다. 일제 강점기의 수난이 그것이다. 이런 가운데 국권(國權)이 회복되고, 본격적인 국어교육을 연구 강화하여 오늘날 국어교육은 정상 궤도에 올라섰는가 하면, 명실상부한 하나의 학문으로 자리매김하였다.

국어교육이 환갑을 두 번 맞았다. 이에 국어교육의 바람직한 내일을 위하여 국어교육학회의 청탁에 따라 국어교육의 지난날을 돌아보고, 오늘을 반성하며, 내일의 발전을 위해 국어교육의 추진 방향에 대해 살펴보기로 한다.

2. 지난날의 국어교육

인간은 사회생활을 시작하면서부터 언어교육을 시작하였을 것이다. 그러나 본격적인 민족어교육, 혹은 국어의 교육이 시작된 것은 근대화 이후라 하겠다. 고대국가는 언어에 대해 개방정책(開放政策)을 폈고, 근대에 접어들어 폐쇄정책(閉鎖政策)을 편 것이다. 그것은 국민의 통합을 위해 언어의 통일이 필요해 폐쇄정책을 폈고, 언어의 통일을 위해 국어의 교육을 하게 된 것이다. 고대에는 자기 영토 안에서 다양한 언어와 문자가 쓰인다는 것이 지배자의 권위를 나타내는 것이요, 이는 자랑거리였다. 그 한 예로 페르시아를 보면 그 영토가 서쪽으로 이디오피아에서 동쪽으로 인도에 걸치는 광활한 땅에 펼쳐 있었다. 이때 왕명(王命)은 번역관에 의해 페르시아 어에서 각각 지역어(地域語)로 번역 전달되었으며, 왕에게 보고되는 언어도 다양한 언어 문자가 번역되어 상주(上奏)되었다(鹽田, 1977; 박갑수, 1984).

우리의 국어교육이 본격적으로 시작된 것은 갑오경장(1894) 이후다. 1895년에 신학제가 실시되었고, 이때 사범학교, 소학교, 중학교가 설립되었으며, 이들 학교가 개교하면서 국어교육을 실시하게 된 것이다.

1895년 2월 2일 교육입국조서(敎育立國詔書)를 반포하여 신식교육을 실시하게 되었는데, 이의 실천은 1895년 7월 19일에 재가를 한 칙령 제149호로 반포된 '소학교령(小學校令)'에 의해 정통 학교가 설립되게 되었다. 그리고 이보다 5년 후인 1899년 4월 4일 재가한 칙령 제11호로 '중학교관제(中學校官制)'가 공포되고, 1900년 4월 4일 재가를 받은 학부령 제12호로 공포된

'중학교규칙(中學校規則)'에 의하여 이 땅에 중학교 교육이 비로소 시작되게 되었다. 이에 앞서 정부는 1895년 4월 19일자 관보에 칙령 제77호로 '한성사범학교관제(漢城師範學校官制)'를 발표하였다. 이때의 국어과(國語科)는 분과주의(分科主義)로 되어 '독서, 작문, 습자'의 세 과목으로 나뉘어 있었다(박붕배, 1987).

1945년에 우리 조국은 일제로부터 해방되었고, 미군정기(美軍政期)를 겪게 되었다. 이때 비로소 이 땅에는 초기의 교육과정이라 할 '교수요목(教授要目)'이 제정 공포되었다. 1945년 9월 학교 교과목 편제와 시간 배당을 발표하였고, 1946년 초등학교 '교수요목'과 중학교 '교수요목'을 제정 공포하여, 소위 '교수요목' 시대를 맞게 되었다.

그 뒤 대한민국정부가 수립되고, 1955년에 제1차 교육과정이 제정되면서 국어교육은 본격적인 교육과정에 의한 교육의 시대를 펼치게 되었다. 이후 교육과정은 7·8차의 개정을 겪었다(정준섭, 1996).

신생 대한민국의 제1차 교육과정은 미국의 새로운 교육사조, 특히 진보주의에서 강조하는 경험주의를 도입하여 이루어졌다. 이는 종래의 지식위주의 교육에서 일대 전환을 보이는 것으로, 생활중심 교육과정이었다. 언어 면에서는 인간형성의 기능을 고려해 목표를 설정하였다. 1963년의 제2차 교육과정은 사회중심 교육의 특색을 지닌 진보주의 교육 사조를 반영한 것으로, 국어교육은 널리 사회생활의 필요에 부응하는 것이어야 한다고 보았다. 1973년의 제3차 교육과정은 '교육헌장'의 이념과 미국의 학문중심 교육과정을 반영하는 것이었다. 국어과 교육에서는 첫째, 언어능력을 길러 국어생활을 원활하게 하고, 둘째 사고력을 길러 건전한 사회인으로 성장하도록 하며, 셋째 전달 내용의 가치를 통하여 바람직한 인간을 형성하고자 하였다.

제4차 교육과정은 제5공화국 출범 이후 개정한 것으로, 특정 사조나 이념을 반영하지 않은 종합적이고 복합적인 것이었다. 이는 종래의 교과중심,

경험중심, 학문중심의 교육과정을 바탕으로 하고, 여기에 미래에 대한 인식을 강조한 미래지향적 교육과정이었다. 국어과에서는 언어기능의 신장 및 강화, 문학교육의 강화, 언어교육의 체계화, 작문교육의 강화, 가치관 교육의 내면화를 강조하였다. 제5차 교육과정은 1987년 소위 '6·29선언'이 나오던 해 개정된 것으로, 이 교육과정도 제4차 교육과정과 마찬가지로 특정 사조나 이론을 내세운, 슬로건이 있는 교육과정은 아니었다. 국어교육의 목표를 일원화하고, 이로부터 국어 수업의 목표 및 방법에 대한 일관된 지침을 추출해 낼 수 있게 국어교육과정의 체계화에 주안점을 두었다.

제6차 교육과정은 1992년 제정된 것으로, 20세기를 마무리하고, 새로운 시대를 준비하는 교육개혁의 일환으로 개정된 것이다. 이는 실용중심 교육을 지향한 교육과정으로, 학문중심 교육과정과 활동중심 교육정의 절충·통합을 통해 실용성을 강조하고자 한 것이다. 제7차 교육과정은 1997년 개정된 것으로, 건전한 인성과 창의성을 함양하는 기초·기본 교육에 충실을 기하고자 한 것이다.

그리고 오늘날 실시하고 있는 제7차 교육과정의 개정안은 2007년 개정된 것이다. 이는 학습자의 자율성과 창의성을 신장하기 위한 학생중심 교육과정이다. 따라서 전인적 성장의 기반 위에 개성을 추구하는 사람, 기초 능력을 토대로 창의적 능력을 발휘하는 사람 등을 추구하게 되어 있다(박갑수, 2005).

이상이 약 60년에 걸쳐 추구한 교육과정이다. 우리의 국어교육은 이러한 교육과정의 기본 정신 내지 이념에 따라 변화 발전하며 오늘에 이르렀다. 따라서 세계적 교육사조를 수용하며 변화 발전해 온 오늘날의 국어교육은 많은 혁신과 발전을 거두었다고 할 수 있다.

3. 국어교육의 문제와 개선방향

발전은 끝이 없는 것이다. 따라서 많은 혁신과 발전을 수행해 온 국어교육이나, 오늘의 현실에서 보면 아직도 부족한 면이 있는가 하면, 많은 문제와 과제, 그리고 반성할 여지가 널리 벌려져 있는 것이 사실이다. 이에 이 장에서는 우리의 국어교육에 대한 기대, 해결해야 할 과제와, 반성하여야 할 문제에 대해 몇 가지 논의를 하기로 한다.

첫째, 국어교육 목표(目標)의 재검, 내지 조정이 필요하다.
한국의 현행 국어과 교육과정(교육인적자원부 고시 제20007-79)의 국어교육의 교육목표는 다음과 같이 설정되어 있다.

> 국어 활동과 국어와 문학의 본질을 총체적으로 이해하고, 국어 활동의 맥락을 고려하면서 국어를 정확하고 효과적으로 사용하며, 국어 문화를 바르게 이해하고, 국어의 발전과 민족의 국어 문화 창조에 이바지할 수 있는 능력과 태도를 기른다.

참고로 일본의 '국어과 학습지도요령(2008년 8월)'의 국어교육의 목표를 보면 다음과 같이 되어 있다.

> 국어를 적절하게 표현하고 정확히 이해하는 능력을 육성하고, 상호 전달하는 능력을 높임과 더불어, 사고력과 상상력 및 언어감각을 길러 국어에 대한 관심을 깊게 하여 국어를 존중하는 태도를 기른다.

이들을 정리 비교해 보면 한국의 교육 목표는 '① 국어 활동과 국어·문학의 본질 이해, ② 국어의 정확하고 효과적인 사용, ③ 국어문화의 이해·발전·창조'가 된다. 이에 대해 일본의 경우는 '① 적절한 표현과 정확한 이해, ② 상호전달, ③ 국어에 대한 관심 및 국어 존중의 태도 육성'이 된다. 따라서 이들 목적에는 상당한 차이가 보인다. 특히 한국의 교육목표 ①과, 일본의 교육목표 ②에서 차이가 난다.

　국어교육의 목표는 무엇보다 커뮤니케이션에 있다. 그렇다면 한국의 목표 ①의 '국어활동의 본질 이해'보다는 일본의 목표 ②의 '상호 전달 능력 제고(傳え合う力を高める)'를 교육목표로 하는 편이 좀 더 바람직하다. 여기서의 '상호전달'이란 커뮤니케이션을 가리킨다. 커뮤니케이션은 언어의 네 기능과 등식을 이루는 것이 아니다. 이는 '미완의 문장'으로, 언어적 문맥과 사회적 맥락이 고려된 대화다. 우리의 교육과정에는 커뮤니케이션을 의미하는 '전달' 혹은 '의사소통'이란 목표가 보이지 않는다. 그런데 새로이 개정 고시될 예정인 '2015 개정 교육과정'(이하 '2015 교육과정'으로 약칭)에는 '국어교육의 목표'에 '의사소통의 목적과 맥락을 고려하여 국어를 개성적이고 품위 있게 사용하며'라고 개정하는 것으로 되어 있다. 이는 바람직한 개정이다.

둘째, 언어의 기능(機能) 확인 및 국어교육의 위상(位相) 강화가 필요하다.
　제2장에서 국어교육의 변천사를 교육과정 변천사를 통해 살핀 것은 전인적 교육에서 국어교육을 논의하여야 하겠다는 생각이 작용한 것이다. 이는 '2015 교육과정'에서 총론의 교육 방향을 '핵심역량 중심의 교육과정'으로 개편하고자 하는 것과도 관련된다. 우리는 '국어'를 도구교과라 한다. '국어'는 단순한 도구교과가 아니다. '국어 능력'은 각 교과 등의 학습에 기본이 되는 능력이다. '2015 교육과정'에서는 '자기 관리능력, 창의·융합 사고능력, 정보처리 능력, 의사소통 능력, 공동체 의식, 심미적 감상 능력'을 총론의 핵심 역량으로 보고 있다. 이 가운데 '창의·융합 사고능력, 정보 처리 능력, 의사소통 능력, 심미적 감상 능력'은 다름 아닌 '국어 능력'이라 할 것이다. 핵심역량 6종 중 4종이 국어능력이다. 따라서 국어교육은

단순한 형식적인 도구교과가 아니라, 우리가 흔히 '전인교육'이라 하고, 일본의 교육과정에서 '사는 능력(生きる力)'이라 하는 교육 전반에 핵심적 역량을 미치는, 혹은 미쳐야 하는 교과라 할 것이다. 이런 면에서 국어교육은 강화되어야 하고, 그 위상 또한 제고되어야 할 교과다. 참고로 '2015 교육과정'에서 국어과의 핵심 역량을 어떻게 보고 있는가를 보면, '비판적·창의적 사고력, 정보 활용 능력, 의사소통 능력, 대인관계 능력, 문화 향유 능력, 자기 성찰·계발 능력' 등으로 보고 있다. 이는 정보화 사회, 다문화 사회, 세계화 사회를 지향하는 현대교육의 당연한 결과라 하겠다.

셋째, 국어교육의 내용체계에 있어 영역(領域) 구분의 재검이 필요하다.

국어과 교육에서 내용체계의 영역은 오늘날 언어의 기능인 '듣기, 말하기, 읽기, 쓰기, 국어 지식, 문학'의 6영역으로 나누고 있다. 이러한 영역 구분은 두어 단계를 거쳐 오늘에 이른 것이다. 교수요목(1946)에서 소학교의 내용체계는 '읽기, 말하기, 듣기, 짓기, 쓰기'의 언어의 기능 5영역으로 나누었다. 중학교에서는 이들 언어의 기능에 '문법, 국문학사'를 추가하여 7영역으로 하였다. 제1~3차 교육과정에서는 교수요목에서와 같이 언어의 기능을 5영역으로 나누었고, 제4차 교육과정에서는 '표현·이해, 언어, 문학'의 3영역으로 구분하였다. 다만 '표현·이해' 영역은 내용상 말하기 듣기 읽기 쓰기의 4영역으로 다시 나누었다. 따라서 실질적으로는 6 영역으로 나눈 것이 된다. 이러한 영역의 발전이 오늘의 6 영역이다. 이들 영역은 물론 그만한 이유가 있어서 당시에 그리 개정되었고, '2015 교육과정'에서도 이러한 체제가 유지되는 것으로 보인다.

그런데 외국의 영역 구분은 우리와 차이를 보인다. 일본의 경우는 종래에는 '말하기, 듣기, 읽기, 쓰기, 언어사항'의 5영역으로 나누었다. 그러던 것을 2008년 개정된 교육과정에서는 '말하기·듣기, 쓰기, 읽기, 전통적인 문화와 국어의 특질에 관한 사항'이란 네 영역으로 나누고 있다. 언어의 기

능 3 영역에, 전통적인 문화와 국어의 특질에 관한 사항 하나를 추가한 것
이다. 그러면서도 '전통적인 문화와 국어의 특질에 관한 사항'은 말하기 ·
듣기, 쓰기, 및 읽기 지도를 통하여 지도하도록 명문화하였다. 따라서 실질
적 영역은 언어의 기능 3가지로 나눈 셈이다. '문학'은 따로 영역을 설정하
지 않았다. 그러나 이는 '국어'에서 문학을 다루지 않는다는 것이 아니다.
언어의 네 기능 가운데 하나인 '읽기'와 '전통적 언어문화와 국어의 특질에
관한 사항'에서 다룬다. 문학은 이렇게 우리처럼 국어과의 한 독자적 지도
영역으로 보는 방법과, 이를 하나의 영역으로 나누지 아니하고, 다만 지도
대상으로만 보는 방법이 있다.

영역 구분에 있어 일본의 경우는 앞에서 설명한 바와 같고, 외국에서는
공통과목의 경우 대부분 문학을 국어의 한 영역으로 설정하는 것 같지 않
다. 영국(英國)의 국가 교육과정은 '말하기와 듣기, 읽기, 쓰기'의 4영역으로
나눈다. 문학은 읽기에서 다룬다. 프랑스는 말하기, 읽기, 쓰기의 세 영역으
로 나눈다. 문학작품은 읽기에서 많은 것을 다룬다. 이에 대해 중국(中國)에
서는 '본문(本文)'이라는 영역을 설정하여 문학작품을 다루고 있다. 중학교
의 경우 '읽기, 쓰기, 입말 의사소통, 어문 상식, 본문, 과외활동'의 6영역으
로 나누고 있고, 고등학교의 경우는 여기서 '어문 상식, 과외활동'의 2영역
을 빼는 것으로 되어 있다(우리말연구소, 2003).

이와 같이 문학을 국어과의 한 영역으로 보느냐 마느냐 하는 것은 아직
미해결 상태로 남아 있는 것 같다. 일본에서는 국어교육이 '언어교육이라
는 입장을 중시'하여 문학을 언어의 기능 교육의 대상으로 보고 있다. 더구
나 우리의 교육과정과 같이 '문학의 본질을 총체적으로 이해하고'라 하는
것이 '국어교육'의 목표가 되는 것은 재고의 여지가 있다. '문학의 본질을
총체적으로 이해하고'를 국어교육의 목표로 제시하기에는 아무래도 문제
가 있다. 이러한 국어교육의 목표는 '2015 교육과정'에서도 다소 그 표현이
약화되긴 하였으나, 유지되는 것으로 보인다. 그 규정은 다음과 같다.

국어로 이루어지는 이해·표현 활동 및 문법과 문학의 본질에 대하여 이해하고, 의사소통의 목적과 맥락을 고려하여 국어를 개성적이고 품위 있게 사용하며, 국어 문화를 누리면서 국어의 발전과 국어 문화 창조에 이바지하는 능력과 태도를 함양한다.

넷째, 국어교육에 언어문화 교육의 강화가 필요하다.

외국어교육에서는 그 첫째 시간부터 문화에 대한 교육을 해야 한다고 본다. 언어는 문화의 색인으로, 언어에는 그 언어권 민중의 역사·제도·풍습, 곧 문화가 반영되어 있는 것으로 보기 때문이다. 따라서 문화적인 배경을 알지 아니하고는 그 언어를 제대로 이해할 수 없다.

우리는 언어를 통해 사상 감정을 전달하고 이해한다. 언어는 사물 자체가 아니요, 그것을 대신하여 나타내는 기호다. 이 기호가 언중의 문화를 반영한다. 따라서 우리는 사물을 그대로 반영하는 언어를 접하고 사용하는 것이 아니라, 그 민족의 문화가 반영된 언어를 사용해 표현하고 이해한다. 같은 '침공(針孔)'을 나타내는 데, 우리는 '바늘귀'를 꿴다고 하는데, 영어권에서는 '바늘눈(needle's eye)'을 꿴다고 한다. 문화를 달리 하는 경우 '귀'를 꿰고, '눈'을 꿰는 것은 천양의 차이라 할 수 있다. 이렇게 문화가 다르면 언어가 다르고 그 표현이 달라진다.

국어교육에서는 외국어교육에서처럼 그렇게 문화교육이 절실한 것은 아니라 하겠다. 그것은 자국어 화자는 외국인처럼 그 언어문화에 무지한 것이 아니고, 언어를 습득 내지 학습하며 이미 어느 정도 그 문화에 접해 익숙해져 있는가 하면, 이해하고 있기 때문이다. 그러나 그렇다고 하여 문화교육이 필요하지 않은 것은 아니다. 그리하여 현행 교육과정에서도 '국어문화를 바르게 이해하고...'가 교육목적으로 제시되어 있고, '2015 교육과정'에서는 '국어문화를 누리면서...'라는 표현이 보인다. 그러나 실제로는 국어문화가 교육현장에서는 별로 중요성을 인정받고 있지 못하다.

국어문화 교육을 강화해야 한다는 근거로는 다음과 같은 것을 들 수 있다. 우선 역사와 문물·제도·습속 등을 나타내는 전통적인 어휘를 바로 알기 위해서는 그 배경문화를 알아야 한다. '니사금(尼師今), 화랑도, 양반(兩班), 장가들다, 복달임, 큰머리' 같은 말이 그것이다. 이러한 역사적 사실을 바탕으로 한 어휘만이 아니다. 일상어에도 우리의 고유한 문화가 녹아 있는 말이 많다. '경치다, 귀양 가다, 산통 깨다, 열없다, 옷깃차례, 집들이, 홀아비김치' 같은 말도 그 문화적인 배경을 모르고서는 이해할 수 없다. '칠거지악, 고종명' 같은 것은 유교문화를, '삼매(三昧), 아수라장'은 불교문화를, '주일(主日), 천당'은 기독교 문화를, '신선놀음, 무릉도원'은 도교문화(道教文化)를 반영한 말이다. '손을 씻고, 옷을 빨고, 머리를 감고, 창을 닦는' 것이나, '옷을 입고, 모자를 쓰고, 신을 신고, 안경을 쓰고, 넥타이를 매고, 반지를 끼고, 넥 레이스를 걸치고, 노리개를 차고, 향수를 바르'는 것은 'wash'나 'wear'를 쓰는 영어권 사람들에게는 이해할 수 없는 우리의 언어문화다. 또한 호칭과 지칭, 대우법, 및 인사말에도 우리만의 언어문화가 있다. 이를 제대로 알아야 원만한 언어생활을 할 수 있다. 방언은 특정지역의 언어문화다. 이것도 이해는 할 수 있어야 한다. 김유정의 '동백꽃', 김동인의 '감자'는 지역 방언의 언어문화를 전제하지 아니하고는 이해를 할 수 없는 세계다. '노란 꽃이 피는 동백꽃'은 '붉은 동백꽃'이 아닌, '생강나무 꽃'이고, '감자'는 '고구마'의 방언으로서의 '감자'라고 할 때 비로소 이들 소설을 이해할 수 있다. 김동인의 '감자'에는 구체적으로 다음과 같은 지문이 보인다.

칠성문 밖 빈민굴의 여인들은 가을이 되면 칠성문 밖에 있는 중국인의 채마밭에 감자며 배추를 도둑질하려, 밤에 바구니를 가지고 간다. 복녀도 감잣개나 잘 도둑질하여 왔다.

'가을'은 '감자'를 수확하는 계절이 아니고, 고구마를 수확하는 계절이다.

고구마는 첫서리가 내릴 때쯤 수확한다. 박종화 외의 김동인전집 제7권(1964)에는 위의 예문 '중국인의 채마밭에 감자며'가 '감자(고구마)며'로 되어 있다.

언어가 문화를 반영한다는 것은 이러한 어휘 문제에만 국한 되는 것이 아니다. 관용어·속담·비유 등에도 그 언어를 사용하는 언중, 곧 민족문화가 반영되어 있다. 따라서 이런 민족문화도 배우고 알아야 한다.

> * 관용어: 경을 치다, 국수를 먹다, 눈이 맞다, 머리를 올리다, 손을 끊다, 오쟁이 지다, 입을 씻다, 죽 쑤다, 퇴짜를 맞다, 혼쭐나다
> * 속 담: 개 팔자가 상팔자, 금강산도 식후경, 변학도 잔치에 이 도령상, 수구문 차례, 썩어도 준치, 아닌 밤중에 홍두깨, 억지 춘향이, 절에 간 색시, 춥기는 사명당 사첫방이라
> * 비 유: 개구멍서방, 고무신을 거꾸로 신는다, 돼지 멱따는 소리, 복날개 패듯, 비위가 노래기 회 먹겠다, 뺑덕어멈 같다, 주머닛돈이 쌈짓돈, 홍길동이 해인사 털어먹듯

그런데 그 동안 이러한 언어문화가 제대로 교육의 대상이 되지 못했다. 이들이 제대로 교육의 대상이 되어 언어문화가 올바로 이해되도록 하여야 한다. 청소년들이 많이 쓰는 욕설의 문화적 배경도 교육의 대상이 돼야 한다. 욕설의 배경문화를 알고서는 욕설 사용의 빈도가 줄어들더라는 보고도 있다. '씨 할 놈, 제미 씨 할 놈'이 근친상간(近親相姦)의 표현이란 것을 알고는 이런 표현을 거의 하지 않을 것이다.

언어문화 교육은 다문화 가정을 위해서도 반드시 행해져야 한다. 오늘날과 같은 국제화시대, 세계화시대에는 동화교육이 아닌, 문화적인 교류를 해야 한다. 이들 자녀는 문화교류의 자산으로 키워야 할 인적 재원이다.

다섯째, 사고력 배양의 교육이 필요하다.

사람은 생각하는 능력을 지니고 있다. 그래서 다른 동물과 달리 문화를

창조하고 발전시켜 왔다. 동물도 생각하는 능력을 지니지 않은 것은 아니다. 저들은 다만 그들의 정신활동을 언어화 할 수 없기 때문에 인간과 구별된다. 데라크로와(Deracroix)는 그의 명저 '언어와 사고'에서 '사고는 언어에 의해 자기를 형성하면서, 말의 형태를 만들어 간다.'고 하였다. 사고는 언어에 의해 이루어지고, 이는 또한 일정한 언어의 표현 형태를 형성한다는 말이라 하겠다(Deracroix, 1930).

우리의 교육과정에서는 1973년의 제3차 교육과정에서 언어사용을 사고(思考)의 차원으로 끌어 올려 교육에서 강조한 바 있으나, 그 전후에 사고력이 국어교육에서 논의된 적이 거의 없는 것 같다. 그런데 '2015 교육과정'에서는 '사고력과 상상력 및 언어 감각을 길러 국어에 대한 관심을 깊게 하여'라고 '사고력과 상상력'이 국어교육의 목표에 명시적으로 반영되고 있다. 이는 오랜만에 보게 되는 반가운 국어교육의 목표다.

언어는 외언(外言)과 내언(內言)으로 구별된다. 외언이란 겉으로 드러나는 말이며, 내언이란 사고하는 언어다. 동물들이 생각하는 능력을 지니고 있으나, 이를 언어화하지 못한다는 것은 동물들이 내언은 가지고 있으나, 외언이 없다는 말이다. 사람은 이 내언을 바탕으로 표현하게 된다. 말을 바꾸면 생각한 것을 말로 표현할 수 있다. 그래서 문화와 문명을 발달시키고 문화생활을 하게 되었다.

언어의 기능은 크게 볼 때 지시·통달하는 기능과, 감정과 태도를 환기하는 기능의 두 가지가 있다. 소위 통달적 용법(informative uses)과 정서적 용법(emotive uses)이 그것이다. 이는 과학적 표현(scientific expression)과, 문학적 표현(literal expression)이라 바꾸어 말해도 좋을 것이다. 국어교육에서 후자에 대한 교육은 문학교육을 통해 어느 정도 꾀해지고 있다고 하겠다. 그런데 전자에 대해서는 거의 손을 쓰고 있지 않은 것이 아닌가 한다. 이는 비판적 읽기, 논리적 읽기 및 논술 지도 등을 통해 적극적으로 수행할 필요가 있다. '2015 교육과정'에서는 앞에서도 제시하였듯, '국어과의 핵심 역량'으로, '비판적·창의적 사고력'을 들고 있어 '2015 교육과정'에서는 사고력을 교육 대상으로 하겠다는 것으로 보여 다행스럽게 생각된다. 일본(日本)의 교육과정에서 국어교육의 목표로 '사고력과 상상력 및 언어 감각을 길러'라고 되어 있는 것은 바로 이러한 과학적 표현, 및 문학적 표현을 목표로 하고 있는 것이라 하겠다.

데라크로와가 언급한 바와 같이 사고는 언어에 의해 이루어지고, 이는 또한 일정한 언어표현의 틀을 형성해 낸다. 문법(文法)은 바로 이러한 사고와 표현의 틀이라 하겠다. 이런 의미에서 문법은 단순한 언어 지식에 그치는 것이 아니라 생각하는 틀이요, 생각한 바를 나타내는 표현의 틀이다. 우리말은 중요한 말이 뒤에 오는 도미문(periodic word order sentence)의 언어다. 그래서 용언이 문장의 맨 끝에 오고, 피수식어가 뒤에 온다. 이는 산열문(loose order sentence)인 서구어와 구분된다. 따라서 서양 사람과는 사고의 유형이 다르다. 문법만이 아니고 어휘도 사고와 행동을 규제한다. 명명(命名)을 어떻게 하느냐에 따라 사고에 미치는 영향은 어마어마하게 다르다. '동학란, 동학운동, 동학혁명'을 생각해 보면 쉽게 이해된다. '후진국-개발도상국', '양심수-시국사범', '차표 파는 곳(賣票所)-차표 사는곳(買票所)'도 마찬가지다(박갑수, 2013). 사고는 또한 고맥락(高脈絡)문화와 저맥락(低脈絡)문화로 구별되어 표현문화를 달리한다. 이렇게 볼 때 언어와 사고는 빼어놓을 수 없는, 중요한 교육 대상이다.

여섯째, 지식교육이 지식을 위한 교육 아닌, 생활언어 교육이 돼야 한다.
국어교육에서 지식 교육의 대표적인 대상이 문법이다. 앞에서 언급한 바와 마찬가지로, 문법은 우리의 생각을 표현하는 틀이다. 문법교육은 바람직한 언어생활, 올바른 생활언어의 준거를 제공하여 바람직한 언어생활을 하게 하기 위한 것이다. 그런데 이 문법교육이 생활언어의 교육이 아니라, 문자 그대로 '언어 지식'의 교육으로 오인되어 지식을 위한 지식교육으로 잘못 기울고 있다. 용어교육 내지 이론교육 위주로 행해진다. 이로 말미암아 학습자가 이를 외면하고 기피하는 현상을 낳기까지 하고 있다. 사실 용어는 그렇게 문제 될 것이 아니다. 본래 언어가 자의적(恣意的)인 것임에랴? 더구나 그 용어를 아는 것이 언어생활에 도움이 되는 것도 아니다. 형식명사면 어떻고, 의존명사면 어떻고, 그 밖에 어떤 다른 이름이면 어떠하겠는가? 용어교육이 생활언어 교육은 될 수 없다. 이는 지양되어야 한다.

'불필요한 이론교육'이란 언어생활, 혹은 생활언어에서 필요 없는 이론을 장황하게 교수·학습하는 것을 말한다. 학문문법이라면 몰라도 실용문법에서는 이렇게 하여서는 안 된다. 예를 들어 국어교육, 그것도 내국인에게 '불규칙 활용'의 교육을 열심히 하는 것이 이런 경우다. 한국인이라면 이론적으로 설명할 수는 없을는지 모르나, 이를 거의 다 알고 불규칙 활용을 하고 있다. 그런데, 이를 중언부언 설명할 필요가 있을 것인가? 필요한 것은 동화현상 가운데 연구개음화(軟口蓋音化)와 양순음화(兩脣音化)와 같은 음운의 변동현상을 교수·학습하는 것이다. 이는 대부분의 한국인이 오류를 범하는 비표준 발음이다. 전문가들도 의식하지 못하는 사이에 잘못을 빚는 음운의 변동현상이다. 참고로 이들 변동현상을 간단히 제시하면 다음과 같다.

> 연구개음화: ① ㄷ, ㅂ 받침> ㄱ 받침소리로: 뒷공론> 뒥공론, 갑갑하다> 각갑하다
> ② ㄴ, ㅁ 받침> ㅇ 받침소리로: 둔갑> 둥갑, 캄캄하다> 캉캄하다
> 양순음화: ① ㄷ 받침> ㅂ, ㅁ 받침소리로: 꽃바구니> 꼽바구니, 냇물> 냄물, 팥밥>팝밥
> ② ㄴ 받침> ㅁ 받침소리로: 단백질> 담백질, 신문> 심문, 반말>밤말

형용사는 서법에 명령형이 없다. 그런데 언어 현실에서는 이 명령형이 곧잘 쓰인다. '건강해라, 부지런해라, 침착해라, 아름다워라'와 같이 명령형을 쓰는 것이다. 황금찬의 시 '꽃의 말'에는 '고아라'가 다음과 같이 쓰이고 있다. 이러한 것이 교육되어야 한다.

사람아/ 입이 꽃처럼 고아라./
그래야 말도/ 꽃같이 하리라./ 사람아

문법적으로 비문이 아니더라도 명령형을 윗사람에게 사용하는 것은 바람직하지 않다. 웃어른에게는 명령형 아닌, 청유형이나 의문형을 써야 한다. "어르신, 이리 오시오."라 하기보다는 "어르신, 이리 오시겠습니까?"와 같이 의문의, 완곡한 표현을 사용하도록 교육해야 한다. 문법은 문법적으로 정확한 표현을 하되, 동시에 화용의 면을 고려해 수용 가능한, 적격(適格)의 표현을 하도록 교육해야 한다. 이밖에 완곡어법의 지도 또한 필요하다. 대우법도 장면에 어울리는 산 교육이 되도록 해야 한다. 음식점에서 "여기 반찬 더 달란다."는 표현에 말하는 사람이나, 듣는 사람이 무신경하다는 것은 대우법을 제대로 이해하지 못하고 있기 때문이다.

지식교육으로서의 국어사의 지도도 국어의 본질을 이해하게 하는 이론 교육이 아니라, 그것이 언어생활에 도움을 주는 방향으로 유도되어야 한다. 특히 어휘의 변화는 현대의 생활어와 관련지어 설명함으로 산 지식이 되도록 하여야 한다. 예를 들어 '훈 삐(一時)'를 '함께 가자!'의 '함께'와 연결 짓는 것이다. 이는 시간적 동일성에서 공간적 동일성까지 나타내게 된 경우다. 더 나아가 '삐'는 '끼'로 변해 '식사 때' 나아가 '식사'의 의미로까지 변한다는 것을 교육할 수 있다. 그러면 '한 끼 굶었다'까지 설명이 가능해지고, '실시(失時)하지 마라!'라는 전통적 표현까지 이해하게 된다. 이렇게 되면 국어 지식은 골치 아픈 교과가 아니라, 재미있는 교과, 필요로 하는 교과가 될 것이다.

일곱째, 국어교육에서의 한자교육이 행해져야 한다.

1970년 한자교육이 폐지되고, 거의 반세기만에 한자교육이 부활되려 한다. 정부에서는 2018년부터 교과서에 한자를 병기하겠다는 정책을 발표하였다. 그런데 이러한 정책이 반대에 부딪쳐 그 시행 여부가 불투명하게 되는 모양이다.

한자교육을 하느냐 마느냐 하는 일반적인 문제가 아니라, 국어교육에서 한자교육을 해야 하느냐, 하지 말아야 하느냐 하는 것이 현안이다. 이에는 찬반의 양론이 있을 수 있다. 그러나 결론적으로 말해 해야 한다는 것이 정답이다. 반대하는 입장에서는 사교육이 심화될 것을 염려한다. 그러나 사실 많은 한자를 학습하자는 것도 아니고 보면 이는 그리 문제될 것이 없다. 오늘날 한자문화권에서 추진하고 있는 교육한자는 중국을 제하면 2, 3000자로 족하다(한국 중고 1,800자, 북한 초·대 3,000자, 일본 초·중 2,136자, 중국초·중 3,500자, 대만 초·고 4,500자).

한자 교육을 해야 한다는 근거로는 다음과 같은 사실을 들 수 있다(박갑수, 1894).

① 변별성을 드러낸다.

국어에는 동음이의의 한자어가 많다. 표음문자인 한글만으로는 이들이 잘 구별되지 않는다. 이런 경우 한자를 쓰게 되면 변별성이 생긴다. 국한혼용문(國漢混用文)의 경우, 한자는 표의문자이기 때문에 문맥 이전에 의미파악을 할 수 있게 하는가 하면, 동음어에 의한 국어의 혼란도 막는다. 문의의 변별, 및 문식성(文識性)을 증대하기 위해 국어교육에서 한자교육을 해야 한다. 표현·이해력을 증대하고, 독서 능력을 향상하기 위해 한자 교육이 수행되어야 한다. 그러나 반드시 국한혼용을 해야 하는 것은 아니다. 일단 한자교육을 받고 나면 형태적 유연성을 쉽게 파악하게 되어 문식성을 드러내기 때문에 혼용여부는 이독성(易讀性)에 맡길 일이다.

② 국어생활의 혼란을 방지한다.

국어에는 동음어도 많지만 음운변동에 의한 변이음(變異音)도 많다. 이런 경우 어리고 무지한 학습자는 본래의 어휘와 변이음을 제대로 분간하지 못한다. 따라서 변동된 발음의 말이 본래의 말이요, 그것이 당연히 바른 말로 여긴다. 일상 '골란(困難), 담백질(蛋白質), 발려(伴侶), 방낭(放浪), 실랄(辛辣), 열령(年齡), 장년(昨年), 철륜(天倫), 탈력(彈力), 향낙(享樂), 활란(患亂)'과 같이 발음되는 말이 본래의 말이요, 괄호 속과 같은 한자말이 바른말이라 생각하지 못한다. 이로 말미암아 국어의 혼란이 빚어진다. 따라서 이러한 혼란을 막기 위해 한자를 교육하여 원말을 알고, 이것이 발음의 편이에 따라 변동을 거쳐 현실음이 실현된다는 것을 알게 할 필요가 있다.

③ 전통문화의 단절을 막는다.

우리의 고전은 대부분 한문 전적으로 되어 있다. 근·현대문의 경우는 국한혼용체의 문장으로 되어 있다. 따라서 전통문화를 계승하자면 한자교육이 이루어져야 한다. 한글전용을 하는 경우에는 문화적 단절이 초래된다. 중국의 경우는 간체자(簡體字) 교육을 받은 젊은 세대가 번체자(繁體字)를 몰라 전통문화와 단절되고 있다. 우리의 경우는 한자를 쓰느냐 마느냐의 문제니 그 결과가 좀 더 심각하다. 전통문화가 없는 신생 민족, 또는 국가가 되지 않게 하기 위해 한자교육은 이루어져야 한다.

④ 한자문화권의 공동 발전을 추구해야 한다.

흔히 한·중·일을 한자문화권이라 한다. 역사적으로 한자를 같이 사용하였고, 이에 의한 문화를 공유해 왔다. 오늘날은 국제화·글로벌시대라 한다. 개인이나 나라나 고립하여 살 수 없는 시대다. 동양 삼국은 공동 문화권으로서 협동하며 함께 발전을 추구하며 살아야 한다. 그러기 위해서는 한자교육을 해야 한다. 우리만이 한자교육을 하지 않으면 고립을 자초하게 된다. 더구나 북한까지 한자교육을 하고 있음에랴? 이런 의미에서 한자교육을 외면해선 안 된다. 한자교육을 함으로 한자문화권의 일원으로 공동 발전을 하도록 해야 한다.

⑤ 학습효과를 촉진한다.

한자의 낱자는 형태소인 동시에 하나의 단어다. 이들 개별 한자는 상호 결합하여 새로운 단어를 형성해 내기도 한다. 본래 중국의 단어는 1음절의 1형태소로 이루어졌던 것이나, 사회의 분화와 의미 분화로 2음절어, 3음절어와 같이 다음절어가 생성되었다. 우리의 경우도 다음절어가 많다. 그런 의미에서 하나의 형태소 내지 단어를 배우게 되면 이와 결합된 다음절어를 쉽게 이해할 수 있다. 유연성을 지니기 때문이다. 따라서 국어교육의 경우 한자어에 대한 학습효과를 촉진하기 위해 한자를 교육할 필요가 있다. 특히 한자의 훈(訓)의 교육이 필요하다.

⑥ 국민의 지능을 향상·발전시킨다.

우리의 고유어에는 정서적인 어휘가 많고, 한자어에는 지적(知的) 개념을 나타내는 어휘가 많다. 따라서 지적 개념을 많이 습득하고 이해하려면 한자와 한자어를 많이 배워 익혀야 한다. 그렇게 되면 국민의 지능이 향상될 것이다. 근자에는 한자를 배우지 않아 학습자의 지능이 저하되었다는 말을 자주 듣게 된다. 많은 개념어를 익힘으로 국민의 지적 능력을 향상시키고, 선진국으로 도약·발전하기 우해서도 한자교육을 수행하도록 해야 한다.

⑦ 많은 국민들이 한자교육을 지지한다.

언중들이 한자교육을 싫어하면 교육적 효과를 기대하기 어렵다. 그런데 여론 조사에 의하면 대부분의 시민이 한자교육을 찬성하고 있다. 학부모의 89.1%, 교사 77%가 찬성하는 것으로 나타난다. 그리고 역대 교육부장관 13명, 국무총리 23명 전원, 서울시의 구청장 25명 전원이 한자교육 찬성에 서명한 것으로 알려진다. 한자교육의 필요성이 이론상 타당하고, 여론이 찬성하고 있는데 이를 시행하지 않는다는 것은 위정자의 태만이요, 국민에 대한 배신이다. 한자교육은 하루 속히 실시하도록 해야 한다.

⑧ 국민을 문맹이 되게 하여서는 안 된다.

문자를 학습하는 것은 자기표현보다 정보를 얻기 위한 것이다. 다시 말하면 읽기는 정보를 얻기 위한 활동이다. 문맹 여부를 가름하는 기준의 하나는 그 나라에서 나오는 신문을 읽을 수 있느냐 없느냐 하는 것이다. 오늘날은 한글전용 교육으로 말미암아 신문에 한자가 많이 쓰이고 있지 않다. 그러나 1970년대 신문만하여도 많은 한자가 쓰였다. 이것이 오늘의 현실이라면 우리 국민의 대부분은 문맹에 속한다고 할 것이다. 오늘날은 조(朝)·중(中)·동(東)의 경우 A면의 경우 한자만 노출한 것이 1면에 '조선' 7.4자, '동아' 5.1자, '중앙'은 거의 나타나지 않고 있다. 따라서 큰 문제는 없다. 그러나 중국이 부상되고, 한중 교류가 많아지면서 한자 사용의 경향은 자꾸만 강화될 것이다. 이러한 추세를 감안하여, 정부의 정책방향과 같이 한자교육을 행함으로 장래의 문맹을 양산하지 않도록 해야 한다. 더구나 한글은 읽을 수 있으니 식자력(識字力)은 있다 하겠으나, 한자어의 의미를 제대로 몰라 글 뜻을 제대로 파악하지 못하는 경우가 많다는 것을 고려할 때 문식력(文識力)·문해력(文解力)을 높이기 위해서도 한자교육은 수행되어야 한다. 교육은 백년지대계다.

여덟째, 명칭, 내지 용어 교육을 지양해야 한다.

끝으로 국어교육에서 반성할 것의 하나가 오늘날 명칭·용어 교육을 많이 한다는 것이다. 이는 실용교육이 아닌 관념 교육이다. 어린이는 이름만 알면 다 안 것으로 생각한다. "아빠 이거 뭐야?", "서류 가방!", "응..." 이렇게 의문은 해결된다. 더 이상 질문을 하지 않는다. 어린이는 '명칭=사물'로 생각하기 때문에 이름만 들으면 다 안 것으로 생각한다.

그런데 우리 국어교육에서 이런 현상이 많이 빚어지고 있다. "세종대왕이 만든 우리의 문자는?", "훈민정음", "훈민정음을 최초로 실험한 책은?", "용비어천가", 무엇은 "석보상절", 무엇은 "월인천강지곡"이라 하는 식이다. 이들은 사물에 대한 천착이 아닌, 이름만 대면 다 안 것이라 생각하는 유아형 교육이다(박갑수, 2015).

'훈민정음'은 '백성을 가르치는 바른 소리'라 한다. 왜 '바른 글자'가 아닌 '바른 소리'인가? '용비어천가'는 대부분의 경우 이름만 알지 그 뜻이 무엇이며, 왜 '용비어천가'라 명명했는지 모른다. '석보상절'은 석가의 생애를 적은 책이라는데, 왜 '석보(釋譜)' 다음에 '상절(詳節)'이 붙어 있는지는 의문조차 갖지 않는다. 세종의 '월인천강지곡(月印千江之曲)'은 석가를 칭송한 노래라며 왜 이런 이름이 붙었는지 의심을 가져본 사람도 많지 않을 것 같다. 작품, 사물, 저서의 경우 고유명사라서 그랬을까? 그것이 이름만이 아닌 내용, 어떤 무엇이라는 사실(事實)이 교육되어야 한다. 그래야 배우고 안 것이 된다. 이름만 대고 안다고 하는 것은 그 본질을 안 것이 못 된다. 그래서 '왕 오천축국전'이란 이름마저도 '왕오 천축국전'이라 하게 된다. 교육을 했읍네 하고 있지만 그것은 실은 학습자로 하여금 아무런 행동의 변화도 빚게 해 준 것이 못 된다. 명실상부한 교육이 되도록 방향전환이 이루어져야 한다.

아홉째, 외국어로서의 한국어교육을 포섭해야 한다.

우리말에 대한 교육은 두 가지가 있다. 자국인에게 행하는 '국어교육'과 외국인에게 행하는 '한국어교육'이 그것이다. 이들은 다 같은 우리말을 교육 대상으로 한다. 국어교육은 한국어교육을 사시안(斜視眼)으로 대하는 경향이 있는데, 끌어안아야 한다.

괴테는 자국어를 바로 알려면 외국어를 알아야 한다고 하였다. 비교를 통해 비로소 그 정체가 제대로 들어나기 때문이다. 한국어 교원은 흔히 외국인에게 한국어를 가르치며 자기가 우리말을 너무도 모른다는 것을 깨달았다고 말한다. 너무도 당연한 언어 사실이라 외국인의 질문을 받고 설명하지 못하는 것이다. 당연한 언어 사실은 마땅히 당연한대로 설명이 되어야 한다.

이런 면에서 국어교육과 한국어교육은 상보적인 관계를 지닌다. 한국어교육의 이론과 지식을 국어교육이 수용해야 한다. 한국어교육이 국어교육의 이론과 지식을 수용해야 함은 기본이다. 서로 의지하며 발전해야 한다.

더구나 현대는 '지구촌'이라고 하듯 세계가 일일생활권이 되었다. 상호교류를 하지 않으면 살 수 없는 세상이다. 고립되어서는 살 수 없다. 교류 · 소통은 언어에 의해 이루어진다. 자국어 내지 외국어에 의해 이루어진다. 물론 자국어가 편하고 좋다. 그래서 열강은 자국어 보급, 자국어 세계화에 열을 올리고 있다. British Council, American Center, Goethe Institute, Allience Francaise, 공자학원 등이 그것이다. 우리도 늦게나마 세종학당재단을 설립하여 이 대열에 끼어들게 된 것은 바람직한 현상이라 하겠다(박갑수, 2012).

자국어를 세계화하고자 하는 것은 우선 상호 소통함으로 친선을 도모하자는 것이고, 국제사회의 일원으로 세계문화발전에 기여하겠다는 것이다. 국가 브랜드 가치를 격상시킨다는 것도 중요한 목표의 하나가 된다. 보다 문화를 발전시키며 잘 살겠다는 것이다. 따라서 이를 소홀히 할 수는 없는 일이다. 우리는 흔히 약소민족으로 주눅이 들어 있었다. 그러나 현실은 그렇지 않다. 한국어는 15위 이내에 드는 언어요, 우리는 경제대국을 자랑한다. 어깨를 펴고 우리 언어문화를, 자부심을 가지고 보급 · 전파하도록 해야 한다. 국어교육 종사자들은 이를 열린 마음으로 원대한 뜻을 가지고 수행해야 한다. 조급히 굴어서는 안 된다. 이 일은 누구보다 국어교육자에게 부과된 중대한 임무이다.

4. 결어

교육과정의 변천과 함께 국어교육의 몇 가지 현황과, 반성하고 해결해야 할 문제에 대해 살펴보았다. 본격적인 국어교육이 시작된 지 100여년이 지낳고, 학문적으로도 국어교육이 어느 정도 궤도에 들어선 것 같은데, 우리의 국어교육은 아직 해결해야 할 문제가 많고, 발전·개선해야 할 사실이 적지 않다. 이는 어찌 보면 후대(後代)들이 앞으로 해야 할 몫이라 하겠다. 어린 알렉산더가 아버지가 세계 곳곳을 다 제패하자 자기가 할 것이 없을 것 같아 울었다는 일화가 있다. 후대들에게 기대한다. 국어교육이 앞으로 발전에 발전을 거듭해 원만한 의사소통을 하고, 한국어가 국제적인 언어로 발전하고, 세계화될 수 있게 되길 바라마지 않는다.

참고문헌

교육부(2015), '2015 개정 교육과정' 공청회 검토자료
박갑수(1984), 국어의 표현과 순화론, 지학사
박갑수(2005), 국교육과 한국어교육의 성찰, 서울대학교 출판부
박갑수(2012), 한국교육의 이론과 방법, 역락
박갑수(2013), 한국어교육과 문화교육, 역락
박갑수(2014), 한국인과 한국어의 발상과 표현, 역락
박갑수(2015), 언어, 문학, 문화, 그리고 교육 이야기, 역락
박붕배(1987), 한국국어교육전사, 대한교과서주식회사
우리말교육연구소 편(2003), 외국의 국어 교육과정, 나라말
정준섭(1996), 국어과 교육과정의 변천, 대한교과서주식회사
Deracroix(1930), Le langue et la pens'ee, P.U.F, 言語と思考, 白水社
敎科書の研究センタ編(1987), 教育課程の 國際比較, ぎおせい
鹽田紀和(1977), 諸國語の混亂と統一, くろしお出版
文部科學省(2008), 學習指導要領, 東山書房
박갑수(2012), 한국어 세계화, 그 실상과 새로운 추진방안, 국학연구논총, 제9집, 택민국
　　　　　학연구원

■ 이 글은 국어교육학회 제59회 전국학술대회(고려대학교, 2015년 8월 29일)에서 발표된 것으로, 본 논총에 싣기 위해 다소 개고한 것이다. 미발표 신고임.

제2장 우리말, 우리글, 우리말 교육의 비판적 고찰

1. 서언

이 세상에는 약 3,000개의 언어가 있고, 약 400개의 문자가 있다.

우리말의 계통은 확증된 것은 아니나, 알타이 어에 속하는 것으로 본다. 그리고 형태적으로는 부착어(附着語)에 속한다고 한다. 이러한 언어를 오늘날 약 7,500만 우리 민족이 사용하고 있다.

인간생활의 원칙은 협동(協同)에 있고, 이것은 무엇보다 언어에 의해 이루어지는 것으로 본다. 따라서 사람들은 누구나 언어에 의한 효과적인 의사소통에 신경을 쓴다. 거기다 오늘날은 세계화, 정보화의 시대다. 중국에서는 Communication을 "교제(交際)"라 번역한다. 확실히 소통과 교제는 동의어가 될 만하다. 의사소통(意思疏通)은 친교와 친화를 빚기 때문이다. 그래서 오늘날은 자국어 외에 외국어 한두 가지를 배우고 있는가 하면, 친교를 위해 자국어를 세계화 하고자 노력한다.

근자에 우리말 교육에 대해 발표할 기회가 두어 번 있어 우리말과 교육에 대해 살펴본 적이 있다. 그 하나는 "국어교육의 현황과 반성"(2015)이란 주제로 발표한 경우이고, 다른 하나는 "국어(한국어)교육의 세계화- 어제·오늘·내일"(2017)이란 주제로 발표해야 한 경우였다. 그런데 이번에는 국어교육의 국제적(國際的) 동향(動向)에 대해 이야기할 기회가 찾아왔다. 이에 이 자리에서는 본론으로 들어가기 전에 우선 문제가 되는 우리말과 우리글을 좀 비판적으로 살펴보기로 한다. 그리고 세계화 시대의 국어교육의 국제적 동향을 살펴보기로 한다. 그리고 우리말 교육이 지향(指向)해야 할 방향을 모색해 보는 것이다. 국어교육의 발전을 통해 바람직한 우리말 교육이 이루어져 보다 효율적인 언어생활을 하고, 서로의 모어도 교류함으로 세계인류가 친화적인 삶을 영위하게 되기를 기대한다.

2. 우리말에 대한 비판적 고찰

언어는 음성기호다. 이는 구조적인 면에서 볼 때 음운, 어휘, 문장으로 이루어져 있다. 따라서 우리말의 이들 면을 살펴보기로 한다.

2.1. 음운면의 고찰

우리말은 다양한 음소(音素)로 이루어져 있다. 우리의 분절음소(分節音素)는 자음(子音) 음소가 21개, 모음(母音) 음소가 10개, 모두 31개다. 격음과 경음을 중자음으로 보기도 하나 이들은 "표준 발음법"에서 단자음으로 보기로 하였다. 일본어의 경우는 자음이 17개, 모음이 5개, 모두 합해 22개의 분절음소로 되어 있어 우리의 분절음소에 비하면 훨씬 적은 편이다. 영어의 음소는 우리와 같은 31개로 본다(자음 22개, 모음 7개, 반모음 2개). 우리말에는 분절음소 외에 비분절음소로 장단(長短)과 연접(連接)이 있다. 일본어의 경우는 N, Q라는 두 모라 음소를 인정한다. 우리의 분절음소는 다음과 같다.

자음 음소				모음 음소			
폐쇄음	p	pʰ	p'	폐모음	I	y	ɯ u
	t	tʰ	t'	반폐모음	e	ø	o
	k	kʰ	k'	반개모음	ae	ʌ	
파찰음	c	cʰ	c'	개모음	a		
마찰음	s	s'	h				
비음	m	n	ŋ				
설전음	r						
반모음	w	j					

　이러한 음소는 언어에 따라 특성을 달리 한다. 우리의 경우 파열음과 파찰음은 대립하여 상관관계(相關關係)를 이루는데, 위의 도표에 제시하였듯 삼지적(三肢的) 상관관계를 지닌다. "p, pʰ, p', t, tʰ, t', k kʰ k', c, cʰ, c' "가 그것이다. 이에 대해 영어, 일어, 한어의 파열음은 이지적(二肢的) 상관관계를 지닌다. 일어와 영어는 성(聲)의 유무에 의한 대립관계(p b, t d, k g)를, 중국어는 기(氣)의 유무에 의한 대립관계(p pʰ, t tʰ, k kʰ)를 지닌다. 인도의 산스크리트의 경우는 파열음 p, t, k가 성(聲)의 유무와 기(氣)의 유무의 대립관계를 지녀 사지적(四肢的) 상관속을 이룬다(p b pʰ bʰ, t d tʰ dʰ, k g kʰ gʰ). 이렇게 언어에 따라 음운상의 특징은 다르다. 따라서 이 특성을 잘 알아야 그 언어를 바로 이해하고, 운용할 수 있다.

　우리말은 이러한 풍부한 말소리에 의해 다양한 뜻과 어감을 자유롭게 드러낸다. 그래서 우리말은 청각어(聽覺語), 또는 청각언어라 일러질 정도이다. 이러한 사실은 웃음소리를 통해서도 쉽게 확인된다.

　우리의 웃음소리는 "하하, 히히, 해해, 호호"와 같이 다양하다. "하하"는 기뻐서 크게 웃는 소리이고, "히히"는 남을 놀리듯 까불거리며 웃는 소리다. "해해"는 좋아서 어찌할 줄 모르겠다는 웃음소리이고, "호호"는 여자들이 간드러지게 웃는 웃음소리다. 이러한 웃음소리는 무수하다. 이들을 조금 정리하여 제시해 보면 다음과 같다.

> 하하, 해해, 허허, 헤헤, 호호, 후후, 히히
>
> 아하하, 어허허, 오호호, 우후후, 이히히, 와하하, 애해해, 에헤헤, 으하하, 으허허, 으호호
>
> 깔깔, 껄껄, 깰깰, 낄낄, 킬킬, 킥, 킥킥, 키드득, 키득키득, 키드득키드득, 키들키들

이들은 사전에 표준어로 올라 있는 말들이다. 그러나 언어 현실에서는 이밖에도 많은 웃음소리를 들을 수 있다. 이렇게 우리 말소리는 풍부하다.

그리고 또 하나 우리말에는 자음과 모음의 음상(音相)을 교체함으로 어감을 달리 나타내는 특징이 있다. 곧 파열음의 상관속(相關束), 평음에 비해 경음이, 경음에 비해 격음이 강도(强度)를 강화하고, 양성모음에 비해 음성모음이 크고, 어둡고, 무겁고, 둔한 것을 나타낸다. "단단하다 < 딴딴하다 < 탄탄하다, 빙빙 < 삥삥 < 핑핑, 졸랑졸랑 < 쫄랑쫄랑 < 촐랑촐랑"은 자음을 바꿈으로 어감을 달리 나타내는 것이다. 모음의 경우는 위에 든 웃음소리를 통해 충분히 확인할 수 있을 것이다.

그리고 여기 덧붙일 것은 음상(音相)에 의해 어감만이 아니라 어의(語義)까지 바뀌기도 한다는 것이다. 이의 예를 몇 개 들어 보면 다음과 같다(박갑수, 2015).

> * 모음의 변화: 낡다(古): 늙다(老), 남다(餘): 넘다(過), 맑다(淸): 묽다(淡), 밝다(明:) 붉다(赤), 맛(味): 멋(風味), 살(歲): 설(元旦), 좁다(縮): 줍다(減)
> * 자음의 변화: 덜다(減): 떨다·털다(拂), 뛰다(躍): 튀다(彈), 마당(庭): 바탕(場), 맡다(任): 받다(受), 묻다(附): 붙다(着)

2.2. 어휘면의 고찰

다음에는 어휘상의 특성살펴보기로 한다.

첫째, 한자어와 고유어가 조화를 이룬다.

우리말에는 외래어라 할 한자어가 많이 들어와 쓰이고 있다. 이는 마치 영어 속에 불어 단어가 많이 들어와 있는 것과 같다. 한자어는 사색적(思素的)인 개념을 나타내는 말이 많고, 고유어는 정서적(情緖的) 표현을 하는 말이 많다. 이러한 현상은 학술어에 한자어가 많고, 감각어나 상징어(象徵語)의 대부분이 고유어인 것에서 쉽게 확인된다. 사색적인 한자어와 정서적인 고유어는 거의 반반을 차지함으로 우리는 조화로운 글을 쓸 수 있다. 그런가 하면 영역에 따라 고유어와 한자어의 비율을 달리함으로 내용에 어울리는 글이 쓰인다.

한자어에 대해서는 좀 주의할 것이 있다. 그것은 한자어가 고대부터 중국에서 우리 한반도에 유입되었을 것이나, 근대어의 대부분은 그것이 일본에서 만든 신한자어(新漢字語)란 것이다. 일부 국어순화론자는 외래어 가운데 일부 일본어의 훈독어(訓讀語)만을 의식하고 일제 한자어를 구축해야 한다고 큰 소리를 친다. 그러나 그것은 말도 안 되는 무식한 소리다. 우리말 가운데는 중국 한자어가 아닌, 근대화 과정에서 새로 만든 일제(日製) 신한자어가 부지기수로 들어와 쓰이고 있다. 따라서 이들 신한어(新漢語)를 쓰지 않고서는 학문은 고사하고 일상 언어생활도 할 수 없을 정도이다. 이제 이들 예를 다소 들어 보기로 한다. 훈독어(訓讀語)는 시비의 대상이 될 수도 있으므로 자음어(字音語)의 예만을 들기로 한다(박갑수, 2018).

가결, 강습, 개념, 건축, 경기(景氣), 경비, 경제, 경찰, 경험, 공간, 공산주의, 과학, 관계, 관념(觀念), 광고, 광선, 교통, 구체, 국제, 권한, 귀납(歸納), 근무, 기록, 낭만주의, 내각, 내복, 내용, 노동자, 능력, 단순, 담판(談

判), 대상, 대표, 도구, 동맥, 등기, 목적, 문명, 문화, 물질, 미화(美化), 반대, 발명, 방식, 번호, 법률, 보험, 본질, 봉건(封建), 부기(簿記), 부정(否定), 분배, 비극, 사무원, 사상(思想), 사회(社會), 산소, 상식, 상업, 선거, 선전(宣傳), 성분, 소비, 속도, 수입(輸入), 승객, 시간, 신경, 신용, 액체, 연설, 연주(演奏), 연필, 영토, 예술, 온도, 요소, 운동, 원칙, 위생, 유전, 은행, 의식(意識), 인격, 일요일, 일주일, 임명, 자본, 자유, 작품, 저축, 전자(電子), 전화, 정신(精神), 조건, 종교, 주관, 중점, 지식, 진화, 착각, 창작, 처녀작, 첨단(尖端), 체육, 총리, 추상, 출구, 침략, 통계, 투기, 투자, 특권, 판결, 평가, 품위, 필요, 항성(恒星), 혁명, 현금, 현실, 협의(狹義), 화석, 화분, 회담, 효과

둘째, 감각어가 발달되어 있다.

우리말에는 오관(五官)에 의해 느낌을 나타내는 말이 많다. 특히 시각어, 미각어, 촉각어가 발달되어 있다. 예를 들면 색채어(色彩語) 가운데 빨강색을 나타내는 말은 적어도 60여개이고, 노란색의 색채어도 약 30개나 된다. 파란색을 나타내는 형용사는 "푸르다" 계통의 말만 하더라도 열댓 개 되고, "파랗다", "퍼렇다" 계통의 말까지 합하면 30여개에 이른다. 영어나 중국어, 일본어의 경우 파란색을 나타내는 색채어가 몇 안 되는 것과 비교할 때 우리의 경우는 풍부하다 못해 그 수가 너무 많다고 느껴질 정도다. 따라서 이러한 색채어의 지시적(指示的) 의미가 많은 경우 제대로 구별되지 않을 정도이다. 감각어까지도 그 의미를 감각적으로 향수한다. 청색 계통의 말을 구체적으로 보면 다음과 같다.

푸르다-푸르께하다-푸르누렇다-푸르데데하다-푸르뎅뎅하다-푸르디푸르다-푸르무레하다-푸르스레하다-푸르스름하다-푸르싱싱하다-푸르죽죽하다-푸르퉁퉁하다-푸름푸름하다-푸릇하다-푸릇푸릇하다--시푸르다-시푸르뎅뎅하다-시푸르죽죽하다
파랗다-파르께하다-파르대대하다-파르댕댕하다-파르랗다-파르무레하다-파르스레하다-파르스름하다-파르족족하다-파릇하다-파릇파릇하다-새파랗

다-새파르족족하다

　퍼렇다-퍼르무레하다-퍼르스레하다-시퍼렇다

그런데 우리는 청색의 경우 청색(靑色)과 녹색(綠色)을 제대로 구별하지 않는다. 이러한 경향은 일본어나 중국어에도 나타나는 현상이다. 특히 놀라운 것은 우리말에는 이렇게 감각어가 풍부하게 발달되어 있음에도 불구하고 녹색을 나타내는 고유어가 따로 없다는 것이다. 그리고 덧붙일 것은 우리는 또한 공감각적(共感覺的) 표현을 많이 할 뿐 아니라, 감각적 대상이 아닌 것에까지 "그 사람 싱겁기는!", 또는 "걔는 좀 짜."와 같이 감각어를 많이 사용한다는 것이다.

셋째, 상징어(象徵語)가 발달되었다.

상징어란 의성어와 의태어를 말한다. 이는 소리나 모양을 음성으로 바꾸어 간접적으로 나타내는 말이다. Bloomfield는 상징어를 원시적 언어 표현이라 하고 있으나, 구체적 감각적인 말이다. 우리말에는 이 상징어가 매우 발달되어 있다. "토끼타령"에서는 토끼의 모습을 "두 귀는 쫑긋, 두 눈은 도리도리, 꽁지는 오똑, 앞발은 짤룩, 뒷발은 껑충"과 같이 상징어만을 가지고 잘도 묘사한 것을 보여 준다. 상징어는 이렇게 구체적이고 감각적인 표현을 하게 한다. 우리말은 앞에서 말소리를 바꾸어 어감의 차이를 나타내는 특성이 있다고 하였다. 이러한 어감의 차이를 나타내는 대표적인 말이 상징어이다. "깽깽-끙끙, 남실남실-넘실넘실, 달싹달싹-들썩들썩, 담방담방-탐방탐방, 물렁물렁-물컹물컹, 방글방글-뱅글뱅글, 빙그르르-핑그르르, 빵빵-뿡뿡, 생긋생긋-쌩긋쌩긋, 아기작아기작-어기적어기적, 알록달록-얼룩덜룩, 졸졸-쫄쫄, 찰랑찰랑-철렁철렁, 콩닥콩닥-쿵덕쿵덕, 타달타달-터덜터덜, 탱탱-퉁퉁, 팔랑팔랑-펄렁펄렁, 홀짝홀짝-훌쩍훌쩍" 같은 것이 그 예다. 다음에 걸음걸이에 대한 의태어를 몇 개 더 제시해 보면, 우리말에

상징어가 풍부하다는 사실을 더욱 실감하게 될 것이다.(박갑수,)

> 가뿐가뿐, 느릿느릿, 발밤발밤, 비뚝비뚝, 비척비척, 비틀비틀, 사뿐사
> 뿐, 살살, 살금살금, 성큼성큼, 슬금슬금, 슬슬, 아슬랑아슬랑, 아장아장,
> 앙금앙금, 어슬렁어슬렁, 어정어정, 엉금엉금, 자춤자춤, 저축저축, 절뚝절
> 뚝, 타닥타닥, 타박타박, 터덕터덕, 터벅터벅, 터벌터벌, 할딱할딱, 허겁지
> 겁, 허둥지둥, 허우적허우적, 허위허위, 헐떡헐떡, 헐레벌떡, 휘적휘적

넷째, 조사와 어미가 발달되었다.

우리말은 형태적으로 부착어에 속한다고 하였다. 따라서 조사와 어미가
매우 발달되었다. 이는 고립어인 한자어와 비교해 보면 그 특성이 분명히
드러난다.

조사는 다른 말과의 관계를 나타내는 말이다. 이는 앞에 오는 말에 어떤
자격을 주거나, 두 말을 이어 주거나, 혹은 어떤 의미를 더하기 위해 쓰인
다. 특히 주어, 서술어, 부사어의 자격을 주기 위한 격조사(格助詞)와, 앞에
오는 말에 뜻을 더하기 위한 보조사(補助詞)는 매우 다채롭게 발달되어 있
다. 한 예로 부사의 자격을 갖게 하는 조사를 보면 "-에, -에서, -에게, -께,
-으로, -으로서, -으로써, -같이, -라고" 등 다양하고 풍부하다.

어미(語尾)는 문장을 끝맺거나, 연결하거나, 다른 성분으로 쓰이게 하기
위해 사용한다. 동사나 형용사 같은 용언(用言)은 서술하거나, 의문을 나타
내거나, 명령하거나 하기 위해 다양하게 활용한다. 특히 연결어미의 경우
는 복잡한 접속관계를 나타내기 위해 "-니, -나, -도록, -러, -려고, -면"과
같이 그 어미가 다양하다. 이와 같이 다양하고 풍부한 조사와 어미의 발달
은 논리적이고, 조리 있는 표현을 하게 하는가 하면, 특정한 의미를 드러내
어 커다란 표현효과를 드러낸다. 이는 앞에서 말한 바와 같이 문법적 관계
를 다만 위치로 나타내는 중국어와 같은 언어와 비교할 때 의미를 분명히
하고, 논리적인 사고를 하며, 표현효과를 크게 드러낸다는 것을 실감할 수

있다. 한 예로 아이가 받은 세뱃돈을 보고 "만원이나 주셨어?"라 하는 경우와 "만원밖에 안 주셨어?"라고 했을 때 허사(虛辭)인 조사 "이나"와 "밖에"가 드러내는 의미와 표현의 차이는 그야말로 천양의 차이로 니타나는 것을 쉽게 확인할 수 있다.

2.3. 문장면의 고찰

다음에는 문장을 보기로 한다.

첫째, 고맥락 문화(高脈絡文化)의 언어다.

우리말은 고맥락 문화에 속하는 언어다. 상황, 곧 맥락에 많이 의존한다. 상황(맥락)을 중시해 언어 아닌, 비언어행동(非言語行動)에 의존하고, 언어 행동은 꼭 필요한, 한정된 표현만 한다. 이는 저맥락 문화(低脈絡文化)가 상황에 의존하지 아니하고, 가능한 한 언어로 명확히 표현하기 위하여 전달내용을 대부분 언어로 표현하는 것과 대조된다. 따라서 고맥락 언어에서는 맥락에서 이미 드러났거나, 알 수 있는 것은 구태여 말로 표현하지 않는다. 그래서 말수가 적고, 주요 성분인 주어, 서술어, 및 목적어가 많이 생략된다.

> "어디 가세요?"
> "학교"

이 대화에는 주어와 서술어가 생략되었다. 사회적 맥락을 통해 알 수 있는 것이라 줄인 것이다. 경제적 표현이다. 고맥락 언어는 군더더기가 없다. 이런 것이 우리말의 매력이다. 그리고 중요한 것은 이 생략된 것으로 보이는 부분을 찾아 넣어 보면 오히려 말이 어색해지는가 하면 군더더기가 된다. 위의 보기를 "선생님은 어디 가세요?"나, "나는 학교에 간다"와 같이 주술어(主述語)를 갖추어 말하게 되면 자연스럽지 않다. 교과서에나 나올 법한 말이다. 또 놀라운 것은 이는 말을 줄였음에도 말을 거는 사람의 신분까지 알게 한다. 어리거나 사회적으로 지위가 낮은 사람이라는 것이다. 그것은 말하는 사람이 존칭 접사를 쓰고 있어 무언중 드러난다. 가주어(假主語)까지 내세워 표현하는 영어의 표현과 대조된다. 이는 놀라운 우리말의 매력이다.

둘째, 도미적(掉尾的) 어순(語順)을 지니는 언어다.

도미문(periodic order sentence)이란 수사학에서 주요한 부분, 곧 화자의 결론 등을 끝에 진술하는 것을 말한다. 이에 대해 주요 부분을 앞에 먼저 진술하는 문장을 산열문(散列文, loose order sentence)이라 한다. 우리말의 경우는 도미문의 성격을 지닌다. 일본어도 마찬 가지다. 이에 대해 영어의 경우는 산열문의 성격을 지닌다. 그리하여 우리말의 경우는 무엇보다 문장의 주요 부분이라 할 서술어가 가장 뒤에 놓인다. 따라서 우리말의 기본문형은 SP형, SOP형, SCP형이 된다. 이는 서구어의 기본문형이 SP형, SPO형, SPC형인 것과 대조된다.

수식어도 우리말의 경우는 용언 앞에 놓인다. 이는 어떤 수식 성분만이 아니고, 구나 절의 경우도 마찬가지다. "나는 빵을 먹었다."에서 수식 성분이 더해지면 "나는 맛있는 빵을 어제 먹었다."와 같이 용언(用言)인 동사 앞에 놓인다. 이와 같이 정보가 추가될 때 동사의 앞, 곧 왼쪽에 놓인다 하여, 문법적으로는 이를 왼 가지 뻗기(left-branching structure)라 한다. 이에 대해 서구어는 정보를 동사 뒤, 곧 오른 쪽에 추가한다. 따라서 서구어는 오른 가지 뻗기(right-branching structure)가 된다. 언어 구조를 올바로 알기 위하여는 이러한 구문 구조를 바로 이해해야 한다.

셋째, 높임법이 발달된 언어다.

우리말에는 문장의 주체와 말을 듣는 상대방을 높이거나 낮추는 높임법

(待遇法)이라는 것이 있다. 이는 주로 우리말과 일본어에 나타난다. 높임법은 인간이 평등하다는 입장에서 보면 바람직하지 않은 언어현상이라 할 수 있다. 그러나 어른을 공대한다는 윤리·도덕적 차원에서 보면 아름다운 언어예절을 드러내는 것이다. 이러한 높임법은 격식을 차리는 말의 경우 종결어미에 의해 "합쇼"체라는 아주높임, "하오"체라는 예사높임, "하게"체라는 예사 낮춤, "해라"체라는 아주낮춤의 네 단계로 나타난다. "어서 오십시오", "어서 오시오", "어서 오게", "어서 와"가 그 예다. 격식을 차리지 않는 경우는 "해"체와 "해요"체로 나뉜다. 또한 높임법은 상대방을 높이기 위해 존칭 접사 "-시-"를 붙여 주체를 높이거나, 겸양의 접사 "-삽-, -옵-, -잡-" 등을 붙여 "잘 하옵소서", "편지를 받자왔습니다"와 같이 자기를 낮추는 공손한 표현을 하기도 한다.

높임법은 이와는 달리 특정한 낱말을 사용하여 존대하는 방법도 있다. "밥"에 대한 "진지", "술"에 대한 "약주"나, "있다"에 대한 "계시다", "자다"에 대한 "주무시다"와 같은 말이 그것이다. 이러한 높임법은 확실히 예의를 중시하는 사회나 나라의 문화를 반영하는 언어문화라 하겠다. 언어는 문화를 반영한다. 따라서 올바른 언어를 구사하기 위해서는 그 배경이 되는 문화를 바로 이해해야 한다.

넷째, 주제격(主題格) "-은/-는"이 있다.

우리말에는 특히 주제를 드러내는 주제격이란 것이 있다. 서술격 조사(copula) "-이다"와 함께 주제를 드러내는 조사 "-은/-는"은 논리적 사고, 및 표현을 가능하게 한다. 이러한 주제격은 다른 언어에서는 쉽게 그 예를 발견할 수 없는 것으로, 우리말과 일본어에 보인다. 이 주제격은 특수조사로서 모든 격에 두루 쓰여 변화를 보인다. 따라서 형태적 구조에 집착하게 되면 문장의 의미를 바로 파악하지 못하게 된다. 주제격이 없는 언어의 사용자는 이의 운용에 어려움을 느낄 것이다. 주제격의 이러한 용법의 변화는 한·일어에 다 같이 나타난다. 다음과 같은 예가 이러한 것이다.

> "<u>떡은</u> 먹고, <u>밥은</u> 먹지 않는다."
> "나는 <u>떡은</u> 싫다."
> "<u>오늘날은</u> 외국어 한두 <u>가지는</u> 배운다.

3. 우리글에 대한 비판적 고찰

우리글, 한글은 표음문자다. 이는 다양한 음성을 기록할 수 있는 음소문자(音素文字)다. 표음문자라면 무엇보다 다양한 소리를 기록할 수 있어야 한다. 그런 면에서 우리의 문자는 훌륭한 문자라 할 수 있다. "훈민정음" 해례본에서 "비록 바람의 소리와 학의 울음, 닭의 울음이나 개의 짖음이라도 다 가히 적을 수 있다(雖風聲鶴唳 鷄鳴狗吠 皆可得而書矣)."고 한 것은 이런 장점에 대해 언급한 것이다. 이런 우리 글자의 대해서는 창제에 관한 문제를 중심으로 몇 가지를 살펴보기로 한다.

3.1. 한글 창제의 과정

한글 창제의 두드러진 동기의 하나는 민족 문자를 만들어야겠다는 것이었다. 훈민정음은 한자문화권(漢字文化圈)에서 벗어나 문화적으로 독립을 해야겠다는 자주정신(自主精神)의 발로로 이루어진 것이다. 이는 훈민정음 서문에도 반영되어 있다. "國之語音 異乎中國 與文字不相流通"하므로 우민(愚民)을 위해 훈민정음을 만든 것이다. 곧 "나라의 말이 중국과 달라 한문자로는 서로 통하지 않기 때문에" 민족적인 독자적 문자를 만들었다는 말이다.

이러한 민족적 각성과 문자 창제에 대한 생각은 우리만이 홀로 가진 것은 아니었다. 한자문화권에 속해 있던 몇몇 민족은 이미 이 문화권에서 벗어나고자 우리보다 먼저 민족문자를 만들었다. 요(遼) 나라를 세운 거란(契丹)은 한자에 대신하여 920년 대소(大小) 거란문자를 만들었고, 금(金)나라를 세운 여진(女眞)은 1119년 대소 여진문자를 만들었다. 그리고 원(元)나라를 세운 몽고(蒙古)는 1269년 티베트의 고승(高僧) 파스파로 하여금 파스파문자를 제정하여 반포하였다(박갑수, 1999). 그러나 이들은 모두 성공하지 못하고 사라졌다. 한글 창제는 이러한 일련의 민족적 자각에 의한, 탈한문화(脫漢文化)의 한 과정에서 이루어진 것이나 성공한 경우이다.

집현전 부제학 최만리(崔萬理) 등의 정음창제(正音創製) 반대상소(反對上疏)는 이 탈한문화에 반기를 든 것이다. 최만리 등은 세종 26년 언문(諺文)을 제작한 것이 지극히 신묘하여 만물을 창조하고, 지혜를 운전함이 지극히 뛰어나나, 좁은 소견에 의심되는 것이 있다며 6개조를 들어 장문의 언문 창제 반대상소(反對上疏)를 올렸다. 그 6개조는 다음과 같다.

첫째, 중국과 동문동궤(同文同軌)의 때를 당하여 언문을 창제함으로 저들이 비난하면 사대모화(事大慕華)의 도리에 부끄러운 일이다.

둘째, 중국 본토에서는 지방에 따라 따로 문자를 만든 것이 없는데, 몽고, 서하(西夏), 여진, 일본이 문자를 만든 것은 모두 이적(夷狄)의 일이다.

셋째, 언문의 사용은 학문을 돌보지 않게 하고, 사리판단을 못하게 할 것이니, 학문에 손해를 끼치고 정치에 이로운 것이 없는 언문의 제정은 옳지 않다.

넷째, 언문을 사용하게 되면 형옥(刑獄)에 공평을 기할 수 있다 하나, 형옥의 잘잘못은 초사(招辭)에 달린 것이 아니라, 옥리(獄吏)의 태도에 달린 것이다.

다섯째, 일은 서두르지 말고, 공론을 거쳐 해야 하는데, 급할 것이 없는 언문 제작을 행재(行在)에서까지 급급하게 하여 성궁(聖躬)을 조섭하는 때 번거롭게 하는 것은 옳지 않다.

여섯째, 동궁(東宮)이 성학(聖學)에 잠심하여 이를 더욱 궁구하여야 하

는데, 언문 제작에 날이 맞도록 때를 보내니 이는 학문을 닦는 데 손실이
된다.

이상과 같은 것이 반대 상소문의 주 내용이다. 따라서 흔히 사람들이 생
각하는 것처럼 최만리가 무슨 대역죄(大逆罪)를 저지른 것은 아니다. 상소의
내용은 위에 보인 바와 같이 당시 기득권층인 사대부(士大夫)의 보수적인 생
각을 대변한 것뿐이다.

그리고 여기 덧붙일 것은 자주정신에 대해 앞에서 언급했으나, 창제의
목표를 "우민(愚民)"으로 하여금 "欲使人人易習便於日用矣"에 있다고도 할
수도 있다. 상층계급은 한자를 독점하여 그들만이 향유하였다. "우민", 곧
일반 백성은 "훈민정음" 서문에서 말하고 있듯, 이에 의해 자기의 뜻을 펼
수 없었다. "훈민정음"은 이들 일반 백성, 서민계층을 위해 제작하였다고
보는 것이다. 요사이 말로 민초(民草)를 위해 지었다는 말이다. 세종 30년에
집현전 봉교(奉敎) 김구(金鉤)로 하여금 "사서(四書)를 번역하게 하였다(以諺文
譯四書)"(세종실록 119권)고 한 것은 이러한 "우민"을 배려한 서민정책의 하나
였다고 할 수 있다(박갑수, 2015).

3.2. 창제자 기타에 대한 사실

다음에는 한글 창제자(創製者)의 문제를 조금 살펴보기로 한다. 흔히 최항
(崔恒), 박팽년(朴彭年), 신숙주(申叔舟), 성삼문(成三問) 등 집현전(集賢殿) 학사들
이 한글 창제에 참여하고, 세종을 보필하였다고 한다. 그러나 이는 사실과
다른 것으로 보인다. 집현전 학사들은 한글 창제에 직접 참여하지 않았고,
오히려 세종대왕을 비롯한 동궁(東宮)과 진양대군(世祖), 안평대군 등 왕자들
이 참여하여 왕가사업(王家事業)으로 은밀히 진행한 것으로 보인다. 그러기
에 세종실록(世宗實錄)에 한글 창제에 관한 기사가 거의 보이지 않는다. 세종

25년(1443) 12월 30일조에 "是月上親制諺文二十八字... 是謂訓民正音"이란 기록이 유일하다. 이렇게 정음 창제가 은밀히 진행된 것은 최만리 등의 언문 창제 반대상소에도 보이는 바와 같이 당시 수구파(守舊派) 문인들의 반발이 거세고, 명(明)나라와의 유대관계가 불편해지는 것을 염려한 때문일 것으로 추정된다. 좀 더 구체적으로 말하면 언문을 창제함으로 중국과 동문동궤(同文同軌)에서 벗어나 중국이 비난, 내지 추궁할 것을 염려해 겉으로 드러내지 아니하고 은밀히 진행한 것으로 보인다는 말이다.

집현전 학사들은 한글 창제에 직접 참여한 것이 아니라, 간접적으로 관여한 것으로 보인다. 이들은 정음 창제가 아니라, 실제로는 오히려 정음을 반포한(?) 것으로 볼 수 있는 "訓民正音" 해례본 제작에 참여하였다. 이는 "훈민정음" 해례본 가운데 보이는 "정인지 서"의 다음과 같은 사실에서 확인된다.

드디어 명하사 자세히 해석을 가하여 모든 사람에게 알려 주라 하시니 이에 신이 집현전 응교(應敎) 최항, 부교리(副校理) 박팽년, 신숙주, 수찬(修撰) 성삼문, 돈령부 주부(敦寧府 主簿) 강희안, 행집현전(行集賢殿) 부수찬(副修撰) 이개, 이선로 등으로 더불어 삼가 여러 가지 해설과 보기를 지어, 그 경개를 서술함으로써 보는 이로 하여금 스승이 없어도 스스로 깨닫게 하였다. 그러나 그 깊은 근원과 정밀한 뜻의 묘한 것에 있어서는 신들이 능히 발휘할 바가 못 된다.

다음은 훈민정음의 제작 연대와 반포의 문제를 살펴보기로 한다.

종래 흔히 훈민정음은 세종 25년(1443)에 완성하고, 세종 28년(1446)에 반포하였다고 일러 왔다. 세종실록에 의하면 훈민정음은 분명히 세종25년 계해(癸亥)에 완성되었다. 이의 기록을 보면 다음과 같다.

是月上親制諺文二十八字... 字雖簡要 轉換無窮 是謂訓民正音 〈세종실록

권 102, 25년 계해12월조>
癸亥冬 我殿下 創制正音 二十八字 略揭例義以示之 名曰訓民正音 <훈민
정음해례>

이렇게 세종 25년 계해 겨울에 훈민정음이 완성되었다고 실록과 훈민정
음 해례가 다 같이 증언하고 있다. 그러나 "반포"에 관한 구체적인 기록은
보이지 않는다. 세종실록 권113, 세종 28년(1446) 9월 29일 조에 "是月訓民
正音成"이라 한 것은 문자 아닌, 해례본이 이루어졌음을 의미한다. 이는
"훈민정음(訓民正音)" 해례본의 정인지 서문의 연기(年紀) "正統十一年 九月上
澣"을 가리킨다. 흔히 이 훈민정음 해례본의 완성을 훈민정음 "반포"라 생
각한다. 그러나 훈민정음 해례본의 어디에도 "반포(頒布)"라는 말은 보이지
않는다. 훈민정음 해례본은 정인지의 서문에 의하면 문자 "훈민정음"의 해
설서로 만든 것이다. 그것은 구체적으로 앞에서 본 바와 같이 "드디어 명
하사 자세히 해석을 가하여 모든 사람에게 알려 주라.(遂命詳可解釋 以喩諸人於
是)"라고 하셔서 해례본을 만든 것이다. 반포의 형식은 거치지 않은 것으로
보인다. 그것은 최만리의 상소문에 의하면 이미 세종 26년에 이배(吏輩)들
을 모아 훈민정음을 배우게 하는가 하면 공장(工匠) 수십 명을 모아 글자를
새기기도 하였던 것으로 보이기 때문이다. 이러한 사실은 세종실록 권103,
26년 2월조에 다음과 같이 보인다.

今不博採群議 驟令吏輩十餘人訓習 又輕改古人已成之韻書 附會無稽之諺
文 聚工匠數十人刻之 劇欲廣布其於天下 後世公議何如

한글날을 10월 9일로 작정한 것은 계해년 음 12월 30일을 양력으로 환
산하여 정한 것이다.
다음은 "훈민정음"이란 명칭, 명명의 문제를 잠시 보기로 한다.
언해본 "훈민정음"의 서문에는 "훈민정음"에 대해 주석하기를, "빅셩 ㄱ

ᄅ 치시논 正훈 소리라"라 하고 있다. "백성을 가르치는 바른 소리"란 것이
다. 그런데 "新制二十八字"를 하면서 그 이름을 왜 글자 자(字)가 아닌, 소리
음(音)자를 붙여 "訓民正音"이라 한 것일까? 이는 의문을 품게 하는 것이다.
그러나 이러한 명명에 대한 설명은 아무 곳에도 보이지 않는다. 따라서 추
단할 수밖에 없다. 추단은 이렇게 할 수 있을 것이다. 그것은 새로 만든 글
자가 뜻을 나타내는 글자가 아니요, 소리를 적는 기호, 곧 음성기호이기 때
문에 소리 음(音)자를 붙인 것이다라고. 그리고 나아가 "字"나 "文"은 이미
한자에 적용된 말로, 이들을 사용하면 한자에 대치할 문자를 신제하였다고
시비에 말릴 것을 염려해 그렇게 한 것이라고 추단할 수 있다.

4. 우리말 교육에 대한 비판적 고찰

우리말에 대한 교육은 두 가지가 있다. 그 하나는 자국인을 위한 국어교
육이고, 다른 하나는 외국인을 위한 한국어교육이다. 국어교육은 이미 우
리말을 알고 있는 우리나라 사람에게 바람직한 말을 사용하여 효과적인 소
통을 할 수 있는 기능을 육성하는 것이요, 한국어교육은 우리말을 모르는
외국인에게 바른말을 모어 화자처럼 사용할 수 있는 능력을 길러 주는 것
이라 하겠다.

이 장에서는 주로 자국어교육에 대한 국제적 동향과 우리말 교육의 지
향점을 중심으로 바람직한 국어교육의 방향에 대해 논의하기로 한다.

언어의 대표적인 기능은 무어니 무어니 하여도 커뮤니케이션(communication)
이라 할 것이다. 그리고 이의 궁극적인 목적은 친교(親交)에 있다. 개인 및,
민족, 국가 간에 친화를 추구하는 것이다. 서언에서 인간생활의 원칙은 협
동에 있으며, 그것은 주로 언어에 의해 이루어진다고 한 것도 바로 커뮤니케
이션의 이러한 친화, 친교의 기능에 바탕을 두고 하는 말이다. 영어를 세계

화하려는 것이나, 프랑스어권 국제기구(organization internationale de le Francephone: OIF)를 조직, 활동하고 있는 것도 여기에 목적이 있다 하겠다. 그러면 이러한 언어의 기능에 유념하며 국어교육의 국제적 동향을 중심으로 국어교육의 지향(志向) 방향을 살펴보기로 한다.

첫째, 비판적 읽기 교육을 추구한다.

국어교육은 오늘날 주로 텍스트의 구조를 분석하고 해석하는 데에 중점을 두고 있는 것으로 보인다. 이를 영·미권에서는 비평적 읽기(critical reading)라 하고, 독일 등 서구에서는 "텍스트 분석", 또는 "텍스트의 분석과 해석·비판"이라 한다.

미국에서는 말을 할 때 "왜?"가 따라다닌다고 한다. 어떤 사실을 말한 다음에는 반드시 "because"가 이어지기 때문이다. 이는 사실을 바탕으로 진술해야 함을 의미한다. 독일을 비롯한 서구에서는 감상위주(感想爲主)의 글쓰기나 읽기 교육을 지양한다. 사실을 바탕으로 진술하고, 근거를 바탕으로 논증하기를 바란다. 말을 바꾸면 근거를 따지고, 영미인이 입버릇처럼 되뇌는 "because"를 찾는다.

이는 아직도 감상문 쓰기에 시종하고 있는 우리의 교육 현실과 차원을 달리하는 것이다. 이는 논리적인 언어 훈련을 하는 것이고, 비판적 사고(思考)의 기능을 연마하는 것이다. 조리 있고 비판적인 사고를 하기 위해 이러한 언어 훈련을 하는 것이다. 비판적 읽기 교육을 하는 것이다. 이때 읽은 것을 자기말로 다시 이야기 하기(再話), 요약하기, 근거를 확인하기 등의 작업을 한다. 그리고서는 이를 논문형 글쓰기로 마무리한다. 이러한 과정이 "텍스트의 분석과 해석·비판"이란 읽기 교육이다. 구체적으로 독일의 "텍스트의 분석과 해석·비판"이라는 교육은 이렇게 이루어진다.

"텍스트의 분석과 해석·비판"을 하기 위해서는 우선 분석의 지표를 배우고, 그 과정을 배워야 한다. 분석의 지표는 다음과 같은 것들로 되어 있다(三森, 2013).

> 구조, 플롯, 스타일, 형식, 시점, 시제, 설정, 톤(調子), 어휘(은유, 풍유,
> 形象 등), 등장인물과 그의 상관도, 상징, 주제, 작가와 그의 배경

우선 독일에서는 텍스트를 원칙적으로 문학 작품으로 한다. 따라서 텍스트 분석은 문학작품의 독서 기법을 익히는 것이 된다. 위의 "설정"은 배경(背景)으로, 장소와 시간, 환경, 계절 등 등장인물이 활약하는 장(場)을 말한다. 이것이 충분히 분석돼야 등장인물이 어떻게 설정된 장에서 활동하는지 제대로 파악된다. "등장인물과 그의 상관도"란 등장인물의 신병(身柄)에 관한 것을 말한다. 곧, 성별, 연령, 이름, 용모, 표정, 성격, 직업, 소속, 사회적 지위, 계급, 출신(지), 출자(出自), 거주지역, 종교, 생활환경, 교육(학력), 가족 관계, 행동의 특징, 말씨, 복장, 좋아하는 색, 취미, 특기, 등장인물의 개인적 사회적 관계 등이 그것이다. "작가와 그의 배경"은 작가의 시대, 가족구성, 인종, 종교, 자라난 환경, 받은 교육, 경험, 직업 등을 말한다. 이러한 것들을 분석한다. 그뿐 아니다. "파우스트"에 대한 학습을 한다면, 사전에 학습자가 "질풍노도, 계몽주의, 고전주의, 낭만주의"와 같은 사항에 대해 조사하여 교사의 질문에 답할 수 있게 한다. 이러한 철저한 교육을 하기 때문에 책 한권만 "텍스트 분석"의 교육을 하게 되면 전문가나 다름없이 된다고 한다.

이러한 "텍스트 분석"에서의 분석과 해석은 두 단계를 거친다. 제1단계는 쓰인 사실을 구체적인 근거로 하여 분석적으로 읽는 것이고, 제2단계는 쓰인 사실을 바탕으로 추측하여 읽는 것이다. 따라서 제1단계에서는 몇 페이지 몇째 줄이라고 논거를 밝혀야 하고, 제2단계에서는 우리가 행간을 읽는다고 하는 작업을 한다. 제2단계는 쓰인 사실로부터 종합적, 논리적으로 추측하여 해석하는 것이다. 다시 말하면 쓰인 사실을 바탕으로 이를 종합

적으로 검토한 결과, 논리적으로 도출되는 해석을 하는 것이다. 이렇게 "텍스트의 분석과 해석·비판"이란 교육은 구체적이고 논리적인 것이다. 이러한 "비판적 읽기" 교육은 학습자로 하여금 자연히 사물에 대한 분석과 해석의 방법을 익히게 하고, 나아가 비판 정신을 단련하게 한다. 우리는 아직 이러한 교육을 하지 못하고 있다.

둘째, 통합적 교육을 추구한다.

오늘날의 사상(事象)은 복잡다단하다. 특정한 영역 한쪽에서나, 하나의 능력으로 문제를 해결할 수 없는 경우가 많다. 따라서 교육도 교과 간 장벽을 철폐하고, 교과나 영역의 울타리를 넘어서 통합 교육을 하게 된다. 표현·이해교육 및 이의 통합과, 상호 연계 교육이 필요하다. 텍스트의 구조 분석과 해석·비평을 하고, 논문형 글쓰기로 마무리하는 것도 이러한 교육의 흐름이다.

프랑스의 2002년 교육과정에서 프랑스어 교육을 다른 교과학습의 도구로 보고, 통합교육으로 전면 보충, 개편하고 있는데 이는 바로 이러한 통합교육의 추세를 반영하고 있는 것이라 하겠다. 그리고 구체적으로, "언어와 프랑스어 습득" 시간을 통해 언어교육에 문학, 역사, 지리, 과학기술, 체육과 예술 등 다양한 지식과 연관지어 교육한다(박동열, 2011). 독일의 "텍스트 분석"도 통합교육임은 말할 것도 없다. 이러한 통합교육은 특히 제2언어교육, 및 외국어로서의 자국어교육이 국어교육과 상보적(相補的) 관계에 놓여 있으므로 통합적 교육의 필요성을 느끼게 한다. 우리의 경우에도 최근에 다문화 가정이 많이 생겨 국어교육에서 기본적인 국어지식 연구 및 교수·학습의 압박이 가해지고 있는 것을 볼 수 있다.

셋째 학습자 중심의 교육을 지향한다.

전통적으로 언어교육은 의사소통법(communicative method)이 행해지기 전에 문법-번역법(grammar-translation method), 청각-구두법(audio-lingual method) 등 타율적인 방법이 주류를 이루었다. 동양에서도 주로 훈고주석적인 방법이 쓰였다. 그런데 최근에 들어서는 그 흐름이 학습자 중심의 주체적 자율학습으로 바뀌었다. 타율이 아니라, 학습자의 자율적 활동을 통해 발전적 변화를 모색하고자 하는 것이다.

이러한 방법의 교육은 앞에서 논의한 "비판적 읽기"에서도 하고 있다. 프랑스에서는 자국어교육의 최종 목표를 개개인의 자율성 비판과 사고력에 둔다. 곧 자기의 문제 의식, 주제와 관련된 문제를 스스로 발견하며, 해설하는 수준에 이르도록 하기 위해 학습자 중심의 교육을 한다. 이러한 학습자 중심 교육의 대표적인 것으로는 토의 토론 교육을 들 수 있다. 따라서 국어교육의 장에서는 이 토의 토론교육이 활발히 수행되고 있다. 이는 말하기, 듣기, 읽기, 쓰기란 단순한 네 언어가능의 교육이 아니다. 이는 "미완의 문장"이라하는 담화(談話)의 교육을 하게 한다.

학습자 중심의 토의 토론은 특정 맥락에서의 언어 훈련과 달리 예기치 못한 다양한 맥락에서의 언어 훈련, 내지 교육이 가능하다. 이런 면에서 토의 토론에 의한 교육은 언어교육인 동시에 논리와 사고, 비판의 교육이 된다. 이러한 하습자 중심의 주체적 자율학습은 극단적으로 한 학기에 연극을 한 편 상연하는 것으로 마치기도 한다. 연극을 하기로 하는 것에서부터 희곡, 배역에 이르기까지 모든 것을 학습자가 정해, 한 학기 내내 연습하여 상연하는 것으로 끝을 맺는 것이다. 이때 텍스의 분석과 해석·비평이 행해지므로 비판적 읽기 교육이 전제됨은 물론이다.

넷째, 적극적으로 언어의 사용능력을 기른다.

국어교육에서 언어의 사용능력을 기르는 것은 기본이다. 언어의 기능은 크게 통달적(通達的) 기능과 정서적(情緒的) 기능으로 나눌 수 있다. 전자는 논리·설득의 표현으로 머리에 호소하는 것이고, 후자는 정서·감동의 표현으로 가슴에 호소하는 것이다. "텍스트 분석"은 주로 "머리"에 호소하는 언어 표현에 중점이 놓인 것이다. 서구에서는 "비판적 읽기"를 중시하는 나머지 "감상적(感想的) 읽기"를 경시하는 경향이 있다. 그러나 언어의 정서적 기능도 무시할 수 없는 것이다. 우리는 논리 아닌, 감정에 의해 큰 감동을 받기도 한다.

국어교육에서 언어의 기능교육은 기본이라 하였지만, 구체적인 근거를 들면 프랑스의 중학교 교육과정에서는 담화(discourse)의 숙달을 하나의 구체적 목적으로 하고 있는 것이 그 하나다. 광의의 담화는 구어만이 아닌 문어로도 실현된다. 이는 다양한 학습 양상과 학습내용을 결합하여 국어교육에서 읽기, 및 쓰기와 연결지어 통합교육으로 수행된다. 특히 듣기와 말하기는 통일적 과정으로 본다. 효율적 말하기는 성공적 듣기에 달려 있을 정도로 두 기능은 상호 의존적인 것이다. 듣기 교육은 교육 요소를 추출하기가 마땅치 않아 일반적으로 읽기교육에 비해 소홀히 다루어지고 있다.

다섯째, 국어교육의 내용교과화도 지향한다.

언어는 커뮤니케이션의 수단이다. 그래서 프랑스에서는 프랑스어를 모든 학문의 기초라 하며 다른 교과학습의 도구로 본다. 영국에서는 일찍이 모든 교육이 영어로 이루어지기 때문에 모든 교사는 영어교사라고 갈파하기도 하였다(박갑수, 1984). 이렇게 국어교육은 1차적으로는 커뮤니케이션, 혹은 교과학습의 도구를 연마하는 것이다. 그러나 국어교육이 이러한 기능교육만 하는 것은 아니다.

2015년도에 공포한 한국의 교육과정은 모든 교과가 핵심역량을 육성하는 교육을 지향하도록 되어 있다. 교육과정에 제시된 핵심역량이란 "자기관리능력, 창의·융합 사고능력, 정보처리능력, 의사소통능력, 공동체 의식, 심미적 감상능력"으로 되어 있다. 이러한 핵심역량의 대부분은 국어교육에서 주로 육성해야 할 능력이다. 구체적으로 이 가운데 "창의·융합 사고능력, 정보처리능력, 의사소통능력, 심미적 감상능력"의 네 가지 능력은 무엇보다 국어과에서 육성해야 할 능력이다. 이렇게 볼 때 국어교육은 도구교과라는 면 외에 당연히 내용교과의 성격을 지닌다 할 것이다.

국어교육은 언어의 특성을 고려할 때에도 내용교과를 지향하는 것도 바람직하다. 언어란 처음에는 사회를 반영하는 통달적 언어로 생성된다. 그러나 일단 생성된 뒤에는 지령적(指令的) 언어가 된다. 인간과 사회를 지배하고 개조하는 기능을 지닌다. 예를 들어 "삼종지도"나, "홍동백서"가 통달적 언어였으나, 이것이 그렇게 "하라"는 "지령적(指令的)" 언어가 되는 것이 그것이다. 국어교육에서 이러한 언어의 기능 교육을 수행하게 되면 이는 내용교과가 된다. 그리고 이는 2015년 고시된 교육과정의 "핵심역량 육성"과도 직접 연계된다고 할 것이다.

국어교육은 도구교과로서 그치는 것이 아니라, 실천교과, 내용교과를 추구할 필요가 있다. 이는 사회를 개혁하고, 새로운 문화를 창조하는 교육이다. 구체적으로 "동학란"을 "동학혁명", "6·25동란"을 "6·25전쟁", "매표소(賣票所)"를 "표사는곳"이라 함으로 의식개혁을 하게 된다. 이는 나아가 단순한 지식으로서의 문법 등 다만 지식교육을 하게 하는 데 그치는 것이 아니라, 구상적 사고(思考)를 하게 하고, 나아가 문법이 조리 있는 사고와 표현을 하게 하는 내용으로서 교수·학습하게 하는 것을 의미한다.

여섯째, 문화교육을 모색하고 실시한다.

프랑스에서는 고등학교 교육과정에서 일반 목적으로서 "지식획득, 문화확립, 인격형성 및 시민 양성"을 들고 있다. 그리고 고유목적으로 "문학지식, 언어숙달, 문화정립"을 들고 있다. 이렇게 문화교육을 중시한다.

문화교육은 언어교육과 관련시킬 때 특별한 의미를 지닌다. 그래서 외국어교육은 그 첫째 시간부터 문화교육이어야 한다고까지 말한다. 문화가 반영되지 않은 언어를 생각할 수 없기 때문이다.

그런데 그간 우리의 국어교육에서는 문화교육이 등한시되었다. 모어(母語)는 학습자가 그 문화와 더불어 생장하며 자연스럽게 습득하므로 어느 정도의 문화적 배경을 체험하고 익히기 때문이다. 그러나 모어라 하더라도 모든 언어문화를 체험하고 습득하는 것은 아니다. 많은 경우 그 언어의 문화적 배경을 알지 못한다. 따라서 학습을 통해 이를 배움으로 그 말의 진정한 의미나 용법을 파악하게 된다. 예를 들어 "머리를 올리다, 국수를 먹이다"와 같은 말은 한국의 혼인 풍습을 모르고서는 이 말을 이해할 수 없다. "경을치다, 육시를 하다"는 우리의 형벌제도를 알아야 이 말 뜻을 바로 알게 된다. "내가 죽었느냐, 왜 첨잔이냐?" 하는 말은 우리의 제사 문화를 알아야 비로소 이해할 수 있다.

그리고 이러한 문화는 절대적 문화관(絕對的 文化觀)이 아닌, 상대적 문화관(相對的 文化觀)을 가져야 오해를 하지 않게 된다. 민족이나 지역에 따라 문화가 다르다는 것도 유의해야 한다. 그래서 예기(禮記)에서는 "入竟而問禁 入國而問俗 入門而問諱"라 하고 있고, 흔히는 "入境問禁 入鄕問俗"이라 한다. "국경에 들어서는 금하는 것을 묻고, 마을에 들어서는 꺼리는 것을 묻는다"는 말이다. 한 예로 동양에서는 겸양을 미덕의 하나로 친다. 그런데 미국사회에서는 반드시 그렇지만은 않다. 만일 어떤 어머니가 딸을 시집보내면서 미국인 사돈에게 우리식으로 "가르친 것도 없고, 미거하다"고 하면 미국인 사돈은 크게 오해한다는 것이다. 그것은 어머니가 누구보다 딸을 잘 아는데, 그렇게 말하니 얼마나 무식하고 시원치 않겠느냐고 할 거라는 것이다. 이는 동양의 겸손지향(謙遜志向) 아닌, 미국의 대등지향(對等志向)의 문화에 대한 이해가 있어야 한다는 말이다. 외국어교육의 경우보다는 덜하겠지만 국어교육에서 문화교육은 필수적이라 보아야 할 것이다.

일곱째, 정체성을 확립하기 위해 국어의 통일교육을 지향한다.

오늘날 각 민족은 분리 독립하려는 추세를 보인다. 지난날의 연합국가에서 벗어나 독자적 독립국가를 건설하려 한다.

우리는 타의에 의해 남북이 분단된 민족이다. 남북이 분단되어 70여년간을 왕래도 하지 않고 지내다 보니 말이 바뀌는가 하면, 어문규범을 개정하여 이질화가 심해졌다.

민족의 지표 가운데 대표적인 것의 하나가 같은 언어를 사용한다는 것이다. 다행히 우리의 경우는 아직 이질화가 그리 심하지 않다. 그러나 이 이질화가 심화하면 동족이라는 정체성이 상실될 수도 있다. 다행히 오늘날은 남북이 화해의 분위기를 타고 있다. 따라서 이때 남북 언어의 통일 정책을 세우고 남북이 통일 국어교육을 실시함으로 민족어의 통일을 꾀하도록 하여야 한다. 현재 이질화된 대표적인 영역은 어휘로, 발음과 철자법은 그리 심한 편은 아니라 할 것이다. 어휘는 남북에서 사용하는 것을 다 함께 교육함으로, 생존여부는 적자생존의 원칙에 맡기는 것이 바람직하겠다. 발음이나 철자법은 1930년대의 규범 제정 당시의 정신으로 되돌아가는 것이 바람직하다. 규범을 개정한다는 것은 사실 자체로는 간단한 것 같으나, 7,000만 언중이 배후에 있기 때문에 간단한 문제가 아니다. 남북의 언중에게 가능한 한 부담을 덜 주는 쪽으로 통일해야 한다. 규범이 정해지면 철저한 국어교육에 의해 통일을 기하도록 할 일이다. 비극적 분단은 국어교육에도 큰 부담을 안겨 주고 있다. 그러나 언어의 통일은 우리 민족의 정체성을 확립하기 위해 미룰 수 없는 큰 과제이고 사명이다. 국어의 통일을 꾀하고, 이의 교육을 수행하는 날이 빨리 다가오기를 고대한다.

이상 우리말과, 우리글, 그리고 우리말 교육에 대해 살펴보았다. 이 글에서는 우리말, 우리글을 비판적으로 살피고, 국어교육의 국제적 동향과 함께 국어교육의 지향점을 살펴보았다. 우리말, 우리글에 대해서는 비교적 비판적으로 살펴 낯선 면도 있을 것이다. 우리말 교육은 국제적 동향과 더불어 현실을 비판하고, 지향할 방안을 살펴보았다. 앞으로 국어교육을 개

선하고, 발전시킴으로 남북과 함께 세계 시민이 다함께 평화롭고 정다운 삶을 누리게 되길 바란다.(*)

참고문헌

박갑수(1999), 아름다운 우리말 가꾸기, 집문당
박갑수(2005), 국어교육과 한국어교육의 성찰, 서울대학교 출판부
박갑수(2012), 한국어교육총서1, 한국어교육의 원리와 방법, 역락
박갑수(2013), 한국어교육총서2, 한국어교육과 언어문화 교육, 역락
박갑수(2017), 한국어교육총서4, 언어문화, 그리고 한국어교육, 역락
박갑수(2015), 국어교육의 현황과 반성, 국학연구논총, 제16집, 택민국학연구원
박갑수(2017), 국어(한국어)교육의 세계화- 어제·오늘·내일, (한)국어교육의 세계화-
          어제, 오늘, 내일, 제2회 국어교육학자 대회, 발표논문집
박동열(2011), 프랑스 자국어 정책과 교육, 서울대 국어교육연구소(2011), 각국의 자국
          어정책과 국어교육(발표논문집), 서울대 국어교육연구소
三森ゆりか(2013), 外國語で發想するための日本語レッスン, 白水社

■ 이 글은 본서에 수록하기 위해 2017년 10월 새로 집필한 것이다. 미발표 원고임.

제3장 한국인의 언어생활과 공용어론

1. 머리말

언어는 인간이 발명해 낸 가장 정교하고 복잡한 기호이다. 우리는 이 기호를 사용함으로 다른 동물과 달리 오늘날 문명의 생활을 누리고 있다. 언어생활은 인간에게 있어 참으로 중요한 의미를 지니게 한다.

우리 조상들은 이렇게 중요한 언어생활을 어떻게 해 왔을까? 그리고 우리는 어떻게 이 언어생활을 하고 있는 것일까? 언어생활에 문제가 되는 것은 무엇일까? 보다 나은 언어생활을 하기 위해서 우리는 이러한 것에 의문부호를 찍을 수 있다.

여기서는 바람직한 언어생활을 위해 한국인의 언어생활과 공용어의 문제를 살펴보기로 한다. 우선 우리말의 사적 흐름을 좇아 언어생활을 살펴볼 것이다. 이것은 음성언어와 문자언어의 생활로 나누어 살펴질 것이며, 규범과 관련지어 살피게 될 것이다. 다음으로 언어생활의 태도를 살펴볼 것이다. 규범적인 언어를 어떻게 운용하느냐 하는 것을 살피는 것이다. 마지막으로는 언어생활과 공용어의 문제를 살펴보기로 한다. 근자에 영어공용어화의 문제가 논란의 대상이 되고 있는데, 이는 정책 수립 여하에 따라 국민언어와 국어교육에 심각한 영향을 미치게 할 것이기 때문이다.

2. 국어의 역사와 언어생활

2.1. 음성언어의 생활

역사적으로 볼 때 우리 민족은 일찍이 북쪽의 부여족과 남쪽의 한족으로 나뉘어 살았다. 남북의 이들은 크게 보아 같은 민족으로 같은 언어를 사용했을 것으로 추정된다. 梁書 諸夷傳의「百濟... 今言語服裝 略與高驪同」은 백제의 지배족과 고구려의 언어가 같았다고 보기보다 액면 그대로 백제와 고구려의 언어가 같았다고 보는 것이 온당할 것이다. 물론 周書(636) 異域傳 백제조의 "王姓夫餘氏 號於羅瑕 民呼鞬吉支 夏言並王也 妻號於陸 夏言妃也"에 보이는 바와 같이 지정학적인 이유로 이들 언어 사이에는 상당한 차이가 있었을 것으로 추정된다.

이러한 언어는 신라의 통일, 고려, 조선조를 거쳐 중앙집권제도가 강화되면서 점점 공통어를 확립하기에 이르렀을 것이다. 공통어의 형성은 고구려의 太學(372) 및 경당(扃堂), 신라의 國學(682), 고려의 國子監 및 學堂(992), 鄕校와 같은 교육제도의 확립과, 신라의 讀書出身科(788) 및 고려의 科擧(958) 실시 등으로 말미암은 중앙관리의 파견 등에 의해 촉진되었을 것이다. 그리하여 조선조의 양반계층에서는 어느 정도 통일된 공통어를 사용하는 수준에 이르렀던 것으로 보인다. 그것은 대부분의 조선조의 한글 문헌이 중부 방언으로 쓰여 있다는 것이 이를 방증해 준다.

우리 말은 이러한 언어적인 통일과는 달리 한자어의 유입으로 이질화가 꾀해지기도 하였다. 이러한 현상은 앞에서 언급한 교육제도의 확립과 관리

등용제도로 말미암아 촉진되었다. 그것은 이들 학교에서는 사서삼경과 같은 유교 경전을 가르쳤고, 시험 과목도 이러한 것이었기 때문이다. 예를 들면 독서출신과(讀書出身科)의 수험과목은 예기, 주역, 논어, 효경, 춘추, 좌전, 모시, 상서, 문선 등이었고, 이 가운데 논어, 효경은 三品의 공통과목이었다. 이러한 문헌의 한자 어휘는 자연스럽게 구어에 유입되었을 것이다. 그리고 신라 경덕왕 때의 한자어에 의한 지명의 개정(757), 제도 관직의 개편(759)은 고유어의 한자어화를 촉진하였다. 한자어에 의한 지명 개정은 일본에서도 강대한 중앙집권 체제가 형성된 713년에 꾀해졌다. 이들 개혁은 문화적으로 발전한 중국의 영향을 받은 것이고, 이러한 영향은 자국어에 한자·한어를 크게 수용하게 하였다.

국어에 대한 본격적인 반성은 조선조에 와서 꾀해졌다. 우리말에 대해 국어라는 말을 쓰기 시작한 것이 바로 이때에 와서이다. 훈민정음 서문에는 "나랏말ᄊᆞ미 듕귁에 달아(國之語音異乎中國)"라 하여 "국어"라는 말이 아닌 "国之語音"이란 말이 쓰였다. 그러나 "해례본" 합자해(合字解)에는 "國語"란 말이 쓰이고 있다. "ᆞ一起ㅣ聲 於國語無用 兒童之言 邊野之語 或有之"라 한 것이 그것이다. 이 밖에 "國語"라는 말은 동국정운에도 보인다. 이렇게 "국어"라는 말이 15세기에 보이기 시작하는 것은 우연이 아니다. 이 때가 우리 말이 중국어와 다르다는 것을 자각하고 우리의 국자를 만든 시기인 것이다. 그 뒤 중종 때 최세진의 "번역노걸대 박통사 범례"에도 이 "國語"라는 말이 보인다. 그러나 이러한 "국어"에 대한 인식에도 불구하고 개화기에 이르기까지 "국어"에 대한 관심은 별로 기울여지지 않았다. 오히려 개화기에 이르기까지 관심이 기울여진 것은 주로 한자 운서(韻書)의 연구였다.

표준어의 문제는 공용문장으로 한문이 쓰였던만큼 일찍이 제기되지 않았다. 그러나 개화기 이후 국한혼용문이 세력을 얻게 되고, 1895년 신교육제도가 실시되며 국어교육이 정식으로 꾀해지면서 표준어 문제가 대두되게 되었다. 그리하여 1912년 "보통학교용 언문철자법"에서 처음으로 "경성어를 표준으로 함"이라 규정하게 되었다. 그 뒤 제2, 제3의 "언문철자법"의 규정에 이어 1933년 조선어학회의 "한글맞춤법 통일안"에서 "표준말은 대체로 현재 중류사회에서 쓰는 서울말로 한다"고 규정하였다. 그리고 이 부록에 "표준말"의 규정 6개를 두었다. 이에 앞서 조선총독부에서 1920년 간행한 朝鮮語辭典은 당시 표준어의 기준이 되었다. 1936년에는 조선학회의 "사정한 조선어 표준말 모음"이 발간되었고, 1947-1957년에 걸쳐 "큰사전"이 간행됨으로 어느 정도 표준어가 정비되었다. 그리하여 1988년 "표준어 규정"이 제정되기까지 이에 따라 교육이 꾀해지고, 언어생활이 수행되며 차츰 표준어가 정착되게 되었다.

앞에서 살펴본 바와 같이 문자생활은 한문이 주종을 이루어 국어에는 많은 한자어가 유입되었다. 그러나 이는 별로 우려의 대상이 안 되었던 것 같다. 한자어 유입에 대해 거부감을 갖지 않은 것이다. 이는 11세기 노르만 정복(Norman Conquest) 이후 로망스어에 의해 황폐하게 된 영어에 대해 영국인이 열등의식을 갖던 것과는 대조되는 현상이다. 이러한 상황에 개화기 이후에는 또 일제 한자어가 많이 유입되어 우리 언어생활에 큰 영향을 끼쳤다. 이러한 한자어를 몇 개 들어 보면 다음과 같다.

客觀 觀念 歸納 汽車 動詞 名詞 美術 酸素 水素 相對 先天 神經 演說 演繹 郵便 月曜日 倫理學 引力 一週日 自由 絶對 主觀 哲學 彈力 討論 現象 形容詞 形而上學 花粉 化學

중국 및 일본에서 들어온 한자어는 우리 국어 어휘의 과반수 이상을 차지한다. 그리고 이들은 대부분 지적 · 문화적 개념을 나타낸다. 따라서 이들 한자어 없이는 문화적, 또는 학술적 언어활동이 거의 불가능하다고 해도 과언이 아닌 것이 오늘의 우리 국어의 현실이다.

그리고 여기 덧붙일 것은 우리 민족어가 국어 내지 공용어의 자리를 내어 준 적도 있다는 사실이다. 그것은 일어와 영어로 대치된 경우이다. 1910년 한일합병조약이 체결되어 통치권을 빼앗긴 이듬해 제1차 조선교육령(1911)이 내려져 "국어 급 한문" 과목은 "조선어 급 한문"으로 바뀌었다. 일본어가 국어가 된 것이다. 거기다가 1938년 제3차 조선교육령에서는 교육용어를 전부 일어로 하고 조선어의 사용을 금하였다. 그래서 학교에서 조선어를 사용하는 경우는 벌을 받게 되었다. 이렇게 우리는 모국어를 잃는 비운을 겪기도 하였다. 또한 해방된 뒤 미군정기(1945-1947)에는 영어가 공용어가 되었다. 이들은 우리 언어생활사에 얼룩진 부끄러운 단면들이다.

2.2. 문자언어의 생활

문자언어로는 일찍부터 한자가 사용되었을 것이다. 기자 동래설을 차치할 때 적어도 漢四郡 설치 이후에는 우리 민족이 한자, 한문과 접촉하였을 것으로 보이기 때문이다. 이후 한자·한문은 공용문자·공용문장이 되었다. 그러나 삼국시대에는 문자언어에 한문 외에 吏讀, 口訣, 鄕札과 같은 독자적인 한자 차용표기 체계가 있었다. 이들은 국어에 대한 자각에서 비롯된 초기의 표기 시도라 할 수 있다.

향찰(鄕札)에 의한 문자생활은 향가란 한정된 영역이긴 하나 다양한 계층이 이를 향유하였다. 사용 기간은 신라시대에 국한되었다고 하겠다. 이에 비해 이두나 구결은 특수 계층이 특정 분야에서 사용하였으나, 그 수명이 길어 조선조까지 계승되었다. 이들 차용표기는 일본의 가나(假名)처럼 국자로 발전되지는 아니하였다. 그것은 당시 사람들이 한문 구사에 능숙하였기 때문에 일부러 불편한 차용표기를 원치 않았기 때문이라 하겠다. 따라서 한글이 창제되기 이전의 문자생활은 한자 한문이 주종을 이루었다.

1443년에는 正音이 창제되었다. 그러나 이는 바로 한자에 대치할 국자의 제정을 의미하는 것은 아니었다. 이는 한자 한문을 아는 기득권층이 아닌, 일반 서민을 위한 문자의 제정이었다. "어린 빅셩(愚民)", 곧 "민중"을 위한 것이었다(김완진, 1972). 그리고 이는 "훈민정자" 아닌 "훈민정음"으로, 한자의 표음수단으로 제작되었다는 혐의가 짙다. 그러기에 한글 전용의 서책 한권이 간행되지 않았고, 시험 간행된 책이 "동국정운"이었다.

한글이 창제된 뒤에도 문자생활은 여전히 한문이 주를 이루었다. 그래서 성종 때 서거정의 "동문선"에는 "是則我東方之文 非宋元之文 亦非漢唐之文 而乃我國之文也"라 하여 우리의 한시문(漢詩文)을 우리 글이라고 한 것을 볼 수 있다. 한글은 불경이나 사서삼경, 杜詩 등의 언해와 삼강행실도 등 윤리서에 사용되었다. 그리고 근세 이후에는 고소설 등 문학 작품에 활용되었다. 한글의 사용 계층은 위로 임금에서 아래로 常人에 이르렀다. 그러나 이는 眞書에 대한 諺文으로 천시되었다. 그리하여 이는 주로 사대부 아닌, 여자, 중, 상사람들이 사용하였다. 그러기에 한글은 "암클, 중글, 상글"이라 일러지기도 하였다. 한글을 "암클"이라 한 것은 일본의 히라카나를 "온나데(女手)", "온나모지(女文字)"라 한 것과 그 명명의 배경을 같이 한다. 한글과 히라카나를 지켜 온 것이 다 같이 여인들이었다는 것은 양국의 문화 수용 양태를 보여 주는 흥미로운 사실이다. 한글이 "國文"이란 이름을 얻게 된 것은 갑오경장 때의 일이다. 고종 31년(1984)의 칙령 제1호의 公文式의 예가 그것이다.

第十四條 法律勅令 總以國文爲本 漢文附譯 或混用國漢文

개화기에 이르기까지 문자생활은 앞에서 언급한 바와 같이 한문이 주종을 이루었다. 崔萬里가 한글 창제를 반대한 것도 사실은 이러한 한자 생활에 경도되었던 당시 보수세력을 대변한 반대였다. 그의 반대 상소문의 6개조 가운데 4개조가 이러한 것이다.

① 언문 창제는 사대 모화의 도리에 반대된다.
② 한자 아닌 글자를 따로 만들어 쓰는 것은 오랑캐나 하는 짓이다.
③ 언문으로 입신한다면 성리(性理)의 학문을 궁구하지 않을 것이다.
④ 형옥(刑獄)의 공평은 말과 글의 같고 같지 않음에 있는 것이 아니다.

그러나 이러한 상황 아래에서도 한자 아닌, 국문의 생활을 강조한 사람
도 있었다. 서포 김만중(金萬重)이 이러한 사람 가운데 하나이다. 그는 그의
서포만필에서 松江歌辭를 평하며 다음과 같이 쓰고 있다.

我國詩文 捨其言而 學他國之言 設令十分相似 只是鸚鵡之人言 而閭巷間
樵童汲婦 이咽而相和者 雖曰鄙俚 若論其眞안 則固不可與學士大夫 所謂詩賦
者 同日而論 況此三別曲者 有天機之自然 而無夷俗之鄙俚 自古左海眞文章
只此三篇

자국어 아닌 타국의 말로 시문을 지으면 그것은 앵무새의 말에 불과하
다고 한 것이다. 이런 의미에서 서포(西浦)와 송강(松江)은 선각자라 하겠다.
이 밖에 국문의 가치를 높이 평가하거나, 국문의 효용을 깨닫고 국민을 계
도한 사람에는 또 근대의 이봉운, 유길준 서재필, 주시경 등이 있다.

이봉운(李奉雲)은 그의 "국문정리"(1897)에서 처음으로 진실한 국자관과
국어관을 피력하였다. 그리고 주시경(周時經)은 그의 "국어문법"(1910) 발문
에서 한문 배우기에 소모하는 정력을 안타까워하며, 국문으로 저술 번역하
여야 함을 강조하였다. 유길준(兪吉濬)은 "西遊見聞"(1985)에서 국한 혼용을
하며, 그 서문에서 다음과 같이 가록하였다.

書旣成有日에 友人에게 示ㅎ고 其批評을 乞ㅎ니 友人이 曰 子의 志는
貢苦ㅎ나 我文과 漢字의 混用홈이 文家의 軌道를 越ㅎ야 具眼者의 譏笑를
未免ㅎ리로다 余應ㅎ야 曰 是는 其故가 有ㅎ니 一은 語意의 平順홈을 取
하야 文字를 略解ㅎ는者라도 易知ㅎ기롤 爲홈이오 二는 余가 書를 讀홈이

少ᄒ야 作文ᄒᄂᆫ 法에 未熟ᄒᆫ 故로 記寫의 便易홈을 爲홈이오 三은 我邦
七書諺解의 法을 大略 效則ᄒ야 鮮明홈을 爲홈이라

이는 "서유견문"의 국한혼용이 문장가의 궤도를 벗어난 것으로, 웃음거리가 될 것이라는 친구의 평에 혼용의 이유를 밝힌 것이다. 쉽게 이해할 수 있고, 기사하기 쉬우며, 칠서 언해를 본받아 선명하게 하기 위해 혼용했다는 것이다. "서유견문"은 경서언해와 같은 교육용 서적이 아니므로 당시 문자생활로 보면 용단을 낸 것이다. 이는 현토 수준의 국한혼용이나 많이 읽혀 일반에게 큰 영향을 미쳤다.

서재필(徐載弼)은 독립신문을 창간하며(1986) 한글 전용을 하고 있는데 이는 상상의 도를 넘는 특단의 조치였다. 그는 전용의 이유를 다음과 같이 "남녀 상하 귀천이 모두 보게 홈"이라 하였다.

우리가 이 신문 출판ᄒ기는 취리ᄒ랴는 게 아닌고로 갑슬 헐허도록 ᄒ였고, 모두 언문으로 쓰기는 남녀 상하 귀천이 모도 보게 홈이오, 쏘 귀졀을 떼여 쓰기는 알어보기 쉽도록 홈이라. <독립신문 창간호>

이러한 한글 전용은 독립신문이 처음 시도한 것은 아니다. 일찍이 百聯抄解의 언해에 한글이 전용되었으며, 續三綱行實圖를 비롯한 행실도류, 여씨향약, 正俗諺解 및 왕랑반혼전, 부모은중경, 지장경언해, 소설류 등에 한글이 전용되었다.

그러나 개화기의 문자생활은 그 뒤 이러한 한글전용과는 달리 수용자의 취향에 따라 국한혼용 쪽으로 정착되었다.

한글 철자법은 물론 훈민정음 해례에서 소략하나마 최초로 규정되었다. 그 뒤 최세진의 "훈몽자회" 범례를 거쳐, 1912년 총독부의 제1회 "보통학교용 언문철자법"에 의해 성문화되었다. 이는 제2회의 "보통학교용 언문철자법 대요"(1921), 제3회의 "언문철자법"(1929)으로 개정되었다. 1933년에는 조선어학회의 "한글맞춤법 통일안"의 제정을 보았다. 이 학회의 안은 해방 후 자연스럽게 우리나라의 철자법으로 공인되어, 1988년 국가의 정서법인 "한글맞춤법"이 제정되기까지 문자생활의 규범 역할을 하였다.

2.3. 현대의 언어생활

현대의 언어생활은 소위 4대 어문규정을 바탕으로 이루어지고 있다. 1988년에 제정된 "한글 맞춤법", "표준어 규정", 1986년의 "외래어 표기법", 2000년에 개정된 "로마자 표기법"이 그것이다. 이 가운데 "한글 맞춤법"과 "표준어 규정"은 국가 규범으로서는 최초의 것이다. 특히 "표준어규정"은 "표준어 사정 원칙"과 "표준 발음법"의 2부로 되어 종전에 불비했던 표준어 규범을 정비·보완했다는 데 큰 의의가 있다.

현대의 언어생활은 자유 방임상태에 놓여 있던 때와는 달리 규범에 따른 언어생활이 이루어지고 있다고 하겠다. 그것은 한글 맞춤법은 비교적 잘 지켜지고 있고, 표준어도 어느 정도 정착된 것으로 보이기 때문이다. 그러나 그렇다고 오늘날의 언어생활에 문제가 없는 것은 아니다. 많은 사람들이 우리말의 혼란과 오염을 염려하고 있는 것이 현실이다. 이는 한 마디로 "바른 말, 고운말"이 제대로 쓰이고 있지 않다는 말이다. 다음에는 이러한 문제를 간단히 살펴보기로 한다.

말소리에서 문제가 되는 것은 음운의 변동과 음의 장단이다. 모음의 경우는 "애해 다르고 에해 다르다"는 "ㅐ-ㅔ"가 제대로 구분되지 않는다. 이는 경상 방언이 일반화한 것이다. 자음의 경우는 평음의 경음화가 심하게 나타난다. 어두자음은 말할 것도 없고, 어중의 자음도 경음화한다. "닭다 > 딲다, 삯 > 쌊, 세다 > 쎄다, 작다 > 짝다"나, "고가도로 > 고까도로, 관건 > 관껀, 교과서 > 교꽈서, 김밥 > 김빱, 등기 > 등끼, 불법 > 불뻡, 불

볕더위 > 불뺕더위, 창고 > 창꼬, 창구 > 창꾸, 체증 > 체쯩" 같은 것이 그
예다. 받침은 거의 7종성만이 발음되어 "젖이, 숯을, 동녘에, 팥으로, 무릎
에서"가 제대로 연음되지 않는다. 연구개음화와 양순음화도 보편화되어 있
다. "젖가슴, 갑갑하다, 둔갑, 곰곰히"가 [적까슴, 각까파다, 둥갑, 공곰히]
라 발음되고, "꽃바구니, 삽바, 덧문, 신문, 단백질"이 [꼽빠구니, 삽빠, 덤
문, 심문, 담백찔]이라 발음되는 것이 그것이다. 이들은 규범에서 벗어난
비표준발음이다. 그리고 비분절음소인 음의 장단은 전문 방송인의 발음에
서마저 제대로 구분이 되지 않는다. 그리고 외래어의 발음에 문제가 많다.
외래어의 발음은 외래어의 표기법에 따라 외국어의 음소 위주로 발음하게
되어 있어 외래어의 현실과 거리가 멀기 때문이다.

　낱말은 표준어가 보편화하였으나, 아직도 지역방언이 많이 쓰이고 있는
실정이다. 그리고 외래어가 많이 쓰인다. 난해한 한자어는 많이 쉬운 말로
순화되어 사용되고 있다. 이는 매스컴의 용어를 볼 때 쉽게 이해된다.

> 간파 > 꿰뚫어, 傾注하다 > 기울이다, 急遽 > 급히, 露呈 > 드러나, 擡頭 >
> 고개 들어, 跳梁 > 날뛰어, 掉尾 > 마지막, 苗板 > 못자리, 無爲 > 헛수고,
> 保合勢 > 주춤세, 相衝 > 엇갈려, 上廻하다 > 웃돌다, 舌戰 > 입씨름, 受注 >
> 주문 받다, 銳意 > 날카롭게, 隣邦 > 이웃 나라, 立替 > 대신 내다, 制動 >
> 쐐기, 制先 > 앞질러, 剔抉 > 도려내, 推移 > 움직임, 披瀝 > 털어놔, 劃策 >
> 꾀해, 橫行 > 판쳐

　이와는 달리 근자에는 언어의 간략화를 추구해 약어가 양산되어 쓰이고
있는데, 이들 가운데는 서구어의 어두문자를 활용한 것이 많다. 요새는 또
한 한자어 아닌 고유어의 어두 문자를 활용한 약어도 매스컴에 많이 쓰이
고 있다. 이들은 난해한 어휘에 속한다. 용언의 활용에도 약간의 문제가 있
다. 그것은 불규칙 활용의 경우 "거라"형의 유추현상이 많이 나타나는가
하면, "르" 불규칙활용의 경우 "르"이 탈락되지 않고 정칙활용을 하는 현

상이 많이 나타난다는 것이다. "여기 있거라, 큰 사람이 되거라", "날으는 원더우먼, 헐은 담장, 돈을 많이 벌으니 좋겠다" 따위가 그 예이다.

문장은 성분간의 호응이 되지 않는 표현이 많다. 우리 국어의 특질인 주어의 생략 외에 성분간의 호응이 제대로 되지 않는 비문이 많이 쓰인다. 이러한 것의 대표적인 것이 보술구성과 수식구성, 접속구성이다. 보술구성은 "-가 예상된다"가, 수식구성은 "-ㄹ 전망이다"가 많이 쓰인다. "비가 예상된다, 주가가 오를 전망이다"는 "비가 올 것으로 예상된다, 주가가 오를 것으로 전망된다"가 되어야 할 말이다. 접속구성은 대등접속의 전후 문장 구조가 대칭을 이루어야 하는데 그렇지 않은 비문이 많다. 의미호응이 제대로 되지 않는 문장도 많이 쓰인다. "사람이 틀리다(異), 결실을 맺었다, 피해를 입었다"와 같은 것이 그 예다. 이 밖에 문장의 문제는 서구어의 영양을 받은 번역투의 문장이 많이 쓰인다는 것이다. 이러한 것의 대표적인 것으로는 피동문의 남용을 들 수 있다. 피동문이 아니더라도 외국어의 영향을 받은 어색한 문장은 많다. 이러한 번역문투는 후기 중세국어에서 "다뭇(與), 밋(及), 뼈(以), 히여곰(使)"이 한문을 직역함에 의해 일반화한 것을 상기하게 하는 현상이다.

1948년에 "한글전용에 관한 법률"이 제정 공포되었으나 이는 문자생활에 제대로 시행되지 않았다. 한자를 섞어쓰는 국한혼용이 일반적으로 통용되었다. 한자의 혼용도는 시대의 흐름과 함께 줄어들고 있다. 한자가 한글로 많이 바뀌고 있는 것이다. 이는 신문 문장을 비교해 보면 쉽게 확인되는데, 본격적인 순화운동이 꾀해지는 1970년대 후반 이후부터 한자가 많이 순화되었다.

美, 換率千五百對一을 主張
追更豫算編成에 難關
政府, 千二百對一로折衷提議

二月初까지는 國會에 提出하겠다고 約束했던 今年度第一回追加更正豫算案은 財源捻出이 뜻대로 되지 않아 換率을 一千五百對一로 해서 三千萬弗가량의 通貨安定基金을 追加로 받지않는限 그 編成이 어렵게 되었다고 알려졌다. <동아일보, 61. 2. 1>

全大統領·레이건 내일頂上會談
南北韓 同時 유엔加入을 全大統領
1·12提議 北傀설득努力 발트하임
[워싱턴·뉴요크劉鐸특파원] 全斗煥대통령은 2박3일간의 "뉴요크" 방문을 마치고 1일오후3시(韓國시간 2일새벽5시) "뉴요크" "케네디"공항을 떠나 1시간뒤인 오후4시(韓國시간 2일새벽6시) "워싱턴"의 "앤드루스"공군기지에 도착, 2박3일간의 "워싱턴"방문일정에 들어갔다. <동아일보, 81. 2. 1>

선거법 처리
오늘로 연기
자민련도 1인2표 반대
여야는 31일 밤늦게까지 3당원내총무 접촉을 갖고 선거법 개정안 등 정치관계법 처리문제를 논의했으나 의견 조율에 실패, 정치관계법 본회의 처리는 일단 무산됐다.
박준규(朴浚圭)국회의장은 이날 회기를 하루 연장, 1일 오후8시 본회의를 속개하겠다고 밝혀 정치관계법 처리협상은 하루 더 진통을 겪을 전망이다. <동아일보, 00. 2. 1>

이밖에 오늘날은 많은 신어가 쓰이고 있고, 젊은이들의 통신언어에 나타나는 바와 같이 탈규범적 언어도 많이 쓰이고 있다. 오늘날의 언어생활은 순규범의 언어생활뿐 아니라, 탈규범의 언어생활이 많이 자행되고 있다 할 것이다.

3. 언어생활의 태도

앞 장에서는 우리의 언어생활을 규범이 되는 국어의 역사적 흐름을 중심하여 살펴보았다. 여기서는 이러한 언어의 운용에 대해 살펴보기로 한다. 이는 언어생활의 태도가 될 것이다.

개화기 이전의 교육은 서당이나 가정이 중심이 되었고, 주로 중국의 경전을 통해 지식을 흡수하는 것이었다. 서당에서는 "천자문"으로부터 시작하여 "계몽편", "동몽선습", "동몽수지", "격몽요결", "명심보감", "십팔사략", "통감", "소학", "사서삼경"의 순으로 학습을 하였다(이을환, 1999). 양반집 규수들은 "내훈", "여사서", "규감", "閨坤儀則" 등을 탐독하며 부덕을 쌓았다. 따라서 우리 겨레의 이상적인 언어생활에 대한 태도는 대체로 이들에 의존하는 바 크다고 하겠다.

사서에 반영된 언어생활에 대한 대목을 보면 논어에 제일 많아 33개가 보인다. 이 밖에 맹자 13개, 중용 3개, 대학 1개가 보인다(이응백, 1975). 언어생활에 대한 우리 선인들의 논급도 문집 도처에 산견된다. 율곡의 "격몽요결(擊蒙要訣)", 이덕무의 "사소절(士小節)"·"청장관전서", 정약용의 "소학주관(小學珠串)", 안정복의 "순암집(順菴集)", 이상수(李象秀)의 "어당집" 같은 것이 그것이다. 그리고 이 밖에 언어에 관한 많은 속담이 있다. 우리는 이들을 통해 언어생활에 대한 태도를 살펴볼 수 있다.

우선 당서(唐書) 선거지(選擧志)를 보면 다음과 같은 기록이 보인다.

凡擇人之法四, 一曰身 言體貌豊偉, 二曰言 言辭辯正, 三曰書 言楷法遒美, 四曰判 言文理優長 四事皆可取

이로써 택인법(擇人法)에 "身言書判"이라고 언어가 하나의 기준이 되게 하였다. 여기서는 말을 분명히 하는 것이 택인의 기준이 되어 있다. 공자는 논어에서 "有德者必有言 有言者必有德"이라 하여 말에는 덕이 따라야 한다고 하였다. 우선 말이란 인격을 반영하는 것이라 보았다.

그러면 말을 어떻게 할 것인가?

첫째 말은 많이 하지 말고 삼가야 하는 것으로 보았다. 논어의 "君子 一言以爲知一言以爲不知 言不可不愼也"와 "敏於事而愼於言"이 그 대표적인 것이다. 이러한 생각은 안정복의 "言行君子之所以動天地也 可不愼乎", 이덕무의 "愼簡二字 爲口業要訣" 등 우리 선인들의 기록에도 여러 곳에 보인다. 그리고 이러한 신언(愼言)은 말을 삼가는데 그치지 아니하고, 말을 하지 말라는 금언(禁言)으로까지 확대되었다. 신언은 군자에게만 주문되는 것이 아니었다. 이는 일반 민중에게도 요구되는 언어 규범이었다. 이는 속담이 잘 반영해 준다. 속담은 민족, 그 가운데도 서민의 심지 성정을 반영하는 것이다. 그런데 우리의 언어에 관한 속담에는 67개의 지령적 표현이 있는데 그 가운데 34개가 이 신언이나, 금언을 권장 내지 강요하고 있는 것이다(박갑수, 1965). 신언의 예를 몇 개 보면 다음과 같다.

> "말이 많으면 실언이 많다"
> "낮말은 새가 듣고 밤말은 쥐가 듣는다"
> "발 없는 말이 천리 간다"
> "쌀은 쏟고 주워도 말은 하고 못 줍는다"
> "바른 말 하는 사람 귀염 못 받는다"
> "혀 밑에 죽을 말 있다"

이들은 구설과 재앙을 두려워하여 요설을 저어하고 말을 삼가 과묵하고자 한 것이다.

둘째, 할 말은 속 시원히 해야 한다고 보았다. 이는 신언(愼言)과 대치되는 언어생활의 태도다. 맹자의 "士未可以言而言 是以言餂之也 可以言而不言 是以不言餂之也 是皆穿窬之類也"가 이러한 것이다. 선비가 말하지 않

아야 할 때 말을 하는 것은 말로써 욕망을 충족시키는 것이요, 말해야 할
때 말하지 않는 것은 말하지 않음으로 욕망을 충족시키려는 것으로 이들은
다 판장문을 뚫는 도둑과 같다는 것이다. 곧 말을 해야 할 때는 해야 한다
는 것이다. 이러한 것은 충신열사의 충간에서 우리가 실지로 목격하는 바
이다. 신언을 당부하는 사회이지만 속담에서도 말은 속 시원히 해야 한다
고 적극적·공격적인 언어관을 보이기도 한다. 능변·명언(明言)을 해야 한
다는 속담은 67개의 지령적(指令的) 속담 가운데 33개나 된다.

  “고기는 씹어야 맛이요, 말은 해야 맛이다”
  “죽어서도 무당 빌어 말하는데 살아서 말 못할까”
  “말 안하면 귀신도 모른다”

  이들은 말이 구설과 재앙의 화근이 되지만 할 말은 속시원히 해야 한다
는 것을 나타낸 속담이다.
  셋째, 말은 충실하고 믿음성 있게 해야 하는 것으로 보았다. 논어의 “言
忠信 行篤敬”과 “巧言令色 鮮矣仁”이 이러한 것이다. 신흠도 “선비(士者)”를
설명하는 자리에서 “其言行則孝弟忠信 禮義廉恥 範世導俗之標準也”라 하였
다. 이들은 특히 선비가 갖추어야 할 언어 자세를 강조한 것이다. 그러나
속담을 보면 민중들의 언어관도 마찬가지다.

  “거짓말하고 뺨 맞는 것보다 낫다”
  “단 장을 달지 않다고 말을 하여”
  “말은 바른 대로 하고, 큰 고기는 내 앞에 놓아라”
  “입은 삐뚤어져도 말은 바로 하랬다”

  넷째, 말은 실용성이 있는 것으로 보았다. 사대부들은 말을 택인법의 하
나로 보고, 주역의 “言行君子之樞機”와 같이 군자의 중추로 보았으나, 서민

은 오히려 사회생활 및 처세에 필요한 수단이라는 소박한 생각에 무게를 두었다. 이러한 언어관을 반영하는 속담으로는 다음과 같은 것이 있다.

> "말 잘하면 천 냥 빚도 가린다"
> "천 냥 빚도 말로 갚는다"
> "말 잘하고 징역 가랴"
> "힘 센 아이 낳지 말고 말 잘 하는 아이 낳아라"
> "일 잘 하는 아들 낳지 말고 말 잘 하는 아들 낳아라"

다섯째, 부녀자는 말씨가 유순하고 말수가 적어야 한다고 보았다.

여인에게는 四行이 있는데, "德貌言工"(女四書)이 그것이다. 이 가운데 "부언"은 "不必辯口利辭也"라 하여 말솜씨가 반드시 뛰어나거나 날카로움을 취하지 아니 하였다. "女論語"의 "處家之法 婦女須能 以和爲貴 孝順爲尊"에 보이듯 가정에서의 부녀에게는 "和孝順"이 강조되었다. 따라서 그들의 말도 "화유"를 권하였다. 다음 정약용의 "여유당전서"에 보이는 "和柔曰婦言"이 그것이다.

> 四敎者 婦人之學也, 貞順曰婦德 和柔曰婦言 婉娩曰婦容 絲麻曰婦功 此之謂四敎也

"화유"는 남성의 강건성의 대가 되는 것으로, 유순성, 공순성을 말한다. 따라서 이는 노한 소리, 흥분한 소리, 큰소리를 금물로 한다. 士小節에서 "打兒罵婢之聲 常出於外 其家道之衰敗可知 外人不惟譏婦人之不順 必先責其家長之不能撿家也"라 하여 아이를 때리고 종을 꾸짖는 소리가 늘 밖으로 나가는 것을, 곧 가도의 쇠패(衰敗)라 본 것이 이러한 것이다. "계집의 말이 담을 넘으면 안 된다"고 한 속담도 이러한 것이다. 그리고 칠거지악 가운데 "多言去"가 있듯 말이 많은 것도 바람직하지 않다고 보았다. 그래서 속담에도 "계집의 입 싼 것"은 쓸데없는 것이라 하였고, 시집살이는 속담에 "귀머 거리 3년이오, 벙어리 3년이라"고까지 하였다.

4. 언어생활과 공용어

역사적으로 볼 때 고대국가는 언어에 대해 방임정책을 폈다. 폐쇄정책을 편 것은 근대국가가 형성된 이후의 일이다. 그것은 국어를 통일함으로 국 민의 통합을 꾀하고자 함에서였다.

국어란 하나의 국가를 형성하고 있는 민족어이거나, 또는 하나의 국가가 그 언어의 공공성을 어떤 형태로 확인한 언어, 또는 동일 국가에 속하는 국 민이 선조 이래 물려 받은 언어를 가리킨다. 국어는 국가 공통어라 이르기 도 하는 것으로, 그 국민이 사용하는 국가적 성격의 언어이다(豊田國夫, 1968).

지구상에는 단일민족의 국가보다 복수민족의 국가가 많다. 따라서 하나 의 민족어가 불문율로 국어의 지위를 계승하는 전통적 국가는 숫자상 얼마 되지 않고, 특정 언어를 成文의 형식으로 규정하는 나라가 많다. 단일국어 제를 채택하는 나라로는 우리 나라를 비롯하여 일본, 프랑스, 독일, 미국, 이탈리아, 오스트리아, 덴마크, 인도네시아, 캄보디아, 말레이시아, 사우디 아라비아, 터키, 이라크, 시리아, 이집트, 리비아, 불가리아, 파나마 등이 있 고, 복수국어제를 채택하는 나라로는 벨기에, 스웨덴, 핀란드, 스위스, 캐나 다, 필리핀, 라오스, 파라과이, 싱가포르, 에티오피아, 남아프리카 연방, 아 일랜드 등이 있다(豊田國夫, 1968).

복수민족 국가의 경우는 민족과 언어의 문제가, 곧 국민과 국어의 문제 가 문제가 되어 분쟁의 요소가 되는가 하면, 마침내 이로 말미암아 국가의 분열을 초래하기도 한다. 이러한 예의 대표적인 것이 오스트리아 · 헝가리 제국에서 오스트리아, 헝가리, 체코슬로바키아, 유고슬로바키아의 네 나라로 나뉜 것이다. 이런 점에서 단일 민족 국가는 축복 받은 나라라 하겠다. 우리나라는 다행스럽게도 이러한 단일민족 국가이다. 그래서 지금까지 언어에 의한 민족 분쟁을 겪지 않아도 좋았다.

그런데 근자에 우리 사회에 영어공용어론이 제기되어 새로운 "민족 분쟁"의 불씨를 만들려 하고 있다. 그것은 소설가 복거일 씨 등에 의해 발단된 것이다. 복거일 씨는 1998년 "국제어 시대의 민족어"를 간행하여 이 문제를 제기하였다. 그 뒤 신문 잡지 방송 등에 이의 찬반론이 심심치 않게 등장하게 되었다. 그런 가운데 복거일 씨는 新東亞 2000년 3월호에 "소위 민족주의자들이여! 당신네 자식이 선택하게 하라"는 영어공용화 주장 제2탄을 발표하였다. 그리고 新東亞 4월호에는 이에 대한 반론으로 경북대 정시호 교수의 "영어 찬미자들에게 엄중경고함!"이란 글이 게재되었다.

영어를 공용어화한다면 한국인의 언어생활에는 엄청난 변화가 일어날 것이 예상된다. 따라서 이는 신중히 검토해 보아야 할 문제이다. 여기서는 영어공용어론의 기수인 복거일 씨의 주장과 정시호 씨의 반론을 살펴보고, 영어공용어론에 대한 필자의 소견을 피력하기로 한다.

복거일 씨의 "국제어 시대의 민족어"에서는 주로 제2부에서 영어공용어화 문제를 다루었다. 그것도 "국제어의 호의적인 도시", "국제어에 대한 성찰", "21세기를 어떻게 맞을 것인가?"의 세 편의 글에서 집중적으로 다루었다. 그런데 이 내용이 "영어공용화 주장 제2탄"에 전재된 것이 아닌가 의심될 정도의 글로 재주장되고 있다. 따라서 복거일 씨의 주장은 新東亞 3월호의 소설(所說)을 살펴보는 것으로 족할 것이다.

복거일 씨의 글은 17개 항으로 되어 있는데 "10. 결론은 하나, 영어를 우리말로"에서 일단 앞의 논의를 정리하고, 영어를 공용어로 해야 한다는 중간 결론을 내리고 있다. 이 부분은 다음과 같이 되어 있다.

앞으로 몇 세기 안에 하나의 국제어가 등장하고 다른 민족어들은 모두

소멸하리라는 전망, 실질적으로 국제어가 된 영어가 지금 누리는 거대한 망 경제, 영어를 잘 쓰지 못해서 우리 시민과 사회가 보는 엄청난 손해, 사람의 뇌에서 첫 언어를 배우는 부분과 차후 언어를 배우는 부분이 다르므로 국제어를 모국어로 갖지 않은 사람들은 아무리 열심히 배워도 국제어를 모국어처럼 능숙하게 쓸 수 없다는 사실, 그리고 한 사람의 모국어는 그가 태어날 때 본인의 의사와는 관계없이 결정된다는 사정 따위를 고려하면, 우리가 고를 수 있는 단 하나의 대책은 우리의 모국어인 한국어를 버리고 영어를 우리말로 삼는 것이다. 다른 조치들은 아무리 그럴듯해 보여도 충분한 대책이 될 수 없다.

복거일 씨의 주장은 우리말을 버리고 국제어 영어를 쓰자는 것이다. 그러나 사실상 이는 당장 실행할 수 없는 것이니, 가장 현실적 방안으로 영어를 우리말과 함께 공용어로 삼자고 한다. 따라서 그의 복수주의제 영어공용어론은 과도기적인 방안인 셈이다. 그래서 이어지는 공용어론의 견해는 다음과 같은 것이다.

① 영어를 공용어화하면 영어를 쉽고 자연스럽게 배우게 될 것이다.

② 국제어로 구체화된 전통과 문화는 훨씬 많은 사람들에 의해 향유되고 활력을 지닐 것이다. 그리고 우리 민족은 통합된 인류문명을 다듬어 나가는데 정당한 몫을 할 것이다. 언어는 도구일 뿐이다.

③ 영어공용어화는 준비가 필요하다. 손쉬운 일부터 먼저 하자.

④ 영어와 한국어의 선택권은 후손들에게 주자.

⑤ 아시아의 영어도 '비영어적 영어'라고 폄할 수 없다.

⑥ 영어라는 국제어를 우리 자산으로 받아들여야 한다.

⑦ 실질적 국제어로 등장한 영어에 대응하는 실질적이고 주체적인 조치가 필요하다.

이렇게 복거일 씨의 주장은 실용주의, 언어도구설을 바탕으로 한 것이다. 이러한 주장을 경북대의 정시호 교수는 조목조목 비판하여 반론을 하고 있다. 그의 반론은 다음과 같은 것이다.

① 민족어는 단순한 도구가 아니고, 이에는 민족의 정서와 혼이 배어 있고, 독자적인 세계관이 깃들여 있다.

② 민족어가 쉽사리 '박물관 언어'로 퇴화하지 않는다. 더욱이 100년 후에 대한 불확실한 추측이 우리말 포기의 명분이 될 수 없다.

③ 인터넷이나 위성방송이 영어로만 운영되는 것이 아니고, 오히려 다문화, 다언어주의에 활기를 불어넣는 기능을 가지고 있다.

④ 이스라엘이 히부리어를 국가공용어로 작정한 것은 '모국어 포기'가 아닌, 민족주의 구현의 생생한 예다.

⑤ 성인이 되어서도 영어를 정복할 수 있으며, 반드시 본토인처럼 영어를 해야 하는 것은 아니다.

⑥ 영어공용어화는 많은 불편과 비용, 한국인의 정체성 상실, 남북통일의 포기, 계층간의 갈등, 민족주의·국가주의와의 충돌 등 문제점이 많다.

⑦ 단문화·단언어주의 아닌, 다문화·다언어주 또한 전지구 차원의 흐름이다.

정 교수의 주장은 매우 조리정연한 것으로 객관성이 있는 것이다. 그는 모국어가 단순한 도구가 아닌, 민족의 정서와 혼이 배어 있는 것이며, 쉽게 사라질 이유도 없는 것이니, 영어공용어화의 유일한 대안은 영어 콤플렉스를 버리고 모국어가 그 중심에 놓인 '열린 민족주의'로 나아가는 것이라 하고 있다.

영어공용어화는 이상의 논의에서 알 수 있듯, 그것이 이중언어로서의 공용어이건, 아니면 모국어를 대체하는 공용어이건 바람직한 언어정책이 되지 못한다고 하겠다. 따라서 영어공용어화는 거부되어야 한다.

영어공용어화가 되어서 안 되는 이유는 정시호 교수의 반론을 위시하여 여러 사람에 의해 제기되었다. 이러한 찬반의 논의는 많을수록 바람직하다 할 것이다. 그것은 이들 논의를 통해 바람직한 결론을 도출할 수 있을 것이 기 때문이다. 이에 영어공용어화에 대한 필자의 견해를 제시하기로 한다. 이는 이중언어로서의 영어공용어화와 국어에 대체되는 영어공용어화의 두 가지로 나누어 살펴봄이 바람직할 것이다. 먼저 한국어와 아울러 영어를 공용어화 하는 문제부터 살펴보기로 한다.

① 생존과 실용을 위해 영어를 공용어화하자는 것은 일리가 있다. 그러 나 이는 한국어의 상실로 이어질 수 있다.

외교 및 통상, 인터넷을 통한 정보 교환 등엔 현실적으로 능숙한 영어가 필요한 것이 사실이다. 그렇지 못할 때 경제적 손실을 보게 된다. 따라서 실용성만을 고려할 때는 영어 공용어화는 마땅히 이루어져야 한다. 그러나 이는 눈앞의 작은 실리에만 주목한 미시적 판단으로, 민족의 역사와 전통 이라는 거시적 입장에서 보면 말이 안 된다. 한국어와 영어를 공용어로 할 때 사람들은 상류지향 심리 때문에 모두가 한국어를 버리고 영어를 택할 가능성이 크다. 그렇게 되면 한국인은 민족어를 상실하게 된다. 그리고 우 리의 전통과 문화와도 단절되게 된다. 이렇게 되면 남의 문화적 속국을 자 원하는 꼴이 된다. 스스로 주권을 내팽개치고 식민지 백성이 될 필요는 없 는 일이다.

② 민족어는 단순히 사상과 감정을 전달하는 수단만이 아니다. 그 민족 의 사고의 틀이다.

국어가 영어와 다르다는 것은 사고방식이 다르다는 것을 의미한다. 어순 이 다르고, 사물을 범주화하여 표현하는 방식이 다르다. 어순으로 볼 때 우 리는 가장 중요한 말을 맨 뒤에 진술한다. 그런데 영어에서는 앞에서 진술한다. 우리말은 S-O-V형 언어인데, 영어는 S-V-O형 언어에 해당한다. 표현 방식은 주소 쓸 때 나타나듯 우리는 크고 먼 것에서부터 작고 가까운 것으로 생각을 펼쳐 나가고 이에 따라 표현한다. 그런데 영어 화자는 작고 가까운 것에서부터 먼 것으로 생각을 펼쳐 나가고 이에 따라 표현한다. 서로 상반된 발상과 표현을 한다. 따라서 같은 민족이 이렇게 상반된 사고와 표현을 할 때 자연히 협동과 조화 아닌, 대립과 충돌을 낳게 될 것임은 분명하다.

③ 영어공용어화는 영어 화자와 한국어 화자를 갈라놓음으로 민족의 분열과 대립을 초래하게 된다.

영어를 공용어화하려는 것은 국가 발전을 도모하고자 하는 것이다. 그런데 이는 결과적으로 단일민족을 둘로 갈라놓는 것이 된다. 우선 영어 사용자는 영어 사용자 끼리 집단을 이룰 것이고, 한국어 사용자는 한국어 사용자 끼리 집단을 이룰 것이다. 거기에다 영어 사용자는 한국어 사용자를 차별하고, 상대하려 하지 않을 가능성이 크다. 영어우월주의가 이러한 결과를 빚어내게 될 것이다. 이렇게 되면 자연히 두 언어 사용 집단 사이에는 감정의 골이 깊이 팰 것이며, 나아가 분열과 대립을 초래하게 될 것이다. 그리하여 심하게는 언어에 의한 새로운 민족집단의 분쟁으로 치달을 수도 있다. 우리는 단일민족이어 언어분쟁이 얼마나 무서운지 모르고 살아 왔다. 이 무서운 언어분쟁의 소지를 스스로 만들어 불구덩이에 뛰어들 필요는 없는 일이다.

④ 영어의 공용어화는 한국어를 혼종어 내지 국적 불명의 언어로 바꾸어 놓을 수 있다.

사람들은 자기 나름대로 자존심을 가지고 살아간다. 민족과 국가의 경우도 마찬가지다. 영어를 공용어화하게 되면 인간의 상류지향 심리 때문에 우리 문화는 급속도로 서구화될 것이다. 거기에다 공용어가 두 개 이상인 다언어 사회에서 우위에 있는 언어가 그렇지 않은 언어에 영향을 미치게 되어 있다. 연변 조선족자치주의 조선어에 미친 한어의 영향이나, 영어에 미친 로망스 어의 영향 같은 것이 그것이다. 이러한 영향으로 말미암아 한국어는 영어로 얼룩지게 될 것이다. 이것이 심하면 국적불명의 언어가 될 수도 있다. 이렇게 되면 한국어는 언어 기호로서의 구실조차 제대로 행사할 수 없게 되는지도 모른다. 이러한 현상이 빚어지게 하여서는 안 된다.

⑤ 영어의 공용어화는 국력의 낭비를 초래하게 된다.

영어공용어화 주창자들은 영어가 공용어가 되면 외교, 비즈니스, 과학 등의 분야에서 경쟁력을 높일 수 있다고 한다. 이는 영어를 공용어로 할 때에만 가능한 것이 아니다. 현재의 제도 아래에서도 영어교육을 제대로 하게 되면 가능한 일이다. 영어를 공용어화하여도 교육을 제대로 하지 않으면 소기의 목적을 달성할 수 없다. 게다가 영어를 반드시 필요로 하지 않는 사람들까지 영어를 공용어로 가르치는 것은 돈, 시간, 정력 등 국력을 낭비하는 것이다. 대부분의 서민은 영어를 필요로 하지 않을 것이다. 영어를 필요로 하는 사람은 일부 특수계층에 한정되는 것으로 보아야 한다. 이들은 일반 영어 아닌 전문 영어 교육을 따로 받아야 한다. 그렇다면 반드시 영어를 공용어로 한다고 하여 그 효용성이 드러나는 것은 아니다.

⑥ 영어만이 국제어라는 생각은 잘못이다.

영어가 오늘날 국제어로서 큰 비중을 차지하고 있는 것은 사실이다. 그러나 영어만이 국제적인 공용어는 아니다. UN에서도 영어, 불어, 스페인어, 중국어가 공용어다. 그리고 영어가 안 통하는 나라도 많다. 따라서 영어를 못하면 안 된다는 것은 성급한 단정이다. 그리고 날이 다르게 기계문명이 발달하여 동시번역기가 개발되는 등 영어 아닌, 민족어 사용으로 문제 해결이 되고 있다. 다음 기사가 그 구체적인 증거이다.

문서 번역은 물론 외국 네티즌과 채팅이나 e-메일을 주고 받을 때 이용할 수 있게끔 실시간 번역도 가능하다. 예를 들어 채팅할 때 자신이 한글

로 입력한 문장은 자동으로 영어로 번역돼 상대방에게 전달되고, 상대방
이 영어로 입력한 문장은 화면에 한글로 번역돼 나타난다. (중앙일보, 00.
11. 20)

그리고 언제까지나 영어가 국제어로서의 지위를 누리리라는 보장도 없
고, 모든 전문 영역이 다 영어를 사용해야만 하는 것도 아니다. 그리고 앞
으로 중국이 부흥하리라는 것이 일반적인 전망이다. 그렇다면 그때는 또
영어 아닌 중국어를 공용어로 할 것인가? 그렇게 된다면 우리는 영원한 공
용어의 집시가 되고 말 것이다.

다음에는 한국어를 버리고 영어를 공용어화하는 문제에 대해 살펴보기
로 한다.

① 실용을 위해 국어를 버리고 영어를 공용어로 하자는 것은 일리가 있
다. 그러나 이는 전통·문화의 단절을 의미한다.

한국어와 영어를 복수로 공용어화하는 경우도 실용을 위해 영어를 공용
어화하는 것은 일리 있는 방안이라고 하였다. 그러나 실리·실용면만을 고
려한다면 이중언어 아닌, 영어만을 단일 공용어로 하는 것이 좀 더 바람직
하다. 따라서 한국어를 버리고 영어를 공용어화하자는 것은 생각해 볼 수
있는 언어정책의 하나다.

그러나 이렇게 되면 한국의 전통·문화는 송두리째 사라지게 된다. 영어
공용어론자는 한국의 전통·문화가 번역을 통해 오히려 좀 더 구체화되고,
많은 사람들에 의해 향유될 수 있다고 한다(복거일, 2000). 이는 잘못된 전망
이다. 문헌에 의한 전통과 문화의 계승은 허울뿐인 것이다. 이것이야말로
"박물관 전통"이요, "박물관 문화"다. 전통과 문화는 삶에 녹아 계승되어야
한다.

민족어는 민족문화의 거울이다. 하나의 낱말에도 그들의 역사와 심성이 반영되어 있고, 하나의 구문에도 그들의 사고의 궤적이 녹아 있다. 그래서 흔히 민족어를 민족의 표지로 본다. 각 민족은 그들의 민족어를 통해 일체감을 갖고 결속을 다지며 민족문화의 꽃을 피운다. 이러한 민족어를 버리고 영어를 공용어로 할 때 민족의 정체성은 찾을 수 없게 된다. 물론 영어를 새로운 민족어로 하여 새로운 민족문화와 전통을 수립할 수도 있을 것이다. 신대륙에 새로운 문화의 꽃을 피운 미국의 경우가 그것이다. 그러나 우리의 경우 반만년의 역사를 담보로 하여 이러한 모험을 하는 것이 과연 바람직한 일인가 하는 것은 의문이다.

② 영어를 공용어로 하게 되면 민족의 정체성은 사라지고, 한국어는 "박물관 언어"로도 살아 남기 어렵게 된다.

영어공용어론자는 영어를 공용어로 하게 되면 "하나로 통합된 인류문명을 다듬어 나가는데에서 정당한 우리 몫을 할 것"이라고 한다. 그리고 "우리 민족어를 배우고 연구하는 학자들은 늘 나올 터이므로 조선어로 구체화된 우리 전통과 문화에 후손들이 접근하지 못할 위험은 거의 없다."(복거일, 2000)고 한다. 이런 주장을 액면 그대로 받아들일 때 과연 "우리 몫"이란 무엇인가? 이런 상황에서는 "열린 민족주의"를 표방하지만 민족 자체가 존재할 수 없게 될 것이다. 따라서 민족의 역할이란 생각할 수 없는 것이고, 정체성은 소멸될 수밖에 없는 것이다. 물론 살아 있는 한국어도 생각할 수 없다.

인류문화란 단일한 것으로 통일될 때에만 그 뜻이 있는 것이 아니다. 다양한 것이 조화를 이룰 때 더욱 빛이 나는 법이다. 한 가지 꽃만으로 통일된 정원보다 다양한 꽃이 조화를 이룬 정원이 더 아름다운 것과 같은 이치다.

③ 영어만을 공용어로 할 때 영어권에 실리가 있을 때는 그들의 환영을 받을 것이나, 불리할 때는 차별 대우를 면치 못할 것이다.

한국어를 버리고 영어를 공용어로 할 때 영어권에서는 일단 "망 경제"의 논리에 따라 환영할 것이다. 그것은 영어권에 실리가 있기 때문이다. 영어를 공용어화할 때 영어권에서 사해동포주의로 끼어안아 줄 때는 무난할 것이다. 그러나 이해가 상충될 때는 경계의 대상, 배척의 대상이 될 것이다. 이는 1937년 연해주의 고려인의 경우를 생각하면 쉽게 이해된다. 그들의 눈에 우리는 황인종으로 부각될 것이고, 백인 우월주의가 나타날 것이다. 심한 경우는 우리가 적대자로 비칠 것이다. 이렇게 되면 우리가 설령 미국의 한 주가 되어 있다 해도 아무 소용이 없다. 이것은 농산물을 무기화할 때 이를 생산하지 않는 국가가 곤경에 처하게 되는 것과 같다. 영어만의 공용어제에서 민족적 결속의 거멀못인 한국어를 상실한 우리 민족은 대처 능력을 상실하고 일방적으로 해를 입게 될 것이다.

④ 정체성 상실로 경쟁이 더 심해져 삶을 꾸리고, 사회적으로 성공하는 것이 더욱 어려워질 것이다.

영어공용어론자는 영어가 공용어가 되면 표현과 이해가 자유로워져 개인적으로나 사회적으로 손해를 적게 볼 것이고 유리해질 것이라고 전망한다. 번역이란 장애를 벗어나 노벨문학상의 꿈도 좀 더 가까이 다가올 것으로 기대한다. 확실히 이런 면이 있을 것이다. 그러나 이는 부분적 진리일 뿐이다. 오히려 민족어, 지역성을 상실함으로 프리미엄을 잃게 된다. 영어가 공용어가 되면 영어권의 한 사람으로서 전세계의 많은 영어권 화자와 동등한 입장에서 경쟁해야 한다. 그것도 버터와 햄버거에 익숙지 않은 동양인의 체질을 가지고서 말이다. 따라서 영어를 공용어로 하게 되면 민족어를 사용하던 때에 비해 오히려 경쟁 상대가 많아 생활은 더욱 어려워지며, 성공의 길은 험난할 것이다. 川端康成의 "雪國"이 노벨상을 받은 것은 번역된 영어가 훌륭해서가 아니라, 오히려 일본의 정체성을 잘 드러낸 데 있다고 할 것이다.

⑤ 영어를 공용어화하게 되면 남북의 동포는 다른 민족으로 의식될 것이고, 영원히 통일될 수 없는 이방이 되고 말 것이다.

제2차대전후 우리나라는 본의 아니게 분단국가가 되었다. 그리고 이념적 대립으로 아직까지 통일을 보지 못하고 있다. 그러나 우리는 남북이 같은 민족이라는 심리적(心理的) 유대감을 가지고 있다. 민족이란 혈연, 지연, 언어, 문화 등의 공통성을 바탕으로 나타나는 심리 상태를 기초로 하여 형성되는 공동체를 말한다. 그런데 민족어를 버리고 영어를 공용어로 하게 되면 민족 형성의 중요한 공통 요소의 하나인 언어를 달리해 남북이 같은 민족이라는 의식을 갖기 어려워지게 된다. 그리하여 마침내 이민족이라는 의식까지 가지게 될 것이다. 7천만 우리 겨레가 이러한 불행을 자초해서는 안 된다. 남북의 동포는 다 같은 우리 민족으로 서로 보듬어 안고 살아야 할 우리 형제들이다. 따라서 실수로라도 영어를 공용어로 바꾸는 망발을 저질러서는 안 된다.

5. 맺는 말

한국인은 유사 이래 언어 규범을 정비하며, 이를 바탕으로 언어생활을 영위해 왔다. 특히 음성언어는 많은 시련 속에 얼룩지긴 하였으나 그런대로 주체성을 지켜왔다. 이에 대해 문자언어는 일찍부터 언문불일치의 사태를 빚었는가 하면, 한글이 제정 된 후에도 한문위주의 생활을 해 오다가 최근에 와서야 국문위주의 생활을 하게 되었다. 언어규범의 준수도 근자에 와서 어느 정도 틀이 잡히게 되었다. 그러나 아직 우리 언어생활은 많은 문제를 안고 있는 것이 사실이다.

언어생활의 태도는 중국의 사서삼경(四書三經)의 영향을 많이 받았고, 이는 양반 계층의 언어생활을 주로 규제하였다. 그러나 서민의 심지(心志) 성정(性情)을 반영하는 속담도 이와 유사한 언어생활의 태도를 지지·권장하고 있어 서민들도 같은 언어생활의 태도를 지니고 있다. 언어생활의 태도는 신언(愼言)과 금언이 주류를 이루나, 할 말은 속시원히 하라는 적극적인 태도도 보여 양면성을 보여 준다. 수행되는 말은 충신(忠信)을 이상으로 삼았고, 여인의 경우는 남성과는 달리 화유(和柔)를 이상으로 여겼다.

언어정책은 근대국가가 형성된 뒤 일반적으로 폐쇄정책을 전개해 왔는데, 우리의 경우는 현대에 접어든 뒤에 폐쇄정책을 폈다. 그것은 우리의 경우는 단일민족으로 단일어를 사용하였기 때문에 언어에 별문제 없었기 때문이다. 그런데 근자에 영어공용어론(英語公用語論)이 제기되어 사회 문제가 되고 있다. 영어공용어화 문제는 그것이 제2언어로서이거나, 아니면 한국어를 대치하는 경우이거나 정책적으로 시행되는 경우에 언어생활에 엄청난 파장을 몰고 올 사안이다. 따라서 국민들의 관심이 많이 쏠리고 있다. 영어공용어론자들은 실용주의, 언어도구설 등을 바탕으로 이의 효용을 강조하나, 민족어는 도구 이상의 민족문화의 반영체로서 영어공용어화는 실용 이상의 민족의 분열, 전통·문화의 단절, 정체성의 상실 등 부작용이 커 수용할 수 없는 것으로 보아야 한다. 우리는 국토 분단이 아닌, 언어에 의한 또 하나의 분단을 초래하려 하지 말고, 주체성(主體性) 있는 통일된 언어생활을 하도록 하여야 한다.

참고문헌

김민수(1973), 국어정책론, 고려대학교 출판부
김완진(1972), 훈민정음 제작의 목적, 성곡논총 제3집, 성곡문화재단
리득춘(1988), 조선어 어휘사, 연변대학 출판사
박갑수(1984), 국어의 표현과 순화론, 지학사
박갑수(1999), 신문·광고의 문체와 표현, 집문당
박갑수(1999), 아름다운 우리말 가꾸기, 집문당
박갑수(1999), 새 천년과 우리 언어문화의 발전방향, 국어교육연구 제9집, 국어교육학회
복거일(1998), 국제어 시대의 민족어, 문학과 지성사

복거일(2000), 소위 민족주의자들이여! 당신네 자식이 선택하게 하라, 신동아, 3월호

이기문 외(1983), 한국어문의 제문제, 일지사

이기문 외(1990), 한국어의 발전방향, 민음사

이을환(1999), 한국의 여성 언어, 숙명여자대학교 출판부

이응백(1975), 개화기 이전의 언어생활 교육에 관한 연구, 국어교육 23-25, 한국 국어교
　　　　　육연구회

정시호(2000), 영어 찬미자들에게 엄중 경고함!, 신동아, 4월호

鹽田紀和(1977), 諸國語の混亂と統一, くろしお出版

杉本つとむ(1972), ことばの文化史, 櫻楓社

豊田國夫(1968), 言語政策の研究, 錦正社

南不二男(1979), 言語と行動, 講座 言語 第3卷, 大修館

宮地裕 外(1992), 日本語の歷史, 講座 日本語と日本語敎育 第10卷, 明治書院

■ 이 글은 제1차 한국어교육 국제학술대회(한국어세계화추진위원회·이중언어학회 공동 주최,
　00. 11. 18~19, 세종문화회관 컨퍼런스홀)에서 발표된 것이다. 미발표 논문임.

제4장 화합을 위한 "일동장유가"의 비판적 읽기

1. 서언

인간관계에는 호염(好厭)이 따른다. 우호적인 교류를 하여 좋아하고, 적대적인 관계를 가져 싫어하는 경우가 있는가 하면, 특별한 이유 없이 공연히 상대방에 대해 호염의 감정을 가지는 경우도 있다. 이러한 관계는 나라와 나라 사이에도 존재한다.

한일(韓日) 관계는 흔히 가깝고도 먼 나라라 한다. 친근하게 지낼 법한 사이인데도 그렇지 않다는 의미를 내포한다. 한일 관계를 논의할 때 흔히 임란(壬亂)과 일제(日帝) 강점기(强占期)가 거론된다. 그리고 불편한 관계사로 규정한다. 지정학적으로 이웃한 나라들은 대체로 이러한 관계에 놓이는 경우가 많다. 그러나 한일 관계는 유구한 역사를 돌아볼 때 불편한 관계는 일시적이었고, 오랜 세월동안 상호 교류(交流)하며 우호적 관계를 지녔다. 조선통신사(朝鮮通信使)의 교류도 이러한 역사적 사실의 하나다.

조선통신사의 사행 기록은 한일 양국이 공동으로 세계문화유산 등록 신청을 하여 지난 10월에 등재하게 되었다. 이는 지난날의 우호적 관계를 오늘의 세대가 확인하고, 공동 신청함으로 우호관계를 다지는 좋은 계기가 되었다. 따라서 한일 양국에서는 사행(使行)들의 기록물을 통해 서로의 문화와 문학 작품에 많은 관심을 가지게 되었으며, 이들을 접함으로 보다 친화적 관계가 수립되게 되었다.

한국의 국어교육학회와 일본의 독협대학(獨協大學)이 공동으로 국제학술대회를 개최하게 되었다. 이에 발표자는 조선통신사의 사행(使行) 기록물의 하나인 퇴석(退石) 김인겸(金仁謙)의 "일동장유가(日東壯遊歌)"를 살펴보기로 하였다. 이는 작자의 시대적 배경과 작가의 극단적 대일관(對日觀)에 의해 적대감을 가질 수도 있게 되어 있다. 따라서 이는 비판적 읽기를 필요로 한다. 이에 발표자는 "일동장유가"의 비판적 읽기를 시도해 보기로 하였다. 더구나 현행 한국의 국가적 교육과정은 비판적 읽기를 강조하고 있다. 본 논의는 앞으로 국어교육과, 한국어교육 학습자들이 많이 읽고, 학습하게 될 "일동장유가"에 대한 하나의 지남(指南)이 되기를 바란다. "일동장유가"의 건전한 읽기를 기대한다.

2. 한일 교류와 일동장유가

2.1. 한일교류와 조선통신사

종래 동아시아에서는 중국이 문화를 선도하였다. 이러한 문화를 한반도에서는 수용하며 소중화(小中華)를 자처하였다. 그리고 이들 문화를 일본에 전수하였다. 한자를 전하고, 불교를 전하고, 유학을 전한 것은 그 대표적인 것이다. 물론 일본에서는 견수사(遺隋使), 견당사(遺唐使)를 보내고, 유학승을 보내는 등 중국과 직접 교류도 하였다.

한국과 일본은 비교적 우호적 교린(交隣) 관계를 가졌다. 고대의 신라·

백제·고구려의 삼국 및 발해의 교류사만 보더라도 한일 간에 많은 친교의 사행(使行)이 오고 간 것을 볼 수 있다. 그 중 북쪽의 발해(渤海)와 남쪽의 신라(新羅)의 경우를 예로 들어 보기로 한다. 발해의 경우는 고구려의 뒤를 이어 일본과 친교를 맺고자 하였다. 그리하여 발해는 일본에 36회의 사신을 보냈고, 일본에서는 발해에 13회 사신을 보냈다. 이때 발해의 사행은 동경성(東京城)에서 동해를 거쳐 일본의 돈하(敦賀)로 가는 외에, 장안(長安)을 돌아 황해를 건너 일본의 하카다(博多)로 가는 먼 노정을 택하기도 하였다. 신라의 경우는 백제가 멸망한 뒤 사절(使節)이 오고갔는데, 신라에서는 당(唐)을 견제하기 위해, 일본에서는 신라의 침공에 대비하기 위해 국교가 필요했던 것이다. 그리하여 6~7세기, 곧 신라의 무열왕과 일본 天智천황 및 光仁천황 사이에 신라에서는 38회, 일본에서는 18회 사신을 파견한 것으로 나타난다(中村新太郎, 1977). 이렇게 고대에 한국과 일본은 친선 외교를 하였다.

조선통신사(朝鮮通信使)에 대해 논의할 때 흔히 도쿠가와 막부(德川幕府) 때의 사행만을 언급한다. 그러나 조선통신사가 그때에만 있었던 것은 아니다. 아시카가 막부(足利幕府) 때에도 있었다. 도요토미 막부(豊臣幕府) 직전의 막부인 아시카가 막부(足利幕府)의 쇼군(將軍) 아시카가(足利義滿)는 "일본국 대장군"의 명의로 조선에 국서를 보내 오는가 하면, 1404년에는 "일본국왕" 명의로 사절을 보내왔다. 이후 16세기 중반까지 일본국 왕사(王使)의 조선 방문은 전후 60여 차례나 있었다(中村榮孝, 1979)

조선에서는 태종 때 수차 회례사(回禮使)를 보내었고, 세종 때 교린(交隣) 관계가 확립된 뒤 경조의 예를 나타내기 위해 1428년 최초의 통신사를 파견하였다. 그 뒤 세종이 2회, 세조가 1회, 성종이 1회, 전후 5회 아시카가 막부에 통신사를 파견하였다. 그러나 무사히 京都를 방문한 것은 세종 때의 세 번뿐이었고, 나머지는 사고로 목적을 달성하지 못하였다. 이들 사행 내용을 도시하면 다음과 같다.

<15세기 조선통신사의 사행>

연대	정사	부사	서장관	사명
1428	박서생	이 예	김극유	義持・義敎의 계승 敬弔
1439	고득종	윤인보	김예몽	修好
1443	변효문	윤인보	신숙주	義敎・義勝의 계승 敬弔
1459	송처검	이종실	이 근	佛典 전수(해상조난・행방불명)
1475	배맹후	이명숭	채 수	(도항중지)
1479	이형원	이계동	김 소	(대마도에서 歸還・正使 거제도에서 사망)

　잘 알려진 조선통신사(朝鮮通信使)의 사행은 임란(王亂) 후 도쿠가와 막부(德川幕府) 때 이루어졌다. 도쿠가와이에야스(德川家康)는 1603년 정이대장군(征夷大將軍)이 되어 대마도주(對馬島主)를 통해 조선에 통신사를 파견해 달라고 요청하였다. 그 뒤 1604년 조선 정부에서는 승 유정(惟政) 등을 "탐적사(探賊使)"로 대마도에 파견하였고, 이들은 이에야스(家康)의 요청에 의해 京都에까지 갔다. 여기서 이에야스(家康)는 "임진란 때 자기는 관동(關東)에 있었고, 임진 병역(兵役)과 전혀 관계가 없다. 조선과 자기 사이에는 아무런 적대관계, 원한이 없다. 따라서 우호관계를 수립하고 싶다."는 뜻을 우리 사행에 전하였다. 조선에서는 유정의 보고를 받고 화의(和議)하는 쪽으로 방향을 정하고, "회답겸쇄환사(回答兼刷還使)라는 이름으로 사절을 일본에 파견하였다. 이는 일본의 국서에 대한 회답을 하고 포로를 귀환하도록 하는 사명을 띤 사절이란 말이다. 이것이 1차 조선통신사로 일행은 1607년 부산포를 출발, 대마도, 경도(京都)를 거쳐 에도(江戶)로 가 국서를 전달하였다. 이에 의해 아시카가(足利) 막부(幕府) 이래의 국교가 회복되고, 이후 11차, 총 12차의 조선통신사가 일본을 내왕하게 되었다. 1차에서 12차까지 사행(使行)의 주요 내용은 다음과 같다.

<조선 통신사행의 주요 사항>

서기	조선	정사	부사	종사관	제술관	서기	사명	인원	사행록
1. 1607	선조40 경장 2	呂祐吉	慶暹	丁好寬	楊萬世		修交·回答 兼刷還	489	海槎錄 염칠송
2. 1617	광해 9 원화 3	吳允謙	朴梓	李景稷			大坂平定回答	428	東槎上目錄 오추탄 兼刷還東槎日記 박재, 扶桑錄 이석문
3. 1624	인조 2 관영 원	鄭岦	姜弘重	辛啓榮			家康襲職	300	東槎錄 강홍중
4. 1636	인조14 관영13	任絖	金世濂	黃㞐	權伐		泰平之賀	475	丙子日本日記 임광 海槎錄 김동명, 東槎錄 황만랑
5. 1643	인조21 관영20	尹順之	趙絅	申濡			家綱誕生	462	東槎錄 조용주, 海槎 錄신죽당, 癸未東槎 日記
6. 1655	효종 6 명력 원	趙珩	俞瑒	南龍翼		裴𧶬 金自輝 朴文源	家綱襲職	488	扶桑日記 조연, 扶桑錄 남호곡
7. 1682	숙종 8 천화 2	尹趾完	李彦綱	朴慶俊	成琬	林梓 李聃齡	綱吉襲職	475	東槎日錄 김지남, 東槎錄 홍우재
8. 1711	숙종37 정덕 원	趙泰億	任守幹	李邦彦	李賢	洪舜衍 嚴漢重 南聖重	家宣襲職	500	東槎日記 임수간, 東槎錄 김현문
9. 1719	숙종45 형보 4	洪致中	黃璿	李明彦	申維翰	張應斗 成夢良 姜栢	吉宗襲職	479	海槎日錄 홍북곡, 海游錄 신청천, 扶桑 記行정석교, 扶桑錄 김흡
10. 1748	영조24 관연 원	洪啓禧	南泰耆	曹命采	朴敬行	李鳳煥 柳逅 李明啓	家重襲職	475	奉使日本時聞見錄 조난곡, 隨使日錄 홍경해, 日本日記
11. 1764	영조40 명화 원	趙曮	李仁培	金相翊	南玉	成大中 元重擧 金仁謙	家治襲職	472	海槎日記 조제곡, 癸未使行日記 오대령, 日東壯遊歌 김인겸
12. 1811	순조11 문화 8	金履喬	李勉求		李顯相	金善臣	家齊襲職	366	東槎錄 유상필

이때의 통신사는 한마디로 "조선통신사"라 하지만 사실은 1~3차까지는 "회답겸쇄환사"였고, 4차 이후 "통신사"라 하였다. 여기서 "통신사"란 "태평"과 "왕위 승계" 등 경조의 사명을 띤 외교사절로, "쇄환사"와는 구별된다. 이상과 같이 조선통신사는 한일 외교를 수행하였고, 문화교류에 크게 이바지하였다.

2.2. "일동장유가"와 비판적 읽기

"일동장유가"는 德川막부 때, 곧 후기의 통신사행이라 할 제11차 조선통신사의 서기로 참가한 퇴석(退石) 김인겸(金仁謙)이 지은 가사(歌辭)다. 사행 목적은 德川家重에 이어 將軍으로 승계한 德川家治를 축하하는 국서를 전달하는 데 있었다. 이들 사행은 1763년 7월 서울을 출발하여 江戶에 갔다가 1764년 7월 서울에 귀환하였다.

"일동장유가"를 제대로 감상하기 위해서는 두어 가지 유의할 것이 있다. 그것은 작자를 제대로 파악해야 한다는 것과, 다른 하나는 저작 목표를 바로 알아야 한다는 것이다.

저자 퇴석(退石) 김인겸은 공주 출신으로 사마시(司馬試)에 합격하여 진사가 되었으나 은사(隱士)로 지냈고, 계미사행의 서기, 사행 뒤에 경기도의 지평(砥平)현감을 지냈다. 그의 행적은 별다른 기록이 없어 주로 "일동장유가"에 의지해 추찰하게 된다. 이에 의하면 그는 무엇보다 우국충정(憂國衷情)의 강직한 선비였고, 임진왜란으로 인해 일본에 대한 적개심이 강한 인물이었다. 글을 잘 했고, 중국을 숭배하고 일본을 경멸했으며, 문화적으로 일본에 대해 우월감을 가졌다. 무인과 문인을 차별하여 문사를 중히 여겼다. 이는 물론 유교사상에 근저한 것이다. 그는 한 마디로 표현하면 강직한 유생, "남산골 샌님"이라 할 수 있다.

퇴석(退石)은 이러한 인물이어 좋게 말하면 "정의의 사나이"이고, 나쁘게 말하면 "트러블 메이커"이다. 따라서 "일동장유가"에는 문인에 대한 역성, 일본과 일본 사람에 대한 적개심과 무시·모멸의 표현이 많다. 이러한 표현들은 비판적으로 수용하여야 할 것이다. 오늘날 우리는 문화란 상대적인 것으로, 거기에 우열이 없다고 본다. 이런 의미에서 "일동장유가"는 하나의 사행가사이기도 하니 비판적으로 읽을 필요가 있다.

다음으로 "일동장유가"의 저작 목표에 대해 살펴보기로 한다. 퇴석은 "일동장유가"의 저작 이유를 "일동장유가"의 후미에서 다음과 같이 기록하고 있다.

> 천신만고ᄒ고 십ᄉᆡᆼ구ᄉᆞᄒ야
> 장ᄒ고 이상ᄒ고 무셥고 놀나오며
> 붓그럽고 통분ᄒ며 우습고 다ᄒᆡᆼᄒ며
> 믜오며 아쳐롭고 간사ᄒ고 사오납고
> 참혹ᄒ고 불상ᄒ며 고이코 공교ᄒ며
> 궤ᄒ고 긔특ᄒ며 위퇴ᄒ고 노호오며
> 쾌하고 깃븐 일과 지리ᄒ고 난감ᄒᆫ 일
> 갓가지로 ᄎᆞᆺ초 격거 쥬년만에 돌아온 일
> <u>ᄌᆞ손을 뵈쟈ᄒ고 가ᄉᆞ롤 지어ᄂᆞ니</u>
> 만의 ᄒ나 긔록ᄒ되 지리ᄒ고 황잡ᄒ니
> <u>보시ᄂᆞ니 웃디 말고, 파젹이나 ᄒ오소셔.</u>

퇴석은 "일동장유가"를 일본에서의 견문을 "자손에 보이고자 가사를 지어" 냈다고 하였다. 저작 목표를 일본에 가서 겪은 것을 자손(子孫)에게 알리는 데 두었다. 이는 공식적인 사행보고서가 아니다. 그리고 대중을 상대로 한 문학작품도 아니다. 한 집안의 기록 문서로 저술된 것이라 하겠다. 이는 달리 말하면 후손에게 애국사상을 고취하고 조상의 사행을 꾸밈없이 알리고자 한 것이다. 그래서 우국충정(憂國衷情)과 내밀한 소회가 솔직히 피력되었다. 이러한 표현의 대표적인 것이 앞에서도 언급한 일본 및 일본인에 대한 적대적 감정, 곧 적개심과 모멸·멸시의 표현이다. 이러한 내용은 일본인 등 제3의 독자를 당황하게 할 수 있다. 이는 이미 언급한 바와 같이 집안에서 자손, 그것도 "아녀자들에게" 읽히고자 하여 지은 것이어 이러한 표현이 되었을 것이다. 이는 다음과 같은 사실에서 좀 더 확인할 수 있다.

퇴석은 "일동장유가"를 짓기 전에 "동사록(東槎錄)"을 지었다. 이는 원본이 전해지지 않는데, 성해응(成海應)의 "청구패설(靑丘稗說)"에 실려 있는 "퇴석김인겸 동사록초(退石金仁謙東槎錄抄)" 등에서 그 일부가 확인된다. 그런데 "일동장유가"는 "동사록"과 같거나, 그것을 확장한 것으로 보이는 구절이 많이 보인다. 이로 볼 때 "일동장유가"는 한문본 "동사록"이 있는데, 이를 바탕으로 하여, 아녀자들이 쉽게 읽을 수 있도록 영남의 규방가사(閨房歌詞)를 염두에 두고 새로 언문(諺文)으로 가사(歌辭)를 지은 것으로 보인다. 이것이 "일동장유가"의 보다 구체적 저작 배경이요, 목표라 할 것이다. "일동장유가"의 저작 목표가 이러한 것이기 때문에 앞에서 이 작품을 읽기 위해서는 저작 목표를 바로 파악해야 한다고 한 것이다. 이 작품은 이러한 특수한 목적으로 지어진 것이다. 따라서 이러한 목표를 알고 비판적 읽기를 할 때 비로소 이 작품을 제대로 이해·감상할 수 있다.

그리고 여기 하나 더 고려할 것이 있다. 그것은 "일동장유가"에는 겉으로 드러나지 않는 또 하나의 저작 목표가 있다는 것이다. 그것은 "교린(交隣)", "화국(和國)"이란 것이다. 통신사는 바로 "교린·화국"을 위해 오갔다. 영조(英祖)는 3문사의 글재주를 시험하고, 퇴석에게 "만니창명 험혼 길의 병업시 단여오되 기교물(奇巧物)을 탐치 말고 화국(和國)ᄒ고 돌아오라."고 당부하였다. 사행은 "화국(和國)"하기 위해 가는 것이다. 그리고 퇴석이 병이 들어 끙끙 앓으면서도 차운(次韻)을 하고 필담을 나눈 것은 바로 이 "화국(和國)"을 위해서였다. "일동장유가"는 그것이 앞에서 보듯, 비록 사적 기록물이라 하나 이 숨은 저작 의도에서 자유로울 수 없을 것이다. 그리고 이 작품은 위의 제시한 저작 의도 중에 밑줄 친 부분과 같이 "자손을 뵈자고"

지었다면서 존대말을 쓰고 있는 것을 볼 수 있다. 이로 보면 작자의 의도는 처음부터 자손(子孫)을 위한 것이 아니었거나, 적어도 제3의 독자를 염두에 둔 것이라 할 수 있다. 따라서 이 작품은 개인적인 기록이라는 것과, "화국(和國)", "교린(交隣)"을 전제로 한 것이란 양면성을 지니는 것으로 보고 읽고, 읽혀야 한다. 더구나 "일동장유가"는 "교린·화국"을 목적으로 한 사행 자료일 뿐 아니라, 오늘날은 국제교류의 시대이기도 하기 때문이다. 따라서 이 작품은 마땅히 주관적 감상에 시종할 것이 아니라, 논리적 시각에서 비판적 읽기를 함으로 "교린·화국"에 기여하도록 함이 바람직 할 것이다.

3. "일동장유가"의 형식적 특성

3.1. 작품의 구조와 형식

"일동장유가"는 몇 가지 이본이 있다. 여기서는 "가람본"(서울대 규장각 소장)을 자료로 하여 살펴보기로 한다. 이는 4권으로 분절되어 있다. 각권의 분절의 의미는 별로 드러나지 않는다. 양에 따라 임의 분절하였다는 인상이 짙다. 작품은 5단 구성의 체재로 되어 있다. 서사→ 발행→ 목적지 도착 → 회정→ 결사가 그것이다.

작품의 형식은 저자가 밝히고 있듯 "가사(歌辭)"다. 가사는 3 4조와 4 4조의 음수율을 지니는 한국의 독특한 문학 형식의 하나다. 운율적 흥미를 느끼게 하고, 기억을 잘 하게 하기 위해 작자는 사행(使行) 기록을 이 형식에 담은 것이라 하겠다.

형식적 특성으로 먼저 "일동장유가"의 음수율(音數律)을 보기로 한다. 저자는 문장의 길이와 서법(敍法)을 조사하며 각권의 처음 50문장을 자료로 분석하였다. 음수율은 문장의 길이를 조사한 그 뒷부분, 곧 각권의 제51 문장

부터 25 문장, 총 100문, 510개 구절을 조사·분석하였다. 이의 양적 결과는
다음과 같다.

字數	상구					하구				
	2	3	4	5	계	2	3	4	5	계
제1권	2	79	31		112			112		112
제2권	3	81	62		146			145	1	146
제3권	2	62	52		116			116		116
제4권	5	84	47		136	1		131	4	136
계	12	306	192		510	1		504		510
%	2.4	60.0	37.3			0.02		98.8		

　도표에 보이는 바와 같이 가사의 상하구(上下句)에 있어 가장 높은 빈도를
보이는 것은 3 음절과 4음절이다. 상구는 3음절로 된 구절이 60.0%, 하구
는 4음절로 된 구절이 98.8%를 차지한다. 이로써 일동장유가의 주된 음조
(音調)는 3 4조임을 알 수 있다. 그리고 그 뒤를 잇는 율조가 4 4조로, 4음절
로 된 상구가 37.3%의 빈도를 보인다. 상하구에 있어서 2음절이나, 5음절
의 음조는 거의 보이지 않는다.
　그리고 여기 덧붙일 것은 기행문은 또 일기, 서간, 수필의 형식을 취한다
는 것이다. 장기간의 여행을 통한 장문의 기행문인 경우는 편의상 일기의
형식을 취하는 경우가 많다. "일동장유가"도 일기의 형식을 많이 취하고
있다. "계미 8월 초3일 발행, 9월 초5일 해운대 관람, 초8일 제해(祭海), 9일
등고(登高), 13일 대전(大殿) 탄일"과 같이 추보식으로 쓰고 있다. 그러나 이
는 매일매일 기록하는 형식의 일기체를 취하지는 않았다. 앞의 예에 드러
나는 바와 같이 날짜가 빠지는 경우도 있고 밝히지 않는 경우도 있다. 전체
적으로 볼 때는 후반부로 갈수록 날짜를 밝혀 좀 더 일기체의 형식이 강화
되는 경향을 보인다.

3.2. 문장 구조

3.2.1. 문장의 길이와 서법

글은 문장의 길이와 구조에 의해 독특한 문체를 형성한다. 문체는 작가의 개성과 글의 양식에 따라 차이가 드러난다. 문체의 차이를 빚어내는 문장의 길이, 곧 문장(文長)부터 보기로 한다. 이는 각권의 서두부터 제50문까지, 총 200문장의 길이, 음절(音節)을 조사하여 확인하는 방법을 취하기로 하였다. 이렇게 하여 얻은 양적 결과는 다음과 같다.

자수	제1권	제2권	제3권	제4권	계
총자수	2037	1613	1600	2086	7336
평균	40.7	32.3	32.0	42.7	36.7

"일동장유가"의 문장의 길이는 전체의 평균 길이가 36.7자(音節)다. 이는 같은 기행가사인 정철(鄭澈)의 관동별곡(關東別曲)과 비교할 때 상당한 차이를 보인다. 관동별곡은 총 78개 문장으로, 1970자, 평균 길이가 25.3자다. 따라서 "일동장유가"가 11자나 길다. 이러한 일동장유가의 문장 길이는 현대소설의 문장의 길이 31.15자(박갑수, 1979)에 비해 약간 길고, 고전 소설에 비하면 짧은 것에 속한다 (박갑수, 2005). 이는 가사 작품이 고전 소설류에 비해 단문(短文)의 경향을 취한다는 사실을 알게 한다.

서법(敍法)은 다음 도표와 같은 분포를 보인다.

서법	제1권	제2권	제3권	제4권	계	백분율
평서형	28	23	34	37	122	61.0
의문형	9	8	1	1	19	9.5
감탄형	11	18	15	12	56	28.0
명령형	2					1.0
청유형	1					0.5

위의 도표에 보이는 바와 같이 평서형이 압도적으로 많아 61.0%로 나타난다. 그 다음이 감탄형(28.0%), 의문형(9.5%)으로 나타난다. 명령형과 청유형은 거의 쓰이지 않는다. 서법의 구체적인 종결어미는 다음과 같다.

> 평서형: -다형(型) 56개, -니형 24개, -라형 22개, 으이형 1개, 리형 1개,
>   무표(無標) 2개
> 의문형: -르고(型) 5개, -리형 3개, -냐형 2개, -ㄴ다형 2개, ㄴ고형 2개, -
>   ㄴ가형 1개, -ㄹ가형 1개, -ㄹ다형 1개, -ㄹ 소냐형 1개, -고형 1개
> 감탄형: -고나·구나·그나형(型) 23개, -로다형 13개, -ㄹ시고형 4개, -도
>   다형 4개, -고형 4개, -ㄹ로다형 2개, -어라형 1개, -고야형 1개,
>   -에라형 1개, -ㄹ셔이고형 1개, -로세형 1개, -그나야형 1개,
> 명령형: -라형(型) 2개
> 청유형: -시형(型) 1개

이러한 경향도 역시 "관동별곡"과 비교해 보면 큰 차이를 보인다. "관동별곡"은 다음과 같이 나타난다.

	서법	평서형	의문형	감탄형	명령형	청유형	무표지
관동별곡	개수	8	31	26	1	2	10
	백분율	10.3	39.7	33.3	1.3	2.6	12.8

"일동장유가"는 평서형이 과반수 이상을 차지하는데, 관동별곡은 겨우 10%에 불과하다. 그리고 의문형은 "일동장유가"가 10% 미만인데, 관동별곡은 빈도가 가장 높아 약 40%를 차지한다. 감탄형은 양 작품이 상대적으로 비슷한 분포를 보인다. 이러한 경향은 "일동장유가"가 사실을 보고하는 르포르타즈적 성격을 지니는데 대해, "관동별곡"은 서정적이고 자유분방한 표현을 한 데 기인한다고 하겠다. 관동별곡에 쓰인 종결어미는 다음과 같다.

평서형: -다형(型) 6개, -라형 1개, -려니형 1개
의문형: -ㄴ고형(型) 11개, -ㄴ가형 5개, -ㄴ 다형 3개, -니형 3개, -고형 2
　　　　개, -ㄹ가형 2개, -오형 1개, -랴형 1개, -논형 1개, -ㄹ다형 1
　　　　개, -리형 1개
감탄형: -로다형(型) 8개, -ㄹ샤형 7개, -ㄹ시고형 2개, -ㄴ고야형 2개, -
　　　　(ㄹ)셰라형 2개, -고쟈형 1개, -고져형 1개, -고야형 1개, -ㄹ셔
　　　　이고형 1개, -ㄴ디고형 1개,
명령법: (어)스라형 1개
청유형: -쟈스라형 1개, -고져형 1개
무표지: -둣형(型) 4개, 도치형(倒置型) 4개, 연결어미형 1개, 생략형 1개

종결어미는 "일동장유가"에 "관동별곡"에 쓰이고 있지 않은, 평서형 "-
니형", 의문형 "-ㄹ고형, -냐형", 감탄형 "-고나(구나·그나)형, -도다형, -고
형", 명령형 "-라형" 등이 쓰이고 있어 표현의 차별성을 보여 준다. "관동
별곡"에는 "일동장유가"에 보이지 않는 "-ㄹ샤형"이 쓰이고 있다는 것이
특징적이다(이는 물론 조사 자료에 국한된 것이다.).

3.2.2. 표현 기법

① 보고적 표현을 하고 있다

"일동장유가"는 주정적(主情的) 면이 승한 "관동별곡"과는 달리 객관적·
보고적 표현을 하고 있다. 달리 말하면 작자가 시간적·공간적으로 끊임없
이 경험하는 사상(事象)을 주로 사실적으로 표현하였다. 따라서 일반적으로
르포르타즈적 경향을 지닌다. 이러한 가운데 특정 장면에서는 문자 그대로
사실적 묘사를 하고 있다. 예를 들면 수사(水使)의 연향 장면(P. 61~2), 일본
남녀의 차림(P. 104~6), 대판(大阪) 연향청(宴饗廳)의 음식 차림(P. 207~8), 수기
(水機)의 제작(P. 217~9), 왕명을 전하는 과정(P. 259~63) 등이 그러하다.(면수
표시는 한국학 문헌연구소(1973)에 따라 표시한 것이다. 이하 同) 사실적 표현의 예

를 두어 장면을 보면 다음과 같다.

> ᄌᆞ독이 심난ᄒᆞᆫ데 디풍이 니러나니
> 틱산 ᄀᆞᆺᄐᆞᆫ 셩난 물결 천디에 ᄌᆞ욱ᄒᆞ니
> 큰나큰 만국쥐(蠻國舟)가 나모닙 부치이둧
> 하ᄂᆞᆯ의 올라다가 디함(地陷)의 ᄂᆞ려지니
> 열두 발 ᄲᅡᆼ돗디난 지의텨로 구버 잇고,
> 쉰두 복(幅) 초셕 돗츤 반둘쳐로 비불럿니.
> 굵은 우레 잔 별악은 등 아리셔 딘동ᄒᆞ고
> 셩난 고래 동ᄒᆞᆫ 눕은 물속의셔 희롱ᄒᆞ닌.
> 방 속의 요강 타고(唾具) 잣바지고 업더지고
> 상하 좌우 비방 널은 닙닙이 우는구나.(P. 101~2)

이는 오류도를 지나 대마도에 가기 전 일본선이 대풍에 휘둘리어 요동
치는 배의 모습을 사실적으로 묘사한 것이다. 또한 대마도주가 사신들은
말을 태우고, 양의(良醫)와 세 수역(首譯)은 가마를 태웠는데, 이때의 가마 모
양은 관찰 이상의 사실적 묘사를 하고 있다.

> 그 가마 모양 보니 우흔 옷칠ᄒᆞ야
> 디붕 마루쳐로 나모로 ᄒᆞ여시며,
> ᄉᆞ면의 흰 돗츠로 마치맛게 베혀닉여
> 나모 조각 다히고셔 못 박아 ᄭᅮ며시며
> 왼 녑흐로 밀창 ᄒᆞ야 그리로 들게 ᄒᆞ고
> 압과 올흔 편은 사(紗) 바른 밀창 닉고
> 등(騰)으로 네모 얽어 아리 우흘 다리고셔
> 아래 채는 아니 ᄒᆞ고 기리로 마루 우희
> 옷칠ᄒᆞᆫ 긴 나무를 붓박이로 언저 노코
> 두 놈이 메고 가니 멜통과 마치 ᄀᆞᆺ다. (P. 140~1)

② 다양한 수사법을 쓰고 있다.

대표적인 수사법은 비유법(比喩法), 대조법(對照法), 열거법(列擧法), 과장법(誇張法) 등이다. 이들 예를 두어 개씩 보기로 한다. 먼저 비유법을 보면 이는 도처에 쓰이고 있다. 다음 예는 여색을 밝히는 병방(兵房)이 미워 작자가 추천한 차모(茶母)의 추한 모습과, 명고옥(名古屋)의 미색들의 모습을 묘사한 것이다.

이윽고 현현ᄒ니 져 추모(茶母) 외양 보소
뿍 갓흔 져론 머리 실노 짜하 마조 미고,
눈쑙 씨인 오휜 눈을 해 부싁여 겨요 쓰고
옷조롱 갓흔 낫티(顏) 멍석쳐로 얽엇고나.
무명 반믈 뒤롱다리 귀ᄭ지 담북 쓰고
헌 져구리 자론 치마 현순백결(懸鶉百結) 하여셰라.
동구안(東觀) 삼월(三月)이는 예 비ᄒ면 일식이라.(P. 26)

그 듕의 계집들이 다 몰쇽 일식(一色)일다.
새별 갓튼 두 눈쎠와 주사(朱沙) 갓흔 입시욹과
닛셕은 빅옥 갓고 눈섭은 나븨 곳고
쎄옥기 ᄀᆞᆺ튼 손과 매얌이 ᄀᆞᆺ튼 니마
얼음을 사겨시며 눈으로 무어난 듯
사롬의 혈육으로 져리 곱게 삼겻눈고?
됴비연(趙飛燕) 양터진(楊太眞)이 만고의 일크라나
예다가 노화시면 응당이 무싁ᄒ리.
월녀천하빅(越女天下白)이 진실로 올흘시고.
우리나라 복식으로 칠보 장엄(莊嚴)ᄒ여 니면
신션인 듯 귀신인 듯 황홀 난측ᄒ리로다.(P. 235~6)

다음은 대조법(對照法)의 예로, 일기도(一岐島) 가는 뱃길의 심한 풍파를 묘사한 것이다. 이어 보인 예는 축전주(筑前州)에 도착하기 전의 일기도(一岐島) 바다에서 풍파에 고생하는 모습을 묘사한 것으로, 여기에는 대조 내지 대구가 쓰이고 있다. 이는 퇴석이 한시에서 애용하는 대우법(對偶法)을 원용한 것이라 하겠다.

> 비방이 진탕(震蕩)ᄒ여 이리 눕고 뎌리 눕고
> 돗더가 움죽여셔 우도둑 ᄒᄂᆫ 소리
> 하 금죽 놀라오니 혼빅이 니쳬(離體)ᄒ다.
> 션듕의 사ᄅᆷ들이 다 몰속 구토ᄒ고
> 다만 ᄒ나 도샤공이 치만 잡고 앉았으니
> 염나국 십왕뎐(十王殿)이 널 하나만 가렷구나 (P.144~5)

> 비방의 누운 사ᄅᆷ 뒤쳐지고 업더지고
> 오줌 누던 니 비쟝은 요강 안고 잣바지고
> 안잣던 임 도ᄉᄂᆫ 농에 치여 너머졋네.
> 창들과 격좌(格子)들이 격격ᄒ야 소리 ᄒ니
> 정신이 어즐ᄒ고 인ᄉ가 흐려진다.
> 비록 튼튼 아니ᄒ나 몸 둘 ᄯᅡ히 젼혀 업네. (P.161)

열거법(列擧法)의 대표적인 용례는 이미 살펴본 작자의 저작 의도에 잘 드러나 있고, 일본을 다녀온 사행들에게 묻는 영조의 말에도 쓰이고 있다. 다음의 예는 병고(兵庫)에서 사행이 금루선(金樓船)에 오르는 광경을 구경하는 일본인들의 모습을 묘사한 것이다.

> 비마다 줄을 민야 이편 언덕 뎌편 언덕
> 무수ᄒᆫ 예선군(曳船軍)이 ᄎ례로 ᄭᅳ어 가니
> 두 편의 굿보ᄂᆞ니 바다 ᄀᆞᆺ고 뫼 ᄀᆞᆺ터
> 성성젼(猩猩氈)도 ᄭᆞ라시며 금병풍도 쳐 놓고셔
> 그리 만흔 왜녀(倭女)들이 미만(彌滿)ᄒ야 안자시니

불근 옷도 닙어시며, 푸른 옷도 니버시며
ᄌᆞ지(紫芝) 옷도 니버시며 아롱 옷도 닙어시니
그 듕의 호ᄉᆞ하니 ᄉᆞ환가(仕宦家) 부녀라니.(P. 202~3)

과장법(誇張法)도 많이 쓰이고 있다. 이미 앞에서 본 차모(茶母)의 외양 묘
사나, 대판(大阪)의 인호(人戶)가 "백만이나 ᄒᆞ여 뵌다.", 명석(明石)의 달구경
을 하며 "텬하의 장ᄒᆞᆫ 귀경 이에셔 ᄯᅩ 업스리."(P. 198)가 이러한 것이다. 아
래의 예는 대판의 본원사(本願寺) 가는 길을 묘사한 것이다.

하뉵(下陸)ᄒᆞ믈 쳥ᄒᆞ거늘 삼사상(三使相)을 뫼시고셔
본사(本願寺)로 들어갈시 길흘 ᄭᅵᆫ 여염들들이
졉옥(接屋) 년장(連墻)ᄒᆞ고 번화 부려(富麗)ᄒᆞ야
아국 죵로(鐘路)의셔 만비나 더ᄒᆞ도다. (P. 205~6)

③ 환정성을 드러내는 애용 어사(愛用語辭)가 보인다.

작가들은 즐겨 쓰는 애용어사가 있다. 퇴석의 경우도 애용어사가 보이는
데, 그것은 "놈, 다 몰수, 다 주어" 같은 것으로 본인도 의식하지 못하는
사이에 즐겨 쓴 것이라 하겠다.

"놈"은 옛말에서는 "사람"을 가리키는 말이었으나, 뒤에 남자를 비하하
는 말이 된 것이다. 조선조는 계급사회였고, 양반은 선민의식을 가졌다. 그
리하여 퇴석은 선비(士) 이외의 인물은 비하하였고, 이때 "놈"이 상용되었
다. 몇 개 보면 다음과 같다.

역놈(驛奴)을 재촉ᄒᆞ여(28)/ 수십 명 건장한 놈(越川軍)(31)/ 완만ᄒᆞᆫ 선장
놈을(77)/ 내게 온 마부놈이(88)/ 우리나라 기수놈이(205)

이런 차원에서 일본인에 대해서는 "왜놈"이란 범칭을 썼고, 특정한 일인

에 대해서도 "주방주 봉행(奉行)놈이"(P.167)이라고 "놈"이란 말을 붙여 지칭하고 있다.

"몰수(沒數)"는 매우 애용한 말이다. 20회 이상을 쓰고 있다. 그것도 "몰수"가 "수량의 전부"를 뜻하는 말인데, 여기에 부사어 "다"를 붙여 쓰고 있다. 이는 하나의 개성적 문체의 특징을 드러내는 것이라 하겠다. 몇 개의 예를 제시하기로 한다.

> 다 몰수(沒數) 등청일세(101)./ 다 몰수 춘백(春栢)일세(114)./ 다 몰수 구토ᄒ고(137)/ 다 몰수 넋을 잃어(151)/ 다 몰수 일색일다(207).

"다 주어"도 애용되고 있는데, 이는 아마도 "몰수(沒數)"와 같이 "다, 전부"를 의미하는 말로 쓰인 것으로 보인다.

> 다 주어 모닸고야(18)/ 다 주워 올라 앉아(40)/ 다 주워 올라왔다.(65)/ 다 주어 ᄒ오리다.(81)/ 다 주워 걸어가되(210)

"-고나야"와 "-대는"도 즐겨 쓰이는데, 이들은 감탄형 "-고나"에 "-야"를 첨가하거나, 설명형 어미 "-대/ -되"에 "-는"을 첨가해 강조한 것이다.

4. "일동장유가"의 내용적 특성

"일동장유가"는 형식적 특징과 함께 여러 가지 내용적 특징도 아울러 지닌다. 여기서는 작자의 대일관(對日觀), 애국 애족의식, 작시와 차운, 작가의 성정 관련 내용, 통신사에 대한 대우, 기타에 대해 살펴보기로 한다. 이들은 원칙적으로 긍정과 부정이란 비판적 입장에서 살펴보게 될 것이다.

4.1. 작자의 대일관(對日觀)

4.1.1 긍정적 대일관의 내용

작자의 대일관은 앞에서 본 바와 같이 부정적 면이 승하다. 그러나 "일동장유가"에는 부정적 면만이 다루어지고 있는 것은 아니다. 긍정적 면도 많다. 이들은 주로 일본의 번황(繁況)과 승경(勝景)을 칭송한 것이다.

먼저 일본의 번황(繁況)을 보고 감탄하고, 칭송한 것을 보기로 한다. 작자는 도시의 번승함과 건물의 굉걸함에 놀라고 있다. 名古屋城의 "번화하고 장려하기 대판성과 일반"이라며 조선의 삼경(三京)은 이에 비하면 "매몰(昧沒)"하다거나, 안예(安藝) 태수가 사는 데를 "금장식 오층각(五層閣)이 구름 속에 표묘(漂渺)ᄒ다."(P.172)라 한 것이 이런 것이다. 대판성(大阪城)은 우리의 도성과 비교하며 그 규모가 어마어마함에 놀라고 있다.

부귀ᄒ 지샹(宰相)들도 븩간집이 금법(禁法)이오
다 몰쇽 흙 지와를 니워셔도 쟝(壯)타는디
쟝홀손 왜놈들은 쳔간이나 지어시며
그 듕에 호부(豪富)ᄒ 놈 구리 기와 니어 노코
황금으로 집을 쑤며 샤치키 이샹ᄒ고
남의셔 북의 오기 븩 니나 거의 ᄒ되
녀염이 븬틈업셔 담북이 드러시며
ᄒ가온데 낭화강(浪花江)이 남북으로 흘러가니
텬하의 이러한 경 또 어디 잇단 말고?
북경을 본 역관이 행듕의 와 이시디
중원의 장녀ᄒ기 이에서 낫쟌타늬. (P. 211~2)

江戶로 들어가면서는 "누디 졔퇵 샤치ᄒᆷ과 인물남녀 번셩ᄒ다. 성쳡이 졍쟝(整壯)ᄒ 것과 교냥(橋梁) 쥬즙(舟楫) 긔특ᄒ 것, 디판셩 셔경도곤 삼비나 더ᄒᆨ구나."(P. 251)라 감탄하고 있다.

일본의 승경(勝景)을 퇴석은 한마디로 곳곳에서 "기절(奇絶)"이라 표현하고 있다. 서박포(西泊浦)서 "인가는 수삼호요, 경개도 긔절ㅎ다"(P. 119), 병고(兵庫)에서 부사상(副使相) 하처의 "경치가 기절ㅎ여"(P.199), 강구(江口)에서 "집 뒤히 큰 호슈가 경치가 긔절ㅎ다."(P. 283)라 한 것이 그것이다. 이 밖에 서복사(西福寺)를 절승이라 하고(P. 120~1), 명석(明石)의 달구경을 하며 앞에서 보듯 더 할 수 없는 절경이라 하고 있다. 이 밖의 승경 묘사를 두어 곳 보면 다음과 같다.

거룩홀손 비파호(琵琶湖)가 근원 업시 절로 쓸려
삼빅 니의 고여시니 깁고 멀기 바다 ㅈㅌ고
이 물이 흘너 가서서 낭화강이 되여셔라.
틱슈(太守)의 사는 딕가 호슈롤 압님(壓臨)ㅎ야
분첩(粉堞)이 조묘(造妙)ㅎ고 누각이 장녀ㅎ야
경개가 절승ㅎ야 예놈 주기 아깝도다.<P. 223>

영(嶺) 북편 도라보니 상근틱(箱根澤) 물이 이셔
호호ㅎ고 탕탕ㅎ여 장관이 칠십 니라.
이리 높은 절듕(絶頂) 우히 이러혼 큰나큰 물
바다쳐로 깁고 머러 그 빗치 심벽ㅎ야
남도(南道) 바다 맛치 ㅈㅌ고 어별(魚鼈) 해함(蟹蛤) ㅈㅌ초 잇고,
왕닉ㅎ는 돗단비가 이리 가고 져리 가니
장홈도 장홀시고 텬디간 긔관일다.<P. 247~8>

위는 비파호(琵琶湖)의 경개를, 아래는 상근택(箱根澤)의 경개를 절승이라 칭송한 것이다.

이 밖에 이용-후생(利用厚生)에 관한 것과, 일본인에 대한 고정관념, 혹은 일반화에 대한 반성적 표현을 한 것도 보인다. 이용후생에 관한 대표적인 예는 수기(水機)와 물방아의 시설을 보고 감탄하고 있는 것이다.

물 속의 슈긔(水機) 노화 강물을 즈아다가
홈으로 인슈(引水)ᄒ여 셩안으로 드러가니
졔작이 긔묘ᄒ야 법 바담 죽ᄒ고나야.
그 슈기 즈시 보니 물네롤 믿드라셔
좌우의 박은 살이 각각 스믈여둛이오,
살마다 슷히다가 널 하나식 ᄀ르 미야
물 속의 셰워시니 강물이 널을 밀면
물네가 졀로 도니 살 슷히 쟈근 통을
노흐로 미야시니 그 통이 물을 쩌셔
도라갈 졔 올나가면 통 아리 말둑 박아
공듕의 남글 미야 말둑이 걸니면
그 물이 쏘다져셔 홈 속으로 드는구나.
물네가 빙빙 도니 븬 통이 ᄂ려와셔
쏘 쩌셔 슌환ᄒ야 듀야로 불식(不息)ᄒ니
인녁을 아니 드려 셩각회 놉흔 우희
물이 졀로 너머가셔 온 셩안 거민(居民)들이
이 물을 바다 먹어 부죡들 아니ᄒ니
진실로 긔특ᄒ고 묘홈도 묘홀시고.<P. 217~9>

십이일 등지(藤枝) 오니 한대영과 평영(平英)이가
빅삼십 니 ᄯ라와셔 춤아 못 니별ᄒ야
우리 옷 붓둘고셔 읍톄여우(泣涕如雨) ᄒ다가
밤든 후 도라가셔 오히려 아니가고
길ᄀ의 셔 잇다가 우리 가마 겻팀 와셔
손으로 눈물 삣고 목몌여 우는 거동
참혹ᄒ고 긔특ᄒ니 ᄆ음이 됴티 아니히
누고셔 예놈들이 간샤ᄒ고 팍ᄒ다던고?
이 거동 보와ᄒ니 ᄆ음이 연ᄒ도다. <P. 276~7>

앞의 예는 수기(水機)의 신묘함을 감탄 한 것이고, 뒤의 예는 일본인에 대한 고정관념에 대한 반성적 표현이다.

4.1.2. 부정적 대일관의 내용

일본의 관백(關伯) 豊臣秀吉은 조선에 대해 입공(入貢)과 명(明)에의 출병을 선도하도록 요구하였다. 조선이 이를 거절하자 출병하여 임진란(壬辰亂)이 발발하였다(佐藤信 外, 2017). 선조(宣祖)는 의주(義州)로 파천하고, 백성들은 도탄에 빠졌다. 이로 인해 백성들은 일본에 대해 적개심을 품게 되었다. 작자도 마찬가지다. 그는 강직한 유생이기 때문에 적개심은 누구보다 대단하였다. 그는 강화와 통신사행 자체를 부끄러워하였다. 그리고 사행 길의 임란(壬亂) 사적지마다 들러 우국충정을 토로하고 일본에 대한 적개심을 표현하였다.

다음은 사행을 부끄러워하고, 적개심을 토로한 부분과 대판성에서의 작자의 성난 심경을 묘사한 것이다.

삼경이 함몰ᄒ고 승예(乘輿)가 파천ᄒ사
거의 망케 되엿다가 황은(皇恩)이 망극ᄒ샤
천명(天命)이 나온 후에 겨우 회복ᄒ여시나
간신(奸臣)이 오국(誤國)ᄒ야 강화(講和)는 무ᄉ 일고?
붓그럽고 분ᄒ 길을 열ᄒ 번지 ᄒᄂ고나.
한 하ᄂᆯ 못 닐 원슈 아조 잇고 가게 되니
댱부의 노ᄒ 터력 관을 딜너 이러션다.(P. 41~2)

셥진쥐(攝津州) 대판성(大阪城)은 평슈길(平秀吉)의 도읍이라.
사더디 복견셩(伏見城)이 동편의 머디 아니코나.
녜 일을 싱각ᄒ니 셩닌 털이 니러션다.(P. 207)

일본에 대해서는 적개심과 함께 경멸적 표현이 많이 쓰이고 있다. 그중 대표적인 것이 언필칭 "왜놈"이라 한 것이다. 이러한 경멸적 표현의 근저에는 유교사상에 의한 윤리의식이 작용하고 있다 하겠다. 이는 일본 여인들의 구체적 유객행위 묘사에, 京都의 지형을 설명하며 다음과 같이 "예의국(禮義國) 민들고쟈"라고 한 진술에서 확인된다.

> 개돗 굿튼 비린 뉴(類)룰 다 몰속 소탕ᄒ고
> 사쳔 니 뉵십쥐(六十州)룰 됴션 짜 민드라셔
> 왕화(王化)의 목욕 곰겨 녜의국(禮義國) 민둘고쟈. (P. 221)

4.2. 외국 문화에 대한 인식

"일동장유가"는 외국 사행 기록이다. 따라서 작자의 견문이란 온통 낯선 이국의 문화일 수밖에 없다. 이러한 문화에 대한 입장은 절대적 문화관과 상대적 문화관에 따라 달리 표현된다. 퇴석(退石)은 객관적 묘사도 하였으나, 한마디로 유교문화 일방의 절대적 문화관의 비판을 주로 하고 있다. 그리하여 일본의 의식주 등을 "괴이(怪異), 기괴(奇怪)"하다고 평정(評定)하는가 하면, 풍습에 대해서도 "금슈와 일반"이라 한 것 등을 보여 준다.

> 셔산 쟝노 와셔 뵈더 닙고 쁜 것 고이ᄒ다.
> 도쥬(島主)의 뻣는 거슨 사모(紗帽) 형상 굿튀되는
> 모즈는 미이 젹고 쓸 ᄒ나 꼬즈시되
> 언월형(偃月形) 모양으로 국뒤 드리윗고
> 니졍암 뻣던 거슨 파리 머리 굿튀더는
> ᄉ면으로 드림ᄒ야 투구텨로 드리오고
> 홍금(紅錦) 가사 곱게 지어 둠북이 닙어시며
> 셔산쟝노 쓰는 거슨 더고나 고이ᄒ야
> 모양은 휘항(揮項) 굿고 뒤 쓸이 쏘족ᄒ야
> 괴기(怪鬼)텨로 니러셔고 쓸 ᄒ나흔 알푀 잇다. (P. 132)

제 형이 죽은 후의 형수롤 겨집 삼아
드리고 살게 되면 착다 흐고 기리되는
제 아운 길너짜고 뎨수(弟嫂)는 못흐다니.
녜법(禮法)이 바히 업서 금슈와 일반일다. (P. 213)

앞의 예는 대마 도주(對馬島主)·이정암(以酊庵)·서산장로(西山長老) 등의 의관이 다른 것을 "괴이"하다고 한 것이고, 뒤의 예는 죽은 형의 아내를 취하는 것을 절대적 문화관에 의해 평가한 것이다. 음식에 관한 것은 연향청에서의 죽은 도요새 요리에 대한 평가가 이러한 것이다. 이러한 절대적 문화관은 당시의 문화 수준에서는 어쩔 수 없는 것이라 하겠으나 이들은 객관적 묘사를 하거나, 상대적 문화관으로 보아야 할 것이었다. 윤리 문제만하여도 이스람권에서는 일부다처제가 부도덕한 것이 아님을 생각할 때 이는 쉽게 이해될 것이다.

4.3. 작자의 우국충정과 애민사상

작자는 오륜(五倫)을 무엇보다 중시하는 유생(儒生)이다. 따라서 곳곳에 우국충정(憂國衷情)과 애민사상이 표출되고 있다. 퇴석은 임란의 유적지 및 충렬사를 찾아 나라를 걱정하고, 나아가 앞에서 본 바와 같이 일본에 대한 적개심을 토로하고 있다. 그리고 몸이 아프고, 시진할 것 같으면서도 차운(次韻)한 것을 오직 나라를 위해 하였다고 술회하고 있다.

그리고 애민사상은 특히 이용후생(利用厚生)을 유념하고, 이를 효과적으로 운용하고자 한 데서 볼 수 있다. 기경(起耕) 방법, 물레방아·수기 등 기계이용, 효자 토란 등 산물(産物)에 대한 관심 등이 그 것이다. 여기서는 이국(離國)할 때의 심정과, "효자토란"에 관한 관심을 예로 들기로 한다.

빈다리 올려 놓고 일시에 닷츨 주니
쳔금 굿튼 이 너 몸을 죽기로 쵀우치니
무움이 활발ᄒ야 걸린 거시 바히 업니.
나라일로 나왓다가 죽은 들 어이홀고?
ᄉ나히 세상의 나 아모 일도 못 일우고
쳐ᄌ의 손 가온디 골몰ᄒ야 디니다가
녹녹ᄒ 부유(蜉蝣)텨로 힘힘히 죵신ᄒ면
긔 아니 늣거온가, 이 역시 키홀로다.(P. 98~9)

도듕(島中)이 토박ᄒ야 싱니(生理)가 가난ᄒ니
효ᄌ토란 심거두고 글노 구황ᄒ다커놀
뿔 서 되 보니여서 사다가 뼈 먹으니
모양은 하슈오(何首烏)요 그 마순 극히 됴타.
마ᄌ티 ᄆᄅ다디는 달기는 더 낫도다.
이 뼈 니여다가 아국의 심거두고
간난ᄒ 빅셩들을 흉년의 먹게 ᄒ면
진실로 됴컨마눈 시졀이 통한ᄒ야
가져가기 어려우니 취종(取種)을 어이ᄒ리. <P. 115~6>

4.4. 작가의 시작(詩作)과 성정 관련 내용

작자 퇴석(退石)은 기발한 문재를 지녔고, 반골기질(反骨氣質), 문사(文士) 우월의식, 인도주의적 기질 등의 성정을 지닌 것으로 나타난다. 이러한 내용은 작품의 곳곳에 보인다.

① 글을 잘 짓는다.

물론 글을 잘 지어 서기(書記)로 선발되었지만, 그는 무수한 차운(次韻)을 하고, 시작을 하여 일인들의 찬사를 받았다. 금수(錦水)에서 "담배 한 대 먹

을 동안 여덟 수를 내려 쓰니" 전승산이 "전문(傳聞)에 퇴석(退石) 선생 시
짓기로 유명터니" 퇴석 선생 아니시냐며 다음과 같이 말한다.

> 승산이 고쳐 ᄒ더 "쇼국의 천훈 션비
> 셰샹의 낫습다가 장호 귀경ᄒ여시니
> 져녁의 죽ᄉ와도 여훈이 업다."ᄒ고... (P. 226~7)

그리고 그는 대단(大緞)과 은전(銀錢)을 받치며, "소생이 이것으로 폐백을
ᄒ옵고서 제자 되기 원ᄒ나니 물리치지 마옵소서"라 간청까지 하였다. 또
한 江戸에서는 보던 중 제일인 문인 노강(蘆江)이 조선에 따라 가자는 것을
국법에 구애되어 데려 오지 못함을 안타까워하는 사실도 벌어졌다. 이밖에
귀로에는 한 대영, 평영이 읍체여우(泣涕如雨)ᄒ며 130리를 따라왔다. 이는
퇴석의 문필이 대단했음을 단적으로 말해 주는 것이라 하겠다.

퇴석은 탑전에 배알하여 보고하는 자리에서 문사의 지은 것이 대략 같
은데, "다 주어 헤게 되면 수천 수나 되나이다."(P. 348)라 아뢰고 있다. 실
로 퇴석은 기발한 문재를 발휘하여 많은 일본 문인과 화친 외교를 하였다
하겠다.

② 반골기질을 지녔다.

퇴석은 일인의 사어(辭語)가 불경하다고 차운(次韻)을 안 해 주는가 하면,
원자재 사건(P. 72), 및 최천종 사건(P. 249) 등에 대해 정사(正使)의 대처에 불
만을 품고 항의하는 등 반골 기질을 보이고 있다. 이러한 반골기질은 국서
(國書)를 전달하는 자리에 불참함으로 절정을 이룬다. 이런 퇴석의 태도를
종사상이 나무라니까, 퇴석은 오히려 분연히 항의하는 모습까지 보인다.
이때의 장면이 다음과 같이 그려져 있다.

니 혼자 싱각ᄒ니 니 몸이 선빈더라
브졀업시 드러가셔 관빅(關伯)의게 스비ᄒ기
욕되기 ᄀ이 업서 아니 가고 누어시니
스샹니 ᄒ오시더 "예ᄀ디 와 이시니
한가지로 드러가셔 굿보고 오는 거시
희롭디 아니ᄒ니 잇디 말고 가쟈"커눌
니 웃고 ᄒ온 말이 "국셔 뫼신 스신니는
붓그럽고 통분ᄒ나 왕명을 더ᄒ오니
홀일 업셔 가려니와 글만 짓는 이 선비는
굿보랴고 드러가셔 개돗 ᄀᆺ튼 예놈의게
비례ᄒ기 토심ᄒ되 아모려도 못 갈로다."
스신니 홀일 업셔 우스시며 ᄒ오시더
"더리 ᄒ고 도라와셔 됴흔 톄 혼자 마소."
"조흐랴ᇰ 것 아니오라 스리가 그러ᄒ고" <P. 258~9>

죠스상이 ᄒ오시더, "김 진스 자라날 제
쇠굴셔 ᄒ엿기에 힝셰쏘롤 모르고셔
직셜ᄒ고 과격ᄒ야 감언불휘(敢言不諱)ᄒ는 거시
대개 풍치 잇는디라 이는 비록 귀커니와
ᄌ가(自家)의 몸 뫼ᄒ기는 소(小)ᄒ다 ᄒ리로다."
분연히 엿ᄌ오디 "노둔ᄒ고 일 모르나
나라 위ᄒ 일편단심 흉듕의 잇스오니
나라 밥 먹습고셔 아요구용(阿諛苟容)ᄒ고
망군부국(忘君負國)ᄒ는 놈은 개돗(犬豚)ᄎ로 보ᄂ이다." <P. 303~4>

③ 문사(文士)에 대한 우월의식을 지녔다.

퇴석은 선비의식이 강하고, 문무(文武) 차별의식과 선비 우월의식을 지녔다. 서기 원자재가 선장(將校)에게 욕본 것을 정사상이 토교(土校)를 애석(愛惜)히 여겨 서기를 천대한 것이라 보고 문제를 제기한 것은 이의 대표적 예다. 문사의 우월의식은 다음과 같은 저자의 말에서 쉽게 확인된다.

> 그려도 셔긔들이 제 집의 잇슬 제는
> 장교 ᄒᆞ나 두루기롤 남의 힘 아니 비니
> 하물며 봉명ᄒᆞ고 이역의 가올 적의
> 힝듕의 ᄒᆞᆫ 토교(土校)롤 못 쳐치ᄒᆞ오릿가? <P. 83>

이러한 작자의 문무 차별의식은 문인 정치를 하는 조선과 무인 정치를 하는 일본에 대해서도 암암리에 작용하였을 것이다.

④ 인도주의적 기질을 지녔다.

퇴석은 강직한 성격이나, 반골 기질 외에 푸근한 인간미와 의협심도 지녔다. 그는 수사의 연향에서 남은 음식을 보고 "쥬리는 일가 친척 난화 먹여 보고지고."(P. 63)라고 따뜻한 인정을 드러냈다. 그리고 "효자토란"을 채종해 구황작물로 할 수 없음을 안타까워 하기도 하였다. 그런가하면 경주 기생 종애가 통신사 일행인 이 비장을 만나기 위해 도망쳐 하룻밤 하룻낮에 2백리를 달려왔을 때, 이 여인을 구해 내는 인도주의적 기질을 발휘했다. 그는 "이 기싱의 호협기는 쇠세(衰世)에 드문지라/ 이리 좋은 풍류사를 성취를 ᄒᆞ오소서" (P.91)라고 종사상에게 호소하여 대로한 경주부윤에게 편지를 해 무사히 해결되도록 풍류남아의 기질도 발휘하였다. 서기 원자재(元子才)의 사건에서는 공분을 느껴 원자재와 동일행동을 하려는 의협심도 보인다.

그뿐이 아니다. 차운(次韻)하려 온 일인들에 대한 따뜻한 배려(配慮)도 하고 있다.

> 일싱 힘을 다 들여셔 풍우쳐로 휘쇄(揮灑)ᄒᆞ니
> 겨유 다 ᄎᆞ운(次韻)ᄒᆞ면 품속의셔 고쳐 니야
> 여러 놈이 흠긔 주면 턱의 다케 ᄲᅡ히는고.
> ᄯᅩ 지어 내티면 ᄯᅩ 그쳐로 니여 놋늬.

노병(老病)혼 이 닉 근녁 쇠진홀가 시브도다.
겨머실 제 굿게 되면 긔 무어시 어려울고?
우리롤 보랴 ᄒ고 이 삼천리 밧긔 놈이
냥식(糧食) 밧고 여긔 와셔 다엿 둘식 묵어시니
만일 글을 아니 주면 낙막(落望)ᄒ기 엇더홀고?
무론 노쇼귀쳔ᄒ고 다 몰속 지어 주니
이러므로 우리 역亽(役事) 밤나亽로 쉴 쎠 업닉. (214~5)

4.4. 통신사에 대한 대우

조선통신사의 교류를 위해서는 막대한 경비가 들었다. 일본의 경우 100
만 량이 들었는데, 이는 막부(幕府)의 1년 예산에 해당한 거금이었던 것으로
알려진다(中村, 1977: 전국역사교사모임, 2017). 德川幕府는 이러한 거금을 들여
가며 대외적으로 막부의 위신을 과시하려한 것이다. 그러나 후기에는 이것
이 경제적으로 부담이 되어 예산을 줄이는가 하면, 양국이 협의하여 국서
교환(國書交換)을 대마도(對馬島)에서 약식으로 진행하게 바꾸게까지 하였다.
이러한 가운데 진행된 조선통신사에 대한 예우는 대체로 극진한 편이었다.

4.4.1. 많은 관심과 극진한 예우

조선통신사는 가는 곳마다 연도에서 환영을 받았다. 그리고 무수한 문인
들이 차운(次韻)을 받으려 통신사를 찾아왔다. 사행길의 관소(館所)를 새로
마련하기도 하고, 즙기를 새로 마련하기도 하였다. 예를 들어 대마도에서
는 은 수천량을 들여, 가구와 비단 이불 요를 마련하였고(P. 127~8), 일기도
(一岐島)에서는 관소를 지었는데, 일행이 다 들고도 "남은 관(館)"이 있었
다.(P. 148) 음식 대접은 겸예(兼刈)에서는 "대접도 갸륵ᄒ다"라 하고 있고,
축전주(築前州)에서는 삼합(杉盒)이 맛이 좋다고도 하고 있다. 사행 도정(道程)
에도 많은 배려가 꾀해졌다. 원천군의 동원, 배다리 설치 등은 그 대표적인

것이다.

그리고 금루선(金樓船)을 탈 때에는 인신(人臣)으로서 외람하다고 하였고(P. 202), 河內州에서 발행할 때는 노자(奴子)에 이르기까지 금안준마(金鞍駿馬)로 호사를 하여 "참람ᄒ다"고 하였을 정도로 극진한 대접을 받았다. 河內州의 진술은 다음과 같다.

> 이십팔 일 발힝홀시 수빅 필 금안준마(金鞍駿馬)
> 듕하관을 다 틱오니 긔구(器具)도 장홀시고.
> 각 방 노즈(奴子)들도 호스가 참남(僭濫)ᄒ다.
> 좌우의 쌍견마(雙牽馬)오, 혼 놈은 우산 밧고
> 두 놈은 부츅ᄒ고 담비 긔구 혼 놈 들고
> 혼 놈은 등불 들고 한 놈은 그릇 메여
> 혼 사람의 거느린 수 여둛식 드럿구나.<P. 219>

4.4.2. 섭섭한 처사와 소홀한 대접

예우를 잘 받았으나, 섭섭한 것도 없지 않았다. 축주(筑州)에 들어가기 전에 예인선이 오지 않는 것을 절통해 하였고(P. 162), 귀로에 대마도주의 만홀(漫忽)에는 통탄하기도 하였다.(P. 321)

> 남도롤 바라보니 무수혼 등불 빗치
> 포구의 미만ᄒ야 별쳐로 버러시나
> 예선(曳船)ᄒ라 아니 오매 화전(火箭) 노코 방포(放砲)ᄒ디
> 종시 혼 빅 아니 오니 절통코 심난ᄒ다. (P. 162)

지공(支供)은 숙공(熟供)과 식재료를 제공하는 두 가지가 있었는데, 이것이 제대로 숙지되지 않았던지 식재료만 지공할 때는 섭섭한 심정을 나타내고 있는 것도 보여 준다(P. 118).

4.5. 기타

이밖에 언급할 것은 원자재(元子才)와 최천종(崔天宗) 사건을 장황하게 진술한 것이다. 원자재 사건은 문사(文士)를 소홀이 대접한 데 따른 사건이고 (P. 72~), 최천종 사건은 일인이 사원(私怨)으로 최천종을 살해한 불상사에 대한 전말에 관한 경과 이야기다(P. 249~). 이는 사행록(使行錄)이라는 성격으로 보아 그리 중요한 문제라고는 생각되지 않는다. 그런데 이들, 특히 최천종 사건은 지나치게 많은 지면을 할애하여 지루하게 진술하고 있다. 이보다는 일본의 회답서와 네 단자를 가지고 와 청알할 때 백관들의 보낸 물종이 대청에 쌓여 그 수가 많아 이루 기록할 수 없다고 하였는데, 오히려 이를 다 기록하진 않더라도 기록하였어야 사행록(使行錄)으로서의 진가를 좀 더 드러냈을 것이다. 이는 제재 선택에 아쉬움을 느끼게 하는 부분이라 하겠다.

5. 결어

김인겸의 사행가사 "일동장유가"의 비판적 읽기에 대해 살펴보았다. "일동장유가"는 대중을 상대로 한 가사가 아니라, 자손들, 특히 부녀자들을 위해 쓴 한 가정 내의 내밀한 문서라 할 수 있다. 물론 이는 사행 가사라는 배경도 완전히 무시한 것은 아니다. 그래서 독특한 표현 특성을 지니고 있다고 할 수 있다. 따라서 이는 비판적 읽기를 필요로 한다.

더구나 "일동장유가"는 한·일양국이 공동 추진하여 세계문화유산이 된 "조선통신사"의 기록 가운데 하나이다. 따라서 다른 기록과 함께 한일 양국에서 많이 읽게 될 것으로 예상된다. 그렇게 될 때 자칫하면 이 작품의 적개심과 멸시의 표현은 통신사의 교류의 목적인 "화국(和國)"과 다른 결과를 초래할 수도 있다. 이렇게 되면 한일 양국이 공동으로 이들 기록을 세계 문화유산으로 등재 신청까지 한 정신과도 배치된다. 이때 필요한 것이 무엇보다 이 작품의 제작 의도를 고려하여 읽는 것이라 하겠다. 그것이 여기서 말하고 있는 비판적 읽기요, 특히 여기서 강조하고 있는 화합의 읽기다.

앞으로 "일동장유가"가 비판적 읽기를 통해 한일 양국이 대승적 입장에서 상호 이해하고 화합을 함으로 양국에 좀 더 "교류(交流)·화국(和國)의 길이 열리게 되기를 기대한다.

참고문헌

김은전(1971), 金仁謙の"日東壯遊歌"について, 比較文學硏究, 20號, 日本 東大比較文學會
김인겸(1973), 일동장유가, 한국학문헌연구소
심규선(2017), 조선통신사, 한국 속 오늘, 월인
이민수 역주(1976), 일동장유가, 탐구당
이성후(1988), 일동장유가 연구, 효성여자대학교 (박사학위논문)
최강현 역주(2007), 일동장유가, 보고사
映像文化協會 編(1984) 江戶時代의 朝鮮通信社, 每日新聞社
佐藤信 外(2017), 詳說 日本史硏究, 山川出版社
高島淑郎 譯注(1999) 日東壯遊歌, 平凡社
中村榮孝(1934), 江戶時代의日鮮關係, 岩波書店
中村榮孝(1970), 日鮮關係史의研究, 吉川弘文館
中村榮孝(1965), 日本と朝鮮, 至文堂
中村新太郎(1977) 日本と 朝鮮の 二千年 上·下, 東邦出版社

■ 이 글은 제4회 국어교육학회 국제학술대회(일본 동경 独協大學, 2018. 2. 7.)에서 주제 발표한 논문이다. 미발표 논문임.

제 2 부

통일 대비
국어교육의 방향

제1장 남북통일 대비 국어교육의 문제

– 남북한 언어의 통일을 위한 과제 –

1. 서론

남북한이 분단된 지도 어언 반세기가 지났다. 이로 말미암아 남북은 정치 경제 사회는 말할 것도 없고, 언어 문화면에서도 커다란 차이를 보이게 되었다. 그리하여 민족의 동질성에도 불구하고 이질성에 대한 우려의 목소리가 높아지고 있다.

분단의 아픔을 같이 하던 독일이 통일되었다. 그리하여 세계 유일의 분단 국가가 된 우리에게 남북의 통일은 좀 더 현실적인 문제로 부상되었다. 그리하여 각계에서는 통일의 가능성을 점치며, 이에 대한 대비책을 모색하고 있다. 정치 경제 사회 문화 교육계의 통일에 대한 논의가 그것이다.

통일을 대비한 국어교육의 논의는 그리 활발하게 전개되고 있지 못하다. 논의는 대부분은 남북통일을 대비한 국어교육의 본격적인 문제라기보다 언어의 차이에 관한 것이다. 그 동안의 통일관련 국어교육 연구를 보면 다음과 같은 것을 들 수 있다.

강선욱(1987), 남북한 국어교육의 비교연구, 홍익어문 6, 홍익대학교

김대행(1994), 남북의 문학과 국어 교육, 교육월보 10, 교육부

김동규(1992), 북한 인민학교 국어교과서 단원 분석, 인문대 논문집 10, 고려대 인문대

김민수(1994), 남북의 언어정책과 국어교육, 교육월보 10, 교육부

박갑수(1994), 남북의 어휘와 국어교육, 교육월보 10, 교육부

_____(1995), 남북 음성언어 교육의 비교 연구, KBS 한국어 42, 남북한 방송언어의 동질성 회복을 위한 비교연구 Ⅵ, 한국방송공사

_____(1998), 통일을 대비한 국어교육의 현황과 대책, 국어교육연구 5, 서울대 국어교육연구소

서울특별시 초·중등 교과교육 연구회(1991), 남북한 교육내용 비교 분석-교과서분석을 중심으로

윤희원(1989), 북한의 국어교육에 관한 한 고찰, 주시경 연구 4, 탑출판사

윤희원 외(1997), 남북한 중고등학교 국어과 교육과정 및 교과서 비교 분석 연구, 서울사대 통일대비 국어과 교육과정 연구위원회

이덕복(1992), 북한 인민학교 교육과정과 교과서에 나타난 정치사상 교육내용 분석, 한국교원대학교 석사학위 논문

이성호(1990), 북한의 중등교육, 북한교육의 조명, 법문사

이인제(1996), 북한의 국어과 교육에 관한 연구, 교원대학교 박사학위 청구논문

이주행(1998), 통일대비 국교육- 남북한 중·고등학교 국어교과서에 쓰인 언어 비교 분석 연구, 통일을 대비한 국어교육, 국어교육연구회 발표요지

전수태(1992), 북한의 국어 교과서 분석, 북한의 언어정책, 국립국어연구원

정주리(1989), 남북한 교육실태 연구, 북한의 어학혁명, 녹진

조병준(1989), 통일교육의 시각에서 본 북한 인민학교 교과서 내용 분석, 강원대학교 교육대학원 석사학위 논문

조주연(1995), 남북한 교육과정 및 교과서 비교 분석 모형 개발 연구, 서
　　　　울교육대학교 교육과정 연구위원회

진태하(1989), 남북한 국어교육 정책 비교연구, 통일 93, 통일원

＿＿＿＿(1989), 남북한의 국어교육정책과 통일방안, 새국어교육 45, 국어
　　　　교육학회

최현섭(1993), 북한 국어교육 이론 고찰, 한글 222, 한글학회

＿＿＿＿(1998), 통일대비 국어교육 정책, 통일을 대비한 국어교육, 국어교
　　　　육연구회 발표요지

최현섭·이인제(1996), 남북한 초등학교 국어과 교육과정 및 교과서 분
　　　　석 연구, 인천교육대학교 통일대비 국어과 교육과정 연구
　　　　위원회

통일원(1987), 인민학교 국어교과서 내용 분석: 정치 사상 교육 실태를
　　　　중심으로, 통일원

한만길(1997), 통일시대 북한 교육론, 교육과학사

이러한 논의를 바탕으로 여기서는 통일을 하여 남북한이 조화로운 삶을
향유할 수 있도록 언어의 통일을 중심한 국어교육의 문제를 살펴보기로 한
다. 그러기 위해서는 남북한의 국어교육의 문제를 살피고, 나아가 통일을
대비한 국어교육에 대한 대책을 살펴보아야 한다. 여기서는 이러한 통일대
비 국어교육의 문제를 살펴보기로 한다.

2. 남북한 국어교육의 문제

분단 반세기를 살아오는 동안 남북한의 교육은 많이 달라졌다. 우선 교육
제도가 다르다. 남한에서는 6-3-3-4제를 실시하고 있는 데 대하여, 북한은

4-6-4제를 실시하고 있다. 그리고 교육의 이념 및 목표가 다르다. 남한은 홍익인간의 이념 아래, 민주 발전과 인류 공영의 이상 실현에 기여하는 인간을 길러 내는 것을 목적으로 하고 있다. 교육법 제1조를 보면 다음과 같다.

교육은 홍익인간의 이념 아래 모든 국민으로 하여금 인격을 완성하고, 자주적 생활 능력과 공민으로서의 자질을 구유하게 하여 민주국가 발전에 봉사하며, 인류공영의 이념 실현에 기여하게 함을 목적으로 한다.

이에 대해 북한은 주체사상을 강조하면서 김일성의 주체사상을 잘 실천할 수 있는 인간 육성을 이념으로 하고, 공산주의적 주체사상을 실천할 수 있는 혁명성, 계급성이 투철한 인간을 길러내는 것을 주요한 목표로 하고 있다. 이러한 북한의 교육적 인간상은 북한의 헌법 제39조와 김일성의 「사회주의 교육에 관한 테제」에 잘 나타나 있다. (김일성, 1977; 대륙연구소, 1990)

국가는 사회주의 교육의 원리를 구현하여 후대들을 사회와 인민을 위하여 투쟁하는 혁명가로, 지·덕·체를 갖춘 공산주의적 새 인간으로 키운다.<헌법 제39조>
사회주의 교육의 내용은 사람들을 혁명화·노동계급화하며 지·덕·체를 겸비한, 전면적으로 발전된 공산주의적 인간으로 키울 수 있도록 구성하여야 한다.... 인간을 공산주의적으로 개조하는 것이야말로 공산주의 사회의 근본 문제를 해결하고 물질적 요새를 성공리에 점령하는 것이다.
<사회주의 교육에 관한 테제>

이렇게 이념과 목표가 다른 남북한의 국어교육의 실상은 어떠한가? 그리고 통일을 대비한 국어교육의 문제는 무엇인가? 여기서는 이러한 국어교육의 문제를 국어교육의 목표, 내용, 영역, 표현으로 나누어 살펴보기로 한다.

2.1. 국어교육의 목표

남북한의 국어교육의 목표는 달리 설정되어 있다. 이것이 통일 교육의 큰 걸림돌이 된다. 먼저 북한의 교육 목표부터 보기로 한다.

북한의 인민학교 국어과 교육의 목표는 김형직 사범대학에서 1987년 펴낸 「인민학교 교수방법」에 다음과 같이 제시되어 있다.

> 인민학교 국어교육의 목적은 우리말과 글을 통하여 학생들을 경애하는 수령님의 혁명사상, 주체사상으로 튼튼히 무장시키고 그들에게 혁명적 정서와 사고력을 키워주고, 우리말과 글에 대한 기초적인 지식과 기능을 갖추어 줌으로써 그들을 자주성과 창조성, 의식성을 가진 공산주의 혁명 인재로 키우는데 있다.

이렇게 북한의 초등학교의 국어교육의 목표는 "자주성과 창조성, 의식성을 가진 공산주의 혁명 인재를 키우는 데" 두고 있다. 이를 위해 김일성의 혁명사상, 주체사상으로 무장 시키고, 혁명적 정서와 사고력을 키워 주고, 우리말에 대한 기초지식과 기능을 갖추어 주는 것을 교육 내용으로 한다는 것이다. 이는 한마디로 언어를 혁명적 세계관 형성의 무기로 보는 북한의 언어관을 반영한 것이다.

북한의 고등 중학교 "국어 문학"의 교육 목적도 이와 대동소이하다. 1983년 개정한 과정안을 바탕으로 마련된 고등 중학교 4-6학년용 교수요강을 보면 다음과 같다.

> 고등중학교 「국어 문학」 과목 교육의 목적은 위대한 수령님의 혁명사상, 주체사상과 주체적 언어문예사상, 친애하는 지도자 선생님의 언어문예방침으로 학생들을 무장시키며 그들에게 언어와 문학에 대한 일반기초지식과 실천기능을 키워주고 혁명적 정서와 사고력을 발전시킴으로써 위대한 수령님과 친애하는 지도자 선생님께 끊임없이 충직한 혁명전사로

키우는데 있다.

이렇게 고등중학교 "국어 문학"의 목표는 "위대한 수령과 친애하는 지도자 선생님께 끊임없이 충직한 혁명전사로 키우는 데" 두고 있다. 따라서 이는 초등학교의 "공산주의 혁명 인재" 육성이라는 포괄적인 교육 목표에 비해 김일성 부자에 대한 "충직한 혁명전사"로 키운다는 한정적 의미를 지닌다.

남한의 국어교육의 목표는 이와 사뭇 다르다. 제7차 국어과 교육과정에는 다음과 같이 제시되어 있다.

> 언어활동과 언어와 문학의 본질을 총체적으로 이해하고, 언어활동의 맥락과 목적과 대상과 내용을 종합적으로 고려하면서 국어를 정확하고 효과적으로 사용하며, 국어 문화를 바르게 이해하고, 국어의 발전과 민족의 언어 문화 창달에 이바지할 수 있는 능력과 태도를 기른다.
> 가. 언어활동과 언어와 문학에 대한 기본적인 지식을 익혀, 이를 다양한 국어 사용 상황에서 활용하는 능력을 기른다.
> 나. 정확하고 효과적인 국어사용의 원리와 작용 양상을 익혀, 다양한 유형의 국어 자료를 비판적으로 이해하고 사상과 정서를 창의적으로 표현하는 능력을 기른다.
> 다. 국어 세계에 흥미를 가지고 언어 현상을 계속적으로 탐구하여, 국어의 발전과 국어 문화 창조에 이바지하려는 태도를 기른다.

이는 국민공통 기본교육과정인 10학년까지의 "국어" 교육의 "목표"이다. 이렇게 남한에서는 국어과를 "한국인의 삶이 배어 있는 국어를 창조적으로 사용하는 능력과 태도를 길러, 정보화 사회에서 정확하고 효과적으로 국어생활을 영위하고, 미래 지향적인 민족의식과 건전한 국민정서를 함양하며, 국어 발전과 국어 문화 창달에 이바지하려는 뜻을 세우게 하기 위한 교과"(교육부, 1997)로 보고 있다.

이렇게 북한의 국어교육은 언어를 혁명의 수단으로 보는 언어관을 바탕으로, 정치 사상 교육에 중점을 둔다. 이에 대해 남한의 국어교육은 언어의 기능 교육을 중시한다. 따라서 남북한의 국어교육은 교육 목표와 중점을 두는 점에 차이가 있어 통일교육의 장애요소가 되고 있다.

2.2. 국어교육의 내용

국어과 교육의 내용은 교육과정 또는 교재 분석을 통해 알 수 있다. 그런데 오늘날 북한의 교육과정은 온전한 것이 입수되지 않으므로 불가불 교재 분석을 통해그 내용을 추정할 수 밖에 없다.

2.2.1. 초등학교의 경우

인민학교의 국어 교과서를 보면 우선 그 교육 내용은 제재면에서 볼 때 문종 및 주제에서 남한과 차이를 보인다. 문종에 대한 조사로는 한국교육개발원 국어 연구실에서 분석한 것이 있다(최현섭 외, 1966).

이에 의하면 북한의 제재는 설명(29%), 시(23%), 전기(14%), 생활(11%), 이야기(10%), 전래 동화(5%), 전기(2%) 편지(1.8%), 소설(0.6%), 독후감(0.6%), 대화(0.6%)로 되어 있다. 이것은 남한의 제재와 비교할 때 큰 차가 난다. 남한의 경우는 제재를 볼 때 다음과 같은 빈도를 보인다.

동화(362), 생활(345), 시(285), 쓰기 제재(231), 설명(209) 속담(103), 논설·토론(90), 전기(73), 편지(59), 희곡(38), 일기(38), 기행(28), 회의록(27), 수수께끼(27), 소설(22), 독후감(19), 말놀이(10), 방송자료(5), 기사문(1)

남북한을 비교하면 북한의 경우 설명, 이야기, 전기가 높은 빈도를 보이고, 동화, 논설, 생활이 상대적으로 낮은 빈도를 보인다고 하겠다.

주제의 면에서 보면 북한의 교과서는 언어와 언어 기능에 대한 지식과, 문학에 대한 지식 외에 혁명과 건설에 대한 지식과 관련된 제재가 많다는 것이 특징적 현상이다. 이러한 제재는 인민학교 국어 교과서의 경우 176개의 제재 가운데 100여개가 보인다(이인제, 1996). 이들 주제는 김일성과 김정일, 및 그 일가의 업적 찬양과 충성심 고취와 관련된 것이 가장 많아 59.1%를 차지한다. 그리고 혁명의식 고취와 공산주의 사상 교양에 관한 것이 19.1%, 반일·반미의 적개심 고취, 및 대남 비방과 왜곡 선전을 주제로 한 것이 11.8%로 나타난다(이인제, 1996). 이러한 제재의 선정은 사회주의 교육학에서 제시한 원리인 혁명전통 교양의 원리, 증오심 고취의 원리, 김일성 가계의 우상화 원리 등을 중시한 결과라 하겠다.

2.2.2. 중·고등학교의 경우

북한의 고등 중학교 국어 및 "국어 문학" 교재의 문종은 어떠한가? 제4학년 교재는 입수되지 않아 이를 제외하고 볼 때 다음과 같다.

> 설명(35.7%), 소설(25.0%), 시(17.1%), 전기(8.6%), 희곡(4.3%), 생활(2.9%), 기행(2.1%), 구연(1.4%), 편지(0.7%), 기타(2.1%)

북한의 고등 중학교 교과서의 제재는 첫째 설명적인 글의 비중이 높다. 이는 인민학교와 같은 경향으로, 국어과 교재를 통해 학생들이 학습해야 할 개념, 원리, 방법, 및 절차에 대해 해설하거나 설명한 것이다. 둘째, 문학적인 작품에는 소설과 시가 많고, 실기, 회상 실기, 덕성 실기, 혁명 가요 같은 생소한 갈래의 글이 들어 있고, 셋째, 생활적인 글 가운데는 선전글, 서정글과 같은 특수한 글의 갈래가 들어 있다.

다음에는 주제면에서 교재의 내용을 살펴보면 국어교육의 목표인 "충직한 혁명전사로 키우기" 위해 김일성 일가를 찬양하고, 혁명사상을 고취하는 등의 내용을 담은 제재가 140편 중 무려 88편으로, 78.4%나 된다. 이들을 다시 주제별로 나누어 보면 다음과 같은 분포를 보인다.

> 김일성 일가의 업적 찬양과 충성심 고취(38)
> 혁명의식 고취와 공산주의 사상 고취(21)
> 반일 반미의 적개심 고취, 대남 비방과 왜곡 선전(10)
> 기타(19)

이러한 제재는 바로 북한의 고등 중학교에서 "과목 교수에서 해결할 과업"(교육위원회, 1984)으로 제시한 다음과 같은 사항을 성취하고자 함이라 하겠다.

> 첫째로, 모든 학생들을 주체의 혁명적 세계관과 인민에 대한 열렬한 사랑, 풍부한 정서를 가진 공산주의 혁명적 인재로 키워야 한다.

따라서 이는 "국어 문화를 바르게 이해하고 존중하며 사랑하는 태도를 길러, 성숙한 문화시민으로서 역할을 다하도록" 하려는 남한의 국어교육의 제재와는 거리가 먼 것이라 하겠다.

남한의 경우는 중학교의 경우를 보면 설명문이 절대적 우위를 차지하고, 제재는 말하기·듣기, 읽기, 쓰기, 문학, 언어에 대한 지식이 주를 이룬다. 체제를 위한 정치·사상과 관련되는 제재는 따로 보이지 않는다.

2.3. 국어교육의 영역별 내용

2.3.1. 초등학교의 경우

영역별 교육 내용은 북한의 경우 설명적 교재에 제시된 학습 요소를 볼

때, 말하기 15.2%, 읽기 16.9%, 쓰기 44.1%, 문화어 지식 23.8%로 나타난
다. "련습" 활동에 반영된 학습 요소는 말하기 19.4%, 읽기 37.8%, 쓰기
5.8%, 문화어 지식 37.0%(최현섭 외, 1996)로 나타난다. 따라서 문화어 지식
이 가장 빈도가 높고 그 다음이 읽기, 쓰기, 말하기의 순이 된다. 그리고
놀라운 것은 언어생활에 가장 큰 비중을 차지하는 듣기 영역의 내용이 빠
져 있다. 말하기는 여러 가지 지식 가운데 발음이 강조되고 있으며, 그 가
운데도 연접이 강조되고 있다. "련습"에서는 "이야기하기"가 압도적인 비
중을 차지하는데, 그 가운데도 "자기말로 이야기 하기"가 큰 비중을 차지
한다. 남한은 발음보다 화법에 중점이 놓이고, 억양 등 광의의 연접이 강조
되고 있어 차이를 보인다(박갑수, 1995). 읽기도 북한은 읽는 방법에 관한 것
이 주종을 이루고, 글의 이해, 분석, 평가와 같은 고등 수준의 독해는 배제
되어 있다. 이는 북한이 원문 통달방식의 교육을 하고 있기 때문으로 해석
된다. 북한의 쓰기는 지식 교육을 위주로 하고, 작문 교육은 소홀히 하고
있음을 보여 준다. 글쓰기는 텍스트 수준보다는 문장 수준의 지도를, 그리
고 짧은 글짓기의 지도에 중점을 두고 있다. 남한에서는 쓰기와 관련된 지
식으로 쓰기의 과정별 주요 개념, 쓰기의 방법, 및 절차에 관한 것은 물론
글의 내용 구조, 표현 방법, 고쳐 쓰기와 관련된 것 등을 교육의 내용으로
한다. 언어 지식에 관한 교육 내용의 선정 기준은 기본적으로 남북한이 같
아 큰 차이가 없다. 북한의 언어지식 교육 내용은 새 단어 만들기와 어의
파악, 및 문화어와 관련된 지식이 강조된다. 문화어와 관련된 지식은 문화
어의 용법과 김일성 부자에 대한 표현이 주종을 이룬다. 이러한 정치성을
띠는 교육은 남한과 크게 다른 점이다.

2.3.2. 중·고등학교의 경우

북한의 고등 중학교 1-3학년에서는 "국어"를, 4-6학년은 "국어 문학"을
학습하도록 되어 있다. "국어 문학"은 어문학, 특히 문학에 관한 지식 학습

과 작품 감상 활동을 강조하고 있다.

　오늘날 입수할 수 있는 북한의 "교수 요강"은 고등 중학교 4-6년용 "국어 문학 교수 요강"뿐이다. 따라서 고등 중학교 1-3학년의 내용은 해당 학년의 교과서에 제시된 "련습" 활동을 분석하여 내용 체계를 파악하게 된다.

　고등 중학교의 말하기는 인민학교와 비교할 때 형식상 말하기 활동이 이야기 활동보다 많아졌으며, 말하기 교육의 내용이 다양해지고 체계화되었다. 북한은 말하기의 기능으로 자세히 말하기, 말할 내용의 조직하기가 강조되고 있는데, 남한은 말하기의 형식이 좀 더 다양하다는 것이 다른 점이다. 읽기는 북한의 경우 읽기의 원리, 방법, 및 절차와 책략이 주된 내용으로 되어 있다. 이것은 인민학교에서보다 강화된 것이다. 낭독 중심의 내용 선정은 인민학교와 마찬가지다. 읽기와 관련된 지식으로 북한에서 읽기의 방법, 글의 갈래, 글의 종류별 특성, 짜임 등에 관한 것을 교육 내용으로 선정하고 있는 것은 남한과는 다른 점이다. 남한에서는 보다 글의 내용을 파악하는 쪽에 중점을 두고 있다. 쓰기는 남한의 경우 쓰기에 관련된 지식, 기능 및 활동, 태도, 및 가치의 세 가지 범주를 선택하고 있는데, 북한은 이 가운데 태도 및 가치와 관련된 내용을 결하고 있다. 그리고 북한은 여전히 텍스트 구성에 필요한 글쓰기를 지도 내용으로 하고 있지 않으며, 조건에 맞는 바꾸어 쓰기를 주요 학습 내용으로 하고 있다. 글씨 쓰기를 고등 중학교 1학년에서도 대상으로 하고 있다는 것은 좀 특이한 현상이다. 언어지식 교육의 내용은 북한의 경우 학년별로 안배되어 있다. 어휘, 맞춤법은 1학년에, 음운, 문장, 문자는 2학년에, 띄여쓰기는 3학년에 배치한 것이 그것이다. 이들은 음운 어휘 문자에 대한 체계적인 지식을 제공하고자 한 것이라 하겠다. 남한에서 초등학교 저학년에서 학습하게 되어 있는 한글 자모에 관한 내용이 고등 중학교 2학년의 교육 내용으로 선정되어 있는 것은 납득하기 어려운 면이다. 맞춤법 띄여쓰기가 남한과는 달리 고등 중학교의 내용으로 많이 선정되어 있는데 이는 실용적인 것으로 의미 있는 것이라 보인다.

다음에는 남한의 고등학교 과정, 북한의 4-6학년의 "국어 문학"의 내용을 보기로 한다. 북한의 말하기 교육의 내용은 줄거리 말하기와 웅변하기의 두 가지로 남한에 비해 단순하다. 읽기 교육의 내용은 북한의 경우 살려 읽기와 살려 읊기를 그 대상으로 선정하고, 독해 관련 내용을 여전히 선정하고 있지 아니하다. 쓰기 교육의 내용은 북한의 경우 과제 형식으로 다양하게 제시하고 있다. 여기서는 정치적 이유에서 형성되었을 것으로 보이는 가사, 벽소설, 영화 문학 등에 대한 쓰기와 관련된 내용이 강조되고 있다. 남한의 경우는 쓰기에 관한 일반지식 외에 글쓰기의 여러 가지 원리 및 실제를 주요 교육 내용으로 하고 있다. 언어 지식은 북한의 경우 학년별로 안배하고 있다. 4학년에 품사와 토, 5학년에 문장의 종류 및 문장 성분, 6학년에 단일문과 복합문을 배치한 것이 그것이다. 북한에서는 또 북한의 언어 정책 및 김일성 부자의 주체의 언어 이론에 따라 교육 내용을 선정하고 있기도 하다. 이들은 남한에서 언어 자체에 대한 이해는 물론 국어사에 대한 교육을 의도하여 선정하는 것과 차이를 보인다. 문학 교육의 내용은 문학에 관한 지식과 작품의 이해 및 감상에 관한 것의 두 가지이다. 북한의 경우 문학에 대한 지식으로는 ①북한문학 일반에 관한 지식, ②당의 문예정책에 관한 지식, ③문학일반에 관한 지식, ④문예작품 갈래에 관한 지식, ⑤창작과 문예사조에 관한 지식, ⑥조선문학사의 전개와 관련된 지식 등이 들려진다. 문학 작품의 이해와 감상의 교육 내용은 주체의 문예이론과, 북한 나름의 논리에 따라 형성된 이론의 구성 요소들 가운데서 선정되고 있다. 이는 남북한의 문학 교육에 많은 차이를 드러낸다. 남한에서는 문학교육을 위한 내용으로 문학의 이해와 한국문학사의 이해를 위한 내용과, 문학 작품 감상을 위한 것이 선정된다. 이뿐 아니라 문학의 이해와 작품의 감상이 교육적 상황에서 유기적으로 관련지어지도록 하기도 한다.

2.4. 국어교육의 표현

국어교육은 내용과 함께 형식도 중요한 대상이 된다. 표현 형식인 언어가 중요한 학습 대상이 되기 때문이다. 이에 대해서는 앞에서 언어의 지식교육에 대해 논의하며 부분적으로 언급한 바 있다.

국어교육에서는 공용어가 대상이 된다. 이는 북한의 "문화어"와 남한의 "표준어"로 구분된다. 남북은 같은 민족어를 사용해 왔다. 그런데 분한에서는 1966년의 김일성의 교시에 따라 남한의 표준어와 대립되는 문화어를 새로 제정, 사용하게 되었다.

남한의 "표준어"는 "교양 있는 사람이 두루 쓰는 현대 서울말로 정함을 원칙으로 한다"고 되어 있다. 이에 대해 북한의 "문화어"는 "현대조선말사전"의 풀이에 따르면 노동계급이란 화자, 해방후라는 시대, 평양이라는 지역을 기준으로 정해지는 것이라 할 수 있다. 따라서 공용어의 기준이 다르다. 이러한 기준으로 말미암아 남북의 언어는 좀더 심한 차이가 빚어지게 되었다. 이러한 언어가 교재에 반영되게 되어 있고, 이것이 국어교육의 문제가 된다. 그러면 다음에 이들 언어의 문제를 검토해 보기로 한다.

2.4.1. 표준어의 문제

남한에는 1988년에 "표준어규정"이 만들어져 있어 이것이 기준이 되나, 북한에는 "문화어" 규정이 따로 만들어져 있지 않다. 남북한의 국어 교재에는 "표준어"와 "문화어"라는 상이한 기준으로 말미암아 서로 차이를 보인다. 이들 공용어의 어휘상의 대표적인 차이는 북한에서는 한자어의 경우 원음대로 발음을 하고 쓴다는 것이다. 어휘의 차이는 크게 형태가 다른 것, 의미가 다른 것, 특수한 것, 새로운 것의 네 가지로 나누어 볼 수 있을 것이다. 이들에 해당한 보기를 북한 교재를 중심으로 하여 몇 개씩 보이면 다음과 같다.

형태가 다른 것: 다우치다-다그치다, 뜨락또르-트랙터, 로인-노인, 마스
다-부수다, 성화자-해설자, 수태-많이, 영예군인-상이
군인, 의례-으레, 인차-이내, 줏다-줍다, 푸실푸실-푸슬
푸슬, 해종일-온종일

의미가 다른 것: 개별담화, 교시, 궁전, 내오다, 동무, 말씀, 방조, 상일
군, 수령, 어버이, 일군, 지도자

특수한 것: 갈숨하다, 건국미, 교예극장, 나무아지, 답새우다, 량권, 망
탕, 무더기비, 바빠맞다, 삼촌어머니, 세포회의, 우둥
불, 인민배우, 직일관, 초대소, 패리다, 후비대

새로운 것: 가까운석붙임, 가슴띠, 돈자리, 물들체, 젖흐름약, 직승비행
기, 털량

이러한 공용어의 차이는 사정의 차이, 말다듬기의 차이, 언어 통제 등에
의한 차이로 말미암아 빚어진 것이라 하겠다.

2.4.2. 표기법의 문제

남북한의 "맞춤법"은 남북이 다 "한글 맞춤법 통일안"을 바탕으로 이루
어졌고, 형태주의를 지향하고 있다. 따라서 표기의 원칙은 같고, 세부 사항
에 차이가 난다고 하겠다. 이러한 맞춤법의 대표적인 차이점은 한자의 원
음 표기 여부, 사이시옷의 사용 여부, 어간 모음이 " ㅣ,ㅐ,ㅔ,ㅚ,ㅟ,ㅢ"인
경우 어미의 「-여/-였」으로의 표기 여부 등이라 할 수 있다. 이러한 표기상
의 차이를 보이는 예를 몇 개 들어 보면 다음과 같다.

① 녀편네-여편네, 뇨소-요소/ 랑랑히-낭낭히, 렬차-열차, 운률-운율
② 나라일-나랏일, 노래소리-노랫소리, 메돼지-멧돼지, 배머리-뱃머리,
코등-콧등, 해빛-햇빛
③ 꺼내여-꺼내어, 되였구나-되었구나, 띄여쓰기-띄어쓰기, 쉬여가다-쉬
어가다, 오시였습니다-오시었습니다

④ 날자-날짜, -ㄹ가--ㄹ까, 돐맞이-돌맞이, 색갈-색깔, 일군-일꾼, 톱이-톱니

이들 가운데 ①-③은 맞춤법 규정에 의해 차이가 나는 것이요, ④는 표준어 및 문화어의 사정에 따라 차이가 나는 것이라 하겠다.

띄어쓰기는 남한에서는 "맞춤법"에 포함되어 있는데, 북한에서는 따로 "띄여쓰기"라는 규범으로 규정해 놓고 있다. 띄어쓰기는 남북이 많은 차이를 보인다. 단어를 단위로 띄어쓴다는 원칙은 같으나, 세부적인 면에서 많은 차이가 있다. 남북의 큰 차이는 남한에 비해 북한이 많이 붙여 쓴다는 것이다(박갑수, 1995).

2.4.3. 발음법의 문제

발음법은 남북한이 다 규정해 놓고 있다. 남한에서는 "표준어규정" 속에서 다루고 있고, 북한에서는 "조선말 규범집" 속에서 "문화어 발음법"이라 하여 따로 규정해 놓고 있다. 남북한의 발음은 남한에서는 "표준어"의 실제 발음을, 북한에서는 "문화어"의 발음법을 기준으로 한다는 점에서 차이를 보인다. 이들 대표적인 차이를 "표준발음법"을 중심으로 몇 가지 예를 보이면 다음과 같다.

① 용언의 활용형으로 나타나는 「져, 쪄, 쳐」는 「저, 쩌, 처」로 발음하고, 자음을 첫소리로 가지고 있는 「ㅢ」는 [ㅣ]로 발음한다.(제5항)
② 겹받침 「ㄼ」은 어말, 또는 자음 앞에서 「ㄹ」로 발음한다.(제10항)
③ 받침 「ㅁ, ㅇ」 뒤에 연결되는 「ㄹ」은 [ㄴ]으로 발음한다.(제19항)
④ 표기상 사이시옷이 없더라도, 관형격 기능을 지니는 사이시옷이 있어야 할 합성어의 경우에는, 뒤 단어의 첫소리 「ㄱ, ㄷ, ㅂ, ㅅ, ㅈ」을 된소리로 발음한다.(제28항)
⑤ 합성어 및 파생어에서, 앞 단어나 접두사의 끝이 자음이고 뒤 단어

나 접미사의 첫음절이 「이, 야, 여, 요, 유」인 경우에는 「ㄴ」소리를 첨가하여 [니, 냐, 녀, 뇨, 뉴]로 발음한다. 그리고 「ㄹ」받침 뒤에 첨가되는 「ㄴ」소리를 [ㄹ]로 발음하고, 두 단어를 이어서 한 마디로 발음하는 경우에도 이에 준한다.(제29항)

⑥ 「ㄱ, ㄷ, ㅂ, ㅅ, ㅈ」으로 시작되는 단어 앞에 사이시옷이 올 때에는 이들 자음만을 된소리로 발음하는 것을 원칙으로 하되, 사이시옷을 [ㄷ]으로 발음하는 것도 허용한다. 그리고 사이시옷 뒤에 「ㄴ, ㅁ」이 결합되는 경우에 사이시옷은 [ㄴ]으로, 사이시옷 뒤에 「이」 소리가 결합되는 경우에는 [ㄴㄴ]으로 발음한다.(제30항)

이 밖에 북한의 「문화어 발음법」에 의해 차이가 나는 것으로 다음과 같은 것이 있다.

① 「ㄹ」 뒤에 있는 「ㅖ」는 「ㅔ」로 발음한다.(제4항)
② 「ㄹ」은 모든 모음 앞에서 「ㄹ」로, 「ㄴ」은 모든 모음 앞에서 「ㄴ」으로 발음하는 것을 원칙으로 한다.(제5항, 제6항)

2.4.4. 문장의 문제

언어에서 가장 보수적이고 변하지 않는 부분이 문장이다. 따라서 남북한의 문장 구조는 큰 차이를 보이지 않는다. 차이가 있다면 그것은 문체의 차이이고, 공기관계(共起關係)를 달리하는 문법적 차이라 할 것이다. 이러한 것이 교과서에도 반영되어 있다.

① . 공동 념원으로 되고 있습니다.
  . 입이 무겁다면 그건 남자의 첫째 가는 장점으로 되지요.
② . 아버지 원수님께서는 학생들이 여러가지 소조활동을 활발히 벌릴 데 대하여 밝혀 주시였습니다.
  . 조선어의 민족적 특성을 옳게 살려나갈데 대하여

③ . 혁철이는 눈시울이 뜨거워났다.

    . 가슴이 짜릿해났다.

이러한 것이 그 예이다. 이 밖에 남한의 표현과 차이를 보이는 북한의 공기관계의 표현으로는 다음과 같은 것도 있다.

> "충심으로 되는 감사/ 진심으로 되는 박수", "습관되어 있지 않다", "관심하는 사람들", "병사한 것으로 해서", "나를 쉬우려고", "젖을 먹여 자래운 자식"

3. 통일을 대비한 국어교육에 대한 대책

우리는 지금까지 통일을 대비한 국어교육의 문제를 살펴보았다. 남북한의 국어교육은 그 목적, 내용, 그리고 국어의 표현의 면에서 여러 가지 문제가 도사리고 있음을 알 수 있었다. 그렇다면 통일을 대비하는 국어교육의 대책으로 어떤 것을 제안할 수 있을까? 이것은 여러 가지 각도에서 다양한 제안을 할 수 있을 것이다. 여기서는 이러한 대책 가운데 몇 가지를 제시해 보기로 한다.

통일을 대비한 국어교육에 대한 대책은 동질성을 바탕으로 하여 국어교육 이질화와 국어 이질화의 극복을 위한 대책을 강구해야 한다.

1) 국어교육 이질화에 대한 대책

첫째, 국어교육의 목적에 대한 조정·통일이 필요하다.

북한의 교육 목표는 "공산주의 혁명의 인재", 또는 "위대한 수령님과 친애하는 지도자 선생님께 끊임없이 충직한 혁명전사로 키우는 것"이다. 남한의 교육 목표는 "국어를 효과적으로 사용하며, 국어문화를 바르게 이해하고, 국어의 발전과 민족의 언어문화 창달에 이바지할 수 있는 능력과 태도를 기르는 것"이다. 이것은 "국어문화를 바르게 이해하고 존중하며 사랑하는 태도를 길러 성숙한 문화시민으로서 역할을 다하도록" 하려는 것이다. 따라서 하나가 정치 사상 교육에 중점이 놓이는가 하면, 다른 하나는 언어의 기능 교육에 중점이 놓인다. 이는 엄청난 차이가 나는 것이다. 국어교육의 목적을 이렇게 달리하는 한 국어교육의 통일은 요원하다. 그렇다고 한쪽에서 흡수 통일함으로 국어교육의 목표가 "흡수 통일"되기를 바랄 수도 없는 일이다. 따라서 이것은 "표준체제 구안 통합"이란 조정을 거치는 것이 바람직하다. 전제 국가 아닌, 민주 국가의 교육의 목표가 특정인에게 "충직한 혁명전사로 키우는 것"을 교육 목표로 한다는 것은 이해할 수 없는 일이다. "성숙한 문화시민"으로 길러야 한다. 언어의 기능을 투쟁 아닌, 협동의 수단으로 생각하는 언어관을 바탕으로 교육 목표가 조정되어야 한다.

둘째, 국어의 교육과정에 대한 조정·통일이 필요하다.

교육은 교육의 내용이 결정되고 이것이 적절한 방법에 의해 수행되어야 한다. 그런데 남북의 국어교육은 교육 내용이 다르고, 이것을 다루는 방법이 다르다. 이렇게 되어서는 통일된 교육도 언어의 통일도 꾀할 수 없다. 이를 위해서는 남북한이 협의하여 바람직한 교육과정을 구안하도록 하여야 한다. 그래야 적절한 교육 내용이 선정되고, 바람직한 교수 방법이 강구될 것이다. 이것은 교육 목표가 합의된다면 그리 문제가 될 것도 없다. 오늘날 남북의 교육과정은 차이가 나기도 하지만 같은 점도 많다. 상호간에 바람직한 요소는 수용하는 방향으로, "표준체제 구안 통합"의 방식을 취하는 것이 바람직하다.

셋째, 제재 선정에 주의를 기울여야 한다.

제재는 물론 교육과정, 그 가운데도 학습 내용과 밀접한 관련이 있는 것이다. 우리는 교육이 "교재를" 가르치는 것이 아니고, "교재로도" 가르칠 수 있는 것이라는 것을 잘 안다. 이는 교육 목표나 내용이 같더라도 교육의 방법이 다양하다는 것을 말해 주는 것이다. 제재 선정은 이러한 교육의 방법과 관련된다. 따라서 교육 목적, 교육 내용을 충족시켜 주는 제재를 고르되, 건전한 민주시민을 양성하는 데 기여할 제재를 선정하도록 하여야 할 것이다. 이는 국어교육 이외의 다른 가치관 교육이 지나치게 강조되어서는 아니됨을 의미한다. 제재는 학습자의 인생관, 세계관 형성에 결정적 영향을 미친다. 따라서 내용만이 아니라, 표현의 면에서도 인성 도야에 바람직하지 않은 요소가 담긴 제재는 배제하도록 해야 한다.

2) 국어 이질화에 대한 대책

첫째, 언어 규범을 통일하여야 한다.

앞에서 살펴본 바와 같이 남북한은 언어의 규범이 다르고, 그것이 교과서의 언어 차이를 빚어내고 있다. 따라서 통일 대비 국어교육을 위해서는 언어규범을 통일하여야 한다. 맞춤법과 표준발음법은 통일이 불가능할 정도로 차이가 심한 것이 아니다. 맞춤법은 1933년 조선어학회의 "한글맞춤법 통일안"의 정신으로 돌아가면 된다. 표준발음법도 마찬가지다. 표준발음법은 양쪽이 심각한 차이를 보이는 것도 아니고, 발음은 맞춤법과 표리 관계에 있기 때문이다. 이들도 표준체제를 구안하여 통일하는 "표준체제구안 통합"을 하는 것이 바람직할 것이다.

둘째, 어휘의 사정·통일도 필요하다.

표준어의 문제도 "한글맞춤법 통일안"의 정신에 따라 서울말을 "표준어"요, "문화어"로 하면 간단하다. 그러나 이것은 이렇게 간단한 문제가 아니다. 그것은 반세기 동안 다른 규범을 학습하고 생활해 온 국민이 여기에 딸려 있기 때문이다. 따라서 우선 차이가 나는 말을 조사하여 통일의 가능성을 살펴볼 수 있다. 그리고 필요한 경우 재사정할 수도 있다. 그러나 무엇보다 좋은 방법은 "연방식 통합"을 하는 것이다. 그것은 사정을 하는 경우 사정해 놓은 낱말의 수용이 문제가 되기 때문이다. 다시 말하면 사정을 해도 그것이 실용되느냐가 의심스러운 것이다. 따라서 남북의 어휘나 표현이 다른 경우 양쪽을 다 인정하도록 하는 것이 바람직하다. 이는 외형상 복수 표준어로 인정하는 것이 된다. 그리고 시간에 맡기는 것이다. 복수 표준어로 정착하든지, 아니면 적자 생존의 원칙에 의해 하나가 도태되든지 할 것이다. 이를 위해서는 남북의 어휘를 망라한 "통일 국어대사전"의 출판이 필요하다.

셋째, 통일 문법의 제정이 필요하다.

문법은 남북이 별로 차이가 나지 않는다. 이것은 남북이 이질화된 부분에 대한 조정만 꾀하면 된다. 문법적 차이는 앞에서 주로 북한의 변화만을 언급했으나, 전통적인 표현에서 벗어난 남한의 변화도 꽤 보인다. 이들 차이의 조정은 어려운 일이 아니다. 문법의 통합도 "표준체제 구안 통합"의 방법을 채택함이 바람직할 것이다.

넷째, 남북 작품을 다 함께 교재에 반영한다.

언어의 동질화를 꾀하기 위하여는 우선 서로 상대방의 언어에 접할 기회를 가져야 한다. 그래야 이질감이나, 거부감을 갖지 않게 되고 이해하게 된다. 그러기 위하여는 상호 접촉을 갖는 것이 가장 바람직하다. 서로 접하노라면 그 말 또는 표현을 이해하게 되고, 나아가 친숙하게 될 것이다. 따라서 사람의 교류가 어렵다면 남북한의 작품을 교재에 수록하여 접촉하게 하는 것이 차선책이 된다. 이렇게 되면 상대방의 언어를 큰 부담없이 이해 학습하게 될 것이다. 남북한의 방송을 녹음하거나 녹화하여 교재화하는 것도 좋은 방법이 될 것이다. 이는 음성언어 동질화에 기여하게 할 것이다. 독일 통일의 교훈이 말해 주듯 신문, 방송의 개방도 통일 대비 국어교육의 좋은 방편의 하나이다.

다섯째, 관련 학자의 접촉과 협의가 꾀해져야 한다.

교육이란 사람을 기르는 것이고, 이는 또 사람에 의해 이루어지는 것이다. 따라서 사람의 접촉이 있어야 한다. 통일이 언제 이루어질는지는 아직 분명히 가늠할 수 없다. 그러나 언젠가는 이루어질 것이고, 이루어져야 한다. 그렇다면 이 통일을 위해 국어교육도 대비해야 한다. 언어의 이질화, 국어교육의 이질화를 극복하기 위하여는 남북학자가 머리를 맞대고 이 문제를 푸는 노력을 하여야 한다. 이런 노력을 하노라면 자연 서로를 이해하고, 해결의 실마리를 찾을 수 있게 될 것이다. 언어학자, 국어교육학자의 상호 교류, 및 학술 조사, 학술토론회 등의 기회를 마련하여 협의하도록 할 일이다.

참고문헌

박갑수(1994), 남북의 어휘와 국어교육, 교육월보 154, 교육부
박갑수(1995), 남북 음성언어 교육의 비교연구, KBS 한국어연구 42, 남북한 방송언어의
　　　　동질성 회복을 위한 비교연구 VI, 한국방송공사
박갑수(1995), 남북 맞춤법의 차이와 그 통일문제, 국제고려학회 학술총서, 통일을 지향
　　　　하는 언어와 철학 3, 국제고려학회
박갑수(1998), 통일을 대비한 국어교육의 현황과 대책, 국어교육연구 5, 서울대 국어교
　　　　육연구소
윤희원(1989), 북한의 국어교육에 관한 한 고찰, 주시경 연구 4, 탑출판사
윤희원 외(1997), 남북한 중·고등학교 국어과 교육과정 및 교과서 비교 분석연구, 서울
　　　　사대 통일대비 국어과 교육과정 연구위원회
이인제(1996), 북한의 국어과 교육에 관한 연구, 교원대학교 박사학위 청구논문
최현섭 외(1996), 남북한 초등학교 국어과 교육과정 및 교과서 분석연구, 인천교육대학
　　　　교 통일대비 국어과 교육과정 연구위원회
해주사범대학 외(1973), 국어교수법- 교원대학용, 교육도서출판사

■ 이 글은 국제고려학회 서울지회의 제1회 전국학술대회(1999. 7. 16. 연세대학교)에서 발표된
　공동주제 발표논문 가운데 하나이다. 미발표 논문임.

제2장 남북 맞춤법의 차이와 통일 문제

1. 머리말

우리 민족은 일찍이 만주 벌판과 한반도 일대를, 그리고 고려 이래 한반도를 삶의 터전으로 하여 빛나는 문화를 누리며 살아왔다. 그러나 우리의 조국은 제2차 대전 이후 남북이 분단되는 비극을 맞게 되었고, 자유로운 왕래를 하지 못하게 되었다. 이로 말미암아 남북은 언어가 차이가 나서 마치 서로 다른 두 개의 언어의 섬과 같은 현상을 빚게 되었다.

같은 민족(民族)이라는 조건은 여러 가지로 달리 일러질 수 있을 것이다. 그러나 이러한 조건 가운데 대표적인 것으로 혈연(血緣)이 같다는 것, 언어(言語)가 같다는 것을 들 수 있다. 그런데 오늘날 우리의 남북은 언어가 차이가 나게 됨으로 말미암아 같은 민족의 근거가 되는 "언어가 같다"고 하는 기준에 금이 가고 있다. 이는 참으로 슬픈 현상이다. 민족적 통일을 앞당기기 위해서는 하루 빨리 언어의 통일을 꾀하도록 하여야 하겠다. 이에 언어의 한 단면인 문자언어(文字言語), 그 가운데도 표기의 기준인 맞춤법의 차이와 그 통일 문제에 관해 살펴보기로 한다.

2. 해방 이전의 맞춤법

우리의 민족문자는 한글이다. 이는 1443년에 만들어져 1446년에 반포된
것이다. 한글을 창제한 목적은 훈민정음 서문에 의하면 세 가지로 요약된
다. 첫째 한문이 우리말에 어울리지 않아서, 둘째 어리석은 백성들이 문자
로 뜻을 펼 수 없어서, 셋째 모든 사람이 쉽게 익혀 일용(日用)에 편하게 하
기 위해서 만들었다는 것이다. 맞춤법, 다시 말해 한 언어를 문자로 표기하
는 바른 격식인 정서법(正書法)은 무엇보다 편리하고 쉽고 정확해야 한다.
이렇게 볼 때 우리의 훈민정음(訓民正音)이 "수빙 니겨 날로 뿌메 뻔한킈 ᄒ
고져" 만들었다는 것은 무엇보다 정서법의 원리에 부합하는 문자 창제였
다고 하겠다.

훈민정음에 나타난 표기 규정으로 대표적인 것은 "종성부용초성(終聲復用
初聲)"이라는 것이다. 그리고 초기의 정음의 용례를 보면 형태소의 원형 표
기를 위주로 하고 있다. 따라서 훈민정음은 표음문자로 만들어졌으나 형태
주의적(形態主義的) 철자를 지향한 것이라 할 수 있다. 이러한 철자법은 "용
비어천가"와 "월인천강지곡"에 적용된 것을 볼 수 있다. 특히 "월인천강지
곡"은 "석보상절"의 표음적 표기와는 달리 형태주의적 표기에 유의하였음
을 보게 한다. 그러나 이러한 표기의 명맥은 오래 이어지지 않았다. 훈민정
음의 "팔자가족용(八字可足用)"의 소위 "팔종성 가족용설"에 의해 음소주의
(音素主義)로 바뀐 것이다. 이의 대표적인 문헌은 앞에서 언급한 "석보상절"
이다. 이러한 음소주의 표기는 성문화된 규정은 없으나 이후 죽 계속되었
다. 연산군 때의 "진언권공"이나, "육조법보단경" 또는 "번역소학" 등에서
는 이 표기가 매우 간결하고 정연하게 갖추어져 있다. 이러한 음소주의는
중종 때의 역학자 최세진(崔世珍)의 "훈몽자회"에 그대로 계승된다. 개화 이
후에는 국문(國文)의 정리가 시급한 문제로 제기되었으나 개혁과 수구의 양
론이 엇갈리게 되었다. 이에 정부는 국문연구소를 설치하고 "국문연구 의

정안"을 채택하여 종래의 음소주의에서 형태주의로 그 방향을 바꾸기에
이르렀다. 이것은 무엇보다 주시경(周時經)의 끈질긴 노력에 의한 것이다.
그러나 이 의정안은 실시에 옮겨지지 못하였고, 주시경의 뜻은 1930년대에
이르러 이루어지게 되었다. 1930년 "개정철자법"에 앞서 조선총독부에서
는 1912년 4월 "보통학교용 언문철자법"을 마련하였다. 이것은 최초로 표
음주의 표기법을 성문화한 철자법이다. 이때의 중요한 내용은 다음과 같은
것이다.

① 관용적 용법에 따라 발음대로 적음.
② 아래 아를 사용하지 아니하고 "ㅏ"로 씀.
③ 된시옷의 기호는 "ㅅ"만 사용함.
④ 장음 표기는 글자의 왼쪽 어깨에 점을 찍어 표시함.

그 뒤 1912년 표기법 일부를 수정 보충하였고, 1930년에 앞에서 언급한
"언문 철자법"의 통과를 보아 형태주의로 돌아가게 되었다. 이때의 중요
내용은 다음과 같다.

① 구개음화의 표음적 표기: 절 집, 황천, 제일, 체조
② 사이시옷의 채용: 동짓달, 담뱃대, 장ㅅ군, 문ㅅ자
③ 종래의 10개 받침(ㄱ, ㄴ, ㄹ, ㅁ, ㅂ, ㅅ, ㅇ, ㄺ, ㄻ, ㄼ) 외에 ㄷ, ㅌ,
   ㅈ, ㅊ, ㅍ, ㄲ, ㄳ, ㄵ, ㄶ, ㄽ, ㅄ 등 새 받침 추가
④ 체언과 조사, 어간과 어미의 구분 표기: 사람이, 사람은, 넋이, 넋을
⑤ 습관적 한자음의 이음(異音) 수용: 시월, 붕어, 사탕
⑥ 된소리 글자로 병서 채택: 써, 까, 쯤

그러나 "언문 철자법"은 보수파인 표음주의자의 강한 반대를 받았을 뿐
아니라, 주시경계의 개혁파의 불만도 사게 되어 조선어학회는 사안(私案)으
로서 "한글 맞춤법 통일안"을 1933년 발표하게 되었다. 이 "통일안"은 따

라서 총독부 학무국 안과는 달리 민간단체의 안으로, 전자에 비해 매우 확충되고, 체재도 정비된 것이었다. 이는 총론과 각론, 부록의 3부로 이루어져 있는데, 각론은 7장, 65항, 부록은 표준어와 문장부호의 둘로 되어 있다. "통일안"의 특징은 형태주의적 어원 표시의 규정이 더욱 철저해졌다는 것이다. 이러한 "한글 맞춤법 통일안"은 몇 차례에 걸쳐 수정이 꾀해졌다. 제1차 수정은 1936년에 "사정한 조선어 표준말 모음"이 간행되어 1937년에 주로 표준말과 관련된 큰 수정을 한 것이고, 제2차 수정은 1940년 원안의 일부를 개정한 것이다. 1940년 개정안의 주요 내용은 다음과 같다.

① 제19항 "갖후다"를 "갖추다"로, "맞후다"를 '맞추다" 등으로 고침.
② 사이시옷은 말 중간에 놓음: 뒤ㅅ간, 등ㅅ불, 움ㅅ집

그러나 일본이 1939년 조선어 과목을 폐지하는 등 적극적 동화 정책을 펴 맞춤법은 사문화(死文化)가 되게 되었다. 그 뒤 1945년 우리 조국은 다행히 해방을 맞아, "한글맞춤법 통일안"은 불문율로 이 나라의 정서법(正書法)이 되어 문자생활의 규범이 되었다.

3. 남과 북의 표기법 개정

해방을 맞아 우리 겨레는 자유롭게 우리의 말과 글을 쓰게 되었다. 이때의 표기는 남과 북이 다 같이 "한글 맞춤법 통일안"을 기준으로 삼았다. 남북의 이러한 표기법의 공통시대는 북측이 1954년 "조선어 철자법"을 제정, 공포할 때까지 지속되었다(1948년의 "조선어 신철자법"을 공식적인 것으로 보지 않을 때). 그러면 다음에 남과 북으로 나뉜 뒤의 표기법의 역사를 살펴보기로 한다.

3.1. 남측 표기법의 변천사

남측(南側)에서는 통일안을 전국적으로 보급하기에 앞서 이의 불합리한 점을 해결하기 위하여 1946년 통일안의 일부를 개정하였다. 이것이 통일안의 제3차 개정이다. 이때에는 띄어쓰기를 크게 정비하였는데, 개정된 중요한 내용은 다음과 같은 것이다.

① 제30항 사이ㅅ을 윗말에 받치어 적음: 냇가, 콧등, 잇과, 챗열
② 한자의 속음이 된소리인 것은 본음으로 적음: 정가, 발달, 필시, 결재
③ 조용언, 의존명사, 수량대명사 붙여 쓰기의 3항 폐기
④ 특별한 경우 붙여 쓰기 허용 항 신설: 이곳, 제 이십 일항, 좀더

이러한 맞춤법은 1954년 행정력에 의한 한글파동을 겪게 되었다. 이것은 당시의 맞춤법이 너무 어려우니 쉽게 고치자는 것이었다. 이때 공포된 "한글 간이화안"은 형태주의적(形態主義的) 철자법을 1912년의 "언문철자법"과 거의 같은 음소주의적(音素主義的) 철자법으로 바꾸자는 것이었다. 이는 빗발 같은 반대 여론에 부딪쳐 1955년 대통령의 명령 철회로 일단락되었다. 1958년의 "한글맞춤법 통일안"은 1949년 문교부에서 제정한 "문법 용어"에 따라 용어가 전면 수정되었다. 이로 인해 "움직씨, 그림씨, 겹이름씨"와 같은 고유어에 의한 용어가 전면에 많이 드러나게 되었다. 그 뒤 정부의 철자법 간이화 안(簡易化案)은 후퇴하였으나, 정서법이 형태주의적 경향이 짙어 고도의 문법적 지식을 갖추지 않고는 제대로 알 수 없어 일반대중에게 어려운 규범이란 불만은 씻을 길이 없었다. 그리하여 정서법은 다소간에 마땅히 개정되어야 할 운명에 놓이게 되었다. 이에 문교 당국은 아래로부터 끓어오른 여론에 의해 한글 맞춤법의 사문화된 조항을 없애고, 대중에게 쉬운 것으로 고치는 맞춤법 수정 작업에 착수하게 되었다. 문교 당국이 1970년 국어조사연구 위원회를 구성, 표준말과 맞춤법의 수정 작업

에 착수하게 한 것이 그것이다. 위원회는 1972년 "개정 한글맞춤법(안)"을 마련하였고, 이는 1977년 문교부에 접수되었다. 문교부는 이 위원회의 안을 심의, 1979년 치종안을 마련하였으나 확정을 보류하였다. 그리고 문교부는 1981년 이 사업을 학술원에 넘겨 재사정토록 하였으며, 1984년 개정안을 접수하였다. 그러나 이 개정안도 확정을 보류하고, 1985년 국어연구소에서 재검토하여 보완하도록 하였다. 이에 국어연구소는 이를 재검토하여 1987년 "한글맞춤법(안)"을 마련하여 문교부에 보고하게 되었고, 문교부는 국어심의회의 심의를 거쳐 1988년 1월 문교부 고시 88-1로 "한글맞춤법"을 공포하게 되었다. 따라서 국가적인 규범으로서 "맞춤법"은 약 20여 년간 긴 진통 끝에 햇빛을 보게 되었고, 1년이란 준비 기간을 거쳐 1989년 3월 1일부터 시행하게 되었다. "맞춤법" 개정의 특징은 다음과 같다.

① "한글맞춤법 통일안"의 불필요한 조항 삭제
② 미비한 규정 보완
③ 지켜지지 않는 규정의 개정, 현실화
④ 개정의 폭을 극소화

3.2. 북측 표기법의 변천사

북측(北側)에서는 남측에서 1946년 "통일안"의 일부를 개정한 뒤에도 이를 계속 시행하였다. 북측은 1948년에 독자적으로 "조선어 신철자법"을 제정 공포하였다. 이것은 교육성 내에 설치된 조선어문 연구회가 마련한 것으로, 1950년 책자로 간행되었다(고영근, 1990). 신철자법은 총칙과 자모, 어음, 문법, 어휘, 문장의 5개장에 걸쳐 64개항으로 되어 있다. 이의 총칙을 보면 다음과 같다.

1. 조선어 철자법은 현대 조선인민의 언어의식 가운데에 공통적으로 파악할 수 있는 것은 일정한 형태로 표기함으로써 원칙을 삼는다.
2. 조선어 철자법은 그 표기에 있어 일반의 어음학적 원리에 의거하되 조선 고유의 발음상의 제규칙을 존중한다.
3. 문장의 단어는 원칙적으로 각각 띄어쓴다.
4. 표준어는 조선인민 사이에 사용되는 공통성이 가장 많은 현대어 가운데서 이를 정한다.
5. 모든 문서는 왼쪽으로부터 오른쪽으로 횡서함으로써 원칙을 삼는다.

"조선어 신철자법"은 기본 정신을 철저한 형태주의 원리에 두었다. 이는 "ㄹ, ㄴ" 두음법칙의 부정, 합성어 표기에서 사이표(ʼ) 사용, 형태론적 어음교체(語音交替)에 나타나는 새 자모 여섯 자를 제정하는 등 개정이 꾀해진 것이다.

북측은 1954년 4월 다시 맞춤법을 개정 공포하였다. 이는 과학원 조선어 및 조선문학연구소에서 새로운 정서법으로 "조선어 철자법"을 제정 공포한 것이다. 규범집(規範集) 머리말에 의하면 철자법의 동요와 언어의 변화를 고려하여 "한글맞춤법 통일안"에 많은 수정을 가한 것으로 되어 있다. 이 철자법은 "조선어 신철자법"과 대동소이한 것이다. 그럼에도 이에 대한 언급이 전혀 보이지 않는다. 이는 1948년 "조선어 신철자법"을 공식적으로 인정하지 않음을 의미하는 것으로 보인다. 이러한 사실은 1993년 북경 학술토론회에 참가한 북한학자의 공식적 증언에 의해서도 확인할 수 있었다. 따라서 "조선어 신철자법"을 공식적인 것으로 보지 않을 때, 1954년의 "조선어 철자법"은 우리 표기법의 통일시대의 막을 내리고, 남북이 표기를 달리하는 분화(分化), 분기(分岐) 시대에 들어서게 한 것이라 할 수 있다.

"조선어 철자법"은 전문 8장 56항으로 이루어졌으며, 문장부호가 새로이 조문에 삽입된 것으로 형태주의적 원칙이 명문화된 규범이다. 이 "철자법"은 종전의 "한글맞춤법"과 크게 다르지 아니한 것으로, 세부적인 사항만이 개정된 것이다. 개정된 주요 사항은 다음과 같다.

① 24개 자모에서 40개 자모로 바꾸었음: ㄲ, ㄸ, ㅃ, ㅆ, ㅉ, ㅐ, ㅒ, ㅔ,
  ㅖ, ㅚ, ㅟ, ㅢ, ㅘ, ㅝ, ㅙ, ㅞ를 추가

② 자음의 명칭 교체: "기윽, 니은, 디읃..."식으로 개정, "ㄱ ㄴ ㄷ ㄹ..."
  허용, "된기윽, 된비읍..."으로 개정

③ 두음법칙 부정: 락원, 량심

④ "하-" 외에 어간 모음 "ㅣ, ㅐ, ㅔ, ㅚ, ㅟ, ㅓ" 아래의 어미를 "여,
  였"으로 개정: 비여, 개여, 세여, 되였다, 쥐였다

⑤ 중간ㅎ은 중간에 놓이는 것을 원칙으로 하나, 거센소리로도 표기 허
  용: 가ㅎ다-가타, 부ㅎ다-부타

⑥ 합성어에 사이시옷 대신 사이표를 씀: 기'발, 일'군, 낮'일, 대'잎

⑦ 표준어 일부 개정: 노을, 닭알, 부시다, -쟁이, 줏다, 안해, 웨치다

⑧ "-지다"가 붙은 것은 붙여씀: 건방지다, 넘어지다, 좋아지다, 되여지다

"조선어 신철자법"과 비교할 때에 가장 큰 차이는 새 자모 여섯 자를 폐기하고, 이에 관련된 조항을 폐기한 것이다.

1966년에는 다시 "조선어 철자법"이 개정되었다. 내각 직속 국어사정 위원회에서 공포한 이 맞춤법은 "띄어쓰기, 문장부호법, 표준발음법"과 함께 4부중 하나로 "조선말 규범집"에 묶여 있다. 이는 "조선어 철자법"을 재정비한 것으로, 띄어쓰기는 세밀하게 규정하며 별도의 부분을 이루도록 한 것이다. 맞춤법은 7장 28항으로, 띄어쓰기는 6장 23항으로 되어 있다. 개정된 맞춤법의 내용은 다음과 같다.

① 부사의 어말음 "어"의 "여"화: 구태여, 도리여, 드디여

② 중간 'ㅎ'의 배격, 거센소리 인정: 가타, 다정타, 례컨대

③ 사이표 삭제: 그믐달, 기발, 덧이

④ 한자음의 변한 소리 인정: 나팔, 노, 유리

⑤ 띄어쓰기(6장 23항), 문장부호법(19항) 별도 규정

북측은 1987년 또 한차례 맞춤법의 개정을 단행하였다. 이 개정은 언어 규범이 "사람들이 언어 실천에 더 잘 복무할 수 있도록 정밀화하고, 완성해 나가야 할 것"이라 보아 국어사정 위원회가 1966년에 공포한 규범들을 전면적으로 검토하고 일부 조항과 내용을 수정 보충한 것이다. 이는 7장 27항으로 이루어져 있다. 1966년의 규정과 달리 한 항이 줄어들었는데, 이는 각 규범의 한 항이 각각 증감하고, 부사에 접미사 "이/히"가 분명치 않은 경우의 규정을 개정안에서는 다른 항에 덧붙여 넣었기 때문이다. 이 규정은 말다듬기에 따라 용어가 많이 수정된 것으로, 실제 규정은 두어 가지밖에 개정되지 아니하였다. 개정된 사항은 다음과 같다.

① 파생어에서 빠진 소리는 빠진 대로 적음: 가으내, 무질, 바느질
② 사이표 특수 용례 규정 삭제

띄어쓰기는 5장 22항으로 되어 있다. 개정된 규범은 좀더 세분하여 정밀화한 것이다. "특수한 말, 특수한 어울림에서의 띄여쓰기" 규정 4항이 추가되었고, "섞갈리기 쉬운 것들의 띄여쓰기"의 3항이 생략되었다.

이상 남북의 맞춤법의 역사를 대강 더듬어 보았다. 비록 표기법이 달라지기는 하였으나, 다 같은 뿌리에서 시작되었고, 본래의 형태주의적 표기 원칙을 지키고 있어 큰 차이는 드러내지 않고 있다. 이것은 우리 민족의 장래를 위하여 참으로 다행스러운 일이다.

4. 남북 표기법의 이질화 현상

우리는 앞에서 남북의 맞춤법의 역사를 살펴보았다. 이번에는 남북의 현행 맞춤법을 비교하여 표기법의 차이가 어떻게 나타나고 있는지, 이에 대한 문제가 무엇인지를 살펴보기로 한다. 살펴보는 차례는 북측의 "철자법"의 차례에 따르되, 공통점 아닌 차이점을 중심으로 논의하기로 한다.

우선 남북 정서법의 순서 배열을 보면 다음과 같다.

한글맞춤법(1988)	조선어 철자법(1987)
제1장 총칙	총칙
제2장 자모	제1장 조선어자모의 차례와 그 이름
제3장 소리에 관한 것	제2장 형태부의 적기
제4장 형태에 관한 것	제3장 말줄기와 토의 적기
제5장 띄어쓰기	제4장 합친말의 적기
제6장 그 밖의 것	제5장 앞붙이와 말뿌리의 적기
부록 문장부호	제6장 말뿌리와 뒤붙이(또는 일부 토)의 적기
	제7장 한자말의 적기

위의 표에 보이는 바와 같이 "조선어철자법(이하 '철자법'이라 약칭함)"에서는 띄어쓰기와 문장부호를 다루지 않고 있다. 이것은 별도로 규정하고 있기 때문이다. "띄어쓰기"는 총칙과 5장 22항으로 되어 있고, "문장부호법"은 총칙과 20항으로 되어 있다. 띄어쓰기는 자세하게 규정하기 위한 조처겠으나, "맞춤법"에 포함시켰어야 좋았을 것이다. "한글 맞춤법(이하 '맞춤법'이라 약칭함)"은 6장 57항 및 부록으로 되어 있다.

총칙은 표기의 원칙을 천명한 것이다. 북측의 "철자법"은 "뜻을 가지는 매개 부분을 언제나 같게 적는 원칙을 기본으로 하면서 일부 경우 소리나는 대로 적거나 습관을 따르는 것을 허용한다"고 하여 형태주의를 기본으

로 하고 있음을 보여 준다. 이에 대해 "한글 맞춤법"은 "소리대로 적되 어
법에 맞도록 함을 원칙으로 한다"고 하여 음소주의가 강조된 듯한 인상을
준다. 그러나 "한글맞춤법"도 그 내용을 보면 형태주의 쪽으로 기울어진
것을 보게 한다. 외래어 표기에 대한 규정은 "한글맞춤법"에만 보이고, "철
자법"에는 보이지 않는다. 남측의 현행 외래어 표기법은 "외래어 표기법
(1985)"이고, 북측은 "조선어 외래어표기법(1956)"이다.

"제1장 조선어 자모의 차례와 그 이름"에서는 앞에서 본 바와 같이 40자
의 자모의 차례와 이름을 들고 있다. 이는 "한글맞춤법"의 24자모와 차이
가 있는 것으로, 순서와 이름도 같지 아니하다. 이제 두 규범의 자모를 차
례에 따라 보이면 아래와 같다.

조선어철자법:

ㄱ, ㄴ, ㄷ, ㄹ, ㅁ, ㅂ, ㅅ, ㅇ, ㅈ, ㅊ, ㅋ, ㅌ, ㅍ, ㅎ, ㄲ, ㄸ, ㅃ, ㅆ, ㅉ, ㅏ,
ㅑ, ㅓ, ㅕ, ㅗ, ㅛ, ㅜ, ㅠ, ㅡ, ㅣ, ㅐ, ㅒ, ㅔ, ㅖ, ㅚ, ㅟ, ㅢ, ㅘ, ㅝ, ㅙ, ㅞ

한글맞춤법:

ㄱ, ㄴ, ㄷ, ㄹ, ㅁ, ㅂ, ㅅ, ㅇ, ㅈ, ㅊ, ㅋ, ㅌ, ㅍ, ㅎ, ㅏ, ㅑ, ㅓ, ㅕ, ㅗ,
ㅛ, ㅜ, ㅠ, ㅡ, ㅣ, ㄲ, ㄸ, ㅃ, ㅆ, ㅉ, ㅐ, ㅒ, ㅔ, ㅖ, ㅘ, ㅙ, ㅚ, ㅝ, ㅞ,
ㅟ, ㅢ

자모의 순서는 사전의 표제어의 순서와 직결되기 때문에 언어생활에 영
향을 미치는 바 크다. 따라서 통일이 필요하다. "기윽, 니은, 디읃…" 등 자
모의 명칭 통일은 무난할 것으로 보인다.

"제2장 형태부의 적기"에서 "ㄹ" 뒤에서 된소리가 나는 것을 예사소리
로 적는 것은 남북이 같으나, 의문형 어미를 "-ㄹ가"로 적기로 한 "철자법"
의 규정은 "한글맞춤법"과 차이가 있다. "한글맞춤법"에서는 의문형 어미
는 된소리로 적기로 되어 있다. "-ㄹ까, -ㄹ꼬, -ㄹ쏘냐"가 그것이다. 이는

의문형에 형태적인 차이를 보이고자 한 것으로 바람직한 것으로 보인다.

"제3장 말줄기와 토의 적기"에서 말줄기의 모음이 "ㅣ, ㅐ, ㅔ, ㅚ, ㅟ, ㅢ"인 경우 줄기 "하"와 마찬가지로 어미 "어/ 었"을 "여/였"으로 적는 것은 형태주의를 표방한 표기 원칙에 위배되는 것이다. "구태여, 도리여, 드디여"의 어말음(語末音)을 "여"로 적는 것도 남측과 다른 점이다. "조선어철자법"에서는 준말의 표기 규정으로, "않다", "못하다" 앞에 오는 "하지"를 줄일 경우 "넉넉치 않다"와 같이 "치"로 적는다고 하였다. "한글맞춤법"에서는 "거북지, 깨끗지, 넉넉지, 못지, 섭섭지, 익숙지"와 같은 "하-"의 생략형에 "않다" 또는 "못하다"가 이어지는 것도 인정하고 있다. 이는 현실 언어를 수용해 차이가 빚어진 것이다.

"제4장 합친 말의 적기"에서 차이가 나는 것은 사이시옷을 쓰느냐, 마느냐 하는 것이다. 북측에서는 "사이표"를 치는 단계를 거쳐 규정에서 빠졌는데, 현행 "철자법"에서는 사이시옷이 다음과 같이 쓰이고 있는 것을 보여 준다.

> "소리 같은 말인 다음의 고유어들은 혼동을 피하기 위하여 아래와 같이 적는다. 례: 샛별-새별(새로운 별), 빗바람(비가 오면서 부는 바람)-비바람(비와 바람)

"한글맞춤법"에서는 1933년의 "한글맞춤법 통일안" 이래의 규정을 이어받아 사이시옷을 쓰도록 하고 있다. 사이시옷의 사용은 형태 구별 및 발음의 변별을 위해 사용하는 쪽이 바람직할 것으로 보인다.

"제6장 말뿌리와 뒤붙이의 적기"에서 "철자법"은 본딴말에 뒤붙이 "이"가 붙어서 명사를 이루는 것은 어원을 밝혀 적지 않는 것으로 규정하였다. 이것은 종래의 "한글맞춤법 통일안"의 규정과 같은 것이다. 그런데 이 규정을 "한글맞춤법"에서는 개정하여 "-하다"나 "-거리다"가 붙을 수 없는 어근에 "-이"나 다른 모음으로 시작되는 접미사가 붙어 명사가 된 것만 원형을 밝혀 적지 않기로 하였다. 그리하여 "더퍼리, 살사리, 오뚜기, 푸서기" 따위는 "-거리다"가 붙을 수 있어 "더펄이, 살살이, 오뚝이, 푸석이"와 같이 어원을 밝혀 적게 되었다. 부사어에 뒤붙이 "이"나 "히"가 붙는 경우 분명히 구별되는 경우의 규정은 남북이 같다. 그런데 "이/히"가 혼란이 일어나는 경우에 어떻게 해야 하는지 "철자법"에서는 따로 규정하고 있지 않은데, "한글맞춤법"에서는 "히"로 적는다고 명문화한 점이 다르다.

"제7장 한자말의 적기"에서 한자말은 소리마디마다 해당 한자음대로 적는 것을 원칙으로 한다고 규정한 것은 남측의 표기 기준과 크게 다른 점이다. 남측은 두음법칙을 인정해 "ㄹ" 두음과 구개음화된 "ㄴ" 두음을 인정하지 않기 때문이다. "철자법"이 한자말에서 모음 "ㅖ"를 "계, 례, 혜, 예"만을 인정한 것도 차이가 나는 것이다. "한글맞춤법"에서는 이 밖에 "몌, 폐"를 더 인정한다. "한글맞춤법"의 이러한 규정은 1933년의 "한글맞춤법 통일안"의 규정을 계승한 것이다.

이 밖에 맞춤법의 문제로 "한글맞춤법"에서 "렬/률"을 음운론적 조건이 다를 때 구별하여 적기로 한 것, "더우기, 일찌기"를 부사 "더욱, 일찍"에 접사 "-이"가 붙었다고 본 것, "덧니, 사랑니: 가랑니, 머릿니"와 같이 "이"가 합성어로 쓰일 때 "니"로 적기로 한 것, 한자의 속음을 인정하되 그 범위에 차이가 있는 것 따위가 남북의 표기를 달리하게 하고 있다. 이들은 부사어를 제외하고 나머지 모두가 음소주의적 표기에 기운 것으로, 형태주의적 표기를 하여 통일을 기할 수 있는 것들이다.

띄어쓰기는 많은 차이를 보이는 분야이다. 단어를 단위로 띄어쓴다는 원칙은 남북이 다 같다. "제1장 명사와 관련된 띄여쓰기"에서 "부문, 분야, 기관, 담당, 관계, 이상…"을 앞 단위에 붙여 쓰기, 명사들이 토 없이 연달아 어울리는 경우 묶여진 단위별로 띄어쓰기, 단계적으로 마디를 이루는 회의, 사변, 기념일 등의 마지막 명칭의 앞 단위에 붙여 쓰기는 남측의 규범과 다른 것이다. 개념상 "하나의 단위로 묶여지는 덩이"는 붙여 쓰는 것이 북측의 원칙인데 대하여, 남측은 허용 사항일 뿐이다. 칭호, 직명을 앞의 고유명칭에 붙여 쓰기, 고유 명칭 중간의 "직속, 부속, 소속, 산하, 아래..." 등의 앞 단위에 붙여 쓰기, 앞의 명사를 받는 "자신, 자체, 전체, 전부, 전원, 일행, 일가, 일동, 일체, 모두..." 등의 앞 단위에 붙여쓰기도 남측과는 다른 북측의 규정이다. "불완전명사와 이에 준하는 단위들"을 원칙적으로 앞 단어에 붙여 쓰기로 한 북측의 규정은 이것을 띄어쓰게 되어 있는 남측의 규정과 크게 다른 점이다.

"제2장 수사, 대명사와 관련한 띄어쓰기"에서 "백, 천, 만, 억조"와 같이 띄어쓰게 되어 있는 것은 "만" 단위로 띄게 되어 있는 남측과 다른 것이며, 단위 명사와 이에 준하는 명사를 수사에 붙여 쓰게 되어 있는 것도 남측과 다른 점이다. 대명사는 불완전명사와 이에 준하는 것이 직접 어울리는 경우 붙여 쓴다는 것도 남측과 다른 점이다.

"제3장 동사, 형용사와 관련한 띄어쓰기"에서 "고"형 동사에 다른 동사가 녹아붙은 것, "아, 어, 여"형 및 그 밖의 다른 형 뒤에 보조적으로 쓰인 동사와 형용사의 붙여 쓰기도 차이를 보이는 규정이다. 남측에서는 보조용언은 붙여 쓰는 것이 허용될 뿐이다.

"제4장 관형사, 부사, 감동사와 관련한 띄어쓰기"에서 명사와 토 없이 직접 어울린 "너머, 따라, 건너, 걸러"의 붙여 쓰기도 남측 규정과는 다른 것이다. 하나의 대상, 하나의 개념을 나타내는 용어의 원칙적인 붙여 쓰기, 속담이나 고유어 성구의 붙여 쓰기도 남측과 차이를 보이는 것이다. 남측에서는 고유명사나, 전문용어는 단어별로 띄어쓰는 것을 원칙으로 하고, 고유명사는 단위별로 띄어쓰고, 전문용어는 붙여 쓸 수 있도록 하고 있다.

이상 살펴본 바와 같이 띄어쓰기는 많은 차이를 보인다. 띄어쓰는 정도로 볼 때 북측은 많이 붙여 쓰는 쪽으로 기울어져 있고, 남측은 단어별로 너무 띄어쓰는 쪽으로 기울어져 있다고 하겠다.

　문장부호는 "조선말 규범집"에는 17가지가 들려 있고, "한글 맞춤법"에는 19가지가 들려 있다. 북측의 "반두점, 같은표"가 남측에는 빠져 있고, 남측의 "가운뎃점, 빗금, 중괄호, 빠짐표"가 북측에는 빠져 있다. 인용표와 거듭인용표는 남북의 부호의 형태가 다르며, 북측의 숨김표가 남측에서는 숨김표와 빠짐표로 나뉘어 있다. 북측의 밑점과 남측의 드러냄표는 구실은 같으나 치는 위치가 다르다. 이 밖에 남북이 다 같이 쓰는 부호의 명칭이 9개가 다르다는 차이도 보여 준다.

　맞춤법에는 남북의 맞춤법 외에 또 중국 동포들의 "조선말 맞춤법"이 있다. 이는 동북(東北) 3성(三省) 조선어문사업협회에서 마련한 것으로, "조선말 규범집"에 수록되어 있다. 이 규범집에는 "조선말 표준발음법, 조선말 맞춤법, 조선말 띄여쓰기, 문장 부호법"을 담고 있어 체제가 북측의 그것과 같다. "조선말 맞춤법"은 1966년의 북측의 "조선어 철자법"과 대동소이하다.

5. 맞춤법의 통일을 위한 대책

　남북의 언어가 차이가 나는 것을 우리 겨레는 다 같이 염려하고 있다. 그러나 맞춤법의 경우는 다른 영역에 비하여 염려하는 것처럼 심각하지는 아니하다. 그것은 종래의 "한글맞춤법 통일안"이 바탕이 되어 있으며, 다 같이 형태주의를 지향하고 있기 때문이다. 그러면 원칙이 같고 세부적으로 다른 맞춤법을 어떻게 통일할 것인가? 이에 대한 대책을 몇 가지 제시해 보기로 한다.

　첫째, 형태주의적 표기를 원칙으로 하고, 음소주의적 표기를 할 때는 신중을 기한다.

　형태주의를 취할 경우 아무래도 어렵다는 인상을 배격할 수 없다. 그러

나 남북이 같은 규범을 만들기 위해서는 이것이 가장 좋은 방법이다. 음소
주의를 택하는 경우는 여러 가지로 혼란이 일어날 수 있다. 따라서 부분적
으로 필요해서 음소주의를 택하는 경우는 남북이 차이가 나지 아니하도록
주의할 일이다.

둘째, 표기는 혁신 아닌 보수성을 띠도록 한다.

사물은 끊임없이 변한다. 음성언어와 문자언어도 마찬가지다. 그렇다면
표기는 이러한 언어를 끊임없이 따라가며 바꾸거나, 선수를 쳐야 하겠는
가? 그렇게 할 수는 없다. 음성언어에 대해 문자언어는 보수성을 지닌다.
따라서 표기법은 천천히 따라가며 필요할 때 귀납 수용하는 자세를 취하도
록 해야 한다. 영어의 경우는 발음이 달라져도 표기는 그대로 둔다. 참고할
일이다.

셋째, 남북의 표기법이 분화된 이후에 차이가 나게 된 규범은 통일시대의 규범
으로 복귀하는 방법을 택할 수 있다.

개정된 규범은 필요해서, 또는 옳다고 판단되어 바꾸었을 것이다. 그러
나 한쪽에서 바꾸지 않았다면 그만한 이유가 있을 것이다. 맞춤법이란 귀
납적인 것으로, 필연의 법칙이라고만 할 수 없는 것이다. 민족의 규범을 만
들기 위해서는 상호 양보할 일이요, 그 규범은 통일시대의 맞춤법에서 찾
을 수 있을 것이다.

넷째, 규범의 개정은 이질화 아닌 동질화를 추구하도록 할 일이다.

동일했던 규범이 근자에 서로 다르게 바뀐 것도 있다. 이는 민족의 동질
성 회복에 역행하는 일이다. 따라서 앞으로 차이를 빚게 하는 개정은 절대
삼가도록 하여야 할 것이다.

다섯째, 대표적인 차이점은 다음과 같이 통일을 모색할 수 있을 것이다.

① 사이시옷의 문제

사이시옷은 앞에서 논의한 바와 같이 사용하도록 한다. 그래야 형태의

구별 및 발음에 편의를 제공한다.

② 어간 모음 "ㅣ, ㅐ, ㅔ, ㅚ, ㅟ, ㅢ" 아래의 "-여/-였"의 문제

"ㅣ, ㅐ, ㅔ, ㅚ, ㅟ, ㅢ" 아래 오는 어미는 "-어/-었"으로 통일한다. 그래야 형태주의적 표기가 된다. 위의 모음 아래 어미가 "여/였"으로 발음되는 것은 "하-" 아래 "여/였"이되는 것과 구별된다. 이들은 근원적으로 "ㅣ"모음동화와 관련된 것으로 볼 수 있기 때문이다.

③ 한자의 어두음 "ㄹ"과 구개음화된 "ㄴ"의 문제

한자의 어두음 "ㄹ" 및 구개음화된 "ㄴ"은 1933년의 "한글맞춤법 통일안"에서부터 두음 법칙이 인정된 것이다. 그리고 북측에서도 이의 발음을 하는 것을 원칙으로 할 뿐이라고 한다. 두음법칙이 적용되기도 한다고 한다. 따라서 1930년대의 상태로 되돌리는 것이 좋을 것으로 판단된다.

④ "이"와의 합성어에서의 변이음 "니"의 문제

"이"를 "니"로 적는다는 것은 형태주의적 표기에 어긋나는 것이다. "한글맞춤법"의 "간니, 덧니, 사랑니" 등은 "간이, 덧이, 사랑이"로, "가랑니, 머릿니" 등은 "가랑이, 머리이"로 적어 변이 형태를 인정하지 않는 쪽이 바람직하다. 발음은 "니"로 나는 것을 허용할 수 있다.

⑤ 띄어쓰기의 문제

"한글맞춤법"은 너무 띄어쓰는 경향이 짙다. 1946년 이전의 규범과 같이 조용언, 의존명사, 수량단위의 명사는 붙여 쓰는 방법을 강구함이 바람직할 것이다.

이상 우리말의 표기 규범에 관해 살펴보았다. 하루바삐 같은 정서법(正書法)을 사용하며 남북이 공통된 언어생활을 하고, 문화를 창조 발전시키는 날이 다가오길 바라마지 않는다.

참고문헌

고영근 편(1989), 북한의 말과 글, 을유문화사
고영근(1989), 북한의 초기 철자법과 문법연구, 정신문화연구 제36호, 한국 정신문화연
　　　　구원
고영근(1990), 남북한 맞춤법 검토, 국어정서법의 종합적 검토, 한국정신문화연구원
김민수(1973), 국어정책론, 고려대 출판부
김민수(1985), 북한의 국어연구, 고려대 출판부
김민수 편(1991), 북한의 조선어 연구사, 녹진
박갑수(1984), 국어의 표현과 순화론, 지학사
북한언어연구회 편(1989), 북한의 어학혁명, 백의
전수태·최호철(1989), 남북한 언어비교, 녹진

■ 이 글은 남북학자 토론회에서 발표되고(북경, 1993), 語文硏究 81~82(한국어문교육연구회, 1994)에 게재된 것이다. 이후 이는 "국어교육과 한국어교육의 성찰, 서울대학교 출판부, 2005.에 전재된 바 있는데 약간의 개고를 하였다. 2018.

제3장 통일을 대비한 국어교육
- 남과 북의 언어 차이를 중심으로 -

1. 서언

광복이 되고 남북이 분단된 지 벌써 반세기가 지났다. 제 죄도 아니면서 남북이 분단된 이 땅의 우리 겨레는 그간 이념(理念)의 갈등으로 같은 민족이면서도 서로 오고 가지도 못하며 살아야 했다. 그래서 정치 경제 사회 문화 등 모든 분야에 걸쳐 차이가 생기고, 이질화(異質化)가 빚어지게 되었다.

그러나 민족의 중요한 구성 요소인 혈연(血緣)은 바뀜이 없고, 삶의 터전도 예 그대로이니 지연(地緣)도 바뀜이 없다. 언어(言語)와 문화가 좀 차이를 보이고 있을 뿐이다. 이런 상황 가운데 우리 민족은 근자에 어느 때보다 통일의 분위기가 성숙돼 가고 있다. 성급한 사람은 이미 통일이 되었다고까지 말하기도 한다.

우리는 같은 민족이란 정체성(正體性)을 확보하기 위해서 우선 언어의 차이를 제거해야 하겠다. 남북의 언어 차이는 흔히 걱정하듯 그렇게 심각한 것은 아니다. 이질화, 이질화 하는 것은 동질성보다 차이에 주목함으로 그것을 정도 이상으로 부각시킨 때문이다. 남북의 우리 동포가 만났을 때 의사소통에 큰 불편을 느끼지 않는다는 것이 그 단적인 증거이다.

그러나 문제가 전혀 없는 것은 아니다. 경우에 따라서는 알아듣지 못할 말이 있고, 의미나 정의상(情誼上) 혼란이 이는 경우도 있다. 그리고 공식적인 자리에서는 언어규범(言語規範)이 구체적으로 문제가 되기도 한다. 외국에서 우리말을 교수 학습하려 할 때 어떤 말, 어떤 규범을 기준으로 해야 하느냐가 문제가 된다. 우리말에 서로 다른 규범이 두 가지, 세 가지 있어서는 곤란하다.

통일에 대한 전망이 차츰 밝아지고 있다. 우리는 정체성을 확보하기 위해서도 우리말의 통일을 준비해야 한다. 그리고 올바른 우리말을 가르쳐야 한다. 이러기 위해서는 거꾸로 통일을 대비한 우리말 교육에 대한 성찰이 있어야 하겠다. 여기서는 남북의 언어 차이, 남북의 언어 규범의 차이, 그리고 통일을 대비한 우리말 교육에 대해 살펴보기로 한다.

2. 남과 북의 언어 차이

남북의 언어는 본래 하나였다. 이것이 분단 이후 차이가 나게 되었다. 이는 자연적인 변화에 의한 것이라기보다 인위적인 기준에 의한 변화가 더 크다고 할 수 있다. 남쪽은 '교양있는 사람이 두루 쓰는 현대 서울말'(표준어규정, 1988)을 '표준어'라 하고, 북쪽은 '주권을 잡은 로동계급의 당의 령도 밑에 혁명의 수도를 중심지로 하고 수도의 말을 기본으로 하여 이루어지는, 로동계급의 지향과 생활감정에 맞게 혁명적으로 세련되고 아름답게 가꾸어진 언어'(조선말대사전, 1992)를 '문화어'라고 하여 이들을 공용어로 삼고 있다. 그러면 이러한 남북의 언어는 어떻게 다른가?

언어는 구조적으로 볼 때 말소리와 단어, 문장으로 이루어진다. 따라서 이러한 언어의 구조적인 면에서 남북의 언어를 살펴볼 수 있다. 그리고 문자언어인 경우에는 표기가 매체가 되므로 표기법이 또한 고찰의 대상이 되어야 한다.

2.1. 발음의 차이

음성언어의 경우는 발음이 언어기호의 형식이다. 남쪽은 서울말을 중심으로 한 '표준어'의 실제 발음을, 북쪽은 평양말을 중심으로 한 '문화어'의 발음을 표준 발음으로 정하고 있다. 따라서, 남북의 표준발음은 그 기준이 다르다.

남북은 단모음과 단자음을 같이 보고 있다. 단모음 10개, 단자음 19개이다. 여기에 반모음 2개가 보태진다. 따라서 기본적으로 음소(音素)는 남북이 31개로 차이가 없다. 운용 과정에서 생기는 변이(變移)가 문제다. 그 차이를 보면 다음과 같다.

첫째, 남쪽에서 두음법칙(頭音法則)을 인정하는 데 대해, 북쪽에서는 이를 인정하지 않는다. 그래서 우선 한자음의 어두 'ㄹ'음이 북쪽에서는 원음으로 발음되는 데 대해, 남쪽은 'ㄴ/ㅇ'음으로 발음된다. (괄호 안의 사선 앞이 북쪽 발음이고, 뒤가 남쪽 발음이다)

> 樂園[락원/낙원], 蘭草[란초/난초], 浪漫[랑만/낭만], 冷麪[랭면/냉면], 勞動[로동/노동], 老人[로인/노인], 雷聲[뢰성/뇌성], 樓臺[루대/누대]
> 糧穀[량곡/양곡], 良心[량심/양심], 旅行[려행/여행], 禮節[례절/예절], 戀愛[련애/연애], 料理[료리/요리], 流行[류행/유행], 利用[리용/이용]

그리고 한자의 어두음 "냐, 녀, 뇨, 뉴, 니"와 같은 구개음화된 'ㄴ' 소리가 북쪽에서는 원음대로 발음되는데, 남쪽에서는 'ㅇ'으로 바뀌어 발음되므로 차이가 난다.

女子[녀자/여자], 年金[년금/연금], 念慮[념려/염려], 尿素[뇨소/요소], 紐
帶[뉴대/유대], 泥土[니토/이토], 溺死[닉사/익사]

둘째, 일부 자음동화(子音同化)에 차이를 보인다. 남쪽에서는 'ㅁ, ㅇ' 받
침 뒤의 'ㄹ'과, 'ㄱ, ㅂ' 받침 뒤의 'ㄹ'을 'ㄴ' 소리로 발음한다. 그런데
북쪽에서는 이들의 경우 모든 모음 앞의 'ㄹ'을 본래의 소리대로 발음함으
로 차이를 보인다.

담론[담론/담논], 심리[심리/심니], 침략[침략/침냑], 경력[경력/경녁], 망
루[망루/망누], 항로[항로/항노]
국론[국론/국논(궁논)], 독립[독립/독납(동납)], 석류[석류/석뉴(성뉴)], 압
력[압력/압녁(암녁)], 법률[법률/법뉼(범뉼)]

그러나 같은 자음동화 가운데 '먹는[멍는], 묻는[문는], 잡는[잠는]'과 같
은 비음화현상(鼻音化現象), 및 '난로[날로], 칼날[칼랄]'과 같은 설측음화현
상(舌側音化現象)은 남북이 다 같이 발음하므로 차이를 보이지 않는다.
셋째, 경음화, 음운첨가현상 등도 차이를 보인다. 이들 현상은 원칙적으
로 남북이 같으나, 개별 사례에서 차이가 난다. 이러한 예를 몇 개 들어 보
면 다음과 같다.

가공적[쩍/적], 김밥[김빱/김밥], 넓다[넙따/널따], 돌배[돌빼/돌배], 안사
돈[사돈/싸돈], 열광적[쩍/적], 창고[창꼬/창고], 탁발승[탁빨씅/탁빨승], 파
격적[파격쩍/파격적]
들일[들일/들릴], 물약[물약/물략], 불여우[불여우/불려우], 색연필[색연
필/색년필], 설익다[설익다/설릭다], 일일이[일이리/일리리],

2.2. 단어의 차이

언어의 구조적인 면에서 볼 때 단어는 가장 쉽게 변하는 부분이다. 따라서 남북의 언어에서도 어휘가 가장 심한 차이를 보인다. 이러한 단어의 차이는 형태와 의미의 양면에서 나타난다.

어휘는 여러 가지 원인에 의해 차이가 나겠으나, 남북 언어의 경우 어휘 사정, 말 다듬기, 제도상의 차이, 의미변화, 표기 및 발음의 변화 등을 주요 원인으로 들 수 있을 것이다. 다음에 이들 원인에 따라 어휘의 차이를 살펴보기로 한다(박갑수, 2005).

2.2.1. 어휘 사정(査定)

어휘 사정에 의한 차이는 표준으로 삼는 단어를 어떤 것으로 정하느냐에 따라 차이가 난 것이다. 곧 표준어 내지 문화어의 사정을 달리함으로 빚어진 현상이다. 남쪽에서 방언으로 보는 말을 북쪽에서 문화어로, 북쪽에서 방언으로 보는 말을 남쪽에서 표준어로 인정해 이러한 차이가 나타나게 된 것이다. 이러한 낱말이 약 4,000개쯤 된다. 그러나 이러한 사정에서 단일어만을 인정하지 않고, 복수 표준어를 인정한 것도 있다. 먼저 남쪽에서 표준어로 인정하지 않거나, 쓰이지 않는 문화어를 몇 개 보면 다음과 같다.

> 가위주먹(가위바위보), 간판놀음(간판 자랑), 돌서덜(돌이 많은 곳), 동가슴(앙가슴), 띠개(포대기), 락자없다(영락없다), 마룩(국물), 미시리(얼간이, 반편이), 별찌(별똥), 산소리(속이 살아서 남에게 굽히지 않는 말), 설화자(해설자), 손오가리(목소리가 멀리 들리도록 손을 오그려 입에 대는 것), 수태(많이), 앉은벼락(날벼락), 영예군인(상이군인), 우등불(모닥불), 인차(이내), 초국(냉국), 코집(황소고집), 키개(허우대), 태앉다(임신하다), 퇴매하다(막히고 답답하다), 편역(역성), 피타다(피가 끓다), 해종일(온종일), 허분하다(느슨하다), 혼쌀(혼줄)

위의 보기 가운데 '산소리, 손오가리, 퇴매하다, 피타다'와 같은 말은 남쪽에는 이에 해당한 단어가 따로 없는 경우이다.

북쪽에서 남쪽의 표준어까지 수용하여 복수 문화어로 인정한 고유어를 몇 개 보면 다음과 같다. (괄호 안은 남쪽의 표준어임)

가시아비(장인), 고다(떠들다), 날래(빨리), 도리깨아들(도리깨열), 마사지다(부서지다), 망돌(맷돌), 방칫돌(다듬잇돌), 배워주다(가르치다), 부절(부젓가락), 소래(대야), 속소리(속말), 에미나이(계집아이), 열적다(열없다), 장병아리(수평아리), 절이김치(겉절이), 크다맣다(커다랗다), 허분하다(느슨하다), 흥글흥글(흥뚱항뚱)

2.2.2. 말 다듬기

말 다듬기, 곧 언어순화는 남북이 다 같이 하고 있다. 북쪽에서는 다듬은 말을 국가에서 보급과 통제 사업을 맡아 다듬기 이전의 원말은 사용하지 말고, 다듬은 말만을 사용하도록 강제하고 있다. 이에 대해 남쪽에서는 순화어의 사용을 권장하고 있을 뿐이다. 북쪽에서는 다듬은 말을 정리하여 1987년 '다듬은 말'이란 책자를 간행했는데, 여기에 수록된 낱말은 2만 5천여 개이다. 말 다듬기의 대상은 주로 한자어, 외래어이다. 말 다듬기로 말미암아 남북의 낱말이 달라진 문화어를 몇 개 보면 다음과 같다.

가슴띠(유방대), 가짜해돌이(가연륜), 거님길(유보도), 곁바다(연해), 페스밈(삼투), 내굴쏘임(훈연), 누기견딜성(내습성), 달거리아픔(월경통), 독풀이약(해독제), 돈자리(구좌), 무딘각(둔각), 물들체(염색체), 밥길(식도), 불탈성(가연성), 사람세(인두세), 산견딜성(내산성), 알낳이성(산란성), 젖먹임칸(수유실), 좁은철길(협궤철도), 찬물미역(냉수욕), 철바람기후(계절풍형기후), 큰가슴살(대흉근), 탄기둥(탄주), 털량(산모량), 톱날무늬(거치문), 팔고사기(매매), 푸른차(녹차), 혀이끼(설태), 흙막이벽(옹벽)

다듬은 말만을 사용하게 되면 남북 언어에 이질화가 더욱 심해질 수 있다. 한자어로 된 원말은 남북이 공통으로 사용하는 것이니, 원만한 의사소통을 하기 위해서는 사용을 금지할 것이 아니라, 우선은 다듬은 말의 사용을 권장하는 것이 바람직할 것이다. 서구 외래어도 다음과 같이 다듬어져 차이를 보인다.

가락지빵(도너스), 나뉜옷(투피스), 내민대(발코니), 녀성고음(소프라노), 다갈못(스파이크), 단묵(제리), 달린옷(원피스), 려과담배(필터담배), 록음띠(녹음테이프), 머리건조선풍기(헤어 드라이어), 모서리공(코너킥), 목달개(칼라), 바깥뽈(사이드아웃), 보도문학(르포르타주), 솔솔이(스프레이), 얼음보숭이(아이스크림), 전자계산기(컴퓨터), 창문보(커튼)

그러나 남북의 다듬은 말은 서로 다른 것만이 있는 것은 아니다. 남쪽의 순화어 '바꿈말'과 북쪽의 '다듬은말'이 같거나 비슷한 경우도 있다.

2.2.3. 문물 제도

언어는 문화의 색인이라 한다. 언어는 이렇게 문화와 제도를 반영한다. 따라서 남북은 정치, 사회적인 이념과 제도가 달라, 그리고 새로운 문물이 생겨나며 이를 나타내는 신어(新語)가 생겨남으로 차이가 나게 되었다. 곧 북쪽에서는 사회주의 이념이나 그 제도를 반영하는 어휘가, 남쪽에서는 자본주의 이념이나 그 제도를 반영하는 어휘가 새로 만들어져 쓰임으로 차이가 나게 되었다. 북쪽의 "민족통일전선, 천리마운동, 량권(糧券), 닭공장"과 같은 말이나, 남쪽의 "총선, 종부세, 386세대, 수능시험"과 같은 말이 이러한 정치나 사회현상을 반영하고 있는 말이다. 이러한 이념과 제도로 말미암아 차이가 나는 어휘는 상당히 많다. 그리고 이들이 어느 다른 어휘보다 서로가 이해하기 어려운 말이다. 이러한 문화어의 예를 몇 개 보면 다음과 같다(박갑수, 1994).

정치분야: 로농적위대, 민족해방민주주의혁명, 애국미헌납운동, 인민민
주주의의독재, 천리마운동, 최고뇌수, 평양속도
사회분야: 건국미, 공민증, 공장기계새끼치기운동, 로동영웅운동, 붉은
별따기운동, 분조관리제, 생산유격대, 의무로력일, 협동농장
교육문화분야: 긍정감화교양, 독서행군, 2시간학습, 막장공연, 면비교육,
선전교양, 인민배우, 학생문화위생근위대, 혁명가극
의식주분야: 고층살림집, 나뉜옷, 량권, 밥공장, 영양제식당, 젖싸개, 중
발머리, 쉐기밥, 집나들이, 타개쌀, 탑식살림집, 해바라기옷

이 밖에 북쪽 사전에는 낡은 사회나 자본주의 사회, 및 항일투쟁 시기
의 말이라 하여 "눈먼총질, 동생놀이, 뚜지개농사, 망원전술, 비자루검거,
용모파기, 절대적빈궁화, 황색로조"와 같이 남쪽에서는 볼 수 없는 어휘
도 보인다.

2.2.4. 의미 변화

낱말의 형태뿐만 아니라 의미의 면에서 차이가 나는 것도 상당히 많다.
이는 형태는 같으면서 그 지시나 내포가 다르기 때문에 더욱 문제가 되는
말이다. 이러한 말은 의미변화에 의한 것과 정치적인 이유로 의미에 차이
를 보이는 것이 있다. 의미의 차이는 기본적 의미가 달라진 것도 있고, 부
차적 의미가 달라진 것도 있다. 다음과 같은 말은 남북이 다 같이 사용하는
말이면서 그 의미가 달라진 것들이다.

감상주의, 고용(雇傭), 공작, 교시, 교양, 궁전, 담보, 동무, 민족개량주의,
바쁘다, 백만장자, 반동사상, 반전운동, 사회개량주의, 상전, 선동, 세계주
의, 수령, 수정주의, 승냥이, 어버이, 자본가, 종교, 지주, 천리마, 타작, 학

습, 휴가비, 휴양소

이 가운데 몇 개 단어의 의미를 비교해 보면 다음과 같이 차이가 난다. 앞이 북쪽 풀이(조선말 대사전, 1992)이고, 뒤가 남쪽 풀이(표준국어대사전, 1999) 이다.

감상주의: 고전주의와 계몽주의의 합리주의적 경향을 반대하고 감정과
　　　　정열을 내세운 소부르죠아지들의 사상감정을 반영한 부르죠아문
　　　　학사조의 하나/ 슬픔, 동정, 연민 따위의 감상을 지나치게 작품에
　　　　드러내려는 문예 경향
공작: ③ 일정한 임무를 맡고 그 집행을 위하여 활동하는 것 또는 그 일/
　　　② 어떤 목적을 위하여 미리 일을 꾸밈
궁전: ① 어린이들이나 근로자들을 위하여 여러 가지 교양수단들과 체
　　　육, 문화 시설을 갖추고 정치문화교양사업을 하는 크고 훌륭한 건
　　　물 ② 낡은 사회에서: 임금이나 임금의 집안이 들어 사는 큰 건물
　　　/ ① 궁궐
백만장자: 낡은 사회에서: 근로인민을 가혹하게 착취하여 굉장히 많은 재
　　　　산을 긁어모은 자본가/ 재산이 매우 많은 사람. 또는 아주 큰 부자
선동: ① 혁명과업을 잘 수행하도록 대중에게 호소하여 그들의 혁명적
　　　기세를 돋구어주며 당정책관철에로 직접 불러일으키는 정치사상
　　　사업의 한 형태 ② 어떤 행동에 나서도록 부축여 움직이는 것/ 남
　　　을 부추겨 어떤 일이나 행동에 나서도록 함.
세계주의: 나라와 민족의 자주성을 무시하고 매 개인의 조국은 전세계라
　　　　고 하면서 모든 사람은 '무국적자' '세계공민'으로 살아야 한다고
　　　　주장하는 부르죠아적 침략사상과 리론/ 온 인류를 동포로 보고 세계
　　　　국가를 상정함으로 고원한 인류사회의 통일을 꾀하려고 하는 입장

지주: 많은 땅을 가지고 있으면서 그것을 농민들에게 소작을 주어 지대
　　　의 형태로 농민들의 로동을 착취하면서 기생적으로 살아가는 자/
　　　① 토지의 소유자 ② 자신이 소유한 토지를 남에게 빌려주고 지대
　　　를 받는 사람

타작: ② 낡은 사회에서: 지주가 농민들에게 마당질하는 그 자리에서 소
　　　출이 난 량을 따져가며 곡식을 소작료로 빼앗아가는 봉건적 착취
　　　형태의 한 가지/ ③ 거둔 곡식을 지주와 소작인이 어떤 비율에 따
　　　라 갈라 가지는 제도

휴가비: ① 휴가한 사람에게 국가에서 생활비와 같은 액수로 내 주는 돈
　　　　② 국가적으로 보장되어 있는 휴가를 받지 않고 계속 일한 사람에
　　　　게 국가에서 생활비와 같은 액수로 더 내 주는 돈/ 기업 따위에서
　　　　휴가를 얻은 사람에게 주는 돈

　"교시, 궁전, 동무, 선동" 같은 말은 북에서 주의(主意)가 변한 말이며, "공
작, 승냥이, 어버이, 타작" 같은 말은 부의(副意)가 변한 말이라 하겠다. 그리
고 여기 덧붙일 것은 북쪽의 사전은 낱말 풀이에 강력한 정의적(情意的) 표현
을 하고 있는 것이 많다는 것이다. 앞에서 본 '백만장자, 지주, 타작' 등에
보이는 풀이가 이런 것이다. 그런데 이러한 정의적 풀이가 최근 사전(조선말
대사전 1992)에서는 많이 감소되고, 객관적 기술로 바뀌었음을 보게 한다.

2.2.5. 발음과 표기

　남북의 어휘는 발음 및 표기가 달라 형태상 차이를 보이는 것도 많다.
발음에 의한 차이는 앞에서 본 바와 같이 두음법칙과 일부 비음화현상의
적용 여부에 의한 차이가 대표적인 것이다. 표기에 의한 차이는 2.4.에서
언급되는 바와 같이 한자의 원음 표기 및 사이시옷의 표기 여부에 의한 차
이가 가장 크다. 이들에 대해서는 앞으로 살펴보게 될 것이다. 따라서 여기

서는 이러한 원론적인 차이가 아닌, 특수한 조건이나, 개별적 원인에 의해 차이가 나는 예를 몇 개 보기로 한다. (사선 앞이 북쪽, 뒤가 남쪽의 예이다.)

발음의 차이: 가공적(쩍/적), 넓다(넙다/널따), 돌배(돌빼/돌배), 물약(물약/물략), 봄가물(봄가물/봄까물), 파격적(파격적/ 파격쩍), 화물선(화물선/화물썬)

표기의 차이: 가래군/가래꾼, 각성받이/각성바지, 냥중/냥쭝, 눈섭/눈썹, -ㄹ가/-ㄹ까, 벗나무/벚나무, 빛갈/빛깔, 서뿌르다/선부르다, 아릿답다/아리땁다, 안깐힘/안간힘, 톱이/톱니, 풋소/푿소, 한갓/한갓

발음과 표기의 차이: 균렬/균열, 광솔/관솔, 들부시다/들부수다, 말라꽹이/말라깽이, 벼쌀/볍쌀, 실오래기/실오라기, 안해/아내, 우습광스럽다/우스꽝스럽다, 진눈까비/진눈깨비, 철페/철폐, 컬레/켤레, 클락새/크낙새

이 밖에 외래어의 형태도 차이가 나는 것을 볼 수 있다. 이들의 발음 및 표기 차이에 대해서는 3.3.에서 다루기로 한다.

2.3. 문장의 차이

언어에서 가장 보수적이고 변하지 않는 부분이 문장이다. 따라서 남북의 문장 구조는 별로 차이를 보이지 않는다. 차이가 난다면 그것은 문체(文體)가 다른 것이고, 간단한 문법적인 차이를 보이는 것이다. 이들의 차이는 다음과 같다.

첫째, 문장성분 보어(補語)를 나타내는 방법이 다르다. 서술어 '되다'의 보어가 북쪽에서는 주로 조사 '으로'와 호응되어 표현된다. 이런 경우 남쪽에서는 조사 '이'를 써서 나타낸다. (괄호 안이 남쪽 표현임)

"공동 념원으로(염원이) 되고 있습니다"
"중견 시인들로(시인들이) 된 이들"

"집단생활에 이바지하는 규범으로(규범이) 되게 하는 입장"

둘째, '-데 다하여'에 대한 수식 성분의 호응에 차이를 보인다. 북쪽에서는 주로 '-ㄹ' 관형사형의 수식어가 앞에 온다. 이런 경우 남쪽에서는 '-는' 관형사형을 취한다.

"조선어의 민족적 특성을 살려 나갈데(나가는 데) 대하여"
"학생들이 여러 가지 소조활동을 활발히 벌릴데 (벌리는 데) 대하여 밝혀 주시였습니다."
"고유어를 살려 쓰고 언어의 외래적 요소들을 정리할데(정리하는 데) 대하여 교시하시였다."
"사람을 위하여 복무하게 할데(하는 데) 대한 주체사상의 요구를 제시하시였다."

또한 남쪽에서는 '-는 데'를 사용하지 않을 경우 '-는 것에' 대하여를 사용한다.

셋째, 이중의 사동 표현을 많이 사용한다.

"며느리 팔힘에 못 이겨 쳐들리우자(쳐들리자) 할머니는 서러움이 북받쳤다."
"처녀를 너무 걷기운다(걸린다)고 나무랐다."
"젖을 먹여 자래운(자라게 한/키운) 자식"

북쪽에서는 '-이/-우'와 같은 이중의 사동접사를 많이 사용한다.

넷째, 일부 형용사의 연결형에 '나다'가 결합된다. 형용사의 연결형에 '나다"가 이어지는 것은 남쪽에서는 볼 수 없는 현상이다.

"가슴이 짜릿해났다(짜릿해졌다)"

"혁철이는 눈시울이 뜨거워났다(뜨거워졌다)."
"*끈끈해나더니*(끈끈해지더니) 곧 따끈해진다"

이 밖에 북쪽에서는 "충심으로 되는 감사", "진심으로 되는 박수"와 같
은 특수한 공기현상(共起現象)을 보이는 것이 있고, "습관되어 있지 않다",
"관심하는 사람들"과 "고향 생각을 하댔어요", "나올 생각이 없은 거구만
요", "의무가 아니나요?"와 같은 독특한 활용을 하여 남쪽과 어법상의 차이
를 보이기도 한다.

2.4. 표기의 차이

문자언어의 표현 수단인 표기도 남북이 차이를 보인다. 그것은 '3.1.의 맞
춤법 규정'에 보이는 바와 같이 남북의 맞춤법이 다르기 때문이다. 대표적
인 표기의 차이는 두음법칙의 적용 여부와, 사이시옷의 사용 여부이다.

첫째, 남쪽에서는 한자의 어두음에 두음법칙을 적용하는데, 북쪽에서는
이를 적용하지 않고 원음 표기를 한다.
두음법칙이란 어두에 'ㄹ' 음과 구개음화한 'ㄴ' 음이 오지 않는 것이다.
이들의 보기는 "2.1. 발음의 차이"항에서 살펴본 바와 같다. 따라서 여기서
는 재론하지 않는다. 다만 부언할 것은 두음법칙은 한자음만이 아니고 고
유어에도 이런 경향을 보인다는 것이다.
둘째, 남쪽에서는 사이시옷을 쓰는데, 북쪽에서는 원칙적으로 이를 사용
하지 않는다.(사선 앞이 북쪽, 뒤가 남쪽의 예이다.)

내가/냇가, 모자리/못자리, 배길/뱃길, 이자국/잇자국, 차집/찻집, 햇볕/햇볕
깨묵/깻묵, 내물/냇물, 메나물/멧나물, 아랫마을/아랫마을, 이몸/잇몸

나무잎/나뭇잎, 도리깨열/도리깻열, 뒤웅/뒷웅, 뒤일/뒷일, 요잇/욧잇
귀병/귓병, 새강/샛강, 차잔/찻잔, 코병/콧병, 피기/핏기, 회가루/횟가루
가외일/가욋일, 예사일/예삿일, 고간/곳간, 세방/셋방, 수자/숫자, 차간/찻간

셋째, 남쪽에서는 어미 '-여, 였'이 어간 '하-' 아래에만 쓰이는데, 북쪽에서는 특정한 모음 아래에서도 쓰인다. 북쪽에서는 어간 모음 'ㅣ, ㅐ, ㅔ, ㅚ, ㅟ, ㅢ' 아래에까지 '-여, -였'을 사용한다.

기여/기어, 개여/개어, 데여/데어, 쇠여/쇠어, 쥐여/쥐어, 희여/희어
내였다/내었다, 뫼였다/뫼었다, 비였다/비었다, 틔였다/틔었다

넷째, 남쪽에서는 '이(齒)' 및 '이(蟲)'와의 합성어를 '사랑니, 머릿니'와 같이 표기하는데, 북쪽에서는 '사랑이, 머리이'로 표기한다.

간이/간니, 덧이/덧니, 사랑이/사랑니, 송곳이/송곳니, 앞이/앞니, 어금이/
어금니, 윗이/윗니, 젓이/젖니, 톱이/톱니, 틀이/틀니
가랑이/가랑니, 머리이/머릿니

다섯째, 남쪽에서는 북쪽에 비해 띄어쓰기를 많이 한다.

각 단어는 띄어 쓰고 조사는 붙여 쓴다는 원칙은 남북이 다 같다. 그러나 세부적인 규칙은 차이가 있다. 남쪽은 상대적으로 북쪽에 비해 많이 띄어 쓰고, 북쪽은 붙여 쓴다. 차이가 나는 대표적인 것은 다음과 같은 것이다.

① 남쪽은 불완전명사와 이에 준하는 단위를 띄어 쓰는데 북쪽은 붙여 쓴다.

좋은것/좋은 것, 말할나위/말할 나위, 가기 때문에/가기때문에, 해 질녘/해질 녘, 갈리없다/갈 리 없다, 떠난지 오래다/떠난 지 오래다,

네탓이다/네 탓이다

② 남쪽은 시간과 공간을 나타내는 추상적인 고유어 명사를 띄어 쓰는
데, 북쪽은 붙여 쓴다.

말뒤에/ 말 뒤에, 그날밤/그날 밤, 쉴사이/쉴 사이, 대중속에/대중 속
에, 학교앞에/학교 앞에, 걸어갈제/걸어갈 제

③ 남쪽은 수를 적을 때 만 단위로 띄어 쓰는데, 북쪽은 백 단위로 띄어
쓴다.

백 십이억 삼천 오백 사십칠만 육천 이백 오십사/ 백십이억 삼천오백
사십칠만 육천이백오십사

④ 남쪽은 '-고'형에 다른 동사가 붙는 경우 띄어 쓰는데, 북쪽은 붙여
쓰기도 한다.

짜고들다/짜고 들다, 먹고떨어지다/먹고 떨어지다, 캐고들다/캐고 들
다, 안고뭉개다/안고 뭉개다

⑤ 남쪽은 '-아/-어'형 아닌 형태 뒤에 조용언을 띄어 쓰는데, 북쪽은 붙
여 쓰기도 한다.

읽고있다/ 읽고 있다. 쓰고계시다/ 쓰고 계시다, 가고싶다/ 가고 싶다,
버리고말다/ 버리고 말다

3. 교육 대상으로서의 언어 규범

우리말은 자국인의 국어교육의 대상도 되고, 외국인의 한국어교육 대상
도 된다. 이때 교육의 대상이 되는 언어는 공용어이다. 이는 남쪽의 경우
네 개의 언어규범으로 규정되고 있는데, '한글 맞춤법'(1988), '표준어 규
정'(1988), '외래어 표기법'(1986), '국어의 로마자 표기법'(1984)이 그것이다.
북쪽의 경우는 '조선말 규범집'(1987)에 수록된 '맞춤법', '띄여쓰기', '문장

부호법', '문화어 발음법'과, '조선어 외래어 표기법'(1956)에 수록된 '조선어 외래어 표기법', '외국자모에 의한 조선어 표기법', '조선어의 어음 전사법'이 이러한 규범이다. 다만 '조선어 외래어 표기법'은 1984년 '고친 외래어표기'로 수정되었고, 외래어와 외국어를 구분 표기하기 위한 '외국말 적기법'(1969)은 1985년 '외국말 적기법'으로 수정되었다. 남쪽의 '국어의 로마자 표기법'에 해당한 북쪽의 규범은 '외국 자모에 의한 조선어 표기법'(1956)이다. 여기서는 언어를 규제하고 언중으로 하여금 사용을 강제하는 이러한 언어규범을 중심으로 남북 공용어의 문제를 살펴보기로 한다. 이들 규범의 내용이 곧 교육대상이 되기 때문이다.

3.1. 맞춤법의 규정

맞춤법은 광복 이후까지 조선어학회(한글학회)의 '한글맞춤법 통일안'을 기준으로 하였다. 그러다가 북쪽에서는 1954년 '조선어 철자법'을 새로 제정·고시하였다. 남쪽에서는 종래의 한글학회의 통일안을 폐기하고, 1988년 국가적 규범으로 '한글맞춤법'을 제정·고시하였다. 이로 말미암아 남북의 표기체계가 달라졌다. 그러나 남북의 맞춤법은 다 같이 "한글 맞춤법 통일안"을 바탕으로 하였고, 형태주의(形態主義)를 지향하고 있기 때문에 원칙은 같고, 지엽적 차이만 보인다(박갑수, 1995). 이러한 맞춤법의 대표적인 차이점을 남쪽의 "한글맞춤법"(1988)을 중심으로 살펴보면 다음과 같다.

① '계, 례, 몌, 폐, 혜'를 원음대로 적는다.(南 제8항-北 제26항)
② 두음법칙을 적용한다.(南 제10, 11항-北 제25항)
③ 파생어나 합성어의 중간에서도 두음법칙을 적용한다.(南 제10, 11항-北 제25항)
④ 모음이나 'ㄴ' 받침 뒤의 '렬, 률'을 '열, 율'로 적는다.(南 제11항-北 없음)

⑤ '-하다', '-거리다'가 붙는 의성·의태어에 '-이'가 붙어 명사를 이루
  는 경우 어원을 밝혀 적는다.(南 제23항-北 제23항)

⑥ 부사에 '-이'가 붙어 같은 부사가 되는 경우 원형을 밝혀 적는다.(南
  제25항-北 없음)

⑦ '이(齒, 蟲)'가 합성어나 이에 준하는 말에서 '니', 또는 '리'로 소리
  날 때에 '니'로 적는다.(南제27항-北 없음)

⑧ 합성어에서 사이시옷을 받치어 적는다.(南 제30항-北 제15항 참고)

⑨ 어간의 끝음절 '하'가 주는 경우 준 대로 적는다.(南 제40항-北 제13항)

⑩ 의문을 나타내는 어미를 된소리로 적는다.(南 제53항-北 제6항)

①은 중모음이 단모음으로 발음되더라도 원음대로 적는다는 규정이다.
북쪽에서는 이 가운데 '계, 례, 혜' 만을 인정하고, '메, 폐'는 '메, 페'로 표
기해 차이가 난다.

②는 두음법칙을 인정하느냐, 하지 않느냐 하는 것으로 남북의 표기에
대표적인 차이를 드러내는 것이다. 두음법칙은 'ㄹ' 두음과 구개음화된
'ㄴ'두음의 표기에 관한 것으로, 종래의 '한글맞춤법 통일안'에서도 인정하
던 것이다. 북쪽에서는 표기법을 개정하며 이를 인정하지 않아 차이가 나
게 되었다.

③ 접두사처럼 쓰이는 한자가 붙어서 된 말이나, 합성어에서 뒷말이 독
립성이 있는 경우에도 두음법칙을 적용한다. '신여성, 공염불, 남존여비, 남
부여대' 및 '몰이해, 사육신, 역이용, 열역학, 해외여행, 낙화유수' 같은 것
이 그 예다. 북쪽은 인정하지 않는다.

④는 음운론적 조건이 다를 때 변이음을 인정한 것이나, 북쪽에서는 이
를 인정하지 않음으로 차이가 난다. 이것도 종래의 '한글맞춤법 통일안'에
서 인정하던 것이다.

⑤는 남쪽에서 맞춤법을 개정하며 달라진 것이다. '한글맞춤법 통일안'
(제22항)이나, 북쪽에서는 의성 의태어에 '-이'가 붙어 명사를 이루는 경우

그 어원을 밝히지 않기로 되어 있다. 그런데 1988년 남쪽의 "한글맞춤법"에서 '-하다'나 '-거리다'가 붙는 어근에 '-이'가 붙어서 명사가 된 것은 그 원형을 밝히기로 하였다. 이로 말미암아 차이가 난다. '더퍼리/더펄이, 살사리/살살이, 오뚜기/오뚝이, 푸서기/푸석이'가 그 예다.

⑥은 원어를 달리 사정해 남쪽의 1988년의 '한글맞춤법'에서 차이가 내게 된 것이다.(일찌기/일찍이, 더욱이/더욱이)

⑦은 음운론적 조건을 인정하여 그 형태를 달리 사정한 것이다. 이는 '한글맞춤법'의 체계를 생각할 때 원말을 쓰는 것이 오히려 바람직했다.

⑧은 '한글맞춤법 통일안'에서부터 음운론적 조건을 고려하여 합성어에 사이시옷을 붙이던 것이다. 북쪽에서는 사이표를 치는 단계를 거쳐 오늘날은 표기하지 않고 있다. 그러나 북쪽에서도 전혀 쓰지 않는 것은 아니다. "샛별:새별, 빗바람:비바람"(제15항)과 같이 '혼동을 피하기 위하여' 사용하고 있는 것을 보여 주고 있기 때문이다.

⑨는 남쪽에서 '하'가 아주 줄 때 준 대로 적는다고 하여 유기음(有氣音) 표기를 하지 않는데, 북에서는 이 경우에도 유기음이 남아 있는 것으로 보아 이를 표기에 반영한다.

> 남쪽: 거북지 깨끗지, 넉넉지, 못지, 섭섭지, 익숙지, 넉넉잖다, 못잖다, 생각건대
> 북쪽: 괜치, 넉넉치, 똑똑치, 만만치, 서슴치, 섭섭치, 우연치, 주저치, 편안치, 풍부치

북쪽에서는 '않다'와 '못하다' 앞의 '하지'가 주는 경우 '치'로 적는다고 규정에 명시하고 있다. 남쪽의 '관용'은 기준이 분명치 않아 문제가 된다.

⑩은 남쪽에서는 의문을 나타내는 종결어미를 '-(으)ㄹ까, -(으)ㄹ꼬?, -(으)ㄹ쏘냐?'와 같이 된소리로 적게 되어 있다. 이에 대해 북쪽에서는 '-(으)

르가?, -(으)르고, -(으)르소냐?'로 적게 되어 차이가 난다. 이는 '르' 음 아래의 변이음 표기에 차이를 보이는 것이다.

'한글 맞춤법'에 포함된 띄어쓰기를 북쪽에서는 '띄여쓰기'라는 별도의 규범에서 규정하고 있는데, 이는 남북이 많은 차이를 보인다. 단어를 단위로 띄어 쓴다는 원칙은 같으나, 세부사항에 많은 차이를 보이는 것이다. 남북 띄어쓰기의 큰 차이에 대해서는 '2.4. 표기의 차이'에서 살펴보았기에 여기서는 논의를 줄이기로 한다.

이 밖에 북쪽의 "맞춤법"에 의해 차이가 드러나는 것이 있다. 그것은 "말줄기의 모음이 'ㅣ, ㅐ, ㅔ, ㅚ, ㅟ, ㅢ'인 경우 줄기 '하'와 마찬가지로 어미를 '-여/-였'으로 적는다.(제11항)"는 것이다. 이는 북쪽이 '한글맞춤법 통일안'의 형태주의적 원칙을 깨고 표음주의적 표기를 해 달라진 것이다. '구태여, 도리여, 드디여'도 같은 예이다. 어미 '-여/-였'에 대해서는 2.4.에서도 언급한 바 있다.

3.2. 표준어의 규정

남쪽의 표준어에 대한 규정은 '표준어 규정'이다. 이는 '표준어 사정 원칙'과 '표준 발음법'의 2부로 되어 있다. 그런데 북쪽에는 '표준어 사정 원칙'은 따로 없고, '표준발음법'만이 제정되어 있다. 따라서 여기서는 표준 발음법을 중심으로 표준어의 규정을 살펴보기로 한다. 남북의 발음법도 맞춤법과 마찬가지로 통일이 불가능할 정도로 차이가 심한 것은 아니다. 가장 문제가 되는 것은 표준어의 기준이 다르다는 것이고, 가장 큰 차이는 두음법칙의 인정 여부와 음운 동화의 인정 여부이다. 이 밖의 발음의 차이는 대체로 같은 원칙에 지엽적인 차이를 보인다는 것이다. 특히 남북은 원칙과 허용에 넘나듦의 차이가 심하다. 이는 언어의 괴리를 가져 올 수도 있고, 통일의 거멀못이 될 수도 있을 것이다. 발음의 이동(異同)을 남쪽의 '표준발음법'을 중심으로 살펴보기로 한다.

① 표준발음을 남쪽은 표준어의 실제 발음을, 북쪽은 문화어의 발음을 기준으로 한다.(南 제1항-北 총칙)

② 용언의 활용형으로 나타나는 '져, 쪄, 쳐'는 [저, 쩌, 처]로 발음하고, 자음을 첫소리로 가지고 있는 'ㅢ'는 [ㅣ]로 발음한다.(南 제5항-北 제2항)

③ 겹받침 'ㄤ'은 어말, 또는 자음 앞에서 [ㄹ]로 발음한다.(南 제10항-北 제9항)

④ 한글 자모의 이름은 그 받침소리를 연음하되, 대표음으로 발음한다. (제16항-北 없음)

⑤ 받침 'ㅁ, ㅇ' 뒤에 연결되는 'ㄹ'은 [ㄴ]으로 발음한다.(南 제19항-北 없음)

⑥ '의견란, 결단력' 등의 단어들은 'ㄹ'을 [ㄴ]으로 발음한다.(南 제20항-北 없음)

⑦ 용언 '되어[되여], 피어[피여]'와 '이오[이요], 아니오[아니요]'의 발음을 허용한다.(제22항-北 맞춤법 제11항)

⑧ 표기상 사이시옷이 없더라도, 관형격 기능을 지니는 사이시옷이 있어야 할 합성어의 경우에 뒷말의 첫소리 'ㄱ, ㄷ, ㅂ, ㅅ, ㅈ'을 된소리로 발음한다.(南 제28항-北 없음)

⑨ 합성어 및 파생어의 경우 뒤의 단어가 '이, 야, 여, 요, 유'인 경우에는 [ㄴ], 또는 [ㄹ]소리를 첨가하여 발음한다. 두 단어를 이어서 한 마디로 발음할 경우도 같다.(南 제29항-北 제26항)

⑩ 사이시옷 뒤에 'ㄱ, ㄷ, ㅂ, ㅅ, ㅈ'으로 시작되는 단어가 올 경우 이들 자음만을 된소리로 발음하는 것을 원칙으로 하고, 사이시옷을 [ㄷ]으로 발음하는 것도 허용한다. 그리고 사이시옷 뒤에 'ㄴ, ㅁ'이 결합되는 경우 사이시옷은 [ㄴ]으로, 사이시옷 뒤에 '이' 소리가 결합되는 경우에는 [ㄴㄴ]으로 발음한다.(南 제30항-北 제27, 28항)

①은 각각 서울말과 평양말을 기준으로 하여 차이를 드러내는 것이다.

②는 남쪽에서 '져, 쪄, 쳐'를 단모음화하여 발음하나, 북쪽에서는 그렇지 않음을 의미한다. 이에 대한 규정은 따로 없다. 또한 북쪽은 자음을 첫소리로 한 'ㅢ'를 [ㅣ]로 발음하는 것을 원칙적으로 인정하지 않는다. 된소리 자음과 결합될 때에 한하여 허용할 뿐이다.

③은 북쪽에서는 [ㄹ] 아닌 [ㅂ]으로 발음한다. 따라서 이는 남쪽의 제10항 다만의 '밟-'을 [밥]으로 발음한다고 한 예외 규정과 같다.

④는 받침 'ㄷ, ㅈ, ㅊ, ㅋ, ㅌ, ㅍ, ㅎ'이 7종성으로 발음되어 [디그시, 지으시, 치으시, 키으기, 티으시, 피으비, 히으시]로 연음됨을 말한다. 이에 대한 북쪽의 규정은 따로 보이지 않는다. 이는 '문화어 발음법'의 정신으로 보아 원음을 연음하기 때문으로 보인다.

⑤는 비음 아래 'ㄹ'의 비음화현상을 규정한 것이나, 북쪽에는 이를 인정하지 않아 따로 규정이 없다. 그것은 '맞춤법' 제5항에서 'ㄹ'을 모든 모음 앞에서 [ㄹ]로 발음하는 것을 원칙으로 한다며, '용광로'를 예로 보이고 있는 데서 확인된다.

⑥은 설측음화의 예외 사실을 규정한 것으로 북쪽에는 규정이 보이지 않는다. 그러나 북쪽에서도 설측음화의 예외 사실을 제23항에서 인정하고 있기는 하다.

⑦은 북쪽에서는 발음에 앞서 표기를 바꾼 것이다. 따라서 남쪽의 허용 아닌, 본래의 발음을 하게 되면 북쪽의 발음과 차이가 나게 된다.

⑧은 사이시옷의 규정과 관계되는 것으로 북쪽에는 따로 규정이 없는 것이다. 이 경우 남쪽에서는 앞의 말에 받침이 있어 사이시옷을 하지 않는 경우다. 그러나 남쪽에서는 사이시옷이 있어야 할 합성어의 경우 된소리를 내도록 한 것이다 이에 대해 북쪽에서는 적은 대로 발음하는 것을 원칙으로 한다. '개바닥, 노래소리, 사령부자리'가 남쪽과는 달리 [개바닥, 노래소리, 사령부자리]와 같이 된소리를 내지 않는 것이 그 예다.

⑨는 음운첨가현상을 규정한 것으로, 'ㄴ' 첨가현상은 남쪽이 원칙으로 하고, 북쪽이 허용한다는 차이를 보인다. 그러나 'ㄹ' 받침 아래에서 [리, 랴, 려, 료, 류]로 발음하는 것에 대해서는 북쪽에 따로 규정이 없다. 허용도 안 하는 것으로 보인다. 또한 두 단어를 이어서 한 마디로 발음하는 경우에 대해서도 북쪽에는 따로 규정이 없다.

⑩은 북쪽의 제27항 및 제28항과 관련되는 것이다. 북쪽에서는 사이시옷을 사용하지 않는 것을 원칙으로 하고, 이의 발음도 적은 대로 함으로 차이가 난다. 다만 북쪽에서도 일부 단어의 경우 [ㄷ]과, [ㄴㄴ]을 끼워서 발음하는 것을 허용하기도 한다. 수여우[순녀우], 수양[순냥]/ 가위밥[가윋밥>가위빱], 배전[밷전>배쩐], 쇠돌[쇧돌>쇠똘], 이몸[읻몸>인몸]이 그것이다.

이 밖에 북쪽의 '문화어 발음법'에 의해 차이가 나는 것으로는 다음과 같은 것이 있다.

① 'ㄹ' 뒤에 있는 'ㅖ'는 [ㅔ]로 발음한다.(제4항)
② 'ㄹ'은 모든 모음 앞에서 [ㄹ]로, 'ㄴ'은 모든 모음 앞에서 [ㄴ]으로 발음하는 것을 원칙으로 한다.(제5항, 제6항)
③ '선렬, 순렬, 순리익」' 등 일부 굳어진 단어의 경우 적은 대로 발음함으로써 닮기현상을 인정하지 않는다.(제23항)

①은 남쪽에서 '예, 례' 이외의 'ㅖ'는 [ㅔ]로 발음한다고 규정하여 '례'의 발음을 이중모음으로 규정하고 있는데(제5항), 북쪽에서는 이것을 단모음으로 규정한 것이다.

②는 두음법칙(어두 'ㄹ'음과 구개음화한 'ㄴ')이 적용되지 않을 뿐 아니라, 'ㄹ'의 경우는 비음화까지 되지 않는다는 것을 명시한 것이다.

③은 일부 관용어의 경우 설측음화가 되지 않음을 명시한 것이다. 남쪽

의 경우는 발음 이전에 이미 표기를 달리 하고 있다. 곧 남쪽에서는 이들이 '선열, 순열, 순이익'이라 표기되어 설측음화 여부가 문제되지 않는다.

이 밖에 '표준발음법' 제23항에는 "받침 ㄱ(ㄲ, ㅋ, ㄳ, ㄺ), ㄷ(ㅅ, ㅆ, ㅈ, ㅊ, ㅌ), ㅂ(ㅍ, ㄼ, ㄿ, ㅄ) 뒤에 연결되는 'ㄱ, ㄷ, ㅂ, ㅅ, ㅈ'은 된소리로 발음한다."고 규정하고 있는데, 이는 북쪽 규범에는 보이지 않는 것이다. 그러나 이것이 북쪽에서는 경음화현상이 일어나지 않는다는 것을 의미하는 것으로 보이지는 않는다. 오히려 이는 기본적인 음운변동현상이기에 북쪽에서는 이를 규범화하지 않은 것으로 추단된다.

3.3. 외래어 표기법과 로마자 표기법

언어는 다른 민족이나 언어문화를 접촉함으로 외래어를 수용하게 마련이다. 이때 이들 외래어를 어떻게 표기하느냐 하는 것이 문제가 된다. 남쪽의 현행 외래어 표기법은 종전의 '로마자 한글화 표기법'(1958)을 1986년에 개정 고시한 '외래어 표기법'이다. 이의 '표기의 기본 원칙'은 다음과 같다.

> 제1항 외래어는 국어의 현용 24자모만으로 적는다.
> 제2항 외래어의 1음운은 원칙적으로 1기호로 적는다.
> 제3항 받침에는 'ㄱ, ㄴ, ㄹ, ㅁ, ㅂ, ㅅ, ㅇ'만을 쓴다.
> 제4항 파열음 표기에는 된소리를 쓰지 않는 것을 원칙으로 한다.
> 제5항 이미 굳어진 외래어는 관용을 존중하되, 그 범위와 용례는 따로
> 정한다.

이렇게 남쪽의 외래어 표기법은 외래어에 대한 표기법이라기보다 음소표기법이라 할 성질의 것이다. 따라서 자연히 원음에 충실한 표기를 하게 된다.

이에 대해 북쪽의 외래어 표기법은 1984년 '외래어 표기법'(1958)을 수정한 '고친 외래어 표기'다. 이 표기법도 원음을 중시하는 표기법이다. 북쪽은 본래 러시아어 위주의 표기를 하였는데, 원음주의(原音主義)로 바뀜에 따라 남북한 외래어 표기법은 전에 비해 매우 가까워졌다. 그러나 현실적으로 보면 남북의 외래어 표기는 같은 것도 있으나, 서로 다른 표기가 많다. 이들의 예를 몇 개 보면 다음과 같다.

> 고뿌/컵, 고시크/고딕, 껨/게임, 뉴안쓰/뉴앙스, 뉴즈/뉴스, 데뷰/데뷔, 딸라/달러, 땅끄/탱크, 로씨야/러시아, 류쥬/루지(luge), 마라손/마라톤, 맘모스/매머드, 망홀/맨홀, 미크로메타/마이크로미터, 보이라/보일러, 브란디/브랜디, 뻐스/버스, 뼁끼/페인트, 사크/색, 시누스/싸인, 싼달/샌들, 아베끄/아베크, 아쓰팔트/아스팔트, 안쌈블/앙상블, 쨤/잼, 쩨리/젤리, 테노르/테너, 테라미찐/테라마이신, 플루스/플러스, 호키/하키, 후라스코/플라스크, 후라이팬/프라이팬

외래어의 표기는 위에 보이듯 음소의 표기만이 아니라, 원음, 매개언어, 관용어의 어느 것을 중시하느냐에 따라 많은 차이를 빚어내게 된다.

한글의 로마자 표기는 일찍이 구미인(歐美人)들에 의해 그 방안이 강구되기 시작하였다. 남쪽의 현행 로마자 표기법은 1984년에 고시된 '국어의 로마자 표기법'이다. 이는 종전의 형태주의에 입각한 표기의 비현실성을 극복하고, 표음주의를 지향하고자 한 것으로, 1930년대의 머큔-라이샤워안 (McCune- Reischauer System)을 대부분 수용한 것이다. '표기의 기본원칙'은 다음과 같다.

> 제1항 국어의 로마자 표기는 국어의 표준 발음에 따라 적는다.
> 제2항 로마자 이외의 부호는 되도록 사용하지 않는다.
> 제3항 1음운 1기호의 표기를 원칙으로 한다.

'국어의 로마자 표기법'의 파열음의 표기는 'k · g, k', kk'의 체계를 따르도록 하였으며, 파찰음 'ㅈ, ㅊ, ㅉ'은 'ch · j, ch', tch'로, 마찰음 'ㅅ, ㅆ, ㅎ'은 's · sh, ss,h'로 적기로 하였다.

북쪽의 로마자 표기법은 1956년에 간행된 '조선어 외래어 표기법' 속에 들어 있다. 곧 '외국 자모에 의한 조선어 표기법'이 그것이다. 이는 표음주의적 표기를 하는 것으로, 남쪽의 1984년에 고시된 현행 '국어의 로마자 표기법'과 비슷한 것이다. 이러한 것은 '조선어 표기법'의 제1장 서론의 제1항만 보아도 쉽게 알 수 있다.

제1항 외국자모로써 조선어를 표기함에 있어서는 조선 음운을 충실히 반영시킴을 원칙으로 하되, 조선어 받침을 중심으로 하는 어음 교체 현상과, 조선 어음의 결합적 변화만을 변화되는 대로 표기한다.

그리고 북쪽의 '로마자 자모에 의한 조선어 자모의 일반적 대조표'를 남쪽의 '국어 로마자 표기법'의 자 · 모음과 비교해 보면 대부분이 같고, 몇 개의 자 · 모음이 다를 뿐이다. 서로 다른 것을 보면 다음과 같다. 사선 앞의 표기가 남쪽의 것이고, 뒤의 표기가 북쪽의 것이다.

ㅈ ch, j/ ts   ㅊ ch'/ tsh   ㅉ tch/ tss
ㅚ oe/ oi   ㅐ ae/ ai   ㅒ yae/ yai   ㅙ wae/ wai

이렇게 남북의 로마자 표기는 비슷하다. 따라서 로마자 표기는 크게 문제가 될 것이 없다고 하겠다.

4. 통일을 대비한 우리말 교육

사람들은 흔히 남북의 통일을 논의할 때 우선 언어가 통일되어야 한다고 한다. 이는 정치적으로 예민한 문제도 아니니 이것부터 통일함으로 통일의 물꼬를 틔우자는 것이다. 생각하기에 따라서는 그럴 수도 있을 것이다. 그러나 꼭 그렇지만은 않을 것 같다. 그것은 언어의 배후에는 일상 이것을 사용해야 할 다수의 언중이 있기 때문이다.

지금까지 남북의 언어의 차이와 언어 규범에 대해 살펴보았다. 남북이 같은 민족이라는 정체성을 유지 확보하기 위하여 오늘날 달라진 언어 현실을 극복해야 한다. 그렇지 않으면 로망스어가 프랑스어 이태리어 스페인어로 나뉘듯 우리말이라고 분화되지 말라는 법이 없을 것이다. 그리고 통일된 뒤 효과적인 언어생활을 하기 위해서도 언어의 이질화는 순화·통일되어야 한다. 그렇다면 남북의 통일을 대비해 언어 현실은 어떻게 극복하여야 할 것인가? 통일을 대비한 한국어교육은 어떤 방향으로 나가야 할 것인가? 통일이 된 뒤에 허겁지겁 수선을 떨 것이 아니라, 사전에 차근차근 준비해 두어야 한다. 더 늦기 전에 언어 정책을 수립하고, 교육을 하여야 한다. 따라서 여기서는 남북통일을 대비해 우리가 풀어 나가야 할 언어와 교육의 당면 과제에 대해 몇 가지 제안을 하기로 한다.

첫째, 언어 규범을 통일ㅂ하여야 한다.

시간이 지나면 지날수록 언어의 이질화가 심해진다. 이것이 심화하면 앞에서 언급한 바와 같이 분화가 일어나지 말리는 법도 없다. 그리고 사고의 방법도 달라진다. 그렇게 되면 민족공동체의 정체성을 상실하게 된다. 따라서 하루 빨리 우리말의 통일을 꾀해야 한다. 그러기 위해서는 우선 언어 규범을 통일해야 한다.

앞에서 살펴본 바와 같이 대표적인 언어 규범인 맞춤법과 표준발음법은 통일이 불가능할 정도로 차이가 심각한 것이 아니다. 맞춤법은 남북이 다 같이 1933년 조선어학회의 '한글맞춤법 통일안'을 공용해 왔다. 그러던 것을 북쪽은 1954년에, 남쪽은 1988년에 개정을 함으로 차이가 나게 되었다. 이는 앞을 내어다 보고 동질화하는 쪽으로 개정했어야 했다. 그런데 오히려 이질화가 되게 하였다. 앞으로 개정을 한다면 동질화를 제일 목표로 하여야 할 것이다. 맞춤법은 '표준 체제'를 구안하여 통일하는 것이 바람직할 것이다. 표준 체제의 구안은 '한글맞춤법 통일안'을 바탕으로 하는 것이 바람직하다. 달리 말하면 맞춤법은 남북이 같이 쓰던 1933년의 '한글맞춤법 통일안'의 정신으로 돌아가 통일을 꾀하는 것이 바람직하겠다는 말이다(자세한 논의는 박갑수; 2005:177-178 참고). 표준발음법도 마찬가지다. 이는 남북이 심한 차이를 보이는 것도 아니고, 거기에다 발음은 맞춤법과 표리 관계를 지니는 것이니 다 같이 표준 체제를 구안하여 통일하는 것이 바람직할 것이기 때문이다.

외래어 표기법이나, 로마자 표기법도 마찬가지로 표준 체제 구안에 의한 통일이 바람직할 것이다. 이들도 이미 앞에서 살펴본 바와 같이 기본 원리가 같고, 지엽적인 것이 다소 문제가 될 뿐이기 때문이다. 따라서 4대 어문정책은 남북의 학자와 관계자가 만나 숙의를 거듭하게 되면 좋은 통일안을 마련할 수 있을 것이다. 지금까지 이런 시도를 제대로 하지 않았다는 것이 문제다.

둘째, 표준어는 연합적(聯合的) 통합을 한다.

표준어의 문제도 '한글맞춤법 통일안'의 정신에 따라 서울말을 표준어로 정하면 간단하다. 그러나 이것은 앞에서도 언급한 바와 같이 그렇게 간단한 문제가 아니다. 반세기 동안 다른 규범을 학습하고 이에 따라 언어생활을 해 온 민중이 딸려 있기 때문이다. 따라서 우선 차이가 나는 말을 조사하여 통일의 가능성을 살펴볼 수 있다. 그리고 필요한 경우 재사정도 할 수도 있다. 그러나 무엇보다 좋은 방법은 '연합적 통합'을 하는 것이다. 이는 남북의 어휘나 표현을 다 연합 수용하는 방식을 의미한다. 재사정을 하여 수용할 것은 수용하고, 폐기할 것은 폐기한다면 간단할 것 같으나 수용이 문제가 되기 때문이다. 곧 개정된 어휘를 수용하는 입장에서는 거부감이 나타날 수도 있을 것이고, 실용성이 의심스럽기 때문이다. 따라서 남북 양쪽의 것을 다 인정하자는 것이다. 이는 외형상 복수 표준어로 규정하는 것이 되고, 어휘를 풍부하게 한다는 면에서도 나쁠 것이 없다. 그리고 이러한 복수 표준어의 문제는 시간이 해결해 줄 것이다. 계속 복수 표준어로 남아 있든지, 아니면 적자생존의 원칙에 의해 어느 하나가 쓰이지 않아 정리될 것이다. 이러한 어휘의 생성 소멸은 생태상 자연스러운 현상이다. 언어는 하나의 생명체이기 때문이다. '연합적 통합'을 하기 위해서는 남북의 어휘를 망라하는 통일 국어대사전을 만들어야 한다(박갑수, 2005). 이는 남북이 현재 추진하고 있는 것이기도 하다.

셋째, 남북의 문학작품을 다 함께 교재화(敎材化)한다.

언어의 동질화를 이룩하기 위해서는 상대방의 언어에 대해 이질감이나, 거부감이 없어야 한다. 친숙한 느낌을 가질 수 있어야 한다. 그러기 위해서는 서로 상대방의 언어를 자연스럽게 접촉할 수 있게 하여야 한다. 서로 접하게 되면 그 말, 또는 표현을 이해하게 되고, 나아가 친숙해지게 된다. 따라서 이를 위해서는 남북한의 문학작품을 교재에 수록하는 것이다. 이렇게 되면 상대방의 언어를 큰 부담 없이 이해하고 익히게 될 것이다. 남북의 녹음이나 녹화 자료를 활용하거나, CD롬 등 최신 통신기기의 활용도 마땅히 수반되어야 할 것이다. 이들은 실제 언어, 특히 음성언어의 동질화에 기여하게 할 것이다.

넷째, 우리말 교육의 목표에 대한 조정이 필요하다.

남북의 우리말 교육 목표는 다음과 같다.

"언어활동과 언어와 문학의 본질을 총체적으로 이해하고, 언어활동의 맥락과 목적과 대상과 내용을 종합적으로 고려하면서 국어를 정확하고 효과적으로 사용하며, 국어 문화를 바르게 이해하고, 국어의 발전과 민족의 언어문화 창달에 이바지할 수 있는 능력과 태도를 기른다."

<제7차 국어과 교육과정>

"인민학교 국어교육의 목적은 우리말과 글을 통하여 학생들을 경애하는 수령님의 혁명사상, 주체사상으로 튼튼히 무장시키고 그들에게 혁명적 정서와 사고력을 키워주고, 우리말과 글에 대한 기초적인 지식과 기능을 갖추어 줌으로써 그들을 자주성과 창조성, 의식성을 가진 공산주의 혁명 인재로 키우는데 있다."

<인민학교 교수방법>

이러한 규정을 보면 남북의 교육목표에 차이를 보인다. 남쪽의 교육 목표가 언어의 기능교육에 중점이 놓인다면, 북쪽의 교육목적은 정치 사상 교육에 중점이 놓인다. 따라서 서로가 이러한 교육 목표를 고집하는 경우에는 남북이 같은 교육 목표를 수립하기 어려울 것으로 생각된다. 교육목표는 언어관에 따라 차이가 난다. 그러나 기본적으로 언어가 사람의 사상과 감정을 표현하는 수단이라고 할 때 언어교육은 기능교육(技能敎育)에 목표를 두는 것이 바람직하다. 북쪽의 교육 목적은 우선 이러한 기능을 확보한 후에 성취해야 할 목표다. 말을 바꾸면 남쪽은 교육과정에 '목표'를 제시하였고, 북쪽은 "인민학교 교수방법"에 이러한 목표 다음에 성취할 '목적'을 강조해 차이를 보이는 것뿐이라 할 수 있다. 이는 달리 말하면 남쪽은 '성숙한 문화시민'을 기르는 데 목표를 두고 있는데, 북쪽은 '혁명인재'를 양성하는 데 목적을 두고 있어 차원을 달리한다는 말이다. '혁명인재'는 '성숙한 문화시민'이란 기초 위에 갖추어질 추가 자질이다. 이는 인민학교의 교육목적 가운데 "우리말과 글에 대한 기초적인 지식과 기능을 갖추어 줌으로써"란 전제에서 확인된다. 따라서 남북의 교육목표는 우선 원만한 의사소통 능력을 갖춘 사람을 육성하는 데 둘 것이다. 인간생활의 원칙은 협동에 있고, 협동은 무엇보다 언어에 의해 이루어지는 것으로 보기 때문이다.

다섯째, 새로운 교수 방법을 강구해야 한다.

교육 내용이 서로 다른 언어 현상이나 언어규범일 때에는 종래의 국어교육의 방법만으로는 부족하다. 새로운 교수 방법이 강구되어야 한다. 이는 단순한 기능교육이 아니고, 새로운 언어지식에 대한 교육이기 때문이다. 이러한 교육은 좀 과장하여 말하면 외국어로서의 한국어교육과 같다고 할 수 있을 것이다. 그것은 학습자가 사용하고 있는 언어체계와 다른 것이기 때문이다. 따라서 중요한 교수 방법은 설명과 연습(drill)이 된다.

학습자가 아동일 때에는 많은 자료를 제공하고 연습함으로, 귀납적으로 새로운 지식을 습득하게 하는 것이 바람직하다. 예를 들어 북쪽에서 인정하지 않는 비음화현상을 학습 내용으로 할 때 '법률[범뉼], 법령[범녕], 법리[범니]'와 같은 자료를 제공하고 연습을 함으로 귀납적으로 비음화현상을 이해하고 활용할 수 있게 하는 것이 그것이다. 이와는 달리 성인 학습자에게는 명시적, 연역적으로 설명하고, 연습을 하게 하는 방법이 바람직하다. 언어 지식 및 규범에 대한 수업의 기본 모형은 제시형인 PPP모형과, 과제형인 TTT모형을 사용할 수 있다. PPP모형이란 제시(presentation)> 연습(practice)> 생성(production)의 과정을 밟는 것이고, TTT모형이란 과제(task)> 교수(teach)> 과제(task)의 과정을 밟는 것이다(Thornbury, 1999). 이 때 가장 중요한 것은 지식이 지식으로서 머리에 저장되는 것이 아니라 말로 생성, 산출되게 하여야 한다는 것이다.

여섯째, 관련 학자 및 관계자가 만나 숙의를 해야 한다.

통일을 대비해 국어교육계에서 해야 할 일은 어문 규범을 통일하고, 서로 다른 언어현상을 대상으로 정체성을 확립하고 원만한 의사소통을 할 수 있도록 교육하는 것이다. 어문규범의 통일만 하더라도 하루 이틀에 해결될 일이 아니다. 더구나 이질화를 극복하는 교육은 더 말할 나위 없다. 따라서 남북의 학자 및 관계자가 구체적으로 만나 머리를 맞대고 이들 문제를 풀어 나가는 노력을 해야 한다. 언어의 문제는 앞에서 언급하였고, 교육의 문제로는 교육과정, 실러버스의 문제가 있을 것이다. 만나고 협의하노라면 서로 상대방을 이해하고, 해결의 실마리를 찾을 수 있을 것이다. 통일이 언제 될지 가늠할 수 없다고 하여 무작정 나 몰라라 하고 깍지만 끼고 앉아 있을 일이 아니다. 그리고 이는 남이 해 줄 일도 아니다. 하루 빨리 통일을 대비한 국어교육의 협상 테이블이 마련돼야 한다. 언어학자, 국어교육학자 및 관계자의 교류 및 토론회 등을 통하여 통일을 대비한 우리말 교육의 바람직한 장을 하루 빨리 마련하도록 해야 한다. 그리하여 통일된 국어에 의해 남북의 우리 민족이 다 같이 정체성을 확인하고, 거리낌 없는 대화를 나눌 있게 하여야 한다. (*)

참고문헌

고영근 편(1989), 북한의 말과 글, 을유문화사
박갑수(1994), 올바른 언어생활, 한샘출판사
박갑수(1999), 아름다운 우리말 가꾸기, 집문당
박갑수(2005), 국어교육과 한국어교육의 성찰, 서울대학교 출판부
윤희원 외(1997), 남북한 중·고등학교 국어과 교육과정 및 교과서 비교 분석연구, 서울
　　　　사대 통일대비 국어과 교육과정 연구위원회
이인제(1996), 북한의 국어과 교육에 관한 연구, 교원대학교 박사학위 청구논문
최현섭 외(1996), 남북한 초등학교 국어과 교육과정 및 교과서 분석연구, 인천교육대학
　　　　교 통일대비 국어과 교육과정 연구위원회
해주사범대학 외(1973), 국어교수법- 교원대학용, 교육도서출판사
Thornbury, Scott(1999), How to teach grammar, 이관규 외역(2004), 문법을 어떻게 가
　　　　르칠 것인가?, 한국문화사

■ 이 글은 2006년 大阪의 한국어교육자 연수회에서 발표된 것으로 미발표 원고이다.

제4장 남북한의 언어 차이와 통일 정책

1. 서론

한반도가 분단된 지도 어언 반세기가 지났다. 이로 말미암아 남북은 정치 경제 사회 문화 등 각 방면에 걸쳐 많은 차이를 보이고 있다. 이러한 상태가 앞으로 더욱 계속된다면 우리는 같은 민족이면서 동질성을 상실해 다른 민족 국가로 오인되게 될는지도 모른다.

우리는 남북의 통일을 간절히 염원하고 있다. 분단의 아픔을 같이 하던 독일이 통일된 뒤 이 소망은 좀 더 현실적인 문제로 부각되었다. 그리하여 각계에서는 통일의 가능성을 점치며, 이에 대한 대비책을 마련하고 있다. 정치 경제 사회 문화계의 통일에 대한 논의가 그것이다.

남북한 언어의 통일에 대한 논의도 심심치 않게 제기되고 있다. 이러한 논의 가운데 몇 가지를 보면 다음과 같다.

박선우(1989), 민족어 통일방안, 북한의 어학혁명, 백의

김민수(1992), 민족통일과 남북의 언어 격차, 도산학술논총 제2집, 도산

아카데미연구원

박갑수(1993), 남북한의 언어차이와 그 극복, 자유공론 제319호, 자유총연맹

고영근(1994), 통일에 대비한 어문정책, 통일시대의 語文問題, 길벗

박갑수(1994), 남북 맞춤법의 차이와 그 통일 문제, 어문연구 81-82, 한국
어문연구회

김진우·김철앙 편(1995), 통일을 지향하는 언어와 철학, 국제고려학회

이주행(1996), 남북 언어의 동질성 회복 방안, KBS 한국어연구논문 제44
집, 한국방송공사

김민수(1998), 민족어의 통일문제, 개교50주년기념 국제학술대회, 남북
한 언어 통일의 과제와 전망, 강남대학교

Lev Kontsevich(1998), 현대 남북 국어발전 이질화의 경향과 극복 방법에
대하여, 개교50주년기념 국제학술대회, 남북한 언어 통일
의 과제와 전망, 강남대학교

이들 논의를 바탕으로 여기서는 통일을 대비한 언어 정책을 살펴보기로
한다. 이를 위해서는 우선 남북한의 언어 차이를 살펴보고, 나아가 남북의
언어 정책을 살펴보아야 할 것이다. 그리고 그 다음에 통일을 대비한 언어
정책을 모색해 보기로 한다.

2. 남북한의 언어 차이

남북한의 언어는 다 같은 한민족의 언어다. 이러한 언어가 남북한의 분
단으로 차이가 나게 되었다. 이는 자연적인 변화에 의한 차이보다 인위적
인 기준의 차이로 말미암아 빚어진 이질화가 더 크다 할 것이다. 남한은
"교양있는 사람이 두루 쓰는 현대 서울말"을 "표준어"라 하고, 북한은 "주

권을 잡은 로동계급의 당의 령도 밑에 혁명의 수도를 중심지로 하고 수도의 말을 기본으로 하여 이루어지는, 로동계급의 지향과 생활감정에 맞게 혁명적으로 세련되고 아름답게 가꾸어진 언어"를 "문화어"라고 하여 공용어로 삼고 있다. 그러면 이러한 언어는 어떻게 다른가?

언어는 구조적으로 볼 때 말소리와 단어, 문장으로 이루어진다. 따라서 이러한 언어의 구조적인 면에서 남북한의 언어를 살펴볼 수 있다. 문자언어인 경우에는 여기에 표기법이 고찰의 대상으로 추가되어야 한다.

2.1. 발음의 차이

음성언어에서는 발음이 중요한 기능을 담당한다. 남한은 서울말을 중심으로 한 "표준어"의 실제 발음을, 북한은 평양말을 중심으로 한 "문화어"의 발음을 표준 발음으로 정하고 있다. 따라서, 남북한의 표준발음은 그 기준부터 차이가 난다.

발음상의 큰 차이는 남한에서 두음법칙을 인정하는 데 대해, 북한에서는 이를 인정하지 않는다는 것이다. 그래서 남한의 "낙원(樂園), 양심(良心)", "여자(女子), 요소(尿素)"가 북한에서는 "락원, 량심", "녀자, 뇨소"로 발음된다. 자음동화도 차이를 보인다. 남한에서는 "심리, 항로"와 같이 받침 "ㅁ, ㅇ" 뒤의 "ㄹ"이나, "독립, 협력"과 같이 받침 "ㄱ, ㅂ" 뒤의 "ㄹ"을 "ㄴ" 소리로 발음한다. 그런데 북한에서는 모든 모음 앞의 "ㄹ"을 본래의 소리대로 발음한다. 이 밖에 경음화, 음운 첨가 등에도 차이를 보인다. 예를 몇 개 들어 보면 다음과 같다. (괄호 안의 앞엣 것이 북한 발음이다)

가공적[쩍/적], 넓다[넙따/널따], 돌배[돌빼/돌배], 물약[물약/물략], 색연필[생연필/새견필], 일일이[일이리/일리리], 탁발승[탁빨씅/탁빨승], 파격적[파격쩍/파격쩍]

2.2. 단어의 차이

단어는 언어의 구조 가운데 가장 쉽게 변하는 부분이다. 따라서 남북한의 언어 차이도 어휘에서 가장 심각하게 나타난다. 이러한 단어의 차이는 형태와 의미의 양면에서 드러난다.

먼저 형태면에서 보면 남북한의 어휘 차이는 어휘 사정과 말다듬기에 의해 나타나는 것을 볼 수 있다. 어휘 사정에 의한 차이는 표준으로 삼는 단어를 달리 사정해 차이가 나게 되는 경우이다. 이는 표준어 내지 문화어의 사정 기준이 다르기 때문에 피할 수 없이 빚어지는 현상이다. 이러한 남북의 차이를 보이는 단어로, 남한에서 듣기 힘든 북한의 문화어를 몇 개 들어 보면 다음과 같다.

> 가위주먹(가위바위보), 날래(빨리), 동가슴(앙가슴), 락자없다(영락없다), 망돌(맷돌), 방치돌(다듬잇돌), 손오가리(목소리가 멀리 들리도록 손을 오그려 입에 대는 것), 피타다(피가 끓다), 허분하다(느슨하다)

위의 보기 가운데 "손오가리, 피타다"와 같은 단어는 남한에는 없는 것이다.

말다듬기에 의해 차이가 나는 말도 상당히 많다. 말다듬기의 대상은 한자어, 외래어가 주가 된다. 말다듬기로 말미암아 남북한의 어휘가 차이가 나게 된 북한의 다듬은 말을 몇 개 보면 다음과 같다.

> 가슴띠(유방대), 가짜해돌이(가연륜), 곁바다(연해), 내굴쏘임(훈연), 돈자리(구좌), 물들체(염색체), 밥길(식도), 불탈성(가연성), 산견딜성(내산성), 젖먹임칸(수유실), 찬물미역(냉수욕), 털량(산모량), 푸른차(녹차), 혀이끼(설태)

외래어의 예로는 "가락지빵(도넛), 나닌옷(투피스), 내민대(발코니), 창문보

(커튼)"와 같은 것이 있다.

이 밖에 남북한은 정치, 사회적인 이념과 제도가 달라 그것을 나타내느라 신어를 만들어 씀으로 차이가 드러난다. 곧 북한에서는 사회주의 이념이나 그 제도를 반영하는 어휘를, 남한에서는 자본주의 이념이나 그 제도를 반영한 어휘를 새로 만들어 씀으로 차이가 나는 것이다. 북한의 "민족통일전선, 천리마운동, 량권(糧券), 닭공장"과 같은 말이나, 남한의 "총선, 부가가치세, 수능시험, 반상회"와 같은 말이 이러한 정치나 사회현상을 반영하고 있는 말이다. 이러한 이념과 제도로 말미암아 차이가 나는 어휘는 상당히 많다. 그리고 이들이 어느 다른 어휘보다 서로가 이해하기 힘든 말이다.

의미면에서 차이를 보이는 것도 상당히 많다. 이러한 것에는 의미변화에 의한 것과 정치적인 이유로 의미에 차이를 보이는 것이 있다. 의미의 차이는 중심 의미가 달라진 것도 있고, 주변 의미가 달라진 것도 있다. "공작, 교양, 궁전, 동무, 바쁘다, 방조, 선동, 어버이, 평화주의, 휴양소" 같은 말은 남북에서 다 같이 사용하는 말이면서 그 의미가 다른 말들이다.

외래어의 형태도 차이를 보인다. 이는 남한이 원음주의를 채택하는 데 대해, 북한이 러시아어 위주의 표기를 한다는 것이 큰 이유이다. 남북한의 표기가 다른 외래어의 예를 몇 개 보이면 다음과 같다. (사선 앞이 북한, 뒤가 남한의 예이다.)

고시크/고딕, 껨/게임, 뉴안쓰/뉴앙스, 딸라/달러, 로씨야/러시아, 미크로메타/마이크로미터, 브란디/브랜디, 뻐스/버스, 사크/색, 쏘세지/소시지, 시누스/싸인, 아쓰팔트/아스팔트, 안쌈블/앙상블, 테노르/테너, 테라미찐/테라마이신, 플루스/플러스, 후라스코/플라스크

2.3. 문장의 차이

언어에서 가장 보수적이고 변하지 않는 부분이 문장이다. 따라서 남북한의 문장 구조는 별로 차이가 나지 않는다. 차이가 난다면 그것은 문체의 차이이고, 간단한 문법적인 차이라 할 수 있다.

서술어 "되다"의 보어로 북한에서는 주로 "으로"가 호응된다. "공동 넘원으로 되고 있습니다", "입이 무겁다면 그것은 남자의 첫째 가는 장점으로 되지요"와 같은 것이 그것이다. 이 경우 남한에서는 보어를 "염원이", "장점이"와 같이 조사 "이"를 써서 나타낸다. "-데 다하여"에 대한 수식 성분의 호응도 차이를 보인다. 북한에서는 주로 "-ㄹ"관형사형의 수식어가 앞에 온다. "조선어의 민족적 특성을 살려 나갈 데 대하여"가 그 예이다. 이런 경우 남한에서는 "살려 나가는 데 대하여"와 같이 "-ㄴ" 관형사형을 취한다. "데"를 쓰지 않을 경우는 "-ㄹ 것에 대하여"를 쓸 수 있다. 일부 형용사의 연결형에 "나다"가 이어지는 것은 남한에는 보이지 않는 북한의 독특한 표현이다. "가슴이 짜릿해 났다", "끈끈해 나더니 곧 따끈해진다"가 그 예이다. 이런 경우 남한에서는 "짜릿해졌다", "끈끈해지더니"라고 표현한다.

이 밖에 북한에서는 "충심으로 되는 감사", "진심으로 되는 박수", "습관되어 있지 않다", "관심하는 사람들", "병사한 것으로 해서"와 같은 표현이 쓰여 남한과 다른 공기(共起) 관계를 보인다. 이는 어법이나 문체의 면에서 다른 것이다. 북한의 "고향 생각을 하댔어요", "나올 생각이 없은 거구만요", "잊어버린 지 오랬다", "의무가 아니나요?"와 같은 표현도 남한의 어법과는 차이가 나는 것이다. 이 밖에 북한에서는 "나를 쉬우려고", "젖을 먹여 자래운 자식"과 같이 사동 접사를 활용하는 방법도 남한과 차이를 드러낸다.

2.4. 맞춤법의 차이

문자언어의 표현 수단인 표기법도 차이를 보인다. 그것은 남북의 맞춤법이 다르기 때문이다. 8·15 광복 후에도 남북한의 맞춤법은 다 같이 조선어학회의 "한글 맞춤법 통일안"을 기준으로 삼았기 때문에 동일하였다. 그런데 북한에서 1954년 "조선어 철자법"을 새로 제정하여 공포함으로써 남북의 표기체계가 달라지게 되었다. 그러나 남북한의 맞춤법은 다 같이 "한글 맞춤법 통일안"을 바탕으로 하였고, 형태주의를 지향하고 있기 때문에 말소리나 어휘에 비하여 차이가 덜한 편이다. 표기의 대표적인 차이점으로는 다음과 같은 것을 들 수 있다(박갑수, 1995).

첫째, 남한에서는 사이시옷을 쓰는데, 북한에서는 이를 쓰지 않는다.
둘째, 어간 모음 "ㅣ, ㅐ, ㅔ, ㅚ, ㄱ, ㅓ" 아래 남한에서는 "-어/-었-"을 쓰는데, 북한에서는 "-여/-였-"을 쓴다.
셋째, 한자의 어두음 "ㄹ"과 구개음화한 "ㄴ"에 대해 남한에서는 두음 법칙을 적용하는데, 북한에서는 이를 원음 표기한다.
넷째, "이(齒), 이(蝨)"와의 합성어에서, 남한은 "사랑니, 머릿니"로 표기하는데, 북한에서는 "사랑이, 머리이"로 표기한다.
다섯째, 띄어쓰기는 남한이 북한에 비해 훨씬 많이 띄어 쓴다.

3. 남북한의 언어 정책과 언어의 변이

북한의 언어 정책은 폐쇄적이고 통제적이다. 이에 대해 남한의 언어 정책은 개방적이고 자유방임적이라 할 수 있다. 이러한 사실은 다음과 같은 문건을 통해 확인할 수 있다.

"모든 부문, 모든 단위들에서는 이번에 내보내는 다듬은 말을 집필활동

과 교육사업, 국가문건들과 언어생활에 반드시 받아들여 쓰도록 할 것이
다."(국가사정위원회 「다듬은말」, 1987)

　"바꾼 용어 중에는 약간 어색한 것도 있겠지만, 국어순화운동의 중요성
에 비추어 많은 전문가와 관계인사들이 성의를 다하여 심의 결정한 것이
므로 각 기관과 단체, 그리고 모든 국민이 이를 아껴 활용해 주기 바라는
마음 간절하다." (문교부 「국어순화자료」 제1집, 1977)

　북한의 언어 정책은 당 중심의 언어 정책으로, 계획적이고 획일적인 것
이다. 북한의 모든 정책의 핵심을 이루는 것은 주체사상이라 할 수 있다.
이러한 주체 사상이 언어에 적용될 때 그것은 "주체적 언어사상"이 된다.
이는 언어에 있어 "자주적 입장"과 "창조적 입장"을 살리고자 하는 것이다.
그리하여 사대주의적 요소를 척결하여 언어의 자주성을 살리고, 인민 대중
의 창조적 지혜를 발휘하여 민족어를 혁명 발전의 요구에 부응할 수 있게
발전시켜 나가고자 한다. 따라서 이는 민족어의 주체성을 바로 세우고자
하는 것이라 할 수 있다.

　북한의 언어 정책은 따라서 민족어 교육 정책이 중요한 부분을 차지한
다. 북한에서는 인민들이 민족어 교육을 통해서 자기의 말과 글에 대한 체
계적 지식을 가지고, 그것을 혁명과 건설의 힘있는 무기로 이용할 줄 알아
야 혁명과 건설을 잘 밀고 나갈 수 있다고 본다. 그리하여 민족어 교육을
강화하는 것은 혁명과 건설의 주인인 사람들을 사회적 인간으로, 힘 있는
존재로 키우기 위하여 시행하여야 할 중요한 과업이 된다.

　북한에서는 인민들의 사회생활과 사회활동에서 언어생활 규범과 사회주
의 언어생활 질서를 확립하지 않고서는 사람들의 의사수단이며, "혁명과
건설의 힘있는 무기"인 언어가 제 구실을 할 수 없다고 본다. 따라서 북한
은 사회주의적 생활 양식에 맞는 규범을 세워야 사회의 언어규범이 될 수
있으며, 언어의 사회적 기능도 높일 수 있고, 사회주의적 민족어 건설에 언

어 규범이 올바로 이바지한다고 본다. 이러한 언어관을 가지고 북한은 "조선
어철자법", "조선어문법", "문화어 발음법", "외래어 표기법" 등을 제정하였다.

북한은 공산주의 혁명사상을 국민들에게 널리 주입시키고, 그들을 혁명
투쟁의 광장으로 내세우기 위해서 노동자 농민의 문맹 퇴치를 서둘렀다.
문맹퇴치 운동은 1947년과 1948년 2차에 걸쳐 범국민운동으로 전개하였으
며, 이는 한자폐지 정책으로 이어졌다.

1960년대에는 말다듬기 운동을 전개하였다. 이는 한자폐지의 부작용을
최소화하고, 쉽고 자연스러우며, 혁명적 기풍을 최대한 살릴 수 있는 언어
를 쓰고자 한 일종의 언어순화운동이었다. 이러한 말다듬기의 기본 방침은
1964년과 1966년에 행해진 김일성의 두 교시 "조선어를 발전시키기 위한
몇 가지 문제"와 "조선어의 민족 특성을 옳게 살려나갈 데 대하여"에 잘
나타나 있다. 이는 크게 한자 폐지-고유어 정리와 외래어 정리로 요약할 수
있다(서태길, 1989).

이러한 북한의 언어정책 대해 남한의 언어 정책은 앞에서 언급한 바와
같이 자유방임적이라 할 수 있다. 남한에서는 언어를 "혁명과 건설의 힘있
는 무기"라 보지 않는다. 사상과 감정을 전달하는 도구요, 수단이라 생각할
뿐이다. 따라서 언어교육도 기능교육과 태도 교육이 주축을 이룬다. 그렇
기 때문에 남한의 언어 정책은 민주시민으로서 효과적인 언어생활을 영위
하도록 함에 초점이 놓인다. 언어의 기능을 투쟁 아닌 협동의 수단으로 생
각하는 언어관을 지니는 것이다.

그러면 이와 같이 다른 언어관을 가진 남북한의 언어 정책은 어떠하며,
이로 말미암아 빚어지는 언어의 변이는 어떠한가? 여기서는 남북한의 언어
규범을 중심하여 이를 살펴보기로 한다.

3.1. 표준어와 문화어

표준어의 개념은 1910년대에 도입되었다. 1912년 조선총독부에서 제정한 "보통학교용 언문철자법"에서 최초로 "경성어를 표준으로 함"이라 규정하였다. 그리고 1933년의 "한글맞춤법 통일안"에서 "표준말은 대체로 현재 중류사회에서 쓰는 서울말로 한다"고 기준을 상세화하였다. 오늘날은 1988년의 "표준어 규정"에 따라 "표준어는 교양있는 사람들이 두루 쓰는 현대 서울말로 정함을 원칙으로 한다"고 하고 있다. 이러한 남한의 "표준어"에 대해 북한에서는 이를 "문화어"라고 한다.

문화어란 1966년의 김일성의 "조선어의 민족적 특성을 옳게 살려나갈데 대하여"라는 교시에 따라 남한의 표준어와 대립되는 개념으로 사용하는 말이다. 문화어에 대한 김일성 교시는 다음과 같이 되어 있다.

"우리는 혁명의 참모부가 있고 정치·경제·문화·군사의 모든 방면에 걸치는 우리 혁명의 수도이며 요람지인 평양을 중심지로 하고 평양말을 기준으로 하여 언어의 민족적 특성을 보존하고 발전시켜 나가도록 하여야 하겠습니다.

"표준어"라고 하면 마치 서울말을 표준하는 것으로 그릇되게 이해될 수 있으므로 그대로 쓸 필요가 없습니다. 사회주의를 건설하고 있는 우리가 혁명의 수도인 평양말을 기준으로 하여 발전시킨 우리말을 "표준어"라고 하는 것보다 다른 이름으로 부르는 것이 옳습니다.

"문화어"란 말도 그리 좋은 것은 못되지만 그래도 그렇게 고쳐쓰는 것이 낫습니다."

남북한은 이렇게 북한이 공용어의 기준을 바꿈으로 언어의 차이를 보이게 되었다. 북한에는 아직 남한의 "표준어 규정"과 같은 규범은 제정되어 있지 않다. 그러나 남한의 "표준 발음법"과 같은 "문화어 발음법"은 1966년의 <조선말 규범집> 이래 규범화하고 있다. 따라서 이는 남한의 "표준

발음법"이 1988년에 성문화되었으므로 남한에 비해 훨씬 일찍 제정되었다. 이러한 발음법에 따라 앞에서 본 바와 같이 남북한의 언어는 두음법칙, 음운첨가와 같은 차이를 보이게 되었다.

국어순화에 의해서도 공용어의 차이가 빚어진다. 남한에서는 순화어의 사용을 권장하는 정도이나, 북한에서는 다듬은 말을 국가에서 통일적으로 지도하며, 원말을 쓰지 않도록 강요하고 있기 때문이다. 남한의 국가적인 국어 순화사업은 1948년 문교부 편수국 주관 아래 "우리말 도로 찾기"란 소책자를 간행, 일본어의 잔재를 일소하고자 한 것이 최초라 하겠다. 그 뒤는 이렇다할 순화 정책이 꾀해지지 아니하였다. 그러다가 1976년 문교부는 국어순화운동 협의회를 구성하여 본격적으로 순화운동을 전개하였다. 이러한 사업은 오늘날도 "국어심의회"가 담당, 순화사업을 벌이고 있고, "국어 순화 자료"를 계속 발간하고 있다.

북한에서는 1964년 이래 말다듬기를 하여 1987년에 "다듬은 말" 2만 5천 여개를 선정, 발표하였다. 북한의 말다듬기는 문맹퇴치운동에 이어 언어정화운동, 말다듬기운동, 어휘정리 사업, 문화어운동으로 이어지는 것이다. 북한에서는 이러한 어휘 정리 사업을 민족의 순결성과 특성을 적극적으로 드러내기 위한 목적 의식을 지닌 사업으로 규정하고 있다. 그리하여 다듬은 말을 당과 국가에서 지도하며 원말을 쓰지 않도록 하고 있다. 이로 말미암아 남북한의 어휘는 또 결과적으로 차이를 드러내게 되었다. 말다듬기에 의해 차이가 나게 된 어휘의 예는 제2장에서 본 바와 같다. 그러나 주의할 것은 말다듬기에 의해 차이만 빚게 되는 것은 아니라는 것이다. 그것은 남북한의 순화어가 같은 경우도 적잖이 보이기 때문이다. 이들 예를 몇 개 보면 다음과 같다.

고사리식물(양치식물), 귀밑샘(이하선), 끌차(견인차), 눈접(아접), 먹이작물(사료작물), 병견딜성(내병성), 실켜기(조사), 알림판(게시판), 약솜(탈지

면), 여러해살이(다년생), 옆도랑(측구), 제곱(자승), 찾아보기(색인), 혼자말
(독백),

3.2. 한글맞춤법과 맞춤법

훈민정음이 반포된 뒤 한글의 표기법은 표음주의 쪽으로 기울어졌다.
1912년에 마련된 최초의 표기법인 조선 총독부의 "보통학교용 언문철자
법"이나, 1921년의 "보통학교용 언문철자법 대요", 1930년의 "언문철자법"
이 다 이러한 경향의 철자법이다. 1933년 조선어학회에서 제정한 "한글맞
춤법 통일안"은 이들과는 달리 형태주의적인 것이었다. 이 "통일안"은 남
북이 분단된 뒤에도 남북에서 다 같이 사용하였다. 그러던 것이 1954년 북
한에서 "조선어철자법"을 제정 공포함으로 남북의 표기법이 달라졌다. 이
로써 차이가 나게 된 북한의 대표적인 표기법을 들어보면 다음과 같다.

① 두음법칙 부정 : 락원, 량심
② 어간모음 "ㅣㅐㅔㅚㅟㅓ" 아래 모음을 "여, 였"으로 개정 : 비여, 개
　여, 되였다, 쥐였다
③ 중간ㅎ의 거센소리 표기 허용 : 가타, 부타
④ 합성어에 사이시옷 대신 사이표 사용 : 기'발, 일'군

북한은 이어 1966년에 철자법을 다시 개정하였고, 1987에 재개정을 단
행하였다. 1966년의 "맞춤법"에서는 중간ㅎ을 배제하고, 사이표를 삭제하
였다. 1987년의 "맞춤법"은 말다듬기에 따라 용어를 많이 수정하였을 뿐,
실제 규정은 별로 개정되지 아니하였다.

남한에서는 1988년에 "통일안"을 개정하였는데, "한글맞춤법" 개정의
특징은 다음과 같다.

① 한글맞춤법 통일안의 불필요한 조항 삭제
② 미비한 규정 보완
③ 지켜지지 않는 규정의 개정, 현실화
④ 개정의 폭 극소화

이러한 개정으로 남북의 표기법은 제2장에 제시한 보기와 같은 차이를 드러내게 되었다.

3.3. 외래어 표기법

어떤 언어나 다른 민족과 문화에 접촉함으로 외래어를 수용하게 된다. 이 때 이들 외래어를 어떻게 표기하느냐 하는 것이 문제이다. "한글 맞춤법 통일안(1933)"에서는 새 문자나 부호를 쓰지 않는다, 표음주의를 취한다고 규정해 놓았다. 그 뒤 1940년 조선어학회의 "외래어표기법 통일안"이 제정되었는데, 이는 한글 맞춤법의 원칙에 따른 것이었다. 그리고 표기는 만국음성기호를 표준으로 하기로 하였다. 그뒤 남한에서는 문교부의 "외래어 표기법"이 1948년 제정되었다. 이는 앞의 통일안과 달리 한글 이외에 부호를 사용하고, 장음을 같은 모음으로 거듭 적는 방식을 취하였다. 그런데 이 표기법은 너무 전문적이고, 복잡하였다. 그래서 1958년에 다시 "로마자의 한글화 표기법"이 확정 발표되었다. 이의 기본 원칙은 한글 정자법(正字法)에 따른 현용 24자모만 쓴다, 외래어 1음운은 원칙적으로 1기호로 표기한다고 하는 것이었다. 그뒤 1986년에 이는 다시 개정되어 오늘날의 "외래어 표기법"이 되었다. 이의 "표기의 기본 원칙"은 다음과 같다.

　제1항 외래어는 국어의 현용 24자모만으로 적는다.
　제2항 외래어의 1음운은 원칙적으로 1기호로 적는다.
　제3항 받침에는 "ㄱ,ㄴ,ㄹ,ㅁ,ㅂ,ㅅ,ㅇ"만을 쓴다.

제4항 파열음 표기에는 된소리를 쓰지 않는 것을 원칙으로 한다.
제5항 이미 굳어진 외래어는 관용을 존중하되, 그 범위와 용례는 따로
　　　정한다.

이에 대해 북한에서는 1956년에 "조선어 외래어 표기법"이 제정되었다. 여기서는 "동일한 개념을 나타내면서 그의 어음 구성이 류사한 외래어는 가급적 현대 로씨야의 어음론적, 및 표기법적 특성에 의거 표기하기로 한다"(제4항)고 하여 러시아어에 의한 표기를 우선하였다. 제102항의 규정은 이러한 것 가운데 하나이다.

　　　로씨야어 이외의 외국어로부터 유래한 외래어로서 그 발음이 로씨야어
　　　와 비슷한 것은 가급적 로씨야어의 표기법에 따른다.

그리고 제14항에서는 k, t, p와 같은 무성파열음을 "ㅃ,ㄸ,ㄲ"으로 표기하도록 하였다. 1958년에는 이 외래어 표기법이 남한과 다름을 의식했음인지 수정한 "외래어 표기법"을 내어 놓았다. 이것은 표음주의적 표기에서 음소주의적 표기로 바뀐 것이었다. 이러한 규범은 1984년의 "고친 외래어 표기"에서 다시 원음을 중시하는 표기법으로 바뀌었다. 이는 김정일의 "외래어를 표기할 때에는 그것이 어느 나라의 말인가를 알아보고 그 나라 사람들이 발음하는 대로 표기하는 원칙을 세워야 합니다"란 지적에 따른 것이다. 이러한 러시아어 위주의 표기에서 원음주의로 바뀜에 따라 남북한의 외래어 표기는 전에 비해 서로 가까워졌다고 하겠다. 그리고 이와는 달리 북한에서는 1969년에 외래어와 외국어를 구분 표기하기 위해 "외국말 적기법"이 별도로 제정되었고, 이는 다시 수정되어 1985년 "외국말 적기법"으로 정착되었다. 이러한 구분 표기는 남한에서는 아직 이루어지고 있지 않다.

3.4. 로마자 표기법

한글의 로마자 표기는 일찍이 구미인들에 의해 그 방안이 강구되기 시작하였다. 이들 방안 가운데 가장 주목을 받은 것이 1930년대의 머큔-라이샤워안(McCune- Reischauer System)이다. 조선어학회에서는 1941년에 "외래어 표기법 통일안"의 부록으로 "조선어음 羅馬字 표기법"을 내어 놓았다. 그리고 남한에서는 1948년 첫번째 정부안의 결정을 보았다. 이것이 "한글을 로오마자로 적는법"이다. 이는 음소 표기를 한 것으로, 조선어학회안과는 다른, 머큔-라이샤워안과 비슷한 것이었다. 여기서는 파열음 "ㄱ, ㅋ, ㄲ"의 경우 "k, kh, gg"로 표기하고, 유성음은 g, 받침은 초성과 마찬가지로 적기로 하였다. 이에 대해 1959년에 결정된 문교부의 "한글의 로마자 표기법"은 "g, k, gg"의 체계를 따른 것이었다. 그 뒤 현행 "국어의 로마자 표기법"이 1984년에 제정 고시되었다. 이는 종전의 형태주의에 입각한 표기의 비현실성을 극복하고, 표음주의를 지향하고자 한 것으로, 머큔-라이샤워안의 내용을 대부분 수용한 것이다. 이의 "표기의 기본원칙"은 다음과 같다.

> 제1항 국어의 로마자 표기는 국어의 표준 발음에 따라 적는다.
> 제2항 로마자 이외의 부호는 되도록 사용하지 않는다.
> 제3항 1음운 1기호의 표기를 원칙으로 한다.

"국어의 로마자 표기법"의 파열음의 표기는 "k · g, k', kk"의 체계를 따르도록 하였으며, 파찰음 "ㅈ, ㅊ, ㅉ"의 경우는 "ch · j, ch', tch"로 적기로 하였다.

북한의 로마자 표기법은 1956년에 간행된 "조선어 외래어 표기법" 속에 들어 있다. 곧 "외국 자모에 의한 조선어 표기법"이 그것이다. 이는 다음과 같이 3장으로 되어 있다.

제1장 서론
제2장 로씨야어 자모에 의한 조선어 표기에 관한 일반적 규칙
제3장 로마 자모에 의한 조선어 표기에 관한 일반적 규칙

이 가운데 제3장이 로마자 표기법에 관한 것인데, 이는 표음주의적인 표기를 하는 것으로, 남한의 1984년에 고시된 현행 "국어의 로마자 표기법"과 비슷한 것이다. 이러한 것은 "외국 자모에 의한 조선어 표기법"의 제1장 서론의 내용이 이를 확인해 준다.

제1항 외국자모로써 조선어를 표기함에 있어서는 조선 음운을 충실히 반영시킴을 원칙으로 하되, 조선어 받침을 중심으로 하는 어음 교체 현상과, 조선 어음의 결합적 변화만을 변화되는 대로 표기한다.
제3항 외국의 자모로써 조선어를 표기함에 있어서는, 해당 외국어의 현행 자모 체계에 의거하며, 새로운 자모, 새로운 보조적 기호를 사용하지 않는다.

그리고 "로마자 자모에 의한 조선어 자모의 일반적 대조표"를 "국어 로마자 표기법"의 자·모음자를 비교해 보면 대부분이 같고, 몇 개의 자·모음만이 다를 뿐이다. 다른 것을 보이면 다음과 같다. 사선 앞의 표기가 북한의 것이고, 뒤의 표기가 남한의 것이다.

ㅈ ts / ch, j   ㅊ tsh / ch'   ㅉ tss / tch
ㅚ oi / oe   ㅐ ai / ae   ㅒ yai / yae   ㅙ wai / wae

이렇게 남북한의 로마자 표기는 비슷하다. 따라서 로마자 표기는 남북한의 표기 통일에 별 문제가 제기되지 않는다고 할 수 있다. 이러한 여건이기 때문에 국제표준기구(ISO)의 한글의 로마자 전자법 제정을 위한 남북한의 통일안도 1991년 합의에 이르게 된 것이라 하겠다.

4. 남북한 언어의 통일 정책

남북한의 언어의 차이와 언어 정책에 대해 살펴보았다. 그러면 이러한 현상을 바탕으로 남북한의 언어의 통일 정책은 어떻게 세워야 할 것인가 살펴보기로 한다. 우선 지금까지 논의된 통일 방안부터 보기로 한다.

박선우(1989)는 김진우(1981), 김민수(1985), 전재호(1985), 문화어 학습(1981) 등 네 가지 정책을 고찰한 다음 민족어 통일 방안을 다음과 같이 요약할 수 있다고 보았다.

① 언어정책을 수행할 국가적 연구기관의 설립
② 남·북한의 공동연구를 통한 언어의 제문제의 논의
③ 한자문제- 기초한자 목록 작성
④ 표준화 문제

그리고 그는 다음과 같은 제안을 덧붙이고 있다.

① 이질화 극복을 위하여 끊임없는 남북한의 교류와 대화가 필요하다.
② 남북한의 연구소 교류를 통하여 서로의 자료를 제공한다.
③ 남북한 언어학자들의 언어회의를 개최하여 언어에 관한 제문제를 의논할 수 있다.
④ 기초한자의 필수한자 목록을 작성하거나, 한자의 약자, 혹은 사용 범위 등을 연구 조사한다.
⑤ 언어 정책을 체계적이고 일관성 있게 수행할 연구기관을 설립한다.
⑥ 남북한의 어휘를 모두 실은 남북한 공동 사전을 편찬한다. (북한언어 연구회, 1989)

박갑수(1994)는 맞춤법의 통일을 위한 대책으로 다섯 가지를 제시하고 있다. 이 가운데 대표적인 차이에 대한 구체적인 대책을 제외하고, 원론적인 대책만을 보면 다음과 같다.

① 형태주의적 표기를 원칙으로 하고, 음소주의 표기를 할 때는 신중을
기한다.
② 표기는 혁신 아닌 보수성을 띠도록 한다.
③ 남북의 표기법이 분화된 이후에 차이가 나게 된 규범은 통일시대의
규범으로 복귀하는 방법이 있다.
④ 규범의 개정은 이질화 아닌 동질화를 추구하도록 할 일이다.

또한 이주행(1996)은 남북 언어의 동질성 회복 방안으로 다음과 같은 조
치를 하여야 한다고 보고 있다.

① 남북한이 국교를 정상화하여 남북한 사람이 자유롭게 왕래하여, 상
대국의 사회와 문화를 이해할 수 있도록 하여야 한다.
② 남북한 사람이 상호간의 라디오 청취와 텔레비전 시청, 신문·잡
지·문학 작품을 자유로이 구독할 수 있도록 하여야 한다.
③ 남한과 북한의 국어학자가 공동으로 연구하고 협의할 수 있는 이른
바 "민족어 연구소", 혹은 "민족 언어 연구 협의회"를 설립하여, 어
휘 순화·표준어 사정·표준 발음법·규범 문법·맞춤법·띄어쓰
기·외래어 표기법·국어의 로마자 표기법·상용한자 및 교육용 한
자 사정·국어사전 및 방언 사전·국어 교육과정 제정·국어 교과
서 편찬·문자 사용·컴퓨터 자판 통일 등에 관해 공동으로 연구하
고 협의할 수 있도록 하여야 한다.
④ 이미 관용화된 한자어를 고유어로 바꾸든지, 외래어를 고유어나 이
해하기 쉬운 한자어로 바꾸는 일보다 외국어를 어쩔 수 없어 차용
할 경우에는 번역 차용하는 일에 더 비중을 두어야 한다. 남한에서
는 외래어와 외국어의 남용을 통제하여야 하고, 북한에서는 관용화
된 어휘를 순화하는 작업을 중단해야 한다.
⑤ 북한은 언어관을 바꾸어야 한다. 북한은 언어를 공산주의 혁명의 도
구로 간주해서는 안 되고, 의사소통의 도구로 간주해야 한다.

박갑수(1997)는 남북한의 언어 차이를 극복하기 위해 다음과 같은 제안을

하였다.

　　남북한의 언어차이를 극복하기 위해서는 남북이 동질화를 위한 언어
정책을 펴야 한다. 표준어와 문화어는 동질성 회복을 위해 재사정하여야
하겠고, 말다듬기도 동질성을 전제로 꾀해져야 하겠다. 그리고 남북의 통
합사전을 만들어 상대방의 말에 인지도를 높이는 것도 하나의 방법이 되
겠다.

　　동질성 회복을 위한 기준은 "한글 맞춤법 통일안"의 정신을 따르는 것
이 바람직하겠다. 그렇게 되면 우선 표기가 쉽게 통일 될 것이요, 발음의
문제가 많이 해소될 것이다. 그리고 말다듬기나, 순화 대상어는 즉각 버릴
것이 아니라, 동질성 유지의 차원에서 서서히 추진할 일이다.

　　그리고 남북의 언어가 분단으로 말미암아 달라졌음을 국민들로 하여금
인식하도록 하여, 이를 통일하지 않으면 안 되겠다는 의식을 갖도록 해야
하겠다. 이러한 의식이 바탕이 될 때 비로소 남북의 언어는 동질화가 꾀
해질 수 있을 것이다.

　김민수(1998)는 언어 통일을 향한 대비책으로 서두를 것이라 하여 다음과
같은 네 가지를 들고 있다.

　　① 1998년 1월에 제정한 현행 맞춤법과 표준어 규정을 위시한 여러 규
　　　정을 남북 통일의 관점에서 수정안을 작성하여 사계의 공론을 종합
　　　해 볼 것이다.
　　② 북측의 말다듬기에 해당하는 국어순화의 결과를 남북통일의 관점에
　　　서 전반적이고 총체적인 재검토를 서두를 것이다.
　　③ 日語 잔재의 청산에 관한 문제를 통일 국어에서 어떤 방법으로든
　　　매듭지어 반영하여야 할 것이다.
　　④ 언어 통일의 대비책으로 혹은 그 분위기를 조성하는 방안으로 피차
　　　교환으로 상대측의 언어를 교육하고 보급토록 힘써야 할 것이다.

　Lev Kontsevich(1998)는 한반도 통일을 위한 어문 대책으로 다음과 같은

일곱까지를 제안하고 있다.

① 남북한 지배권의 정치-심리적인 대립의 요인을 극복하기 위해서는 상호 신념과 단일 국어 개념의 중요성의 분위기를 창조해야 한다.
② 남북한에서 지도적인 역할을 하는 학자, 사회활동가, 국어 기관 등은 양국의 정부와 국회에 호소문을 올려야 한다. 이 호소문에서 단일민족의 언어 분화가 일어날 수 있을 위험한 사태에 대한 문제를 세워야 할 것이다.
③ 양국 학자들은 언어 이질화를 극복하기 위한 합동 위원회(혹은 통일 한국어 발전 협동 위원회)를 조직해야 할 것이다.
④ 첫 단계에 "통일 언어"란 공통 기관지를 수립하고, 국내외의 전문가와 사회 활동가를 회원으로 가입하면 된다.
⑤ 남북한 학자의 회견의 기회를 가질 수 있는 각 국제 학술회의에서 통일 국어의 개념을 논의하면 된다.
⑥ 통일 국어에 관한 당면한 문제를 해결하기 위하여 라디오-TV 방송에서 유명한 학자와 사회 평론가들의 회견의 시리즈를 마련하면 좋다.
⑦ 양국의 독자들에게 남북의 인문과학 실태에 대해서 소개를 해 주어야 한다. 남한에서 북한 서적이 재간되는 사업은 양국 국민들이 접근할 수 있는 민주주의로의 길이 될 수 있다.

이상 몇 가지 남북한 언어의 통일 방안을 살펴보았다. 이제 이러한 견해를 참고하며 남북한 언어의 통일 정책을 제시해 보기로 한다.

① 언어 통일의 필요성을 인식하도록 한다.

남북한은 같은 언어를 사용하며 살던 같은 민족으로, 오늘날 분단의 비극을 안고 살게 되었음을 상기시켜 언어의 통일의 필요성을 인식하게 한다. 언어의 차이가 심해지면 같은 민족이라도 같은 민족이라는 의식이 사라지고, 통일이 되더라도 지역방언의 차이로 말미암아 지역 감정이 조장되고 정신적인 분단의 골이 깊어진다는 것을 의식하도록 하여야 한다.

② 동질성·유사성을 강조한다.

남북한 언어는 분단의 폐해를 강조하는 나머지 이질화가 강조되나, 이질화보다는 동질성·유사성이 크다는 점이 강조되어야 한다. 이러한 동질성·유사성에 대한 인식은 심리적으로 친근감을 가지게 할 것이고, 나아가 통일에 대한 기대감을 증폭시킬 것이다. 그리고 바람직하지 않은 이질성을 순화하고, 통일을 기하고자 하는 방향으로 힘차게 다그쳐 나가게 할 것이다.

③ 신문 방송 등 매스컴을 개방토록 한다.

이웃 사촌이란 말이 있듯 서로 접촉을 하여야 이질감이나 거부감을 갖지 않게 된다. 언어의 경우도 마찬가지다. 그렇지 않으면 그것은 이해도 되지 않거니와 생소한 소리로밖에 느껴지지 않는다. 이질화가 심한 것은 사회적인 이념이나 제도를 반영하는 어휘이다. 이러한 것은 더구나 사실세계에 대한 이해가 없는 한 이해할 수 없다. 동서독의 경우를 거울 삼아 남북한도 매스컴을 개방하도록 하여야 한다. 문학 작품에 대한 교류도 이런 점에서 권장해야 할 사실이다.

④ 민간교류 정책을 펴도록 한다.

신문 방송의 개방이 어느 정도 통일의 지렛대 구실을 할 것이다. 그러나 이는 민간 교류가 불가능한 경우에 우선적으로 도입할 방책이다. 언어는 언어적 맥락과 함께 사회적 장면이 제공될 때 보다 잘 이해할 수 있게 마련이다. 언어의 통일은 일방적인 언어가 아닌, 상호 교환되는 언어일 때 보다 잘 이해되고 학습할 수 있게 마련이다. 민간의 교류·접촉을 통해 이러한 언어의 교류가 이루어지도록 하여야 한다.

⑤ 관련 학자의 접촉이 있어야 한다.

남북한의 언어 통일이 이루어지기 위하여는 관련학자의 상호 접촉 및 연구가 있어야 한다. 통일을 위한 원칙, 범위 등의 연구가 필요하기 때문이다. 이를 위해서는 남북학자가 공동으로 연구할 수 있는 기관의 설치가 필요하다. 그렇지 않을 경우에는 상호 교류하며 연구할 수 있어야 한다. 그리

고 남북한 언어의 통일을 위하여 학술회의도 수시로 열어 심도 있는 논의
가 이루어지도록 하여야 한다.

　⑥ 남북 공통의 통합사전이 제작되어야 한다.

　어휘 사정에 앞서 서로 상대방의 언어를 이해하도록 하여야 한다. 어휘
사정은 이론적으로는 쉬운 일이나 그 배후에는 몇 천만의 국민이 딸려 있
기 때문에 그것은 생각처럼 쉬운 일이 아니다. 서로 상대방의 언어를 접하
고 사용하는 가운데 적자생존의 원칙에 따라 살아 남을 말은 살아 남고,
죽을 말은 죽게 하는 것이 바람직하다. 흡수통일은 반감 또는 거부감을 갖
게 할 것이므로 바람직하지 않다.

　⑦ 맞춤법·표준발음은 "표준체제 구안 통합형"으로 통일하는 정책이
바람직할 것이다. 맞춤법은 남북한이 다 같이 공유해 오던 것이다. 그러던
것을 북한은 1954년에, 남한은 1988년에 개정함으로 차이가 나게 되었다.
이는 앞을 내어다보고 동질화를 꾀하도록 개정했어야 했다. 그런데 오히려
이들은 결과적으로 이질화를 초래하였다. 앞으로는 동질화를 도모하도록
할 일이다. 통일 방안은 "표준체제 구안 통합형"을 취하는 것이 바람직할
것이다. "표준체제 구안 통합"이란 "통일보고서"의 남북 교육통합의 세 가
지 방법 "흡수통합", "연방식통합"과 함께 제시된 "표준 교육체제 구안에
의한 통합"이란 말을 전용한 것이다. "표준체제 구안 통합"이란 한글 맞춤
법은 남북이 같이 쓰던 1933년 "한글맞춤법 통일안"의 정신으로 돌아가 통
일을 꾀하는 것이 바람직하겠다는 것이다. "표준발음법"도 "표준체제 구안
통합" 방식으로 통일하는 것이 좀 더 바람직할 것으로 보인다. 이는 양쪽
이 다 심한 차이를 보이는 것도 아니고, 발음은 맞춤법과 표리 관계가 있어
다 같이 "표준체제 구안 통합" 방식을 취함이 바람직하겠다는 말이다.

　⑧ 표준어는 "연방식 통합형"으로 통일하는 정책이 바람직할 것이다.

　표준어는 "한글 맞춤법 통일안"의 정신에 따라 서울말을 표준으로 하면
간단하다. 그러나 이는 그렇게 간단한 문제가 아니다. 그것은 반세기 동안

다른 규범을 학습하고 생활해 온 국민이 배후에 있기 때문이다. 따라서 우선 차이가 나는 말을 조사하여 통일의 가능성을 살펴볼 수 있다. 그리고 필요한 경우 재사정할 수도 있다. 그러나 무엇보다 좋은 방법은 "연방식 통합"을 하는 것이다. 그것은 사정하는 경우 사정해 놓은 낱말의 수용이 문제가 되기 때문이다. 다시 말하면 실용성이 의심스럽기 때문이다. 따라서 남북의 어휘나 표현이 다른 경우 양쪽을 다 인정하는 것이다. 이는 외형상 복수 표준어를 인정하는 것과 같다. 그리고 시간이 해결하도록 하는 것이다. 복수 표준어로 정착되든지, 아니면 적자생존의 원칙에 의해 하나가 도태되든지 할 것이다. 이를 위해서는 앞에서 말한 남북의 어휘를 망라한 통일 국어대사전의 제작이 필요하다.

⑨ 교육 목표에 대한 조정도 필요로 한다.

북한의 교육목표는 "위대한 수령님과 친애하는 지도자 선생님께 끊임없이 충직한 혁명전사로 키우는 것"이다. 이에 대해 남한의 교육 목표는 "국어를 효과적으로 사용하며, 국어문화를 바르게 이해하고, 국어의 발전과 민족의 언어문화 창달에 이바지할 수 있는 능력과 태도를 기르는 것"이다. 이것은 "국어문화를 바르게 이해하고 존중하며, 사랑하는 태도를 길러 성숙한 문화시민으로서 역할을 다하도록" 하려는 것이다. 따라서 하나가 정치 사상 교육에 중점이 놓이는가 하면, 다른 하나는 언어의 기능 교육에 중점이 놓인다. 이는 천양의 차이가 나는 것이다. 북한이 이러한 국어교육의 목적을 고수하는 한 언어의 통일을 기대할 수 없다. 그러나 한 나라가 흡수 통일되지 않는 한, 국어교육의 목표도 "흡수통일"될 리는 만무하다. 따라서 이것도 "표준체제 구안 통합"이란 조정을 거치는 것이 바람직하겠다. 전제국가 아닌 민주국가의 교육 목표가 특정인에게 "충직한 혁명전사로 키우는 것"을 교육 목표로 할 수 없는 일이다. "성숙한 문화시민"으로 길러야 한다. 언어의 기능을 투쟁 아닌, 협동의 수단으로 생각하는 언어관을 바탕으로 교육 목표를 조정하여야 한다.

참고문헌

고영근 편(1989), 북한의 말과 글, 을유문화사
고영근(1994), 통일시대의 語文問題, 길벗
국립국어연구원(1992), 북한의 언어 정책, 국립국어연구원
김민수(1985), 북한의 국어연구, 고려대학교 출판부
김민수(1998), 민족어의 통일문제, 개교50주년기념 국제학술대회, 남북한 언어 통일의
　　　　과제와 전망, 강남대학교
김진우·김철앙 편(1995), 통일을 지향하는 언어와 철학, 국제고려학회
박갑수(1994), 올바른 언어생활, 한샘출판사
박갑수(1994), 남북 맞춤법의 차이와 그 통일 문제, 어문연구 81-82, 한국어문연구회
박갑수(1994), 남북의 어휘와 국어교육, 교육월보 154, 교육부
박갑수(1995), 남북 음성언어교육의 비교연구, 남북 동질성회복을 위한 비교연구 VI, 한
　　　　국방송공사
박갑수(1998), 통일을 대비한 국어교육의 현황과 대책, 국어교육연구 제5집, 서울대학교
　　　　국어교육연구소
박갑수(1997), 남북한의 언어 차이, 중학교 국어 3-1, 교육부
북한언어연구회 편(1989), 북한의 어학혁명, 백의
이정춘(1990), 동·서독 일체성 회복에서의 서독방송의 영향, 放送文化 제103호, 한국방
　　　　송협회
이주행(1996), 남북 언어의 동질성 회복 방안, KBS 한국어연구논문 제44집, 한국방송공사
전수태·최호철(1989), 남북한의 언어비교, 녹진
조재수(1995), 남북한말 비교 사전, 토담
Gerhard Dambmann(199?), 독일통일과 동서독 언론의 역할, 한국언론연구원
Lev Kontsevich(1998), 현대 남북 국어발전 이질화의 경향과 극복 방법에 대하여, 개교
　　　　50주년기념 국제학술대회, 남북한 언어 통일의 과제와 전망, 강남대학교

■ 이 논문은 1999년 7월 20일 독일 베를린의 International conference of the Intercultural
Research Foundation(Humboldt 대학)에서 발표된 것으로 "국어교육과 한국어교육의 성
찰"에 전재된 바 있다.

제 3 부

한국어교육의
방법과 대조 연구

제1장 한국어교육을 위한 교수법

1. 서론

한국어교육이란 자국인에게 국어교육을 하는 것에 대해 외국인에게 한국어를 교육하는 것을 의미한다. 이러한 교육이 언제부터 이루어지기 시작했는지는 분명치 않다. 그러나 분명한 것은 일찍부터 우리 민족이 다른 민족과 접촉을 가지면서 상호간에 교수·학습이 이루어졌을 것이라는 것이다.

한국어교육은 이렇게 국어교육과는 구별되는 개념이다. 따라서 그 교수법도 국어교육의 교수법과는 기본적으로 구별되게 마련이다. 여기에는 모국어교수법이 아닌, 외국어교수법이 도입·활용되어야 하기 때문이다.

외국어의 교수법은 일찍부터 많은 연구가 꾀해졌다. 중세의 라틴어 교수법, 근대의 영어 교수법은 그 대표적인 것이다. 여기서는 이러한 서양의 외국어교수법을 개괄해 보기로 한다. 그렇게 함으로 한국어교육의 바람직한 교수법을 발견할 수 있을 것이기 때문이다. 이러한 교수법에 대한 논의는 다음과 같은 자료를 바탕으로 전개될 것이다.

高見澤孟(1989), 新しい 外國語敎授法と 日本語敎育, アルク
高見澤孟 外(1996), はじめての 日本語敎育 2, アスク講談社
中西家榮子 外(1991), 實踐日本語敎授法, バベルプレス
名柄迪 外(1989), 外國語敎育理論の 史的發展と 日本語敎育, アルク
縫部義憲(1991), 日本語敎育學入門, 創拓社

2. 외국어 교수법의 발전

2.1. 고대의 외국어교육

사람들은 일찍부터 때로는 전쟁을 통해, 때로는 무역을 통해 다른 민족의 언어를 접하게 되고, 이에 의해 다른 문화를 흡수, 자기들의 문화를 발전시키게 되었다. 이런 의미에서 인류문화의 발전은 "외국어 학습"에 의지하는 바 크다고 할 수 있다.

상고(上古)에는 의사소통의 필요에 따라 '교환 교수'하는가 하면, 우세한 문화의 언어가 열세한 문화에, 정복 민족의 언어가 피정복 민족에 교수(敎授)되거나 하였다. 그리고 마침내 문자가 발달되며 외국어의 학습 및 자국어의 보급을 효율적으로 하기 위하여 "언어교수법"이 탄생되기에 이르렀다.

서구의 외국어교육은 희랍에서 서기 기원전 500년경에 시작되었다. 따라서 그 역사는 2500년에 이른다.

고대 로마제국 시대에 로마의 귀족들은 어릴 때부터 자제들에게 라틴어와 희랍어의 이중언어 교육(二重言語 敎育)을 하였다. 희랍어의 교육은 희랍인 가정교사와 교육 노예가 맡아 하였다. 이 때의 교수법은 일종의 직접법(direct method)이라 할 것이었다. 일반 소학교에서도 읽기, 쓰기는 물론 산수, 역사, 논리학에 이르기까지 라틴어와 희랍어에 의해 교육함으로 완전한 이중언어 화자 되게 하였다. 그리하여 당시에 이미 희랍어의 교과서, 및 회화

책이 만들어졌다.

로마 제국의 세력이 확대되면서 근린 제국도 라틴어를 배우게 되었고, 라틴어는 유럽의 공용어(公用語)가 되었다. 이 때의 로마인 교사들에 의한 라틴어 교육도 로마제국에서의 희랍어 교육과 마찬가지로 일종의 직접교수법에 의해 꾀해졌다.

또한 로마의 아우구스티누스 이후의 언어 교사는 문학으로서의 외국어의 표현 가치를 감상함에 목적을 두었기 때문에 학습자는 이를 모국어 표현으로 바꾸는 것에만 주의를 기울였다. 따라서 라틴어 교육이라면 번역법(飜譯法)과 동의어로 간주되고 있다.

2.2. 중세의 외국어교육

중세에 라틴어가 유럽의 공통어(共通語)가 되어 정치적 공용어(公用語)일 뿐 아니라, 학문 연구에 빼 놓을 수 없는 언어가 되었다. 그리하여 자국어와 함께 소학교에서 대학에 이르는 커리큘럼에 채택되어 집중적으로 학습하였다. 이렇게 하여 많은 이중언어화자가 탄생되었다.

중세 초기에는 라틴어가 아직 살아있는 언어로서 일상적으로 사용되었다. 이 때의 라틴어 교육은 음성언어 우선주의(speech primacy)여서 '듣기', '말하기'에서 시작하여, '읽기', '쓰기'와 같은 문자언어로 나아가는 순서로 이루어졌다.

그러나 라틴어는 3세기 이래 문어와 구어의 차이가 차츰 커졌고, 8세기가 되며 차츰 근세 로망스어(Romance language)로 발전해 갔다. 그리하여 중세 말기가 되며 차츰 쓰지 않게 되어 사어(死語)가 되었다. 라틴어는 문헌 연구를 위해서만 쓰이게 되었고, 그 학습은 사전이나 문법서를 통해 꾀해지게 되었다. 라틴어 교육은 라틴어 문법을 배우는 것이라고 착각하게 되었다. 그리하여 교수법으로서는 문법 규칙이나 격변화를 암기하게 한 뒤 문헌을 읽게 하는 방법이 채택되었다. 이는 근세의 '문법-번역교수법(Grammar-Translation Method)'의 기초가 되었다. 라틴어 학습의 목적은 이렇게 지적 훈련이고, 교양을 위한 것이었다. 그 뒤 라틴어 대신 현대어(modern languages)를 학습하게 된다. 그러나 이러한 현대어의 교수 · 학습에도 라틴어의 교수법은 그대로 적용되었다.

중세에 들어서서는 언어 연구가 또한 종교적 목적에 봉사하게 되어 문법 교수나, 외국어 교수도 학습자를 카톨릭적 사고의 틀에 맞추려는 색채가 짙어졌다. 따라서 이 때의 교수법은 교수자의 생각에 영향을 미치는 연역적, 규범문법적인 것이 되었다. 이러한 문법교수법을 개혁해야 한다는 주장은 르네상스를 기다려서 나타나게 된다. 에라스므스(Desiderius Erasmus 1466?-1536), 코메니우스(Joh Amos Comenius 1592-1670), 존 로크(John Locke 1632-1704), 페스타로치(Johann Heinrich Pestalozzi 1746-1827) 등이 그들이다.

2.3. 근세의 외국어교육

르네상스 시대에는 인쇄술의 발달로 희랍 · 로마의 고전이 복각, 출판되게 되었다. 그리하여 고전 라틴어와 당시 교육계 내부에서 쓰이던 라틴어를 비교함으로 산 언어로서의 라틴어가 아니라, 문법을 위한 문법 교육이 왕성해져 차츰 라틴어의 구조를 배우는 것 자체가 학문의 목적이 되는 경향이 생겨 비판을 받게 되었다.

17세기 이후에는 유럽 각국의 세력 신장과 정치적 이합집산 등의 영향으로 라틴어 외의 외국어교육도 꾀해지게 되어, 학문을 위해서가 아니라, 실용을 위한 외국어교육도 연구되게 되었다. 이 때 주류를 이룬 것은 그때까지의 라틴어 교육의 노하우를 살린 문법-번역교수법이다. 이는 무엇보다 목표 언어(target language)의 어형 변화 및 동사의 활용을 체계적으로 가르치고, 그 다음에 외국어를 모국어로, 모국어를 외국어로 번역하는 과정을 통해 그 언어를 습득하게 하는 방법이었다. 문법-번역교수법은 언어의 비교를 통해 학문적 기반을 확립하는데, 19세기 중반 독일의 Karl Ploetz에 의해 체계화되고 근대화하였다. 그는 언어교육의 무엇보다 중요한 부면은 문법교육이고, 모든 외국어교수는 문법 교수로 시작해야 한다고 하였다. 그의 교수법은 먼저 어휘를 암기시키고, 다음에 목표언어의 문장을 모국어로 번역하고, 문장의 의미를 이해시켜, 이를 통해 그 언어의 문법 규칙을 숙지하게 하여 다른 문장을 접했을 때 그 지식을 응용할 수 있게 훈련하는 것이었다. 이는 이해를 위해 100% 번역에 의존한 교수법이다.

19세기 후반에는 심리학 및 언어학의 입장에서 문법-번역교수법에 대한 비판이 강하게 일어 새로운 교수법이 차츰 제창되기에 이르렀다. 베르리츠 (Maximilian Berlitz) 및 구앙(Francois Gouin) 등이 개발한 자연교수법(Natural Method) 및 심리학적 교수법(Psychological Method) 등에서는 기본적으로 외국어 학습은 유아가 모국어를 습득하듯 '자연'의 순서에 따라야 한다고 보았다. 그리하여 듣기, 말하기, 쓰기, 읽기의 순으로 가르쳤고, 어린이가 문법 교육 없이 모국어를 익히는 사실에 주목하여 문법 지식 대신 적절한 예문을 소개하는 방법을 강구하였다. 이들의 구두언어 기능의 양성을 중시하는 입장은 마침내 20세기의 직접법(Direct Method)으로 이어진다.

2.4. 20세기의 외국어교육

20세기가 되자 각종 직접법(直接法)이 개발되어 각종 언어의 교육에 응용되며 그 전성기를 맞게 되었다. 이는 비터(Wilhelm Vietor)에 의해 비롯된 것으로, 제창자에 따라 가지가지 특성이 드러난다. 그러나 이들의 공통되는 주장은 모국어를 매개로 한 교수의 기피, 이해 수단으로서의 번역 폐지, 도시(圖示)와 실물 표시에 의한 표현과 의미내용의 직접 연상의 연구·노력 등등이 들려진다. 그러나 교수활동 전반을 목표 언어로 하는 것은 교사나 학습자에게 지나치게 부담이 되고 시간적으로 비경제적이었다. 그리하여 1920년대부터 목표 언어에 모국어 대역(對譯)을 붙여 의미를 제시하거나, 문법 설명을 모국어로 하는 등의 절충법(electic method)도 고안되게 되었다.

1939년 제2차 세계대전이 발발되자 전쟁 수행에 필요한 언어 훈련에 착수했다. 종래 유례 없는 대량의 학습자를 단기간에 집중적으로 교육하기 위하여, 육군 외국어 전문교육(Army Specialized Training Program: ASTP)이 입안되어, 1943년 실시된 것이다. 이때 개발된 교수법이 이른바 아미 메소드(Army Method)라 하는 것으로, 이는 경이적인 성과를 거두어 그 뒤 외국어교육 이론에 커다란 반향을 불러 일으켰다. 이는 오랄 어프로치(Oral Approach)를 준거로 한 것으로, 언어학적 해설과 모방-기억연습법(mimicy-memorization practice)을 절충한 것이었다. 그러나 무엇보다 이는 구어를 단기간에 익히게 하기 위해 집중적 드릴 위주의 교수법을 사용하였다.

제2차 세계대전 때 미국에서는 행동주의심리학 및 구조언어학의 이론에 바탕을 두고, 언어의 습관형성을 중시한 청각-구두법(Audio-Lingual Approach)이 개발되었다. 이는 ASTP교수법이 일반 학교에서의 언어교수법으로 발전한 것으로, 오랄 어프로치(Oral Approach)라고도 한다. 프리즈(C. C. Fries)에 의해 제창된 이 교수법은 모든 외국어교육에 커다란 영향을 끼쳤다.

1950년대에는 촘스키(Noam Chomsky) 등의 변형문법의 입장에서 오디오·링갈 어프로치가 비판되고 이에 대신할 교수법으로서 인지기호학습리론(Cognitive Cord-Learning Theory)에 바탕을 둔 외국어교수법 및 심리학, 정신분석학 등의 영향을 받은 새로운 교수법이 많이 제안되었다. 이러한 것으로 게슈탈트심리학의 이론을 수용한 단계적 직접교수법(Graded Direct Method: GDM), 인지기호학습이론을 바탕으로 한 인지학습법(Cognitive Approach)이 있다. 이밖에 커뮤니케이션에 기여하는 교육을 지향해 의미를 중시하는 학습자 중심의 교육도 모색되었다. 이러한 교수법으로는 침묵법(Silent Way), 상담학습법(Counseling Learing), 전신반응법(Total Physical Response), 암시법(Suggestopedia), 자연법(Natural Approach), 의사소통법(Communicative Approach) 등이 있다. 다음에는 바람직한 한국어교육을 위해 이들에 대해 살펴보기로 한다.

3. 여러 가지 교수법들

3.1. 청각구두법(Audio-Lingual Approach)

3.1.1. 구조언어학의 가설과 청각구두법

청각구두법, 곧 오디오·링갈 어프로치는 제2차대전 후의 언어교육에 가장 많은 영향을 끼친 교수법이다. 이는 인지학습이론 등의 비판을 받기도 하였으나, 오늘날에도 많은 외국어교육 분야에서 지도이론의 주축을 이루고 있는 교수 이론이다. 오디오·링갈 어프로치는 보아스(F. Boas), 사피어 (E. Sapir), 블룸필드(L. Bloomfield) 등의 구조언어학(structural linguistics)과 행동주의 심리학에 바탕을 둔 것으로, 프리스(C. C. Fries)가 교수 이론으로 개발한 것이다.

구조언어학에서는 여러 가지 가설이 세워졌는데, 그 가운데 오디오·링갈 어프로치의 이론적 기초가 된 가설도 많다. 이제 언어교육에 응용되거나 영향을 끼친 구조언어학의 가설을 살펴보면 다음과 같다.

① "언어는 구조체이다"란 가설

"외국어를 가르치기 위해서는 먼저 그 구조를 가르쳐야 한다."는 이론의 근거가 되는 가설이다. 이로 말미암아 구조 중심의 교육이 꾀해지고, 문형 학습에 중점을 둔 교재가 개발되었다. 이는 종전의 문법 중심 교육과는 크게 다른 점이다.

② "언어는 과학적으로 분석, 기술된다"란 가설

구조언어학에서는 과학적으로 분석이 가능한 형태(음운, 문의 구조) 연구가 강조되고, 자의성(恣意性)에 좌우되고 과학적으로 분석하기가 어려운 "의미" 연구가 상대적으로 경시되었다. 그리하여 오디오·링갈 어프로치에서도 의미의 학습이 경시되는 경향을 보인다.

③ "언어는 음성이다"란 가설

음성언어 학습을 우선하고, 문자교육은 2차적인 것이라는 방침을 채용하여 교재의 도입이나 문형 연습 등에 귀와 입을 활동시키는 구두활동이 중심이 되었다.

④ "언어에는 틀(型)이 있다"란 가설

말소리의 형, 낱말의 형, 문장의 형이 연구되고, 이를 바로 사용하기 위해 문형연습(pattern practice)이 중시되고, 이러한 기법을 강조한 교재가 개발되었다.

⑤ "언어는 모두가 대립에서 이루어진다"는 가설

언어 요소는 "대립"에 의해 다른 것과 구별되고, 이에 의해 언어의 단위가 설정되거나, 의미의 차이를 나타낸다고 본다. 이의 대표적인 것이 음소 대립의 경우이다. 오디오·링갈 어프로치에서는 이러한 최소대립 개념을 도입, 최소대립 연습법(minimal pair practice)을 개발하였다.

⑥ "언어습득은 습관형성의 과정이다"란 가설

"외국어학습은 새로운 언어습관을 획득하는 것"이라 하여, 언어습관을 촉진하는 수단으로서 밈·멤(mim-mem), 및 문형연습 등의 반복적 구두연습을 개발하였다. 오디오·링갈 어프로치는 "무의식적, 자동적으로 목표 문형을 말할 수 있을 때까지 반복 연습하고, 그것에 의해 새로운 언어 습관을 정착시킨다"는 방침에서 이러한 연습이 중시됐다.

⑦ "언어는 모국어 화자가 말하는 것이다"란 가설

"외국어를 학습하는 경우 모국어 화자와 마찬가지로 바른 문법 운용과 유창함을 이상으로 한다"는 방침이 채택되어, 초급단계에서부터 모국어 화자와 같은 정확성과 속도로 말하는 것이 중시되었다.

청각구두법이 구조언어학의 가설에 따라 고안한 교수법은 위에서 본 바와 같다. 이들은 마침내 현실적인 교실 활동 이론으로 체계화되고, 동시에 구조언어학의 연구 분야의 하나인 대조언어학(contrastive linguistics)의 성과를 이용하여 학습 효과를 거두게 되었다. 청각구두법은 학습자의 학습상 곤란한 점을 고려하여 그 개선에 이바지할 수 있는 교재를 많이 개발함으로 효과적인 교수법으로 발전할 수 있었다.

3.1.2. 청각구두법에 의한 언어교수법

청각구두법의 교수법은 언어재료를 구두연습을 통해서 습득하게 하는 데에 특징이 있다. 프리즈(C. C. Fries)는 학습자가 배워야 할 것은 "우선 그 언어의 모국어 화자의 구두언어(=입말)를 이해하고, 그 음성적 특징을 구분하여 자신의 발음을 이와 비슷하게 하도록 노력하고, 다음에 문법적 구조, 곧 그 언어의 형태 및 배열을 학습하여 그들을 무의식적, 자동적, 반사적으로 쓸 수 있게 되는 것"이라며, 이것이 가능해져야 비로소 그 언어를 습득한 것이라 하였다. 곧 자동적으로 "말할 수 있는" 것이 학습 목표가 되어 있어 청각구두법의 교수법은 학습자의 구두발표(oral production)의 능력 양성에 중점을 두었다.

이러한 학습목표를 달성하기 위해서는 학습을 5단계로 나누어, 차례로 학습을 심화하여 마침내 자동적으로 "말할 수 있게" 하는 W.F. Twaddel의 교수 방안이 고안되었다.

① 귀로 청취하는 이해(recognition)
② 모델 발음의 모방(imitation)
③ 발음 및 문형의 반복 연습(repetition)

④ 문의 일부를 변화시키는 연습(variation)
⑤ 질문에 대해 적절한 답을 하는 연습(selection)

이들 학습 단계는 언어학습을 심화시키는 순서로서 고안되었으나, 청각
구두법의 교수법에서는 이 순서가 그대로 교재를 도입·훈련하는 순서로
서 응용되고 있다.

위의 학습의 5단계에서 ①-④는 각종 문형연습과 관련된 것이다. 따라서
청각구두법이 형태 학습에 중점이 놓임을 여기서도 알 수 있다. 그러나 ⑤
는 이 교수법도 의미, 곧 내용 인식의 면도 아주 도외시하고 있는 것이 아
님을 알려 준다. 이는 가장 실천적 연습으로, 여기서는 교재의 내용에 대해
교사가 질문하고 학습자가 이에 대답하는 방식, 곧 학습자가 교재의 내용
을 이해하고 있는가를 확인하는 문답을 한다. 그리고 교사의 질문에 대해
학습자가 이미 학습한 지식을 충분히 활용하여 가장 진실에 가까운 적당한
답을 하게 하는 자유응답연습을 하기 때문이다.

3.1.3. 청각구두법의 교수법

청각구두법에 의한 언어교수의 순서는 앞에서 살펴본 바와 같다. 여기서
는 언어교수에 사용되는 기법을 살펴보기로 한다.

(1) 모방-기억법(Mim-Mem Practice)

이는 청각구두법의 기본적 교수법의 하나이다. 교사가 구두로 소개하는,
학습해야 할 문법 항목을 포함한 기본문(basic sentence)을 학습자가 모방하고,
이를 반복하여 연습함에 의해 발음을 바르게 할 수 있게 하며, 동시에, 그
기본문을 완전히 암기(記憶)하게 하는 교수법이다.

블룸필드는 그의 저서(Bloomfield, 1942)에서 이 모방과 관련해 다음과 같이
진술하고 있다.

언어의 조작(=언어를 잘 사용하는 것)은 지식의 문제가 아니다. 모국어 화자라 할지라도 자신의 언어를 형성하고 있는 언어습관을 기술할 수 없다. 언어의 조작은 연습의 문제이다.... 언어는 지식으로서 알고 있다 하더라도, 자동적으로 유창하게 말할 수 있을 때까지 연습하지 않으면 쓸모 없는 것이다. 이를 위해서는 언어의 틀(pattern)을 외어 두는 것이 우선 할 일이나, 그것만으로는 불충분하다. 그것을 매일 반복해 연습해 언제나 자동적으로 사용할 수 있을 때까지 연습하는 것이 중요하다. 언어학습은 완전학습(overlearning)이 아니면 안 되고, 또한 그렇게 되지 않으면 소용이 없다.

여기서 주장되고 있는 것은 외국어의 학습에서 중요한 것은 언어에 대한 "지식"을 획득하거나, 피동적인 이해력을 기르는 것이 아니고, 학습자 자신이 그 언어의 틀을, 반복적 연습을 통해서 자기의 것으로 하여 모국어 화자와 같이 사용할 수 있게 하는 것이란 것이다. 그리고 이를 실현하는 수단으로 밈·맴연습이 개발되었다.

이 밈·맴연습을 할 때 교사는 항상 자신의 보통 속도(normal speed)로 모델 발음을 제시하여야 한다. 초급자라고 하여 의식적으로 천천히, 분명히 발음해서는 안 된다. 학습자는 모국어 화자와 같은 속도로 바르게 발음될 때까지 연습해야 한다. 이는 "언어는 그 모국어 화자의 말하는 것"이란 생각에 기초하여, 도달 목표를 여기에 두고 있기 때문이다. 거기에다 초급 단계부터 반복연습에 의한 철저한 교정이 중시된다. "언어의 습득은 습관의 형성"이라 보아 발음, 문법, 용법 등 모든 면에서 "나쁜 버릇"이 붙는 것을 피하고, 바른 언어습관을 형성하기 위하여 초급 단계에서부터 "정확함"을 추구하고자 하기 때문이다.

(2) 문형연습(Pattern Practice)

문형연습은 기본문의 구성요소를 바꾸어 넣음으로 새로운 문장을 조립하는 습관을 형성하게 하기 위한 연습으로, 오디오·링갈 어프로치를 대표하는 교수법이다. 이는 "언어에는 틀(pattern)이 있다"고 하는 구조언어학의 가설에 따라, 문형을 습득해 놓으면 필요한 경우 문장의 구성요소를 바꾸어 넣음으로 자동적으로 문장을 만들어낼 수 있다는 이론에 바탕을 둔 것이다. 이는 문형 습득을 촉진하는 연습법으로서 개발된 것이다.

문장으로서 도입된 것을 문형으로 연습함에 의해 그 이용 범위를 넓힐 수 있고, 효율적인 학습이 된다고 하는 생각이나, 그 도입과 문형연습의 관계에 대해 프리즈는 그의 저서 "Teaching and Learning English as a Foreign Language"에서 발화능력의 개발을 위해서는 기본적인 문형과 관용적 표현을 무의식적으로, 자동적으로 사용할 수 있게 반복연습을 하지 않으면 안된다고 하였다. 그리고 다음과 같이 이르고 있다.

> 그러나 언어학습의 초급단계에서는 상당한 기간에 걸쳐 자동적 무의식적 습관으로서의 발화활동(production as an automatic unconscious habit)은 어렵고, 오히려 의식적 선택에 의한 발화활동(production with conscious choice)의 단계에 머무르고 있다. 자동적 발화활동이 가능하게 되기 위해서는 "문형"을 여러 가지 형식으로 연습하는 것이 필요하며, "언어를 습득했다"는 것은 학습자가 어휘상의 제한이 있다 하더라도 어떤 문형을 이 자동적인 습관의 레벨에 도달하게 하는 것이다.

이와 같이 오디오·링갈 어프로치는 문형 습득을 중시하고, 이에 의해 언어의 자동적 무의식적인 습관을 형성하려 한다. 이러한 의미에서 문형연습은 오디오·링갈 어프로치에 있어서 가장 중요한 교수법이라 할 수 있다. 특히 구두대입연습(口頭代入練習)은 언어의 사회적인 사용과 비슷한, 가장 유효한 연습방법으로 자리매김 되고 있다. 문형연습에는 대입연습 외에도 전환연습(轉換練習), 응답연습(應答練習), 확대연습(擴大練習) 등이 있으나, 오디오·링갈 어프로치에서는 자동적인 습관을 형성한다는 점에서 구두대입연습을 우수한 것으로 생각한다.

이 점에 대해서는 라도(Lado)도 "구두대입연습이 문형연습 가운데 가장 유효하고 강력한 것이다. 그것은 속도도 있고, 유연성도 풍부하며, 응용 자재하여 언어의 사회적 사용에 접근한다"(Lado, 1964)고 하고 있다. 이는 전환연습이나 응답연습 등이 해답을 함에 사고나 검토를 동반하는 데 대해 대입연습은 비교적 기계적으로 바꾸어 넣을 수 있어 "습관형성"에 효과적이라고 평가한 것이라 하겠다.

a. 대입연습(Substitution drill)

문장의 구성 요소를 바꾸어 넣음으로 문형에 익숙하게 하는 연습법이다. 이는 발음 연습을 충분히 한 뒤에 하게 된다. 대입연습에는 구성 요소의 하나만을 바꾸는 단순대입연습(Simple substitution drill), 두 개 이상을 바꾸는 복식대입연습(Double substitution drill), 큐에 따라 대입하는 곳이 바뀌고 꽤 복잡한 연습을 하는 다각적 대입연습(Multiple substitution drill)이 있다.

b. 전환연습(Transformational drill)

교사가 제시하는 문장을 일정한 규칙에 따라, 새로운 문장으로 전환하는 연습으로, 긍정형을 부정형으로, 현재형을 과거형으로, 능동형을 수동형으로 하는 것 등이 그 전형적인 것이다. 이 경우 두 문장의 차이, 곧 전환해야 하는 규칙을 학습자에게 충분히 이해시킨 뒤 대입연습에 들어간다. 학습시키고자 하는 목표문형을 학습자가 말하도록 하는 것이나, 문법항목과 관련된 연습이 많아 문법연습(Grammatical drill)이라 불리기도 한다.

c. 합성연습(Synthesis drill)

두 개의 문장을 일정한 규칙에 따라 하나의 문장으로 만드는 연습이다. 일종의 전환연습에 속할 것이다. 연습의 방법은 교사가 제시하는 두 개의 문장의 발음 연습을 하고, 추구하는 합성의 방법을 이해시킨 뒤에 모범 해답의 연습을 시작한다.

d. 응답연습(Response drill)

교사의 질문에 학습자가 답하는 형식으로, 목표문형의 연습을 한다. 일정한 규칙에 따라 답하게 하는 방법(예를 들면 모두를 부정으로 답하게 하는 등), 및 그림이나 사진 등을 보면서 거기에 제시되어 있는 사실에 따라 답하게 하는 방법 등이 있다. 처음에 질문 문장의 발음연습을 하고, 다음에 모범 해답의 발음연습을 하고, 답하는 규칙을 이해시킨 뒤에 연습을 시작한다. 이 밖에 자유롭게 답하게 하는 자유응답연습도 있다. 이는 실제 회화에 보다 가까운 연습이 되나 대답의 내용이 학습자 쪽에 맡겨져 있어, 응답 가운데 목표문형이 쓰이느냐 하는 것이 문제로 남는다.

e. 확대연습(Expansion drill)

교사가 문장을 복창하는 가운데 구성 요소를 확대함으로 학습자가 점점 길고, 복잡한 문장을 연습하게 하는 방법이다. 이는 학습자가 보통 때는 말하지 못할 것 같은 장문, 및 이전에 학습한 문법 사항과 최근 학습한 문법 사항과를 결부하여 만드는 표현 형태 등을 연습함으로, 학습자의 사용 구문의 다양화, 고급화에 이바지하게 된다.

이상과 같은 문형연습은 "목표 문형"을 연습하여, 그것을 필요한 때에 자유롭게 쓸 수 있도록, 곧 자동적 무의식적인 습관이 형성되도록 하는 것이 그 목적이다. 이 문형연습은 오디오·링갈 어프로치의 주요 교수 기법으로서 많은 성과를 올려 여러 가지 외국어교육의 발전에 공헌해 왔다. 그러나 어떤 종류의 학습자에게는 바람직하지 않은 학습법이기도 하여, 요사이는 이 문형연습의 효과에 대해 의심이 제기되기도 한다. 이 점에 관해서는 다음 장에서 검토될 것이다.

(3) 최소대립연습(Minimal Pair Practice)

최소대립연습은 같은 어형이기는 하나, 의미가 다른 두 개의 구조를 가장 단순한 형태로 비교하는 연습을 가리킨다. 이는 두 어형의 차이를 분명히 확인하고 이들 양자의 혼동을 피하게 하자는 것이 그 목적이다. 이 연습의 효과는 두 개의 형식(form)의 차이를 명확히 하여, 각 형식과 의미와의 연결을 분명히 할 수 있는 것이다. 이는 어와 어, 문장과 문장의 대립에도 응용되나, 본래 음소의 연구에서 이 최소대립의 연습이 고안된 바 있어, 음소대립(音素 對立) 등의 발음 연습에 잘 사용된다. 한국어의 경우도 모음 및 자음의 대비가 교육상 커다란 효과를 드러낼 것이다.

(4) 이해의 체크(Check of Understanding)

오디오・링갈 어프로치에서는 학습자가 교재의 내용을 어느 정도 이해하고 있는가 측정하기 위해 예-아니오 질문(Yes-No question), 선택적 질문(alternative questions), 왜 질문(Why-question) 의 세 가지 질문에 의한 확인 방식이 개발되었다. 이는 교재 내용에 대해 직접 질문하는 방식과, 거기에 도입된 문형 및 표현, 어구 등을 사용하여 일반적인 질문을 함으로 학습자가 어느 정도 습득하고 있는가 그 정도를 측정하는 방식을 취하게 된다.

"예-아니오 질문"은 학습자가 교재 내용만 알고 있으면 가장 부담 없이 답할 수 있는 질문 방식이다. 이는 먼저 질문에 대한 청취 능력을, 다음에 교재의 이해도를 체크하게 된다. "선택적 질문"은 양자택일적 질문에 의해 학습자의 이해를 체크하는 것이다. 이는 예-아니오 질문보다 질문 형식이나 대답이 다 길게 되므로 답하기가 좀 어려운 것이다. 최후의 "왜 질문"은 "왜"에 답하는 질문이다. 이는 교재의 이해만이 아니고, 질문문에 포함되지 않은 문형 및 표현・어휘를 사용하여 답하지 않으면 안 되므로, 해답이 한층 어렵게 되나, 그런 만큼 효과적인 연습이 되는 질문이다.

이러한 "이해의 체크"는 교재 내용의 이해를 측정하는 외에 교재의 내용과 관련하여 정보를 교환하는 것이 되어 언어의 사회적 사용에 가까운 활동이 되므로 "체크 기능"뿐만이 아니라 훌륭한 연습방법이 되기도 한다.

이는 회화를 위한 구두연습의 경우 외에 강독교재의 이해를 측정하는 경우
에도 쓰일 수 있는 기법이다.

(5) 청각–구두법에 대한 비판

오디오 · 링갈 어프로치는 "과학적"으로 검토된 최초의 교수법으로서 세
계적으로 외국어 교육에 응용되었다. 그러나 이윽고 교육현장에서의 비판
및 이론적 반론이 나오게 되어 전반적 수정을 하게 되었다. 비판의 중요한
내용은 다음과 같다.

① 이론면에서 오디오 · 링갈 어프로치의 기초이론이 되어 있는 행동심
리학이 인지심리학으로부터, 구조언어학이 변형문법의 이론으로부터 비판
을 받아 그 근거를 잃게 되었다.

② 밈 · 멤연습 및 문형연습과 같은 교사 주도의 구두연습에서는 언어를
조작하는 능력은 향상시킬 수 있으나, 자발적으로 문장을 창조하는 능력,
및 장면에 어울리는 발화를 하는 능력, 곧 커뮤니케이션 능력은 육성되지
않는다.

③ 언어의 구조 습득에 중점을 두어 문장의 전달 내용(의미), 및 그것이
사용되는 상황에 대한 설명이 경시되는 경향이 있다. 전달 내용을 경시한
이러한 연습은 진정한 커뮤니케이션의 능력을 기르지 못한다.

④ 초보 단계에서부터 그 언어의 모국어 화자와 같은 음성적인 정확성
이나, 유창성을 요구하므로 대부분의 학습자가 학습에 곤란을 느껴 학습의
욕이 저하되는 경우가 있다.

⑤ 말하기 · 듣기와 같은 구어연습에 중심이 놓여 문자교육이 뒤로 밀리
므로 학습자는 문자언어를 등한히 하게 되고, 암기력이 약한 학습자 등은
불안감을 느낀다.

⑥ 구문과 형식을 중시해 기계적 문형연습은 잘 하나, 실제 커뮤니케이

션의 현장에서는 이를 살려 말하지 못하는 학습자가 많다.

이 밖에도 변형문법 및 인지심리학(cognitive science)의 입장에서, 많은 예문에 접해 거기에서 구조 및 문법규칙을 귀납적으로 배우기보다 문법 규칙, 및 구조를 충분히 설명한 뒤에 구체적 예를 소개하는 쪽이 좋다는 비판도 나와 있다.

오디오·링갈 어프로치는 과학적 교수법으로 큰 성과를 거두기도 하였으나, 이상과 같이 비판이 제기되고, 이에 대한 결점이 노정됨에 따라, 이를 보충하기 위한 "새로운 교수법"이 계속 개발되게 되었다.

3.2. 단계적 직접교수법(GDM)과 인지학습법(Cognitive Approach)

구조언어학과 행동심리학에 기초한 A-L법은 상황에 따라 의사 반응을 하는 의사소통 능력(communicative competence)을 기르기에는 역부족이었다. 이에 이러한 약점을 보완하기 위해 새로운 교수법이 등장하게 되었다. 이러한 교수법이 단계적 직접교수법과 인지학습법이다.

3.2.1. 단계적 직접교수법(Graded Direct Method)

단계적 직접교수법은 I.A. Richard 와 C.M. Gibson에 의해 제창된 것으로, Harvard Graded Method라고도 불리는 것이다. GDM 교수법은 사고와 장면과 언어 표현의 관계를 문제로 삼는 게슈탈트 심리학과, 영국의 심리학자 Charles K. Ogden의 "Basic English"에서 채용한 어휘제한의 방법을 채용한 것이다.

이 교수법의 특징은 학습언어의 재료를 정선하고, 학습의 난이도와 지도 효과를 바탕으로 단계를 지어 교재를 배열하는 것, 및 설명할 때 매개언어를 사용하지 않고 간단한 선화(線畵)를 이용하여 지도하는 것 등이다.

교수의 방법은 인지의 필요성을 고려하므로 항상 문장과 장면을 결부하도록 배려한다. 교사는 학습 내용을 가능한 한 동작으로 나타낸다. 그리고 선화로 나타내고, 학습자로 하여금 발화하도록 한다. 최후에 그 내용을 문자화한다. 따라서 실제 교수법은 행동과 이미지와 문자를 합친 방법을 사용하는 것이 된다.

학습하는 어휘나 문형은 유용성을 고려하여 선택한다. 어휘에 단계를 짓고, 처음부터 폭넓게 쓰이는 단어나 문형을 가르친다. 예를 들면 명사 "의자"를 가르칠 때, seat가 chair나 bench, stool을 나타낼 수 있으므로 이를 선택해서 가르친다. 그리고 이는 동사 "앉다"를 가르칠 때 "be seated"라 쓰일 수 있고, 또 "앉으세요"라고 할 때 "have a seat"와 같이 쓸 수 있어 다른 단어를 가르치는 것보다 유용성이 있기 때문이다. 이와 같이 GDM은 하나의 단어이거나 문형이거나 가능한 한 많은 장면에서 쓰이는 경제성을 지니는 것을 골라 먼저 학습시키는 교수법이다.

3.2.2. 인지학습법(Cognitive Approach)

인지학습이론의 기초가 된 것은 변형생성문법과 인지심리학이다.

변형생성문법은 Z. Harris, N. Chomsky 등에 의한 이론이다. 촘스키는 언어의 습관형성이론을 부정하고, 인간은 언어를 모방이나 반복적 연습에 의해 배우는 것이 아니고, 각자가 지니는 언어능력에 의해 새로 생성해 내는 것이라 하였다. 따라서 언어교육은 내재화된 규칙을 활용하여 의미 있는 연습을 하는 것이 중요하며, A-L법의 기계적 반복연습이 아닌, 새로운 장면에 있어 의미 있는, 창조적 언어사용이 가능케 하는 것이 중요하다고 보았다.

인지심리학은 심리학의 연구방법을 기계적, 정신적 심리학의 둘로 나눌 때 후자에 속하는 것이다. John B. Carrol 및 D. Ausbel 등 인지주의 심리학자는 A-L법의 심리학적 기반을 비판하였다. 특히 Carrol은 1966년에 인지에 의한 학습이론(Cognitive Code Learning Theory)이란 말을, 1974년 "Learning Theory for the Classroom Teachers"에서 인지적 습관 형성(Cognitive Habit Formation)이란 말을 쓰며 언어를 연역적으로 학습시켜야 한다는 인지학습법을 주창하였다. 이로 말미암아 외국어 지도에는 "의미있는 학습"이 강조되는가 하면, 언어 구조를 설명하며 문법의 연역적 설명에 많은 시간을 할애하였다. 그래서 인지학습법(인지기호학습이론)은 A-D법의 수정주의로 제창된 것이나, 그 실태는 문법-번역법의 회귀로 나타났다.

인지학습법은 A-L법의결점을 보충하기 위해 등장한 것이나, 체계적인 교수법으로 확립된 것이라 보지는 않는다(奧田邦男, 1992: 26). 오히려 이는 A-L법에 조합된 교수법으로 많이 활용된다. 인지학습법의 주요 교수 방법은 다음과 같다(名柄迪, 1989:72-73).

① 문법의 설명

인지능력을 이용해 생성규칙인 문법을 미리 이해시킨 뒤 언어습득에 필요한 연습을 하는 것이 바람직하다.

② 목표언어와 모국어의 비교

사전에 두 언어의 차이를 인식하고 있으면 학습자도 교사도 효과적인 학습이 된다고 본다.

③ 학습자의 모어의 사용

문법, 두 언어의 차이에 대한 설명은 정확하고 명확히 이해하게 하기 위해 모국어로 하는 것이 바람직하다.

④ 교수상의 중점

커뮤니케이션의 달성에 중점을 두며, 언어의 네 기능을 거의 같은 정도로 중시한다.

⑤ 새로운 문형과 단어의 도입법

새로운 학습 항목을 도입할 때는 반드시 이미 학습한 항목과 관련시켜 제시한다.

⑥ 연습의 방법

유의미하며, 활동적이고, 창조적인 것을 제공한다. 드릴은 학습자가 우선 학습항목을 이해한 뒤에 한다.

⑦ 발음의 지도

목표언어의 음운의 설명을 하며 발음을 지도한다.

⑧ 문자

학습자의 이해를 돕기 위해 문자는 많이 이용한다.

3.3. 전신반응법(Total Physical Response, TPR)

3.3.1. 전신반응법(TPR)의 이론

전신반응법은 미국의 심리학자 James J. Asher가 개발한 교수법이다. 이는 "발화연습"보다 "청해훈련(聽解訓練)"을 중시하고, "청취한" 말은 신체로 반응함에 의해 그 정착을 꾀하고자 하는 것이다. 이는 제1언어 습득 과정을 관찰한 연구 결과에서 탄생된 것이다.

어린이는 말을 하기 전에 상당한 기간 주위의 말을 듣고, 이에 신체적 동작으로 반응하는 것을 보며 그 "음"이 전달하는 의미를 알게 된다. 전신반응법은 이러한 유아의 언어 학습 과정을 외국어 학습에 적용하여, "듣기"와 "동작"을 결부시켜 훈련함에 의해, 학습 효과를 높일 수 있다고 생각하는 것이다.

대부분의 외국어교수법이 논리적 · 분석적 기능을 지니는 좌뇌(左惱)에 초점을 맞추는 것과는 달리, 전신반응법은 우뇌(右惱) 사용을 제창한다. 이는 대뇌생리학의 입장에서 지지를 받는다. 인간의 좌뇌는 주로 정보의 분석 및 통합 등 지적 작업에 관계해, "말하기" 행위 등도 좌뇌가 감독한다.

한편 우뇌는 울고 웃고, 골내고 하는 정의적 행위 및 신체적 동작에 관계한다. 말하기와는 관계가 없다. 따라서 좌뇌는 자기의 의지를 전달하기 위한 "말하기"는 가능하나, 외부에서의 "지시(명령문)"의 의미를 이해하고, 그에 의해 행동을 할 수는 없고, 그것은 우뇌가 담당하게 된다. 어린이는 우뇌에 있는 운동기능(motor movement)을 통해 언어를 습득함으로, 우뇌를 활약하게 하면서 언어를 습득하는 것이 바람직하다는 것이다. 그런데 오디오·링갈 어프로치의 학습법에서는 오로지 좌뇌만을 사용하기 때문에 학습자의 부담이 커질 우려가 있다. 그런 면에서도 동작과 언어습득을 결부한 TPR은 우수하다고 주장한다.

3.3.2. TPR의 지도법

TPR의 기본적 지도순서는 다음과 같다.

① 발화력에 앞서 청해력을 기른다.
② 교사의 명령문에 대해 동작으로 답하게 한다.
③ 자주적으로 말하기 시작하면 되므로 발화를 강요하지 않는다.

이러한 원칙 아래 교사는 먼저 명령문을 말하고, 다음에 그 동작을 해 보임으로 그 명령문이 요구하는 "내용"을 학습자가 깨닫게 하는 방법으로 동사(명령형)의 도입을 꾀한다. 다음에는 학습자에게 명령문에 따라 같은 동작을 하게 하고, 그것을 반복함으로 명령문의 "음성"과 지시하는 "동작"을 강력하게 결부시킨다. 처음에는 "오라", "가라"와 같은 1어의 명령문을 사용하고, "창을 열어라", "문을 닫아라"와 같이 목적어를 동반한 명령문을 도입하는 등 차츰 문형이나, 요구 내용을 고도의 것으로 바꾸어 나간다.

처음에는 발화를 장려하지 않는다. 충분한 듣기 훈련을 한 뒤 스스로 발화하고 싶을 때, 곧 발화를 충분히 할 수 있다고 생각하는 때에 발화를 하도록 한다. Asher에 의하면 학습 개시의 초기에는 "청해 능력"의 향상에 중점을 두어, 50시간 정도의 "청취-반응" 연습이 끝난 뒤 "회화 연습"에 들어가 차츰 발화의 기회를 증가해 가는 것이 효율적이라 본다. 오용에 대한 정정은 초기에는 부모가 자식에 하듯 되도록 하지 않는다. 학습량이 많아진 뒤에 정정의 도를 높여 오용이 적어지게 한다.

3.3.3. TPR의 장단

TPR은 미국에서 많이 쓰이는 교수법으로, ESL교사들 사이에는 상식이 되어 있어, 특히 초급 회화 교육에서 많이 응용되는 것으로 알려진다.

TPR은 교사의 지시에 따라 학습자가 계속하여 동작을 수행하는 것이다. 학습자들은 "청취"와 동작에 의한 응답에 전념하고 발화하지 않으므로, 정확한 발음이 요구되는 학습자의 긴장이나, 불안은 느끼지 않는다. 따라서 청해를 우선한 언어 교육의 좋은 면이 있다. 그리고 발화에 따라 몸을 움직이므로 학습한다기보다 게임하는 편안함이 있다.

TPR은 들은 내용을 이해한 증거가 동작에 의해 나타나므로, 유년기의 학습자에게는 선호되나, 성인에게는 유치한 교수법이라 거부되는 경우도 있다. 또한 입문기 교수법으로서는 여러 가지 장점이 있으나, 동작으로 표현되는 동사나 어구에 한정이 있고, 거기에다 명령문 이외의 문형의 도입은 지도하기 어려워, 역시 초급 레벨의 교육에 중심이 놓이는 교수법이라 할 수 있다.

도입하는 동사에 대해서도 영어에서는 명령형과 사전형(dictionary form)이 같아 후일의 교육에 잘 연결되나, 국어의 경우는 사전형과 명령형이 다르고, 동사가 여러 가지 활용을 하기 때문에 명령문이나 청유문 이외의 경우는 별로 쓰이지 못한다는 제한점이 있다.

3.4. 침묵법(Silent Way)

3.4.1. 침묵법의 이론

미국의 수학자이며, 심리학자인 C. Gattegno에 의해 고안된 교수법이다. 이는 학습자의 자발성을 존중하고, 학습자가 자주적으로 새로운 언어의 문법이나 어휘를 학습하는 것을 보조하는 방법이다. 교수법에 "사이렌트(침묵)"란 이름이 붙은 것은 교사 자신은 그리 말하지 않고 교구를 사용하여 지시하고, 학습자는 그 지시에 따라 발음 연습을 해 가기 때문이다.

이 교수법의 기본적인 생각은 유아심리 연구에서 비롯되었다. Gattegno는 이렇게 관찰하였다. 유아의 언어습득 과정에서 그들의 언어는 불완전해도, 주위의 어른들은 그것을 선의와 관대한 마음으로 따뜻이 대한다. 따라서 유아는 아무런 불안도 느끼지 않고, 시행착오를 거치며 마침내 완전한 언어를 말하게 된다. 유아는 "편안히" 발화하고, 의지의 전달을 하고 있어, 언어의 습득과정에 스트레스를 느끼지 않는다. 유아가 주위의 어른의 발화를 듣고, 같은 소리를 내는 것은 어른의 발화를 "기계적"으로 모방하는 것이 아니라 들은 것을 확인하기 위해서이다. 유아와 어른의 회화에서는 유아 아닌, 어른이 유아의 말하기를 모방하는 것이 보통이다.

이러한 관찰에서 Gattegno의 언어학습이론이 태어나고, 여기에서 사이렌트 웨이의 지도원리가 고안되었다. Stevick은 그의 저서 "기억, 의미 그리고 방법"에서 Gattegno의 언어학습이론을 다섯 항목으로 정리하여 보여주고 있는데 이는 사이렌트 웨이의 지도원리에 반영되어 있다.

① 가르치는 것은 배우는 것에 종속되지 않으면 안 된다.

교육에서 중요한 것은 "가르치는 것(teaching)"이 아니고, "배우는 것(learning)"이며, 학습하는 것은 학습자 자신이다. 교사는 학습을 보좌하는 사람이다.

② 학습이란 본래 모방이나 드릴이 아니다.

밈·멤연습이나 문형 연습으로는 학습이 불충분하며, "자극-반응"의 연습보다 학습자 자신의 주체적 인지(認知)가 중요하다.

③ 학습할 때 지성(知性)은 지성 자체의 활동에 의해 시행착오 및 신중한 시도를 꾀해, 판단을 유보하거나, 결론을 수정하는 기능을 수행한다.

실험심리학에서는 문제해결학습이 가장 기억의 보지(保持)와 재생산을 제고하는 방법이라 한다. 따라서 교사는 학습자의 집중력을 높이는 상황을 만든다. 학습자의 지성은 학습에 효과적인 기능을 수행하므로, 교사는 학습자의 자율적인 지성의 활동을 신뢰하고, 학습활동을 학습자에게 맡겨야 한다. 그것은 이렇게 함으로 학습자의 내부에 학습활동을 스스로 평가하는 기준(inner criteria)이 생겨, 교사가 지도하지 않더라도 학습자 자신이 자율적으로 배우고 정정할 수 있게 된다고 생각하기 때문이다.

④ 지성이 활동할 때는 이미 학습한 것 모두가 동원된다.

학습자가 지니고 있는 지식 및 경험은 학습에 도움을 주므로, 이들을 이용하여 학습효율을 높이는 것이 중요하다. 외국어의 학습에는 모국어의 지식, 습득 경험이 활용되어야 한다.

⑤ 교사는 학습자의 활동을 방해하거나, 무시하거나 하여서는 안 된다.

학습자가 교사의 종속적 활동밖에 하지 못하는 경우가 많다. 그리고 발화 도중 잘못을 정정 받는 등 학습을 방해받는 경우도 흔하다. 이는 학습자의 주체적 성장을 억제하고, 학습효율을 저하시키게 된다. 교사의 주된 역할은 학습자의 불안 및 긴장을 해소하여 정신적으로 자유로운 활동이 가능한 분위기를 만들어 주는 것이 되어야 한다.

3.4.2. 침묵법의 지도법

침묵법에는 교사의 침묵과 더불어 독특한 교구(教具)가 사용된다. 발음연습에 사용되는 채색 차트(color chart), 갖가지의 사물을 나타내는 길이가 다른 나무 막대(rod) 등이 대표적인 것이며, 이 밖에도 발음과 철자의 관계를 나타내는 음성 차트(phonic chart), 및 단어를 나타내는 색깔을 달리 한 낱말 차트(word chart) 등이 있다.

침묵법에서의 교사의 역할은 첫째 가르치는 것, 둘째 테스트하는 것, 셋째 뒤로 물러서는 것이다. 가르치는 것은 새로운 항목을 의미 부여하기 위해 막대 등 비언어적인 것을 사용하여 제시하는 것을 말한다. 테스트는 제시한 항목에 기대한 대답을 기다리는 것이다. 뒤로 물러서는 것은 막대를 사용하는 것이나 발음을 하는 것도 학습자에게 맡기는 것을 의미한다.

학습지도는 먼저 채색 차트를 사용하여 학습자에게 발음과 철자를 연결시키는 연습에서부터 시작한다. 방법은 교사가 색깔을 달리한 철자를 써 놓은 차트를 보이고, 그 철자의 모델 발음을 하여 학습자들에게 복창시킨다. 교사는 필요한 최소한의 발음(이상적으로는 1회)만 하고, 가능한 한 학습자에게 발화시키는 것을 특징으로 한다.

학습자가 모국어 화자와 같이 발음하게 되면 어휘와 문형 학습으로 나아간다. 이때에는 여러 가지 나무 막대를 사용한다.

교사는 제시하는 예문이나, 지시를 한번만 한다. 따라서 학습자는 교사의 발언을 주의 깊게, 긴장해서 듣는다. 교사의 지시를 잘 못 들었거나, 어떤 학습자가 발화가 안 되는 경우에는 짝이 도와 준다. 교사는 학습자를 절대적으로 신뢰하며, 자유로운 활동과 자력(自力)에 의한 성취를 지켜본다. 학습자간의 인간관계는 중시된다. 학습자가 서로 신뢰하고, 존경하여 협조 정신을 가지고 수업에 참여할 때 집단역학(group dynamics)의 원리가 작용하여 학습효과가 오를 것으로 본다. 이와 반대로 학습자간의 관계가 나쁘고, 협조나 상호 신뢰가 안 되게 되면 학습자가 불안과 위협을 느껴 적극적으로 수업에 참여하지 않게 되어 학습효과가 저하될 것으로 본다.

3.4.3. 침묵법의 특징과 가능성

언어를 지도하는 교사는 "침묵"을 하게 하고, 학습자의 언어활동을 늘리고, 그의 적극적인 행동, 특히 문제해결을 통해서 학습해 나가고자 하는 교수법은 획기적인 이론이다. 또한 학습자의 심리를 중시하는 동시에, 학습자를 전면적으로 신뢰하는 "학습자 중심의 교수법"으로서도 침묵법은 종래 보지 못하던 특징적 교수법이다.

교사가 제시하는 모델 발화나 지시가 원칙적으로 1회한이라는 것은 모델문의 반복연습을 통해 습관의 형성을 지향하는 A-L법과 커다란 차이가 있다. 교사가 예문이거나 지시를 한번밖에 하지 않는 것은 청해능력의 향상에 효과가 기대된다.

또한 모방 및 암기를 통해 학습하는 오디오 · 링갈 어프로치적인 학습방법을 "유치한 학습"이라 하여 싫어하는 성인 학습자 등에게 침묵법의 "문제해결 학습법"은 환영되는 경향이 있다. 곧 이러한 수업은 "가르쳐졌다"는 기분보다 "스스로 배웠다"는 만족감을 주기 때문이다.

침묵법은 이러한 여러 가지 장점이 있으나 이를 유효하게 실시하기 위해서는 교사가 특수한 훈련을 받아, 그 원리를 이해하는 동시에 각종 교구를 다루는 기법에도 숙달돼야 한다는 어려움이 있다.

이러한 침묵법을 한국어교육에 적용해야 할 포인트로는 다음과 같은 것을 들 수 있다.

① 언어교육에서 중요한 것은 학습자에게 "말하게 하는" 것이다. 따라서 잘 떠드는 교사는 학습자의 학습 기회를 뺏는 것이 된다. 교사의 계획된 "침묵"이 귀중하다.

② "침묵"은 주의의 집중에 효과적이고, 전후에 "침묵"을 수반하여 제시되는 문장은 한번만이라도 잘 청취된다.

③ 교사가 학습자에게 손을 자주 뻗쳐주면 의뢰심이 강한 학습자, 자신이 없는 학습자를 기르게 된다. 가능한 한 학습자 자신에게 "학습"을 맡기고 자립적으로 학습을 하도록 지도한다.

④ 같은 반의 학습자끼리의 인간관계는 교사와 학습자와의 인간관계와 마찬가지로 학습에 영향을 미친다. 학습자가 불안이나 위협을 느끼지 않고 서로 협력하는 반 분위기는 학습을 촉진한다.

3.5. 공동체언어학습법(Community Language Learning: CLL)

3.5.1. 공동체언어학습법(CLL)의 이론

CLL은 미국의 카운슬링 및 심리학자인 Charles A. Curran에 의해 1970년대에 개발된 교수법으로, 인본주의적 어프로치의 대표적 교수법이다. 이는 심리학의 카운셀링의 원리와 수법을 응용한 것이어 상담학습법(Counseling Learning: CL)이라고도 한다. CLL은 교실을 하나의 Community라 생각하여 교사가 카운슬러가 되고, 학습자가 의뢰인(client)이 되어, 공동체 멤버의 전원이 일체가 되어 과제를 해결해 나가도록 하는 학습자 중심의 교수법이다.

공동체언어학습법(CLL)의 언어학습관은 전인적 언어학습관(whole person learning)이다. Curran은 학습을 종래의 행동주의심리학의 테두리에서 수용하는 것과 객관적 사실을 아는 지적과정으로만 받아들이는 것에 반대하였다. 그는 진정한 학습이란 지성과 감정의 양쪽을 갖추어야 한다고 한다. 그는 지성 편중의 학습에 대해, "학습"이란 전인격적인 것으로, 지성에 의한 행동 이외의 감정 등도 포함된 인간 전체의 행동이라 보았다. 그리하여 학습자, 특히 성인 학습자는 새로운 것을 배우는 경우에 불안 및 공포에 쫓겨, 자위본능에서 "방어적 학습"에 빠지기 쉬운데, 그렇게 되면 효과적인 학습을 기대할 수 없다고 했다. 따라서 교사는 학습자의 심리를 이해하고, 불안이나 긴장을 제거할 필요가 있다고 한다.

CLL에서의 학습은 교사와 학습자와의 상호작용 가운데 이루어지며, 그 가운데서 학습자는 교사에게 완전히 의존하는 상태에서 완전히 독립하는 상태에로 성장하는 것이라 생각한다. Curran은 이를 "학습의 내화(內化)"로 포착, 여기에는 다음과 같은 다섯 단계가 있다고 본다.

① 태아기(Embryonic stage) – 교사에 의존하여 목표언어를 말하고 있는 시기.
② 태아성장기(Self-assertive stage) – 교사의 조력이 필요한 경우도 있으나 어느 정도 자신이 붙게 되는 시기.
③ 탄생기(Birth stage) – 자력으로 목표언어를 말하기 시작하는 시기. Separate existence stage라고도 한다.
④ 청년기(Adolescent Stage) – 자기 주장을 하기 시작하고, 자기 혼자 할 수 있다고 생각하는 시기. Role reversal stage라고도 한다.
⑤ 독립기(Independent Stage) – 완전히 교사의 손에서 떠나 자유롭게 커뮤니케이션이 가능한 시기. Independent adult stage라고도 한다.

이러한 "내화의 5단계"는 학습자의 발달단계에 따라 교사로 하여금 수행해야 할 역할을 바꾸게 한다. Curran은 또한 학습을 성공으로 이끌기 위해 불가결한 요인으로 "SARD"란 약어로 표현되는 여섯 가지 요인을 들고 있다. 이는 Security(안심감), Attention(주의력) 또는 Aggression(투쟁심), Retention(保持) 또는 Reflection(內省), Discrimination(차별)의 여섯 가지다.

3.5.2. 공동체언어학습법(CLL)의 지도법

전형적인 CLL교실에서는 6~12인 정도의 학습자가 그룹을 이루어 원형으로 앉는다. 가운데에는 테이프 레코더와 마이크를 놓는다. 카운슬러로서의 교사는 원 밖에 선다. 카운슬러는 학습자들에게 화제를 정하고, 그 화제에 대해 목표언어로 말하도록 한다. 초기의 단계에서는 학습자가 모국어로 발화하는 경우 발화가 끝나면 귀에 대고 작은 소리로 그것을 목표언어로 번역해 준다. 그러면 학습자는 그것을 반복해 말함으로 "자기가 말하고 싶었던 것"을 목표언어로 말하게 된다. 이 경우 카운슬러의 도움을 받았다고는 하더라도 자기가 말하고 싶었던 것을 목표언어로 말한 것이므로, 크게 기뻐할 뿐 아니라, 학습효과도 크게 나타난다.

학습단계가 앞으로 나아가고, 학습자의 능력이 높아지면 카운슬러의 활동도 바뀌어, 학습자가 요구하는 단어나 문법을 가르쳐 주거나, 좀 더 세련된 표현을 소개하거나 한다. 이럴 경우 카운슬러는 언제나 "분명한, 그러나 부드러운 여운"이 있는 말로 학습자에게 원기를 불어넣어 주는 말하기를 해야 한다. 학습자가 잘못 듣거나, 같은 잘못을 여러 번 반복하는 경우라도 비난하는 투의 말하기나, 언짢은 소리로 말하는 것은 피해야 한다. 이러한 역할을 수행하는 카운슬러는 목표언어와 학습자의 모국어의 양쪽에 통하지 않으면 안 된다. 그리고 학습자의 레벨에 맞는 적절한 표현을 순간적으로 선택하여 학습자에게 전하는 기민성도 있어야 한다.

학습자들의 발화는 테이프에 녹음하여, "말하기" 연습이 끝난 뒤, 전원 앞에서 재생하여 판서하고, 그 구조 및 용법을 검토한다. CLL교실에서는 학습자 전원이 공동체의 멤버로, 멤버끼리 좋은 관계를 가지고, 목표언어 사용에 서로 조력한다는 것이 전제가 된다.

CLL학습에는 "투입(investment)"과 "내성(reflection)"이라는 두 개의 중요 단계가 있다. 투입(投入) 단계에서 학습자는 다른 학습자와 함께 커뮤니티의 한 구성 멤버로서 적극적 커뮤니케이션을 행해 의견을 교환하나, 내성(內省)의 단계에서는 녹음 테이프를 듣거나, 교사가 판서한 문장을 검토하여 투입단계에서 자기가 행한 발화활동을 고친다. 이 두 단계의 활동을 충분히, 그리고 철저하게 수행함으로 학습자는 차츰 학습에 대한 자신이 생기고 안심감을 가지게 되며, 점점 "독립기"를 지향하여 활동을 전개하게 된다.

여기서 말하는 "투입"이란 CLL의 학습형식을 통해서 학습자가 실제로 자기가 말해보고 싶다고 생각하는 것을 표현하면서 목표언어를 배워가는 것이다. 이는 종래의 언어교육에서 모델 문장을 가지고, 학습자 자신의 생각과는 전혀 관계가 없는 내용을 강제적으로 학습하는 것과는 커다란 차이가 있다. 말을 바꾸면 CLL에서는 학습자는 언제나 "자기 자신의 역을 연출하며" 학습하는 것이므로, 여기서 발화되는 "문장"은 학습자에게 있어서도, 가장 관심이 많은 것이며, 대부분은 교실 밖에서도 이야기할 가능성이 있는 것이다. 따라서 학습효과가 높아진다고 생각된다.

투입의 단계에서 카운슬러가 수행하는 역할은 크다. 학습자가 필요로 하는 어휘 및 표현을 공급하는 동시에, 학습자의 좋은 이해자로서 학습자에게 안심감을 주며, 언어학습의 교실에서 있을 법한, 학습자의 방어적 태도를 완화하는 일을 한다. "방어적 태도"란 학습자가 목표언어를 배우는 과정에서 "다른 사람들"에게 갖는 "두려움"이나, "열등감" 등 감정에 연유하는 것이다. 학습자가 "방어적 태도"를 취하게 되면, 교실에서의 활동은 소극적이 되고, 학습 효과는 저하하게 된다. 따라서 카운슬러는 "권위있는 지도자"나, "엄한 판정관"으로서의 입장을 취하는 것이 아니라, 오히려 학습자 공동체에서의 활동을 이해하는 지원자, 조언자로서 철저함으로 학습자의 "방어적 태도"를 완화하고, 학습을 촉진해야 한다.

"내성(內省)"의 단계에서 학습자는 "투입" 단계에서 행한 언어활동의 체험을 되돌아보고, 그것을 어떻게 느끼고 있는가를 카운슬러에게 학습자의 모국어로 설명한다. 카운슬러는 그것에 대해 비판하지 않고 그저 수용적 태도만 취한다. 다음 "투입"의 단계의 녹음을 재생하여 학습자들에게 듣게 한다. 여기서 학습자들은 자기들이 행한 일련의 언어활동을 재확인한다. 이어서 문장을 하나씩 잘라 재생하여 듣게 함으로 그 의미를 확인시킨다. 그리고 다시 한번 테이프를 재생하여 듣게 하고, 이를 판서하거나 하여 그의 문법 및 표현의 용법에 대해 학습자들에게 말을 하게 하며, 필요한 경우에는 카운슬러가 "좀 더 나은 표현"을 해설한다. 여기서도 "이야기하는" 주체는 학습자들로서, 교사가 학습자 전원에게 일방적으로 교수하거나, 연습을 강제하거나 하지 않는다.

3.5.3. 공동체언어학습법(CLL)의 특징과 가치

CLL의 기본적 이론은 "학습자가 불안 없이 안락한 상태에 있을 때 주의력 및 집중력이 높아지고, 학습에 대한 관심이 강화된다"는 것이다. 사람은 긴장 상태에서 집중력이 높아지는 경우도 있으나, 장시간에 걸쳐 집중력을 발휘하기는 어렵다. 따라서 교사가 엄한 태도로 학습자를 대해 조그마한 과오라도 호되게 정정하는 것과 같은 방법은 학습자에게 공포감과 긴장감을 주게 되므로 CLL에서는 바람직한 태도라 보지 않는다.

학습자가 정신적, 정서적인 안정을 얻기 위해서는 교사와 학습자, 또는 학습자 상호간의 신뢰가 중요하고, 이와 같은 인간관계를 만들기 위해서는 교사의 노력이 필요하다.

CLL교실이 이상적으로 운영되는 경우 학습자는 자기가 관심사를 화제로, 그것도 자신이 창조한 "문장"을 발화하고, 자기가 선택한 어휘 및 표현을 하므로 학습의 동기 부여가 잘 되고, 학습 효과가 크게 나타난다. 일종의 자유 회화인 CLL의 교실은 이런 의미에서 창조력 및 커뮤니케이션 능력을 양성함에 높은 효과가 기대된다.

다만 CLL에서 교사가 너무 "비지시적"이라거나, 지도 내용을 체계화하기 어렵다는 것 등은 문제점으로 지적된다. 교실이 학습자들의 자주적 활동에 맡겨져 일부 학습자만이 발언하거나, 같은 잘못이 복수의 학습자 사이에 반복되거나, 문제가 너무 어렵게 되어 발언이 두절되거나 하는 것도 문제이다. 대인관계에서 따돌림을 당해 학습자가 고립되고 떨어져 나가는 경우도 있으므로 이러한 때에 카운슬러의 기민한 조치가 필요하다.

3.6. 암시법(Suggestopedia)

3.6.1. 암시법의 이론

암시법, 서제스토페디아는 불가리아의 정신과 의사 Georgi Lozanov에 의해 개발된 교수법이다. 이는 암시(suggestion)와 정신의 집중에 의해 학습 효율의 향상을 도모하고자 하는 것이다. 암시적 교수법은 암시에 의해 학습자의 의식을 "무의식의 레벨"로 인도하고, 학습자의 잠재적 학습능력을 활성화함으로 학습을 촉진하고자 한다.

이 교수법의 이론적 근거는 암시학(suggestology)이다. 이는 정신적 신체적 양면에 숨겨진 무한한 잠재력을 끌어내 인간의 창조성을 높이고자 한다. 잠재력을 끌어내기 위해서는 뇌 안에서 암시를 어렵게 하는 항암시장벽 (Anti-suggestive barriers)을 의식적, 준의식적으로 제거해야 한다. 이 장벽은 비판적 논리적 장벽, 직관적 감정적 장벽, 윤리적 장벽이란 세 가지가 있다. 이들은 각각 자기의 논리 기준, 자신과 안심감, 윤리 도덕적 신념과 배치되는 것이다. 암시적 교수법은 이들 장벽을 제거하여 부정적 개념을 긍정적인 것으로 바꾸고, 자신감을 갖게 함으로 잠재능력을 끌어낼 수 있다고 본다. 그렇게 함으로 학습의 장애가 되는 "긴장"이나 "불안" 및 "공포" 따위를 제거하여 학습자의 정신상태를 건전하고, 긍정적이고, 적극적인 것이 되게 함으로 학습이 촉진된다는 것이다.

장벽을 제거하고 자신을 갖게 하기 위한 수단으로는, 곧 학습을 촉진하는 상황, 조건을 갖추는 구체적 수단으로는 모든 것을 컨트롤하는 교사의 비위압적 권위, 음악, 극적 낭독, 안락한 거실과 같은 학습환경, 즐겁고 부드럽고 자연스러운 제2언어학습 과정, 정확성보다 커뮤니케이션을 우선하는 교사의 태도가 불가결하다고 본다.

암시법의 구체적 학습이론은 아래와 같은 세 가지 법칙에 바탕을 두고 있다.

① 대뇌 전체가 학습에 참가

좌뇌로 논리적, 분석적, 합리적인 사고를 하고, 우뇌로 직관적, 감정적, 창조적 활동을 하는데 종래의 교수법에서는 주로 좌뇌만을 활용하였다. 그러나 학습효과를 높이기 위해서는 우뇌의 활동도 필요하다. 따라서 좌우 양뇌가 조화롭게 활동하게 하는 것이 중요하다고 본다.

② 분석적 학습과 통합적 학습의 동시 진행

대뇌생리학적으로 볼 때 뇌 속에서는 "분석적" 활동과 "통합적" 활동이 동시에 행해지므로, 학습에서도 이와 마찬가지로, 어휘적 학습과 구문적 학습은 동시에 진행되어야 하고, 어느 한 쪽을 우선하여 학습하는 것은 바람직하지 않다고 본다.

③ 현재의식(顯在意識)과 잠재의식(潛在意識)의 동시 참가

커뮤니케이션을 행하는 경우, 현재의식만이 아니고 잠재의식도 작용한다. 교사는 이 점을 잘 알고 지도에 임해야 한다. 실제의 커뮤니케이션에서 언어가 전하는 "의미" 외에 제스처, 표정 등 비언어적 수단으로 전해지는 "정보"도 빠트릴 수 없는 것이다. 후자와 관련된 잠재의식의 활동을 포함한 전인격적 학습이 필요하다.

3.6.2. 암시법의 지도법

암시적 교수법에서는 우선 보통 교실이 아니고, 따뜻한 분위기의 거실과 같은 기분이 좋은 방을 필요로 한다. 학습자가 긴장을 풀고, 정말로 쉴 수 있는 장소가 바람직하므로 벽의 색이나 양탄자, 가구, 조도(調度)에서 채광 및 실온에 이르기까지 학습자의 심리적 영향을 고려하여 준비한다. 학습자는 안락한 의자에 앉아 교사의 지도를 받는다. Lozanov는 학습효과가 큰 "암시"의 원천으로서 예술작품을 중시하고 있다. 그리하여 교실 안에 그림이나 조각, 또는 식물 등을 배치한다.

암시법에서는 긴장을 풀고 학습에 적극적으로 참여하게 하기 위해 학습

자가 딴 인물로 변신한다. 그리하여 가상의 이름과 직업의 가상의 인물이 행동한다. 이는 방어적 심리 등에서 해방시켜 주는 효과를 나타낸다.

한 단원(과)의 수업은 세 개의 부분으로 이루어진다. 제1단계는 "전단계(presession)"라 불리는 것으로, 교사가 앞으로 학습할 교재의 내용을 소개하고, 그것에 대해 간단히 해설하는 단계다. "해설단계"라고도 불린다.

제2단계는 "Session", 흔히 "콘서트의 단계"라고 한다. 이는 두 단계로 이루어진다. 전반은 능동적 콘서트(active concert session)의 단계라 한다. 교사가 음악에 맞추어 모국어와 목표언어로 쓰인 교재를 낭독하여 학습자에게 들려준다. 학습자는 정서에 호소하는 듯한 클라식 음악 및 로만파의 음악을 배경으로 텍스트에 눈을 주며, 그것을 듣고 내용을 이해한다. 이때 모찰트, 베토벤, 차이코프스키 등의 음악이 잘 사용되는데, 교사는 언제나 음악의 흐름에 맞추어, 그 음량이나 고저, 속도를 조절하여 오케스트라의 일부가 되도록 낭독하는 것이 좋다고 본다. 후반은 수동적 콘서트(passive concert session) 단계라고 한다. 이때 교사는 학습자의 뇌파(腦波)가 정상시에 볼 수 있는 알파파(a波) 상태가 되기 쉬운 바로크 음악을 배경으로 교재를 낭독한다. 학습자는 책을 덮고 안락한 기분과 자세로 다시 듣고 있으면 되고, 특별히 의식을 집중하여 들을 필요는 없다고 본다. 이 수동적 단계에서 교사가 교재를 낭독할 때에는 "자연스런 읽기", "좀 소리를 낮춘 조용한 읽기", "힘찬 읽기" 등 조자(調子)나 억양을 바꾸어 듣게 하는 것이 효과적이라 본다. 콘서트의 수법을 사용하는 것은 음악을 들으며 안락하게 하려는 것과, 좌우 뇌의 활성화로 기억력을 증진시키기 위함이다.

제3단계는 "Post session", "마무리 단계"이다. 이 단계에서는 연습 및 내용의 구체적 학습을 한다. 소위 연습(elaboration)의 단계로, 학습자의 언어 운용능력을 높이기 위해 여러 가지 학습활동이 꾀해진다. 여기서는 대화(dialogue)의 문법, 어휘, 의미 등 여러 가지 질문에 답하거나 설명을 한다. 설명은 문법규칙을 연역적으로 가르치는 것이 아니라, 귀납적 방법을 취한다. 기계적 드릴 연습은 하지 않는다. 어휘의 암기는 종래의 교수법과 별반 다름이 없다. 이 밖에 다이아로그를 읽고 번역하거나, 각종 게임 및 대화의 재생, 화제에 따른 회화, 롤 플레이 등도 한다. 이들 학습활동은 무엇이거나 학습자가 자발적으로 하는 것이 중요하다.

3.6.3. 암시법의 교사와 교재

암시적 교수법의 원리의 하나는 학습자를 긴장에서 해방시켜 자신을 가지게 하는 것이다. 고전음악이 수행하는 기능이 바로 반암시장벽(antisuggestive barriors)을 제거하는 것이고, 탈암시(desuggestion)이다. 그리고 이에 의해 얻어지는 것이 편안한 상태가 되는 의사수동화(pseudopassivity)다. 교사의 태도도 자신(自信)과 밀접한 관련을 갖는다. 암시적 교수법에서 교사의 권위는 절대적이다. 이 권위는 위압적인 것이 아니라, 명성, 인격, 지식 등 일종의 카리스마라고 해석할 수 있는 것이다. 교사는 절대적 권위를 가지기 때문에 학습자는 순진한 어린애와 같은 태도로 수업을 받을 수 있는 것이다. 이 학습자에게 어린애와 같은 순진성을 지니게 하는 것이 또한 탈암시에 의해 얻어지는 것이다. 유아화와 의사수동화(擬似受動化)에 의해 기억력과 창조력이 증진되고, 학습이 비약적으로 촉진된다. 교사는 이런 점에서 그 역할이 중요하다. Lozanov는 수업을 통하여 교사가 수행하여야 할 역할, 및 취할 태도를 다음과 같이 정리하고 있다(高見孟澤, 2000: 67).

① 암시법에 대한 절대적 신뢰를 나타낸다.
② 복장이나 태도에 대해 엄격한 태도를 취한다.
③ 각 학습단계의 최초의 부분을 특히 주의 깊게 기획하고, 이를 준수한다.
④ 각 학습단계를 통해 엄한 태도를 유지한다.
⑤ 시험을 집행하고, 성적이 나쁜 답안에 대해 요령 있게 대응한다.
⑥ 교재에 대해 분석적인 태도가 아닌, 대국적인 태도를 강조한다.

⑦ 항상 적당한 열의를 보인다.

암시법의 교사는 연기 및 음악의 재능, 심리요법의 기법 등도 갖추지 않으면 안 된다.

암시적 교수법의 교재는 보통 10과로 되어 있으며, 각과의 주요 부분은 1,200어 정도로 구성된 "대화"와 이 밖에 신출 어휘 목록 및 문법의 해설 등으로 되어 있다. 각과의 "대화"는 어휘나 문법면에서 쉬운 것에서 어려운 것으로 나아가게, 이른바 "겹쳐 쌓는" 방식이 채택된다. 교재의 내용은 "정서적 힘"을 지니게, 언어적 질이 높고, 흥미가 많은 것으로 되어 있어 학습자를 불안하게 하거나, 혼란하게 하지 않는 내용의 것이 사용된다.

3.6.4. 암시법의 학습효과

암시적 교수법의 교육에서는 "암시"의 힘에 의해 학습자의 "정신적 집중"을 끌어냄으로 학습 능력의 향상 및 지식의 증가를 도모하나, 동시에 학습자 자신이 지니고 있는 이미지를 개선함에 의해 다시 폭넓은 "학습효과"가 기대된다고 한다.

① 기억력의 증진과 유지력의 강화
좌우뇌 등 뇌 전체가 활성화되어 학습에 참가함으로 기억력도 증진되어, 오디오·링갈 어프로치에 의한 덮어놓고 암기하는 것과는 비교가 안 되게 장기간 유지할 수 있다.
② 자신(自信)의 형성
항상 "긍정적인" 지도를 받고 있어, 학습자는 마음의 여유를 가지고 배우고, 자기 능력에 자신을 가지게 된다. 그 결과 많은 학습자는 학습 이외의 행동도 적극적, 의욕적으로 하게 된다.

③ 창조성의 향상

예술적 분위기에서 학습하므로 이에 영향을 받아 학습자의 내부에 있는 "예술적 재능"이 눈을 떠, 학습에 그치지 아니하고 생활의 모든 면에 "창조성"이 증진된다.

④ 실제적 커뮤니케이션 능력의 강화

학습자를 잘 이해하는 교사가 지도하고, 같은 반에서 배우는 다른 학습자와 협력을 하므로 그룹의 역동성이 생겨, 그 신뢰관계는 적극적인 커뮤니케이션을 하게 해 커뮤니케이션의 능력이 향상된다.

⑤ 주변 지각(知覺)의 확대

학습을 위한 "암시"가 주위의 모든 것에 대한 수용적 태도를 증대하고, 주위 환경에 긍정적으로 작용해 적극적으로 수용하게 되어 대인관계도 개선되고, 음악이나 미술 등에 대한 감수성도 풍부해진다.

⑥ 탈(脫)스트레스

암시법에 의한 교육에서는 학습자는 학습에 수반되는 불안 및 긴장에서 벗어나, 안락한 상태가 되어 학습과정 그 자체가 스트레스 해소에 이바지하여, 정신적 육체적인 건강 증진에도 효과가 있다.

이상과 같은 효과는 "언어학습"의 테두리에 머물지 않고 생활 전반에 미치는 것이어, 암시적 교수법의 교육은 수용적이고, 적극적인 인간을 만든다고 본다.

3.7. 자연법(The Natural Approach)

3.7.1. 자연법의 이론

내추럴 어프로치는 1977년 캘리포니아주의 스페인어 교사 Tracy Terrell에 의해 제창되고, 1980년대에 남 캘리포니아대학의 응용언어학자 Stephen

Kraschen에 의해 이론적인 체계가 갖추어진 것이다. Terrell과 Krashen은 1983년 "The Natural Approach"를 공저하였는데, 여기서 Krashen은 이론을, Terrell은 교실에서의 실천 문제를 다루고 있다.

내추럴 어프로치는 실제 커뮤니케이션 현장의 언어 사용에 기초한 교수법으로, 청해(廳解)를 우선하는 직접법(the direct method)이라 할 수 있다. 이의 중심을 이루는 이론은 다음과 같은 것이다.

① 청해우선

유아의 발화처럼 초기에는 듣기에 집중한 다음, 말하고 싶어 하는 행동이 나타날 때 말하게 하는 것을 기본 방침으로 한다.

② 전달장면의 중시

머릿속의 학습이 아니라, 커뮤니케이션의 현장에서 주고받으며 목표언어를 습득하는 것을 중시한다.

③ 정확성에 대한 관용적 태도

언어의 정확성은 천천히 획득된다는 생각에서 초급단계에서부터 모국어 화자와 같은 정확성을 요구하지 않는다.

④ 자연스런 습득

의식적 분석적 교육이 아닌, 어린이의 제일언어 습득의 경우처럼 자연스런 상황에서, 필요한 표현을 하며 몸에 익히는 것이 가장 효과적 방법이라 본다.

자연법은 Krashen의 제2언어습득이론에 바탕을 둔 것으로, 그 중심을 이루는 것은 다음과 같은 다섯 개의 가설이다.

(1) 습득-학습의 가설(the aquisition/learning hypothsis)

제2언어의 능력을 향상시키는 데에는 두 가지 방법이 있다. 그 하나는 습득(acquisition)이고, 다른 하나는 학습(learning)이란 것이다. "습득"은 실제의 언어사용 장면에서 자연스럽게 그 언어를 사용함에 의해 능력을 기르는 것이다. 어린이들의 제1언어 사용이 이러한 습득에 의한 것이다. 이에 대해 "학습"은 언어를 의식적으로 "배우는" 방법으로, 언어 사용보다 언어에 대한 "지식"을 얻는데 기울어진다. 제2언어의 실제적 전달 능력은 학습 아닌 습득에 의해 달성되며, 커뮤니케이션의 중요한 요소인 유창성도 이에 의해 육성되는 것으로 본다. 학습은 보족적인 역할을 할 뿐이다.

(2) 자연순서의 가설(the natural order hypothesis)

언어 습득에는 자연적 순서가 있고, 그것은 예측이 가능하다는 것이다. 곧 대다수의 사람의 경우 어형변화나 문법 구조를 습득하는 순서가 대체로 같다는 가설이다.

이러한 언어의 습득순서는 제1언어나 제2언어의 경우가 꽤 유사성이 있으며, 어려운 "구조"는 제1언어에서나 제2언어에서나 습득이 늦어진다는 것이 확증된 것으로 본다.

(3) 모니터 가설(the monitor hypothesis)

습득된 능력과 학습된 능력은 그 역할이 다르다. 모니터 가설에서는 습득된 능력은 발화를 하게 하고 유창하게 말하게 한다. 이에 대해 학습된 능력은 발화형식을 수정하는 구실을 한다. 의식적인 학습에 의해 얻어진 지식은 발화의 전후에 모니터로서 활동하여, 학습한 규칙에 벗어나지 않게 감독한다. 특히 발화 후에 그 발화가 바른가 어떤가를 체크하여 잘못이 있을 때 그것을 정정하는 구실을 한다. 따라서 제2언어의 발달에는 학습보다 습득이 중요한 것으로 본다. 교사는 유창성의 육성에 장애를 초래하는 모니터를 지나치게 발달시키지 않도록 유의해야 한다.

(4) 입력 가설(the input hypothesis)

학습자는 지금의 능력보다 조금 레벨이 높은 학습항목을 도입할 때 유효하다. Krashen과 Terrell에 의하면 학습자는 현재의 레벨인 i에서 언어의 자연스러운 습득순서에서 한 단계 위의 레벨인 i+1의 단계의 언어를 입력하여 이를 이해함에 의해 i+1에로 진보해 가는 것이 이상적이라 한다.

현실문제로서 학습자의 실제적 커뮤니케이션 능력을 강화하기 위해서는 섬세한 조정에 의한 입력(入力)보다 대략적 조정에 의한 입력이 효과적이고, 실천적이라 본다.

(5) 정의(情意) 필터 가설(the affective filter hypothesis)

Krashen은 학습자의 정서적인 상태나 태도가 "습득"에 필요한 입력을 거르는 필터가 된다고 생각한다. 그래서 이 필터의 활동을 억제하면 입력이 순조롭게 행해지는 이상적인 상태가 된다고 본다. 이 가설은 세 종류의 요인이 필터의 작용, 곧 입력의 유입과 관련을 갖는다고 한다. 곧 높은 동기를 지닌 학습자의 필터가 낮아져야 성공하기 쉽고, 학습자가 자신(自信)을 가지면 습득을 용이하게 하고, 이와 반대로 불안한 기분이 강해지면 습득은 순조롭게 행해지지 않는다는 것이 그것이다.

이상의 다섯 가설은 각각 언어교육이 어떠해야 하는가에 대해 시사해 준다. 이것을 요약하면 다음과 같다(高見孟澤, 1989).

① 청해는 발화의 기본이므로 "입력"은 많으면 많을수록 좋다.

② 문법 구조의 "학습"보다 언어사용 장면에 입각한 바른 실례를 많이 들려주어, 보다 많은 어휘를 접할 기회를 주는 것이 좋다.

③ 교실 활동의 중심은 입력에 두고, 발화는 강제하지 않는 것이 좋다. 특히 입문기에 그러하다.

④ 학습자의 "습득"을 권장하여 효과적인 지도를 꾀하기 위해서는 교사는 우선 학습자의 정의 필터를 낮추도록 하고, 형식보다 전달 내용에 중점을 두는 지도를 행하고, 교실 분위기를 즐겁고 안락하게 한다.

3.7.2. 자연법의 지도법

내추럴 어프로치는 "습득"을 촉진한다고 생각되는 교수법을 각종 교수법에서 수용하고 있다.

입문 단계에는 청해력을 기르는 데에 중점을 두어 학습자로 하여금 목표언어의 발화를 요구하지 않는다. 학습자가 목표언어를 말하지 않더라도 언어활동을 할 수 있는 "청해 위주의 기간(listning comprehension period)"을 설정한다. 이 기간 동안에는 교사로부터 입력(入力)을 받아, 그 의미를 모국어로 설명 받고, 청취에 전념하여 목표언어의 음성적 특징이나 구조적 특징을 충분히 이해하도록 한다. 이러한 학습을 한 뒤 학습자가 말하고 싶어할 때부터 발화활동을 시작한다. 청해 위주의 학습기간에는 주로 전신반응법(TPR)을 응용한다. 이 경우 학습자는 목표언어로 응답해야 하는 것이 아니므로, 청취에 집중할 수 있고, "반복"이나 "응답"의 압박에서 벗어날 수 있다. 이와 같은 방법으로 간단한 동작의 명령형, 신체의 부분명, 교실내의 소도구명, 및 그것을 조작하게 하는 명령형 등에 의해 차츰 입력을 증가해 나간다.

목표언어에 의한 발화는 입력이 충분히 꾀해진 뒤 시작한다. 그 시기는 학습자의 상황에 따라 탄력적으로 운영한다. 충분히 입력된 어휘나 표현을 사용하여 답하게 하는데, 처음에는 "네-아니오"로 답할 수 있는 질문을 한다. 학습이 진행됨에 따라 그림이나 사진 등을 이용하여 어휘와 표현의 입력을 증가하고, 그 내용을 설명하게 하거나 감상을 말하게 하거나 하여 학습자의 발화활동의 범위를 넓혀 나간다. 이러한 직접법적 수업활동을 통해 학습자에게 "습득"의 기회를 제공함으로 자연스런 회화가 가능하도록 지도하는 것이 이 교수법의 기본방침이다.

3.7.3. 자연법에 있어서의 교사의 역할

내추럴 어프로치는 이해 교수법(comprehension approach)에 속할 교수법으로, 긴장이나 불안이 없는 상태에서 많은, 이해할 수 있는 언어(comprehensible input)에 노출시켜 언어를 습득하게 하는 것이다. 이는 말하기를 강요하지 않는다. 이러한 교수법에서 교사가 행해야 할 역할은 다음과 같은 것이다.

① 교사는 목표언어로 이해를 위한 적절한 입력을 행하는 역할을 한다. 수업시간은 "습득"을 위한 입력을 공급하는 것이 첫째 일이다. 교사는 이 가장 중요한 입력의 제공자로, 입력하는 언어 정보의 이해를 돕는 "몸짓"이나 "표정" 등의 비언어적 정보의 제공자도 되어야 한다.

② 교사는 교실 분위기를 즐겁게 만들어 학습자의 정의 필터를 낮추는 역할을 한다. 학습자가 발화단계에 와 있는지, 아닌지의 여부를 판단하거나, 학습자가 흥미를 느낄 화제를 준비하여 즐거운 교실이 되도록 하는 것 등도 교사가 할 역할이다.

③ 교사는 학습자의 상황 등을 고려하여 적절한 교실 활동을 준비하는 역할을 한다. 교재를 모으고, 그 사용법을 생각하여 두는 것도 교사의 책무이며, 그 선택은 교사의 감이 아닌, 학습자의 욕구(needs) 및 흥미에 따르도록 하는 것이 바람직하다.

3.8. 의사소통교수법(Communicative Approach)

3.8.1. 의사소통교수법의 이론

의사소통교수법(의사소통법), 곧 커뮤니커티브 어프로치는 넓은 의미로

"전달 능력 육성에 중점을 두는 교수법"이다. 이는 교육 내용을 개선함에 의해, 또는 교육방법을 혁신함에 의해 목표언어의 기능과 운용능력을 양성하고자 하는 두 가지가 있다. 전자는 내용적 어프로치, 후자는 방법적 어프로치라 하는 것으로 이 두 가지를 아울러 커뮤니커티브 어프로치라 한다. 의사전달 언어교수(Communicative Language Teaching)라고도 한다. 1970년대에 유럽에서 개발된 개념 실러버스(notional syllabus)와 기능 실러버스(functional sillabus)가 이러한 것이다.

1960년대에 접어들어 유럽에서는 외국어교수법에 대한 불만과 불신이 커졌다. 오디오·링갈 어프로치적 교수는 문법적으로 정확한 문장은 짓게 하여도 언어운용 능력은 길러 주지 못하였다. 그리하여 미국에서는 인지학습이론이, 영국에서는 언어의 기능과 운용에 주목하여 커뮤니커티브 언어학습법이 탄생되었다. 커뮤니커티브 언어학습에서는 모든 장면, 맥락에서 적절하고 신속하게 커뮤니케이션이 가능한 능력을 기르는 것이 교육목적이 되어야 한다고 주장하였다. C. Candrin, H. Widdowson 등이 이러한 새로운 언어교육을 주창하였다. 이들 교육이론의 기초가 된 것은 D. Hymes, M.A.K. Haliday 등의 기능언어학이다. 하임스는 언어 운용에 대해 Linguistic Competence에 대해 Communicative Competence를 들었다. 할리데이는 언어행위가 사람이 남에 대해 행하는 행위의 한 형태로, 말에 의해 상대방에 대해 어떤 활동을 하게하는 행위라고 하였다. 그리고 언어의 일곱 가지 기능을 들어 커뮤니케이션 중심의 외국어교육으로 눈을 돌리게 하였다.

이와는 달리 유럽공동체의 약진 또한 국경을 넘어 바른 의사전달을 할 수 있는 언어운용능력의 육성을 필요로 하였다. 그리하여 1971년 유럽협의회(Council of Europe)는 각 참가국의 언어를 가르치는 데 어울리는 교수법 개발을 기획해 그 연구를 전문가 집단에 의뢰하였다. 이 멤버가운데 하나였던 D. A. Wilkins는 이때 "유럽에서 활동하는 성인 학습자가 의사전달에 필요한 항목(실러버스)과 그 기준의 작성"을 담당하였다. 그는 1972년의 보고서에서 종래의 문법 실러버스가 아니고, "개념" 및 "기능"의 항목을 모은 새로운 실러버스가 필요하다고 제안하였다. 이 제안에서 뒤에 "개념/기능 실러버스"가 태어나게 되었고, 이를 바탕으로 한 실제적 어프로치로서 커뮤니커티브 어프로치가 탄생되게 되었다.

Wilkins는 당초 실러버스 편성에 "의미"와 "언어사용"의 두 범주를 설정하려 하였다. 그래서 "의미"는 새로 엄밀한 정의를 내리기 위해 "의미·문법범주"라 명명하였고, 언어사용은 "전달 기능(communicative function)"이라는 범주로 정리하였다. 윌킨스의 "개념 실러버스(Notional Syllabus), 1976"에서 이들 두 실러버스를 통합하여 "개념 실러버스"라 하였다.

커뮤니커티브 어프로치에서는 모든 문형이나 의미나 기능을 순서에 따라 조직적으로 가르치려 하지 않는다. 실러버스 가운데서 무엇을 가르칠 것인가 선택하지 않으면 안 된다. 무엇을 선택하느냐는 학습자의 필요도(needs)에 따라 결정된다. 필요도를 검토할 때에 배려해야 할 것은 그 커뮤니케이션이 행해지는 상황(situation)인데 이 상황을 구성하는 중요한 요소는 ① 장면(setting) ② 역할(role) ③ 화제(topic)이다.

3.8.2. 의사소통교수법의 원칙

Keith Morrow는 커뮤니커티브 교수법에서 없어서는 안 될 원칙으로 다음과 같은 것을 제시하고 있다.

《원칙 1》 자기가 무엇을 하고 있는지 알아야 한다.

교실에서의 학습 활동이 단순히 언어 형식에 대한 지식을 증가시키는 것이거나, 연습을 위한 연습이 되어서는 안 된다. 필요한 것은 지금 행하고 있는 교실 활동이 실제 어떤 커뮤니케이션 활동에서 "쓰일" 수 있는지 알아야 하고, 어떤 단원을 학습하면 새로 "무엇"을 할 수 있게 되는지 생각해야 한다. 항상 커뮤니케이션에 이바지할 것, 곧 언어 기능을 가르치는 것이 중요하다.

<원칙 2> 전체는 부분의 집합체만이 아니다.

실제 커뮤니케이션은 말을 차례로 주고받으며 의사의 교류가 이루어진다. 따라서 학습자는 이러한 상황에 대응하도록 훈련을 쌓아야 한다. 개개의 발화 이상의 흐름을 알지 않으면 진정한 의미의 이해를 했다고 할 수 없거니와 커뮤니케이션에 참가해 나갈 수도 없다. 종래의 교수법에서는 "부분"의 이해 및 습득을 중시했으나, 전체를 배려하는 지도가 필요하다.

<원칙 3> 전달과정도 언어형식과 같이 중요하다.

실효성 있는 전달 능력을 육성하기 위해서는 언어의 형식만이 아닌, 그 목적을 달성하기 위한 과정, 곧 장면에 부합한 말하기를 배우는 것이 중요하다. 언어 지도는 상황을 배려한 적절한 말하기를 중시하지 않으면 안 된다. 언어의 실제 장면, 곧 전달과정에는 다음의 세 가지가 있어야 한다.

a. 인포메이션 갭(information gap)

커뮤니케이션은 흔히 정보에 차이가 있어 "인포메이션 갭"을 메우기 위해 꾀해진다. 따라서 교사의 중요한 역할의 하나는 인포메이션 갭이 있는 장면을 상정하여 학습자로 하여금 이 갭을 적절한 방법으로 메우게 동기를 부여하는 것이다. 이러한 방법으로는 게임, 태스크 워크, 롤 플레이 등이 있다.

b. 자유로운 선택(choice)

실제 커뮤니케이션에서 중요한 것은 무엇을 어떻게 이야기할까 선택하는 것이다. 상대방의 정보를 빨리 청취하여 그 내용을 판단하고, 이에 대응해야 한다. 그리고 이를 표명할 적당한 어휘나 문형을 선택하고 나아가 적절한 음조(音調)로 말해야 한다. 이것이 커뮤니케이션 참가자가 해야 할 활동이다. 따라서 학습자는 선택 능력과, 예측하여 대처하는 능력을 길러 두어야 한다.

c. 피드백(feedback)

커뮤니케이션에서 화자는 목적을 가지고 발화한다. 그리하여 상대방의 반응에 주의를 기울이며 이야기를 이어 나간다. 곧 상대방이 자기의 목적에 다가오고 있는가, 아니면 거부의 자세를 취하는가를 판단하여 자기 말을 조정한다. 피드백은 이와 같이 상대방의 반응을 확인하거나, 상대방에게 자기의 반응을 보이는 것으로, 언어교육에서는 어떻게 발언하면 바라는 피드백이 얻어지는가를 가르칠 필요가 있다.

<원칙 4> 배우기 위해 해 볼 일이다.

효과적 커뮤니케이션 능력의 육성은 교실 밖의 실제적 경험이 중요하다. 실사회의 체험이 무엇보다 효과적이다. 교사는 이를 충분히 배려하여 교실 안에서도 실사회와 같은 의사체험을 하게 하여 "경험"과 같은 효과를 거두도록 노력해야 한다. 교사는 항상 장면, 화제, 역할을 특정화하여 거기에 어울리는 연습을 하도록 연구하여야 한다. 그리고 학습자는 가능한 한 자주적으로 학습하게 한다.

<원칙 5> 잘못은 반드시 잘못한 것이 아니다.

의사전달 능력은 시행착오를 거쳐 완성되는 것이다. 학습과정에서의 오류는 언제나 마이너스 요인이 아니고, 정확성을 향한 하나의 과정이다. 따라서 잘못을 엄격하게 교정함으로 학습자에게 상처를 주거나 불안을 안겨 주게 되면 역효과가 나타날 수 있다. 따라서 오류 문제에 대해서는 학습자의 전달 능력을 신장한다는 목표에서 볼 때 유연한 태도를 취하는 것이 바람직하다고 본다. 곧 같은 잘못이라도 학습 단계에 따라, 또는 그 요인에 따라 "잘못"으로도, 그렇지 않은 것으로도 볼 수 있기 때문이다.

3.8.3. 의사소통교수법의 지도법

커뮤니커티브 어프로치에서는 지도의 중심 목표가 학습자에게 언어 구조를 철저하게 가르쳐, 바른 문장을 짓도록 하는 것에 있지 아니하고, 실제의 커뮤니케이션의 장에서 목적을 가진 전달행위가 가능하도록 하는 데 있다. 따라서 개개 문장의 문법적 정확성보다 어떤 목적의 실현으로 기울어져, 발화하는 모든 문장의 담화(discourse)를 중시한다.

커뮤니커티브 어프로치에서의 교수과정은 ① 목표 설정, ② 학습내용 제시, ③ 연습, ④ 전이(轉移)로 이루어진다. 이러한 순서는 다른 교수법에서도 흔히 볼 수 있는 것으로 신기할 것이 없다. 다만, 커뮤니커티브 어프로치의 경우에는 "전이"의 단계에서 롤 플레이(역할극) 연습 및 시뮬레이션 연습을 통해 커뮤니케이션 달성을 위한 구체적인 지도가 꾀해지는 것이 특징적이라는 것뿐이다.

(1) 목표의 설정

교사는 수업을 시작할 때 학습자에게 그 시간, 또는 단원의 학습목표가 커뮤니케이션의 면에서 "무엇이 되게"하는 것인가 설명한다. 곧 "어떤 전달행위가 가능하게 되는가"를 학습자에게 알린다. 목표 설정의 방법은 R. Scott에 의하면 만화로 나타내는 방법 외에 문제를 주고 그것에 답하게 하는 방법과 어떤 전달능력의 육성이 이 단원의 목표인가를 설명하는 방법이 있다.

(2) 제시와 맥락화(脈絡化)

학습목표를 명시한 뒤, 목표가 된 활동에 필요한 언어 항목을 제시한다. 커뮤니카티브 어프로치에서는 거기서 행해지는 발화가 그 장면에서 정말 어떤 의미로 쓰이는가를 가르쳐 준다. 이와 같이 언어 형식이나 문법의 레벨을 벗어나 실제 전달 장면에서의 발화 의미를 명확히 하는 것을 맥락화

(contexuaization)라 하며, 이를 "제시(提示)" 단계에서는 특히 중시한다. 발화의 맥락화는 다음의 요소로 이루어진다고 본다.

① 발화의 개념적 내용
② 말하는 이의 사회적 지위
③ 듣는 이와의 관계
④ 발화의 의도
⑤ 발화의 장소

곧 같은 어휘와 문법 구조로 된 발화라 하더라도 그것이 쓰이는 상황에 따라 의미가 바뀌게 되는데, 위의 요소가 모여 발화의 진짜 의미가 결정되는 것이다. 예를 들어 "방이 너무 덥다"는 발화는 객관적 진술을 할 뿐 아니라, "난로를 꺼라", "문을 열어라", "에어컨을 켜라"와 같은 명령의 의도로 사용되기도 한다. 따라서 제시 단계에서는 이와 같은 발화의 맥락적 의미를 소개하는 동시에, 학습자가 목표 언어를 사용할 경우에도, 누구에게, 무엇을 전달하는가를 생각하고 발화하도록 지도한다.

(3) 연습에서 전이로

언어 재료의 제시에서 "연습"의 단계로 들어간다. 여기서는 제시된 언어 재료의 반복 연습이나, 주요한 문형의 드릴 및 음성연습이 꾀해진다. 그러나 오디오·링갈 어프로치와는 달리, 어디까지나 의사전달을 위한 언어 사용에 중점을 둔다. "연습"은 일반적으로 다음과 같은 절차를 밟는다.

① 교사가 학습항목을 제시한다.
② 학습자들이 그것을 복창한다. 이른바 "반복연습"을 한다.
③ 한 학습자에게 어떤 문장을 복창시키고, 이에 대해 학습자들이 각자

응답하게 한다.

④ 학습자를 둘씩 짝을 지워 그 대답을 연습시킨다.

⑤ 대화의 분담 역할을 바꾸거나, 짝을 바꾸거나 하여 다시 그 대화를 연습한다. 때로 대화문의 일부를 바꾸어 연습시키기도 한다.

커뮤니커티브 어프로치의 특징은 "전이"에 있다. 실시 방법은 롤 플레이 및 시뮬레이션의 형태를 취하거나, 교사가 제시한 "회화의 틀(conversation grid)" 가운데서 꾀해지는 자유로운 회화 연습 등에 의한다. 실제 커뮤니케이션과 마찬가지로 학습자들은 서로 인포메이션 갭이 있고, 말을 주고받는 과정에서는 자연스러운 피드백도 꾀해지도록 신경을 쓴다.

자유로운 주고받기가 가능한 커뮤니케이션 능력은 자유로운, 그러나 목적이 분명한, 회화 연습을 통해서만 육성할 수 있다고 본다. 이러한 의미에서 롤 플레이 및 시뮬레이션 연습도 "상대방이 어떻게 나올까" 알 수 없는 상태에서 회화의 연습이 꾀해져 서로 상대방의 발화, 또는 대응에 따라 자기의 발화 내용을 조정해 가므로 매우 "현실적인 훈련"이 된다고 한다. "회화의 틀"을 주는 방법은 학습자에게 목적을 달성하기 위해 무엇을 어떻게 말할까 하는 것 등에 자유가 인정되고, 취할 행동도 자유롭게 선택되므로 간단히 실천적 연습으로 권장한다.

(4) 역할 놀이와 시뮬레이션

역할놀이(role play)는 문자 그대로 장면, 상황, 한 사람 한 사람의 인간관계가 주어져, 학습자가 그 배역을 맡아 장면에 어울리는 표현을 골라 회화를 하는 것이다. 이때 장면과 역할은 필요도(needs)를 염두에 두고 선정해야 한다. 너무 실생활과 동떨어지면 드라마가 된다.

시뮬레이션(simulation)은 본래 군대에서의 전투 모의연습을 의미하나, 언어교육에서는 연습(演習)과 같은 뜻으로 쓰인다. 실제 상황, 실제로 일어날 수 있는 사실을 설정하고, 배경이 되는 정보나 문제를 포함한 상황이 교사에 의해 시뮬레이션의 형태로 제시된다. 역할은 대부분 학습자가 정하며, 학습자는 주어진 역할과 의미를 그 본인으로서 수행한다. 정해진 역할과 의무의 수행자로서 진지하게 문제해결을 꾀하는 것이다. 시뮬레이션의 목적은 학습자에게 빨리, 강한 "현실감"을 부여하고자 하는 데 있다.

롤 플레이보다 자기 자신을 연출하여, 자기 생각으로 행동하는 시뮬레이션 연습이 더 좋은 연습임은 물론이다. 그러나 이는 이상적인 것이기는 하나, 언어 표현에 아무런 조건이 붙지 않으므로 초급 단계에서는 시행하기가 어렵다는 단점을 지니기도 한다.

(5) 의사소통교수법의 언어의 기능 지도

① 말하기 연습

말하기 지도에 관해서는 앞에서 자세히 논의한 바와 같다. 여기서 덧붙일 것은 실제 상황에 바로 대처하기 위해서는 단문 레벨의 언어형식만을 학습해서는 안 되고, 문장은 그것을 둘러싼 발화 및 언어 이외의 요소와의 관련 속에 의미를 지니게 되므로 이 점에 주의하여 지도하지 않으면 안 된다는 것이다. 따라서 교실에서의 학습활동은 실제 커뮤니케이션을 모방한 것이거나, 실생활의 커뮤니케이션을 위해 미리 습득해 두어야 할 필수사항이 포함된 회화 모델을 소개하는 배려를 해야 한다.

② 듣기 연습

듣기는 말하기 기능을 동시에 생각하여 지도 한다. 커뮤니커티브 어프로치에서는 청취 훈련도 실제로 꾀하고 있다. H.G. Widdowson은 듣기 활동을 "hearing"과 "listning"으로 나누고, 의사소통법에서는 목적을 가지고 "정보"를 듣고, 그 가운데서 자기가 필요로 하는 것을 골라내는 능력을 중시하는 "listning"(傾聽)을 중요한 것으로 본다. M. Geddes는 이 목적을 위한 연습으로서 일종의 "task listning"을 포함한 연습을 제의하고 있다.

③ 읽기 연습

읽는 능력의 훈련도 실생활에서 문자를 통해 정보를 얻기 위한 연습으로서 행해진다. 커뮤니커티브 어프로치에서는 읽는 목적을 인식시키고, 이를 바탕으로 목적에 따라 읽는 연습을 하게 함으로 사회생활에 필요한 정보수집의 기술이 길러진다고 본다.

우선 사회에서 전달을 목적으로 쓰인 "문장"은 결국은 "필자"와 "독자" 사이의 커뮤니케이션 갭을 메우는 수단으로 존재한다고 본다. "독자"는 그 "문장"에 "필자"가 전달하고자 하는, 자기에게 도움이 되는 정보가 들어 있다고 믿어 그것을 읽는다. 그래서 커뮤니커티브 어프로치의 독해 교실에서는 교재를 읽기 전에 학습자에게 그것을 읽는 목적을 제시하고, 학습자는 그 목적 달성을 위하여 읽도록 지도한다고 한다. 이는 일종의 "task reading"으로 주어진 과제가 문장의 구조를 이해하기 위한 것이 아니라, "정보"를 선별하는 연습을 위하여 부과된다고 하는 것이 특징이다. 그리고 예측하며 읽기, 읽는 목적에 맞추어 독서 방법을 바꿀 수 있게 하기도 지도한다.

④ 쓰기 연습

커뮤니커티브 어프로치에서는 "쓰기"의 목표를 문자에 의한 정보 전달을 위한 것이라고 자라매김한다. 종래의 쓰기는 문자와 문장의 바로 쓰기에 지도의 기준이 놓였었다. 이는 문자에 의한 전달능력의 기초를 마련할 수는 있으나, 도달 목표로는 충분한 것이 못 된다. 어떻게 전달하느냐에까지가 지도의 범위가 되어야 한다. 따라서 쓰기는 목적을 지닌 "문자에 의한 전달" 연습에 중점이 놓인다.

쓰기 연습은 인포메이션 갭을 메우려는 목적이 있어 "구하고 있는 정보"에 "적절한 정보"를 주는 작업을 하는 것으로 본다. 이는 서로 문서 정보를 주고받아 점점 목표에 가까이 가는 연습이 바람직하다고 보며, 이러한 연습 방법을 연속작업(activity sequences)이라 한다.

또한 커뮤니커티브 어프로치에서는 문장 단위 이상의 "담화"로서의 "전달" 능력을 중시하므로, "쓰기" 연습의 경우도 단락(paragraph)으로서의 구성 및 그 정합성(整合性)을 강조한다. 단락은 문법적 연결(cohesion)과 의미적 연결(coherence)이 검토되어야 한다. 그래서 단락을 구성하는 문장이 문법적으로 모순이 없이 뭉뚱그려져야 하고, 의미의 면에서도 일관성이 있는, 알기 쉬운 형태로 전개되어 있어야 한다.

Keith Johnson에 의하면 "쓰기" 기능과 "읽기" 기능은 그 관계가 밀접해 읽기 연습을 통해 쓰기 지도가 가능하다고 한다. 그래서 커뮤니커티브 어프로치에서는 실제 문장을 쓰는 연습보다도 먼저 "독해 연습"을 통해 문장 구성법을 익히게 하여 그것에 의해 "문법적 연결"과 "의미적 연결"이 된 패러그래프를 지으려 하고 있다. 실례를 모델로 하여 실용성이 높은 문장을 짓는 연습은 앞으로 언어 교육에 크게 도입해야 할 연습의 방법이다.

(6) 수행위주교수법(Performance based instruction)

최근에 각광을 받는 교수법의 하나가 수행위주 교수법이다. 이는 의사소통 교수법을 확장 발전시킨 것으로, 능력지향교수법(proficiency-oriented instruction)과 같은 것이다. 이의 교수원리는 여러 가지를 들 수 있는데 Sohn(1997)에서는 12가지가 들려지고 있다. 이러한 원칙은 교수법에만 국한되는 것이 아니고, 교육과정 설계, 교재개발, 언어능력 평가에도 광범하게 적용된다. 역기서는 교재개발 원칙으로 Sohn(1995)에서 제시한 16가지 원리에 약간의 설명을 붙여 교수원리로 제시하기로 한다(박갑수, 2002a)

① 학습자중심(lerner-centeredness)

전통적 교사중심·강의중심에서, 학생중심·의사소통 중심이 되어야 한다.

② 개별화(personalization)

생산적 언어연습은 수행중심교수법을 활용해야 한다. 이는 언어연습이
개별화되어야 함을 의미한다.

③ 상황제공(contextualization)

의사소통 능력과 수행 기능은 목적 언어를 적절한 의사소통 상황 안에
서 사용할 때 함양된다.

④ 실제 자료 사용(using authentic materials)

교수 자료로서 실제 언어자료를 사용한다. 실제 언어란 모어 화자를 위
해 쓰였거나, 말해진 자료를 의미한다.

⑤ 기능/과제 지향(function/task orientation)

학습자가 목표언어의 환경에서 직면하게 될 일정한 기능, 또는 과제의
연습 기회를 마련해야 한다.

⑥ 연계성(sequencing)

교재는 숙달도에 현격한 차이가 있어서는 안 되고, 연계성이 있어야 한다.

⑦ 정확성(accuracy concerns)

다양한 자연언어의 활동을 위해 언어의 구조적 면과 사회언어학적 면에
서 정확성이 있어야 한다.

⑧ 문화학습(culture integration)

언어와 문화는 밀접한 관계를 지닌다. 따라서 교재에는 광의의 문화와
협의의 문화를 포함시키는 것이 바람직하다.

⑨ 동기 부여(motivation)

교수법과 교수 자료는 흥미 있는 내용, 즐거운 학습 과정과 환경 및 욕구
와의 밀접한 관련, 직접적 실용성과 연계되어야 한다.

⑩ 기능 통합(skill integration)

언어의 네 기능이 적절히 통합되어야 한다. 언어 기능은 서로 다른 기능
과 상호 관계를 지니도록 하여야 한다.

⑪ 능력수행의 균형화(competence-performance balancing)

저장 기능과 사용 기능 사이에 균형이 이루어지게 한다. 곧 의사소통 능력과 의사소통의 수행이 균형이 잡힌 훈련이 되게 한다.

⑫ 나선형화(spiraling)

·교재의 모든 교과는 앞 교과에서 다룬 것이 유지되도록 설계하고 구성한다. 화제, 어휘 항목, 문형, 문화 상황은 강화를 위해 반복해서 다시 소개한다.

⑬ 목적지향(goal orientedness)

교재는 능력 목표를 분명히 제시한다. 각 교과의 앞 부분에 학습할 의사소통 기능/과제의 목표, 구조적 면, 문화적 요소를 제시한다. 끝에는 학습 목표에 대한 성취도를 평가하는 적절한 척도를 붙인다.

⑭ 스키마화(schema building)

새로운 지식은 이미 습득한 여러 가지 지식 스키마를 통해 효과적으로, 그리고 충실하게 이루어지도록 한다.

⑮ 대조적 설명(contrastive)

언어 학습에서 언어와 문화를 대조적으로 설명한다. 이때 인지력을 활용해 효과를 거두도록 한다.

⑯ 경험주의(experimentalism)

교재 개발자의 교수 경험은 교재개발의 경험과 같이 안내자로서의 기능을 수행한다. 경험 있는 교사, 노련한 지도자는 유능한 안내자요, 걸어 다니는 지침이다.

끝으로 교수법의 논의를 마무리하며, 의사소통법을 좀 더 잘 파악할 수 있게 Finochiaro & Brumfit(1983)에 제시된 청각구두법과 의사소통법의 "주요 특징적 상위(相違)"라는 도표를 소개하기로 한다. 이는 청각구두법도 아울러 잘 이해하게 할 것이다.

<청각구두법과 의사소통법의 "주요 특징적 상위">

청각구두법(Audio-lingual method)	의사소통법(Communicative method)
① 의미보다 구조와 형태에 주의	의미가 최고
② 대화중심 구조의 암기 요구	대화는 의사소통 기능에 집중, 암기는 하지 않음.
③ 언어항목의 필수적 맥락화는 하지 않음.	맥락화는 기본 전제임.
④ 언어학습은 구조, 음성, 어휘의 학습임.	언어학습은 커뮤니케이션 학습임.
⑤ 숙달, 혹은 정도 이상의 학습 추구	효과적 커뮤니케이션 추구
⑥ 드릴이 중심이 되는 기술임.	드릴은 행하나 주변적임.
⑦ 모어화자와 같은 발음 추구	이해할 수 있는 발음 추구
⑧ 문법적 설명 회피	학습자를 돕는 장치 수용- 나이·흥미 등에 의한 변화
⑨ 커뮤니케이션은 엄격한 드릴과 연습 뒤 행함.	의사소통의 시도 초기에 장려
⑩ 학습자의 모어 사용 금지	모어의 분별 있는 사용 수용
⑪ 번역은 초급 단계에서 금지	번역은 학생이 필요로 하거나 유익할 때 사용
⑫ 읽기와 쓰기는 말하기의 숙달 뒤로 연기	읽기와 쓰기는 원하는 경우 처음부터 시작
⑬ 목표언어의 체계는 문형교육을 통해 학습	목표언어의 체계는 의사소통 과정을 통해 잘 학습됨.
⑭ 언어기능이 추구의 목표임.	의사소통 능력이 추구의 목표임.
⑮ 말의 다양성은 인정하나 강조하지 않음.	말의 다양성은 자료와 방법론의 중심 개념
⑯ 단원의 배열은 언어의 복잡성 원리에 의해 결정	배열은 내용, 기능, 의미를 배려하여 결정
⑰ 교사는 학습자를 통제하고, 이론과 모순되는 행동 금지	교사는 동기 부여를 하기 위해 학습자를 도움.
⑱ 말은 습관이므로 오용은 막아야 함.	말은 시행과 오용을 통해 개인에 의해 창조됨.
⑲ 형태적 용어로서의 정확성은 수위의 목적임.	유창성과 수용 가능한 언어가 수위의 목적임.
⑳ 학생들에게 구체화하고, 조정된 자료의 언어체계와의 상호작용 기대	학생들에게 집단 작업 및 쓰기를 통한 상호작용 기대
㉑ 교사에게 학생들의 사용 언어의 특정화 기대	교사는 학생들이 사용할 언어를 정확히 모름.
㉒ 본래의 학습 동기는 언어 구조에 대한 흥미에서 나옴.	본래의 학습 동기는 언어 소통의 흥미에서 나옴.

4. 결어

한국어교수법은 대체로 해외에서 개발된 외국어교육의 이론과 방법에 따라 논의, 실천되어 왔다. 따라서 여기서도 해외의 외국어교수법을 중심으로 한국어교육의 교수법을 살펴보았다.

외국어교수법은 사랑을 받아 장수한 교수법이 있는가 하면, 잠시 주목을 받다가 사라진 것도 있다. 이들 많은 교수법 가운데 대표적인 것이 문법번역법과 청각구두법, 의사소통교수법의 세 가지라 하겠다. 따라서 한국어교육에서는 학습자, 학습 목표 등을 고려하여 이들 교수법을 활용하되, 필요에 따라 그 밖의 방법을 원용하는 통합교수법으로 운용하는 것이 바람직하겠다. 그것은 어느 교수법도 그것 하나만으로 만족스러운 교육 효과를 거둘 수 없기 때문이다.

오늘날의 한국어교육의 대표적인 목적은 뭐니 뭐니 하여도 의사소통 능력의 배양에 있다할 것이다. 따라서 의사소통교수법을 중심으로 하여 여러 다른 교수법의 장점을 도입, 수정 보완한 교수법을 사용하는 것이 무엇보다 바람직하겠다. 특히 기능/과제 중심의 의사소통교수법을 도입하는 것이 바람직하다. Sohn(2002)에서는 한국어교수법이 앞으로 통합교수법을 지향해야 한다고 보고, 통합교수법의 원칙을 12가지 제시하고 있는 것을 볼 수 있다. 이 가운데 일곱 가지 원칙은 의사소통교수법의 교수 원리와 같은 것이고, 나머지는 현실을 고려하여 새로운 원칙을 추가한 것이다. 먼저 같은 원칙을 보면 다음과 같다.

① 학습자중심 원칙(learner-centeredness)
② 맥락의존 원칙(context basis)
③ 실제언어 원칙(authenticity basis)
④ 과제/기능 원칙(task/function basis)
⑤ 정확성 원칙(accuracy concerns)
⑥ 문화통합 원칙(cultural integration)
⑦ 기능통합 원칙(skill integration)

새로 제시된 원칙은 다음과 같은 것이다.

① 능력수준 원칙(proficiency level basis)

② 평가지향 원칙(assesment orientedness)

③ 다매체 활용 원칙(use of mass-media)

④ 다양성 원칙(multi-dimensionality)

⑤ 전문성 원칙(professionalism)

능력수준 원칙은 객관적으로 규정된 능력 수준에 따른 단계별 학습지도를 말하는 것이고, 평가지향 원칙은 평가가 학습동기를 유발하고, 학습자의 취약점을 발견 지도할 수 있기 때문에 이를 지향하고자 하는 것이다. 다매체 활용 원칙은 과학 기술의 발전에 따른 새로운 기기(機器)에 의한 교육을 꾀해야 한다는 것이고, 다양성의 원칙은 다양한 학습자의 유형에 따라 다차원적 교수법을 개발해야 한다는 것이다. 전문성 원칙은 교사가 전문성을 가지고 지도해야 한다는 말이다.

이러한 원칙은 한국어교육에서 마땅히 수용해야 할 교수원리라 하겠다. 따라서 이를 한국어교육에 수용해야 한다. 그리고 이 밖에 수행위주교수법의 원리 가운데 특히 다음과 같은 몇 가지 원리를 추가하면 좀 더 바람직할 것이다.

① 동기부여

② 나선형화

③ 대조적 설명

이는 교육이 학습자의 동기 유발 없이 소기의 목적을 달성할 수 없으며, 나선형의 반복학습을 통해 완전학습을 할 수 있고, 언어와 문화의 대조를 통해 효과적 교육을 꾀할 수 있기 때문이다.

한국어교육은 하루가 다르게 발전하고 있다. 그리고 이것을 이끌어가는 대표적 교육 요소는 교사다. 교육은 교사의 질을 능가할 수 없다는 말도

있다. 바람직한 교수법의 개발 및 실천에 의해 한국어교육이 더욱 발전하
게 되길 바라 마지않는다.

참고문헌

高見澤孟(1989), 新しい 外國語教授法と 日本語教育, アルク
高見澤孟(1996), はじめての 日本語教育 2, アスク 講談社
名柄迪 外(1989), 外國語教育理論の史的發展と 日本語教育, アルク
名柄迪 外(1991), 實踐 日本語教授法, バベルプレス
中西家榮子 外(1995), 日本語教育能力 檢定試驗 傾向と對策 Vol.2, バベルプレス
木村宗男 外(1992), 日本語教授法, 櫻楓社
縫部義憲(1991), 日本語教育學入門, 創拓社
石田敏子(1995), 改訂新版 日本語教授法, 大修館
奧田邦男(1992), 日本語教育學, 福村出版
田中望(1993), 日本語教育の方法, 大修館
田中望 外(1993), 日本語教育の 理論と實際, 大修館
D. Larsen-Freeman(1986), Techniques and principles in language teaching, 山崎眞捻 高
　　　　橋貞雄 譯(1990), 外國語の教え方, 玉川大學 出版部
Finocciaro, M., and C. Brumfit(1983), The Functional-Notional Approach: From Theory
　　　　to Practice, Oxford University Press
R. Stevick(1976), Memory, Meaning, Method, 石田敏子 譯(1988), 新しい外國語教育, アルク
V. Cook(1991), Second Learning and Language Teaching, 米山朝二 譯(1993), 第2言語の
　　　　學習と教授, 研究社出版
Ho-min Sohn(1997), Principles of Performance-based Foreign Language Instruction,
　　　　AATK Conference

■ 이 글은 연변대 과기학원 인문과학 연구소 편 "중국에서의 한국어 교육V"(태학사, 2004)에
발표된 것으로, "국어교육과 한국어 교육의 성찰"(서울대 출판부, 2005)에 전재된 바 있다.
체재상 필요하여 부분적으로 개고, 본서에 재록하였다. 2018.

제2장 한국어교육을 위한 한·일어의 대조론

1. 서론

한국어교육이 활기를 띠고 있다. 한때 외국어교육의 왕도는 대조언어학에 있다고 생각했다. 이에 의해 오류(誤謬)를 예측하고 올바른 지도를 할 수 있다고 생각했기 때문이다. 그러나 현실은 그렇지 않았다. 물론 외국어교육에 대조언어학적 연구가 필요 없다는 것은 아니다. 오늘날도 이의 연구는 필수적인 것이라 생각한다. 목적어와 학습자의 언어의 이동(異同)을 파악해 교수-학습에 적용함으로 막대한 교육 효과를 올릴 수 있기 때문이다. 그런데 아직 우리말은 이러한 대조언어학적 연구가 거의 이루어져 있지 못한 형편이다.

여기서는 일어권(日語圈)의 한국어 학습자를 위해 한·일어의 대조언어학적 고찰을 꾀하기로 한다. 언어의 구조에 따라 음운, 어휘, 문법·문장의 대조를 꾀하게 될 것이다. 그리고 이를 바탕으로 간략한 한국어교육의 방향을 제시하기로 한다. 이러한 대조언어학적 연구에 의해 한국어교육이 보다 활성화되기를 바라 마지않는다.

2. 한·일어의 대조

2.1. 음운구조의 대조

2.1.1. 음소의 대조

국어의 음소는 31개(자음 19개, 모음 10개, 반모음 2개이고), 일어의 음소는 22개(자음 15개, 모음 5개, 반모음 2개)로 본다. 이를 음소를 구체적으로 제시하면 다음과 같다.

1) 자음 음소

	한국어	일어
폐쇄음	p, ph, p', t, th, t', k, kh, k'	p, b, t, d, k, g
파찰음	c, ch, c'	c
마찰음	s, s', h	s, z, h
비음	m, n, ŋ	m, n
유음		r
모라음소		N, Q

2) 모음 음소

	i, e, ae, ui, oe, a, e, o, u, w	i, e, a, o, u

3) 반모음 음소

	y, w	y, w

위에 제시한 바와 같이 한·일어의 음소적 특징은 한국어의 경우는 폐쇄음이 삼지적(三肢的) 상관관계를 지니고, 일본의 경우는 이지적(二肢的) 상관관계를 지닌다는 것이다. 그것도 한국어는 연음·유기음·경음의, 일본어는 성(聲)의 유무(有無)에 의한 상관관계로 차이가 난다. 모음은 상대적으

로 일본어의 경우 단순한다.

2.1.2. 음성적 특징

한·일어 음소의 음성적 특징을 살펴보면 다음과 같다. 설명의 편의를 위해 한국어의 모음사각도도 제시한다.

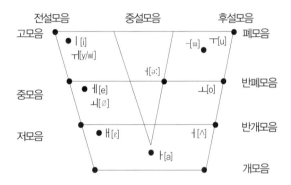

1) 모음의 음성적 특징

(1) 전설모음(前舌母音)

① 이/i/(전설고모음)　ㅣ/i/ : 일어 /i/보다 입을 약간 더 벌린다. 이론: ㅣㅊ(稻)

② 에/e/(전설중모음)　え/e/ : 일어 /e/보다 고설적이며, 혀의 긴장이 없다. 일어 /e/는 국어의 /e/와 /ae/의 중간음이다.　그네:こえ(聲)

③ 애/ae/(전설저모음)　일어의 /e/보다 혀의 위치가 낮다.

④ 위/ui/(원순전설고모음)　/i/ 발음의 구형에 원순성을 더한다.

⑤ 외/oe/(원순전설중모음)　/e/에 원순성을 더한다. /we/의 발음이 허용된다.

(2) 중설모음(中舌母音)

① 아/a/(중설저모음)　あ/a/ : 일어의 /a/보다 후설적이다. 아기: あめ(雨)

② 어/ʌ/(후설중모음), /ə/(중설중모음)　영어의 /ə/보다 후설적이다.

"업다(負) : 없다(無), 성(聖) : 성(性)"과 같이 구별된다.

(3) 후설모음(後舌母音)

① 오/o/(원순후설중모음) お/o/ : 일어의 /o/와 유사하다. 오리: おと(音)

② 우/u/(원순후설고모음) う/u/ : 일어의 /u/보다 후설적이며, 원순성을 더 띤다. 일어 /u/는 /s, z, ts/와 결합할 때 국어의 /ɯ/에 가깝게 발음된다. 구두 : うみ(海)/すし(초밥)・つま(妻)・がす(數)

③ 으/ɯ/(비원순후설고모음) 일어의 /u/를 발음할 때보다 입술을 옆으로 잡아당겨, 원순성을 띠지 않고 발음한다. す・ず・つ[su・zu・tsu]

(4) 이중모음(二重母音)

반모음 /y, w/ 및 후설고모음 /ɯ/가 단모음과 결합하여 이중모음을 형성한다. 일어의 경우는 /y, w/만 결합하여 이중모음을 형성하며, 그 수가 아주 적다.

① /y/(전설반모음)   야, 여, 요, 유, 애, 예   や, よ, ゆ

② /w/(원순후설반모음)   와, 워, 왜, 웨   わ

③ /ɯ/(후설고모음)   의

①②는 상향(上向)이중모음, ③은 하향(下向)이중모음이다. ①②는 한・일어가 그대로 대응된다.

양국어의 모음의 대조결과는 다음과 같다. (K: korean, J: japanese)

+K, +J : / i, e, a, o, u, w, y/

+K, -J : /ae, ə, ui, oe, ɯ/

2) 자음의 음성적 특징

(1) 폐쇄음

국어에서는 연음(軟音), 유기음(有氣音), 경음(硬音)의 삼지적(三肢的) 상관관계를 이루는 데 대하여, 일어의 경우는 유, 무성의 이지적(二肢的) 상관관계를 이루어 차이를 보인다.

① 양순폐쇄음 ㅂ ㅍ, ㅃ /p, ph, p'/   ぱ, ば /p, b/
② 치경폐쇄음 ㄷ, ㅌ, ㄸ /t, th, t'/   た, だ /t, d/
③ 연구개폐쇄음 ㄱ, ㅋ, ㄲ /k, kh, k'/   か, が /k, g/
일어의 /t, d/는 /e, a, o/의 세 모음 앞에서만 나타난다.

(2) 파찰음
국어의 파찰음은 삼지적 상관관계를 이룬다.

ㅈ, ㅊ, ㅉ /c, ch, c'/   ち, つ /c, ts/

일어의 /ts/는 /u/의 모음 앞에서만 나타나고, /ch/는 /i o y/ 등의 모음 앞에 나타나는 것으로 본다. 暑い[atsui], 勝つ[katsu], 月[tsuki]/ 時刻[chikoku], 調子[cho:si], お茶[ochya]가 그 예다.

(3) 마찰음
국어는 치경마찰음이 연음과 경음의 대립을 보이고, 일어는 유무성의 대립을 보인다.

ㅅ, ㅆ, ㅎ /s, s', h/   さ, ざ, は /s, z, h/

(4) 비음
ㅁ, ㄴ, ㅇ /m, n, ng/   ま, な /m, n/

(5) 유음
국어의 유음은 혀끝으로 치경을 가볍게 치는 소리와 영어의 설측음 /l/과 같은 특징을 지닌다. 이에 대해 일어의 유음은 혀끝으로 치경을 가볍게 치는 소리이다. 국어의 /l/은 초성에는 나타나지 않는다.

ㄹ /l/   ら /r/

(6) 모라 음소

일본어에는 국어에 없는 두 개의 모라 음소가 있다. ん, っ/N, Q/가 그것이다.
ばん(晩)/baN/, ぱん/paN/, やっつ/yaQtsu/, さっき(先)/saQki/

양국어의 자음의 대조 결과는 다음과 같다.

+K, +J : /p, t, k, c, s, h, l(r), m, n/

-K, +J : /b, d, g, z, Q, N/

+K, -J : / ph, p', th, t', kh, k', ch, c', s', ŋ/

이 밖에 국어에는 종성으로 /k, t, p, n, m, ng, l/이 있고, 일본어에는 /N, Q/가 있다. 국어에는 /g, d, b/가 변이음으로 유성음 사이에 나타난다. 모라 음소 /N/, /Q/는 다음과 같이 실현된다.

/N/-> [m]/- [m], [p], [b] 위에서 : かんむり(冠), 散步, 昆布

　　　 [n]/- [n], [t], [d], [r] 위에서 : あんな, 感歎, 今度, 混亂

　　　 [ŋ]/- [k], [g], [#] 위에서 : 人口, 談合, 韓國, 日本

/Q/-> [p']- [p], [t']- [t], [k']- [k], [s']- [s] 사이에서 : 失敗, 勝つた, 學校, 斡旋

이 밖에 한·일어에는 음의 장단(length)이 있으며, 일본어에는 고저액센트(pitch accent)가 있다.

2.1.3. 교수·학습에의 응용

한·일어의 음운상의 특성을 교수 학습에 응용한다. 같거나 유사한 것은 가볍게 다루고, 차이가 나는 것을 주요 학습대상으로 삼는다. 학습자의 모어에 없는 학습 목적어의 음소는 모어에 있는 이와 관련이 있는 음운 현상과 연관시켜 교수·학습을 하도록 한다. 예를 들면 모라 음소 /N/의 변이음

을 통해 국어의 종성 /m, n, ng/를 설명하거나, /Q/의 변이음을 통해 국어의
종성 /p, t, k/를 가르치는 것이 그것이다. 유기음의 설명은 ち/chi/를 활용할
수 있다. 일본인에게 어려운 국어의 /s'/도 /Q/의 변이음 あっし(壓死)[as'si],
かっせん(合戰)[kas'sen], くっせつ(屈折)[kus'setsɯ]를 통해 이해를 돕게 할 수 있
다. 국어의 유성음 사이 폐쇄음의 변이음 /g, d, b, z/는 일본어의 유성음과
관련시켜 설명할 때 효과적일 것이다.

2.2. 어휘구조의 대조

2.2.1. 어휘의 종류

1) 어휘의 분포

한·일어의 어휘는 고유어, 한자어, 외래어로 이루어져 있다. 이들은 본
래 고유어가 주류를 이루었겠으나, 한자문화권의 영향을 받아 한자어의 증
가를 보게 되었다. 후대로 내려오면서 한자어가 고유어의 수를 능가하게
되었다. 따라서 현대어에서는 한자어가 과반수 이상을 차지한다. 한·일어
의 사전에 수록된 어휘분포를 보면 다음과 같다.

어종	큰사전(1957)			
	순우리말	한자말	외래어	모두
표준말	56,115	81,362	2,987	140,464
사투리	13,006			13,006
고유명사	39	4,165	999	5,203
옛말	3,013			3,013
이두	1,449			1,449
마디말	990			990
모두	74,612	85,527	3,986	164,125
%	45.5	52.1	2.4	

어종	言海(1889)		例解 國語辭典(1956)	
	어수	%	어수	%
화어	21,817	55.8	14,798	36.6
한어	13,546	34.7	21,656	53.6
외래어	551	1.4	1,428	3.5
혼종어	3,189	8.1	2,511	6.2
총수	39,103		40,393	

한국의 한자어는 일본의 근대화과정에서 번역한 말이 많이 수입되어 일본어와 밀접한 관련을 갖는다. 외래어도 일제 외래어가 많이 수용되어 일본의 외래어와 형태적으로 유사한 것이 많다. 관용어도 일본의 관용어와 대부분이 일치한다.

2) 고유어

한·일어는 한자어를 비롯한 외래어에 의해 고유어가 많이 침식되고 있다. 이는 위의 고유어의 분포도가 웅변으로 말해 준다. 고유어는 논리적 사색어보다 감각어가 매우 발달하였다. 시각어(색채어), 미각어 등의 발달과, 의성어 의태어의 발달이 그 구체적인 예이다.

> 노랗다-누렇다-샛노랗다-노르께하다-노르끄레하다-노르므레하다-노르스름하다--노릇하다-노릇노릇하다-누르께하다-누르끄레하다-누르므레하다-누르스름하다-누릇하다-누릇누릇하다-누르칙칙하다-누루툭툭하다-노리께하다-노리끄레하다-노리므레하다-노리툭툭하다-노릿하다-노릿노릿하다

국어의 의성어 의태어는 단순히 음성상징만 하는 것이 아니다. 이에 접사를 붙여 그 소리를 내는 사물이나, 동물의 명칭을 나타내기도 한다. "기러기, 개구리, 꾀꼬리, 귀뚜라미, 매미 뻐꾸기, 쓰르라미/ 깍두기, 깜빡이, 누더기, 떠버리, 살살이, 삐쭉이, 얼룩이, 빤짝이"가 그 예이다. 음성 상징

(音聲象徵)은 음상의 차이에 의해 의미, 또는 어감의 차이를 드러내는데, 이 는 국어의 한 특징이다.

3) 한자어

한자어에는 중국제, 일제, 국산의 세 종류가 있다. 이 가운데 중국제 한 자어는 일찍 차용된 것이고. 일제 한자어는 근대에 차용된 것이다. 현대 국 어의 한자어의 사용 경향을 보면 예전에 중국에서 차용된 한자어가 많이 안 쓰이게 되고, 일제 한자어가 많이 쓰이게 된 것으로 보게 한다. 일제 한 자어는 음독(音讀) 한자어와 훈독(訓讀) 한자어의 두 가지가 있다.

① 중국 한자어

鷄蛋, 袞龍袍, 君子, 艱難, 男人, 內殿, 莫無可奈, 每常, 沙鉢, 侍從, 是或, 臣 下, 御手, 玉顔, 爲頭, 自鳴鐘, 仔詳하다, 自行車, 才操롭다, 電氣, 錢糧, 停車場, 茶飯, 天堂, 千里鏡, 天主敎, 火輪船, 火車, 火砲

② 일본 한자어

求心力, 浪漫主義, 動詞, 酸素, 細布, 水素, 演說, 遊星, 日曜日, 一週日, 裁判 所, 重力, 靑酸加里, 形容詞, 恒星, 惑星, 花粉, 火曜日/ 見積, 見本, 落書, 內譯, 賣場, 明渡, 上衣, 上廻, 裏書, 日附, 立場, 立替, 持分, 取扱, 取調, 取締, 品切, 割箸, 行先

③ 고유 한자어

艼草, 垈地, 獤皮, 魟魚, 緭塵, 溫埃, 王荑, 饒飢, 雜頉, 田畓/ 廣木, 凍太, 等 內, 妹夫, 分揀, 莎草, 私通, 色吏, 媤叔, 傳貫, 靑太, 布木, 行下

4) 외래어

국어에는 적어도 30개국에서 어휘가 차용되고 있다. 역사적으로는 양국 이 다 일찍이 중국어의 영향을 받았고, 그 뒤에는 서양의 영향을 받게 되었다. 국어에는 이 밖에 일본어의 차용이 많다. 이러한 어휘 차용은 편집·인쇄·제본, 건축, 이·미용, 복장, 일상용어(의·식·주 기타) 등에 나타난다 (박갑수, 1994b). 차용어에는 원음 차용과 번역 차용이 있다.

> 가리스리(假刷), 나카미(中身, 속장), 데모도(手許, 조수), 하바(幅), 가리아게(제上, 치켜깎기), 소도마키(外卷, 바깥말이), 기지(生地, 천), 소데나시(袖無し, 민소매옷), 요지(楊枝, 이쑤시개), 오시이레(押し入れ, 벽장), 가모(鴨, 물주), 기스(傷, 상처), 앗싸리(あつさり, 깨끗이)

그리고 여기 특기할 것은 서구의 외래어가 일본을 통해 수용된 것이 많아 국어의 외래어 가운데는 일본식 외래어가 많다는 것이다. 이들 가운데는 본래의 발음과 멀어졌거나, 어형이 바뀌었거나, 의미가 달라진 것이 많다.

① 발음이 달라진 것

게라(galley), 고로께(croquette), 기브스(gips), 다스(dozen), 로스(roast), 메리야스(medias), 바께쓰(bucket), 뻰찌(pinchers), 삐라(bill), 세멘(cement), 쓰봉(jupon), 오토바이(autobike), 지루박(jitter bug), 프랑카드(placard), 후앙(fan), 하이라이스(hashed rice)

② 어형이 바뀐 것

골덴(corded velveteen), 다이아(diamond), 도란스(transformer), 디스코(discotheque), 레지(register), 르뽀(reportage), 리모콘(remote control), 비디오(video tape recorder), 수퍼(super market), 스텐(stainless steel), 아파트(apartment), 에끼스(extract), 에어콘(air condition), 오바(over coat), 인테리(intelligentsia), 인프레(inflation), 타이프(typewriter), 프로(program, profession), 하이힐(high heeled shoes), 후론트(front desk)

③ 의미가 바뀐 것

Arbeit(부업<노동), avec(동반<함께, 더불어), business man(회사원<중역), handle(조향장치<손잡이), high collar(멋쟁이<높은 칼라), lumpen(부랑자, 실업자

<남루), Mrs.(기혼여성<기혼 부인의 경칭), post(우체통<우편·우편물), stand(탁상 등<작은 탁자),

④ 일본에서 만든 것

골인(reach the goal, make the goal), 로우틴(early teens), 리야카(bicycles cart), 밀크 커피(coffee and milk), 백미러(rearview mirror, rearvision mirror), 샤프(펜슬)(automatic pencil), 슈크림(cream puff), 스프링 코트(topcoat), 싸인북(autograph album), 애프터 (서비스)(after sale service, after sales servicing), 오 엘(office girl, career women), 올드 미 스(old maid, spinster), 콘센트(outlet, plug sockett), 플러스 알파(plus something), 하이 틴(late teens), 홈인(score, reach home)

5) 관용어

국어는 국어 나름의 "개밥에 도토리, 머리를 올리다, 바람 피우다, 보릿 고개, 손가락에 장을 지지다, 식은 죽 먹기, 입이 걸다, 허리가 휘다"와 같 이 독자적인 관용어를 많이 가지고 있다. 그러나 이와는 달리 일본어와 같 거나, 유사한 관용어가 적잖다.

고양이 목에 방울을 달다(猫の首に鈴をつける)/ 귀가 멀다(耳が遠い)/ 귀를 의 심하다(耳を疑う)/ 꿈처럼 지나가다(夢の様に過ぎる)/ 낯가죽이 두껍다(面の皮が厚 い)/ 눈시울이 뜨거워지다(目頭が熱くなる)/ 닻을 내리다(碇を降ろす)/ 마각을 드 러내다(馬脚を現わす)/ 마음을 주다(心をやる)/ 말 뼈다귀(馬の骨)/ 머리를 짜다(頭 を絞る)/ 벼락이 떨어지다(雷が落ちる)/ 벽에 부딪치다(壁に突き當る)/ 상상하기 어렵지 않다(想像にかたくない)/ 손에 땀을 쥐다(手に汗をにぎる)/ 손을 대다(手を 着ける)/ 도토리 키 재기(どんぐりの背くらべ)/ 순풍에 돛을 달다(順風に帆を揚げる)/ 뿌리를 내리다(根を下ろす)/ 새빨간 거짓말(眞赤なうそ)/ 숨을 죽이다(息を殺す)/ 시험에 미끄러지다(試驗にすべる)/ 애교가 넘치다(愛嬌が溢れる)/ 어깨가 무겁다 (肩が重い)/ 욕심에 눈이 어두워지다(慾に目がくれる)/ 얼굴을 내밀다(顔を出)す/

얼굴이 넓다(顔が廣い)/ 이야기에 꽃이 피다(話に花がさく)/ 입을 모으다(口をそろ
える)/ 입이 무겁다(口が重い)/ 흥분의 도가니(興奮の坩堝)/ 희망에 불타다(希望に
燃える)

2.2.2. 어휘의 구조

단어는 단일어와 합성어로 이루어지며, 합성어는 복합어와 파생어로 구
분된다. 이러한 어휘의 구조적 면은 한・일어가 유사하다. 국어는 단음절
어에 비해 다음절어가 많다. 어휘 구조의 대표적 유형은 다음과 같다.

① B형	: 해, 달, 꽃, 나무		月, 山, 花
② aB형	: 맹물, 숫처녀, 풋사랑		小道, すがお
③ Ba형	: 덮개, 손질, 술꾼		本屋, 神さま
④ aBa형	: 헛발질, 헛손질		大さわぎ お參り
⑤ B-B형	: 장미꽃, 신장, 책상다리		秋風, たてよこ, 人人
⑥ aB-B형	: 돌배나무, 개꿀장수		はつ稻刈, 白玉椿
⑦ B-Ba형	: 젖먹이, 사탕발림		雨降り, ひきあげ者
⑧ Ba-B형	: 잇몸, 디딜방아, 디딤돌		燒き鳥, 讀み手
⑨ Ba-Ba형	: 됨됨이, 생김생김, 쓴씀이		讀み書き, あがりおり

이 밖의 어휘상의 특징으로 국어 어휘는 종합성과 개별성, 말을 바꾸면 추
상성과 구상성 가운데 보다 구상성을 지니며(예, put on, put off에 대한 대응 등),
대명사가 발달되고, 경어가 발달되었다는 것을 들 수 있을 것이다.

2.2.3. 교수・학습에의 응용

어휘구조는 음운구조와는 달리 여러 가지 면에서 같거나 유사한 점을

많이 가지고 있다. 따라서 이를 통해 학습의 용이성을 강조함으로 학습의 욕을 제고할 수 있다. 어휘구조상 같거나 유사한 면을 적극 활용할 것이고, 차이점에 유의하여 학습의 난점을 해결하도록 할 일이다.

2.3. 문법·문장구조의 대조

인구어(印歐語)와 달리 한·일어는 문법·문장구조가 비슷하다. 큰 틀에서 같고, 지엽적인 부분에 차이를 보인다. 이런 면에서 일본의 한국어 학습자는 특혜를 받은 것이라 할 수 있다.

2.3.1. 기본 통사구조

(1) 주술구조(S-P형)

花がさいた.   꽃이 피었다

(2) 객술구조(S-O-P형)

猫が鼠をつかまえる   고양이가 쥐를 잡는다.

(3) 보술구조(S-C-P형)

水が氷になる   물이 어름이 된다.

2.3.2. 성분의 구성

1) 주어의 구성

梅のさく日が來た.   매화의 피는 날이 왔다.→ 매화가 피는 날이 왔다.

行くのがきらいだ.   가는 것이 싫다.

"梅の"의 "の"의 형식은 국어의 경우 주로 생물일 때에만 주격 기능을 행사한다. 국어의 속격도 의미상 주격을 나타낸다. "나의 사랑하는 순이의 엄

마는 미인이다."가 그 예이다. 고어에서도 "쏭의 달고 쓰믈 맛본 거시라"(삼강행실도)가 보인다. 이는 종속문에 나타난다.

"가는 것이 싫다"는 "行くことがきらいだ"로 대응되기 쉽다. 이 때의 "の"는 준체조사(準體助詞)로 체언의 대행기능을 한다. 국어는 여기에 "것"으로 대응된다.

2) 술어의 구성

① 雨が降ってくる.　　　비가 내려 온다→비가 온다.

　お父さんが來てくれた.　아버지가 와 주었다→아버지가 왔다.

일본어의 "용언(중지형)+ 보조용언"의 구성형태는 한국어의 "용언(부사형)+ 보조용언"의 구성형태와 유사한 구조를 이룬다. 다만 전자는 용언이 중지형이고, 후자는 부사형이라는 것이 다르다.

② 雨に降られる.　　　비를 맞는다　　　雨に濡れる(?)

　字を書くらしい.　　글을 쓰는가 보다　字を書くみたい(?)

일어의 "용언+조동사"의 구성형태는 국어에는 그 대응형식이 없다. 특히 "れる(られる)"는 피동, 가능, 자발(自發), 공대 등의 여러 기능을 드러내므로 적용에 어려움이 따를 것이다.

③ けっして忘れるな.　　결코 잊지 말아라. (금지)

　僕が行くぞ.　　　　내가 간다.　　　　(다짐)

　무く行こうや.　　　빨리 가자(야).　　 (재촉)

일어의 "용언+종조사"의 구성형태는 일본 특유의 것으로 국어에는 없는 형식이다. 따라서 국어에서는 여러 가지 구성 형태로 대응하게 된다.

④ 학생인 그는   學生である 彼は

　　학생이었던 그는   學生であった 彼は

　　서술격조사(지정사)의 연체수식기능은 그 구성방식이 일어와 다르다.

⑤ 그는 중학생이 아니다. 彼は 中學生で(は)ない.

　　체언의 부정형은 일어의 경우 "체언+지정사+보조용언"으로 되어, 국어의 "체언+조사+형용사"의 구조와 다르다.

3) 목적어의 구성

① 나는 고양이가 무섭다.   私は猫がこわい.

　　그는 꽃을 좋아한다.   彼は花が好きだ.

　　밥이(을) 먹고 싶다.   御飯がたべたい

　　감정적 심리적 형용사 "그립다, 무섭다, 탐나다, 그립다, 좋다, 싫다, 싶다/ 戀しい、こわい、ほしい、なつかしい、すきた、きらいた、たい" 등은 대상어에 "이/가"가 쓰인다. 이는 한·일어가 마찬가지다. 또 가능 표현에 호응하는 "체언+が" 표현은 국어에는 없어 오류가 발생할 가능성이 높다

　　字が書ける　글이 쓰인다(→ 글을 쓸 수 있다).

　　ひとりで 着物がきられる　혼자서 옷이 입힌다(→ 혼자서 옷을 입을 수 있다).

② 일본어 대상 표현에는 "に"격을 사용하기도 한다. 따라서 오용 가능성이 높다.

　　彼は 自動車にのった.   그는 자동차를 탔다.

　　彼は 文淑にあった.   그는 문숙을 만났다.

4) 보어의 구성

　　한일어의 보술구문 형식은 상이하기 때문에 오류가 빚어질 가능성이 크다.

氷が水になった.	얼음이 물이 되었다/ ? 얼음이 물로 되었다.
彼は會長になった.	그는 회장이 되었다.

2.3.3. 확대 통사구조

수식구조, 한정구조, 접속구조에 의해 통사구조가 확대된다. 양어의 확대구조는 통사구조면에서는 거의 일치하나, 형태론적 구조면에서는 상당한 차이를 보인다.

1) 수식구조

① 관형격(연체격) "の: 의"는 상호 대응된다. 그러나 일어 연체격은 항상 사용되는 경향을 지니는 데 국어의 연체격은 생략되는 경우가 많다.

煉瓦の家	벽돌집
机の上に本がある.	책상 위에 책이 있다.

② 일어의 연체격은 부사에도 붙어 체언을 수식하는 경우가 있으나, 국어는 그렇지 아니하다. "の"격이 붙는 부사는 정도, 상태 등을 설명하는 부사의 일부에 제한되어 있다. 국어에서는 이에 관형사, 형용사 등이 대응된다. "わずかのお金, ほとんどの人, しばらくの間, かなりの損害" 등.

たくさんの人が集まった.	많은 사람이 모였다. (＜많이의 사람)
すべての 植物	모든 식물 (모두의 식물)

③ 일어의 연체형은 문장의 종결 형식이 그대로 연체 수식의 기능을 한다. 이는 국어의 기능과 다른 점이다.

花がさく.	꽃이 핀다.
花がさく日はうれしい.	꽃이 피는 날은 기쁘다.

④ 일어의 연체형은 체언 상당의 자격으로 쓰이기도 하는데, 이러한 구문형식은 국어에는 없다.

負けるが勝ち.　　　　　지는 것이 이기는 것

言うは易く行うは難しい.　말하기는 쉽고, 행하기는 어렵다.

⑤ 일어의 연체사(관형사) "大きな, 小さな, たいした" 등이 국어에서는 형용사로서 그 어형이 바뀐다. 일어의 연체사는 "ような(조동사), くらい(부조사)" 등도 수식하는 특수한 연결 형식을 가지고 있다. ("大きい、小さい"는 형용사)

あのような事はしない.　　저와 같은 일은 하지 않는다.

どのくらいの高さか.　　　어느 정도의 높이인가?

2) 한정구조

① 부사 호응은 잘 된다. 다만 용언의 어말 형식이 부분적으로 형태론상 차이를 보인다.

おそらく夜になるだろう.　아마 밤이 될 것이다.

決して登るな.　　　　　절대로 오르지 말라.

さもおもしろそうに笑う　아주 재미있는 듯이 웃는다.

② 국어의 도착점을 나타내는 격조사에는 "에, 에게, 께"가 구별 사용된다. 이에 일본어는 "に" 하나로 대응된다. 따라서 잘못이 많이 빚어진다.

학교에.../ 철수에게.../ 어머님께 보냈다.

③ 출발점의 표현은 "에서(무생물), 에게서(생물)부터, 한테서"가 있다. 이에 일본어는 "から" 하나로 대응된다. 따라서 오용되는 경우가 많다.

대전에서 왔다/ 어머님에게서 받았다./ 선생님께서 주셨다.

④ 향방을 표현할 때 국어에서는 "으로, 에게로, 한테로"가 있는데, 일어
는 이에 "ヘ/に"로 대응된다.

姉のところに送る.　　　누나 - 에게/ 한테 보낸다.

彼は谷底ヘにおりて行つた. 골짜기로 내려갔다.

⑤ 목적 표현의 일본어 "に" (체언-に)에 대응하는 격이 국어에는 없다.

彼は食うためにはたらく.　그는 먹기 위하여 일한다.

なにしに來たの　　　　　뭣하러 왔느냐?

⑥ 비교 표현은 격조사를 달리 취한다.

彼は猿に似ている.　　　그는 원숭이를 닮았다.

誘惑に勝つ　　　　　　유혹을 극복하다.

3) 접속구조

접속구조에서 구문형식은 양어가 잘 대응된다. 다만 의미 표현이 반드시
일치하지 않는 접속구조에 표현상 문제가 있을 수 있고, 표현 내용이 일치되
더라도 그 접속방식이 가능한 구성에 차이가 있어 학습 부담이 클 수 있다.

① 국어의 병렬형 어미구조에 대응하는 일어의 어미 형식은 없고, 다른
품사로 대치한다.

먹을뿐더러(-만 아니라) 가지고도 간다.　食べるだけでなく持ってもいく.

눈도 내리고, 바람도 불었다.　　　　　雪も降るし風も吹いた.

② 종속적 접속구조는 국어에는 다양한 어미가 발달되어 있으나, 일본어
는 그렇지 않다. 다음과 같은 내용 표현은 서로 일치하지 않는다.

공부를 열심히 해야 합격한다.　　　　勉強を熱心にしてこそ合格する.

인격이 높을수록 겸손하다.　　　　　人格が高いほど けんそんである.

③ 접속법 가운데는 일어로 꼭 일치되게 표현할 수 없는 것도 있다.
꽃이 피고나서 눈이 오고 있다.　　　　　　花がさいてから雪が降っている.

2.3.4. 교수·학습에의 응용

한·일어의 통사구조는 거의 일치하나, 형태론적 구조면에서 상당한 차이를 보인다. 따라서 큰 틀이 같거나, 유사함을 강조하며 흥미를 갖고 학습하게 함이 필요하다. 이러한 가운데 형태론적 차이에 유의하여 오류를 범하지 않도록 지도할 것이다. 이러한 지도는 고급 학습자임을 전제로 한다. 그러나 이러한 학습자에게도 형태론적으로 1 대 1의 대응을 강조할 것은 못 된다. 특히 아직 일본어의 문법도 배우지 않은 어린이에게 형태론적 특징을 설명하고 교육한다는 것은 그들에게 큰 고통이 될 것이다. 이들에게는 오히려 대응되는 문형을 제시함으로 밈·멤연습(mim-mem practice) 방법을 활용하는 것이 바람직할 것이다.

2.4. 담화 구조의 대조

2.4.1. 조응 표현의 대조

① 국어의 "자기"는 1인칭으로 거의 쓰이지 않는데, 일어 "自分(立ち、ら)"은 1인칭으로 쓰인다.
自分にまかせ下てさい.　　자기에게 맡겨주십시오. → 저에게

② 일어에서는 2,3인칭에 "さま(上待), さん(平待)"을 붙여 대우의 차이를 나타낼 수 있으나, 국어에는 이런 용법이 없다.
あなたさき(がた), こちらさま, お宅さま

③ 일어 "これ, それ"는 무생물만이 아니고, 3인칭의 지칭에도 쓰이나, 국

어의 "이것, 그것"은 보통 쓰이지 않는다. 또한 방향을 표시하는 "こちら, そちら, あちら"도 국어의 경우와 달리 3인칭에 쓰인다.

④ 평(하)대할 때 국어에서는 이름 뒤에 "-아, -야, -이" 등이 붙어 호칭임을 나타낼 수 있으나, 일어에는 이런 용법이 없다.

언니야!   お姉ちゃん

⑤ 국어의 복수 접사"들"은 무생물에도 쓰이나, 일어 "たち, ども, ら"는 쓰이지 않는다.

⑥ 국어 지시 표현 "저" 계열은 화시적(話示的)으로만 쓰이고, 전술문맥(前述文脈)에 조응하는 용법이 없다.

昨日あの人に又あつたんですよ.   어제 그 사람을 또 만났어요.

⑦ 국어에서는 "그" 계열 외에 "이" 계열이 전술 문맥에 조응하는 용법이 있으나, 일어 "こ" 계열에는 이런 용법이 없다.

この人からこんな話聞くとわ夢にも思わなかった. → その人からそんな話を聞くとは夢にも思わなかった.

일본어로는 "この人からこんな話を"를 "その人からそんな話を"라고 바꾸어야 바른 말이 된다. 이에 대해 한국어는 "이 사람한테 이런 말을 들을 줄은 꿈에도 생각지 못 했다."가 가능한 표현이다.

따라서 지시 표현의 대응관계를 정리하면 다음이 된다.

        <문맥 조응관계>   <화시적 대응관계>

⑧ 대용 표현 "そうだ, そうする"의 형태에 대해 국어에서는 상태와 동작의 구별 없이 "그렇다, 그래"로 대응된다.

2.4.2. 대우표현의 대조

대우표현은 형식면에서 볼 때 국어는 화계(話階)가 더 세분되어 있고, 일어는 공대 겸양표현이 더 풍부하게 발달되었다. 국어에서는 친족관계가 화계(話階) 결정에 절대적 작용을 한다. 일본의 화계는 "です/ た"체의 둘이 있고, 국어에서는 "합쇼, 하오, 하게, 해라"체란 네 가지 격식체와, "해요체, 해체"의 두 가지 비격식체가 있다. 일어에서는 지위나 연령 등이 동등한 사이에서도 사회인이 된 뒤에는 평대 화계를 잘 안 쓰고, 상대(上待) 화계를 쓰는 것이 특징적이다. 압존법도 일본어에서 보다 철저하게 나타난다. 일어에서는 화자와 청자가 같은 공동체(in-group, 身內)에 속하는가, 아닌가에 따라 공대 선택이 우선적으로 결정된다. 청자와 화자가 다른 공동체에 속할 경우 공동체 외부인을 우선적으로 높인다. 여기서 공동체란 공동이익을 추구하는 집단으로 직장, 가족 등이다. 일어에서는 청자의 자녀의 동작 상태에 대해서도 공대 표현을 한다. 이는 공손성(politeness)을 중시하는 사회 심리에 그 원인이 있다 하겠다. 국어에서는 흔히 공동체 아닌 자기가 기준이 된다.

한·일어에서 대우표현의 다른 점은 일본어에는 겸양을 나타내는 공대 표현의 기본 형식이 있다는 점과, 말 자체를 품위 있고 듣기 좋게 하는 미화어(美化語: "お, 御" 사용)가 있다는 것이다. 일본어의 공대표현의 기본형식은 다음과 같다. 이에 대해 한국어는 "v-시다"로 대응한다.

① お-v-になる ... お客様がお見えになる
② v-られる .... ずいぶん變られましたね
③ お-v-くださる .... お知らせ下さい

④ お-v-です　　…. お客様がお待ちです

⑤ お-v-なさる　…. お電話なさいましたか?

그리고 일본어의 겸양하는 기본 형식은 다음과 같다. 이에 대해 국어의 표현은 객체존대(客體尊待)의 접사 "-습, -옵, -잡"을 사용하거나(하였습니다, 하옵고, 받자와), "뵙다, 뫼시다, 여쭙다" 등 일부 겸양 표현의 단어에 의해 나타낸다.

① お-v-する　　　　… お會いしました

② お-v-いたす　　　… お傳え致しました

③ v-(さ)せていただく　… 休ませていただきます

그리고 일본어에는 남녀의 성별에 따라 표현의 차이가 있다. 몇 개 예를 들어 보면 다음과 같다.

대명사 : 　(남) 僕, 我我, おれ,わし

　　　　　(여) あたし

종결어미: (남) 承知しないぞ~ (여) 承知しないわ.

　　　　　(남) ずいぶん高いな~ (여) ずいぶん高いのね.

　　　　　(남) 靜かだね~ (여) 靜かね.

　　　　　(남) そんなこと言うな~ (여) そんなこと言わないて(よ)

일상생활의 언어 표현은 양국이 다 화자가 자기를 낮추고, 상대방을 높이고, 정중하고 공손한 표현을 하고자 하는 것이 공통된다. 다만 이러한 사교적인 언어생활은 상대적으로 볼 때 일본이 한국보다 더 완곡한 표현을 하는 것으로 보인다. 일본인은 인사말이 길다고 하는 것이 그 단적인 증거이다.

2.4.3. 교수·학습에의 응용

언어는 문화의 색인이라고 한다. 진정한 언어학습은 문화적 배경 없이 불가능하다. 따라서 언어와 관련된 문화적 사항을 충분히 언어교육에 활용할 일이다. 이러한 문화적 사항은 사람이나, 사물의 지시 및 대우법에 관한 것만이 아니고 사회언어학적 면 전반이 그 대상이 된다.

3. 결어

대조언어학은 외국어교육의 좋은 길잡이 가운데 하나다. 그것은 모국어가 외국어 학습에 간섭을 하며, 학습대상 언어와 모어의 구조가 차이가 크면 클수록 학습상의 문제점이 커진다는 것을 전제로 한다.

한·일어의 대조(對照)를 통해 우리는 다음과 같은 몇 가지 사실을 확인할 수 있었다.

첫째, 같거나 다른 언어 형식을 확인할 수 있었다.

둘째, 국어에는 없으나 일어에는 있는 형식이나 분포를 볼 수 있었다.

셋째, 국어에는 있으나 일어에는 없는 형식이나 분포도 볼 수 있었다.

넷째, 형식이 같거나 유사하나 그 기능이나 의미가 다른 것이 있었다.

다섯째, 언어의 표현 형식이 문화를 반영하는 것임을 볼 수 있었다.

한·일어의 비교 대조를 통해 이상의 몇 가지가 확인되었다. 이는 한국어 학습을 위한 전제 작업으로 수행된 것이다. 따라서 모국어가 외국어 학습에 간섭이나, 장애가 되지 않고 이를 극복하는 수단이 되도록 활용하여야 한다. 그러나 외국어 학습이란 언어학적 능력을 기르는 것이 아니고, 언어 능력을 기르는 것이므로 언어 지식에 속박되는 일이 없도록 해야 한다. 교사가 안다는 것과 이를 가르치는 것은 같은 것이 아니라는 사실을 명심해야 한다.

참고문헌

리득춘(1987), 조선어 어휘사, 연변대학 출판사

박갑수(1984), 국어의 표현과 순화론, 지학사

박갑수(1994), 우리말 사랑 이야기, 한샘출판사

박갑수(1994), 올바른 언어생활, 한샘출판사

박갑수(1999), 아름다운 우리말 가꾸기, 집문당

박갑수(1998), 일반국어의 문체와 표현, 집문당

박갑수 외(1973), 국어학신강, 개문사

홍사만(2002), 한·일어 대조분석, 역락

황찬호 외(1988), 한일어대조분석, 명지출판사

D. Larsen-reeman(1986), Technics and principles in language teaching, Oxford, university.

Dulay H. etal.(1982) Language 2, 牧野高吉譯(1999), 제2언어의 습득, 鷹書房弓プレス 1999

金田一春彦(1968), 日本語, 岩波書店

金田一春彦(1991), 日本語特質, 日本放送出版協會

奧大邦男(1992), 日本語教育學, 福村出版

> ■ 이 글은 서울대학교 언어교육원에서 일본인 학생들의 한국어 교육 연수 교재에 수록했던 것
> 으로(2004), 그 뒤 많은 부분을 증보한 것이다. 미발표 원고임.

제3장 중국 조선족 서간문의 오용분석

1. 서론

금세기 중반 외국어 학습에 응용하기 위해 대조분석(對照分析)이 발달하였다. 이것은 구조언어학의 이론을 언어 교육에 응용한 것이다. 대조 분석은 L2를 학습할 때 발생하는 난점이 주로 L1의 간섭에 원인이 있다고 보았다. 그리고 이러한 간섭은 대조분석에 의해 예측할 수 있으며, 이는 대조분석을 이용한 교재를 사용하여 집중 훈련을 함으로 그 간섭을 억제하고 학습 효과를 높일 수 있을 것이라 보았다.

이러한 가정은 어느 정도 사실이다. 그러나 그것이 전부라고는 생각되지 않는다. 예측하지 못한 오용이 많이 나타나기 때문이다. 이에 오용은 목표 언어의 규칙을 완전히 습득하지 못한 데 그 이유가 있는 것이 아닌가 생각하게 되었다. 이로 말미암아 1960년대 말기에서 1970년대에 걸쳐 오용분석(error analysis)의 기초가 마련되었다.

오용분석의 결과 오용은 L1의 간섭만이 아니고, L1이 다른 학습자에게도 같은 계통적 오용이 나타나며, L1 습득과 L2 습득 사이에는 공통점이 많다는 것이 분명해졌다. 그리하여 오용은 언어 습득상 자연스러운 것으로 불가피한 것이며, 언어습득이 진행되고 있다는 분명한 증거로 생각하게 되었다. 오용 분석은 오용의 본질이 무엇인가를 밝혀, 언어 습득과정을 밝힘으로 언어 습득이론으로 발전하게 되었다.

1970년대에는 오용분석이 중간언어의 부분적 설명에 머물렀고, 주관적인 것이 되었다는 지적을 받았다. 그리하여 1970년 후기 이후에는 언어행동 총체의 연구를 중간언어 연구로 하고, 그 일부로 오용분석을 자리 매김하게 되었다. 오늘날은 중간언어의 가변성(variation)을 여러 각도에서 다루어 그 가변성 가운데 계통성·법칙성을 발견하려는 방향으로 나아가고 있다.

오용의 원인은 간섭에 의한 오용과 비간섭에 의한 오용으로 나뉜다. 간섭(干涉)은 물론 오용과 연결되는 부정적인 것과 긍정적인 것의 두 가지가 있다. 비간섭의 오용은 외적 요인에 의한 오용과 내적 요인에 의한 오용으로 나뉜다. 유발에 의한 오용(induced error), 훈련에 의한 전이(transfer of training)는 전자에 해당하며, 유추와 과잉, 일반화에 의해 빚어지는 학습방략(learning strategy)에 의한 오용과, 전달방략(communication strategy)에 기인한 오용은 후자에 해당한다.

여기서는 중국 조선족의 서간문의 오용을 분석해 보기로 한다. 이는 물론 단계적으로 언어를 습득해 나가는 과정에서의 오용분석이 아니다. 오히려 앞으로 언어 교육을 꾀하기 위한 학습 대상의 진단평가(診斷評價)라 하여 좋을 것이다.

자료 서간문은 1991년-1993년 사이의 것으로, 필자가 KBS 사회교육 방송을 하면서 입수한 것이다. 발신자는 남녀노소의 제한이 없다. 문자 그대로 불특정 다수의 서간이다. 따라서 이 서간문의 문장은 중국에 거주하는 조선족의 평균적인 한국어 수준이라 보아 좋을 것이다. 여기서는 이들의 한국어의 실상이 어떠한가를 밝히고, 나아가 L2로서 한국어를 교육할 때 무엇이 문제가 될 것인가, 그 실체를 밝혀 보기로 한다. 오용분석은 자료의 성격상 발음을 제외한 표기, 어휘, 문법, 문장이 된다.

2. 표기상의 오용

2.1. 표기상의 차이

한국의 표기법을 중심하여 중국 조선족의 표기를 살펴보면 여기에는 상이한 두 가지 유형의 오용이 발견된다. 하나의 유형은 중국 조선족의 표기 규범이 한국의 그것과 다르기 때문에 잘못이 빚어진 것이고, 다른 하나는 문자 그대로 오용에 의해 잘못이 빚어진 것이다. 전자는 한국의 규범을 기준으로 할 때 오용이 되나, 현지의 규범으로 볼 때는 바른 것이다. 이것은 물론 국제화를 위해 통일을 할 때까지 인정해야 할 규범이다. 그러나 외국어로서의 한국어 교육이라는 차원에서는 일단 오용으로 보고, 이에 대한 교육의 문제를 논의하여야 할 것이다. 문자 그대로의 오용은 표음적인 표기를 하고 있다는 것이 가장 큰 특징이다. 이 밖에 잘못된 음운 변이(變異)를 반영한 표기, 어원을 잘못 설정한 인식 부족의 표기 등이 많이 보인다. 다음에 이러한 표기상의 오용을 구체적으로 보기로 한다.

2.2. 규범상의 차이

중국에는 동북 3성 조선어문사업협의소 조판공실에서 편하고 연변인민출판사에서 1985년 간행한 "조선말 규범집"이 있다. 이는 1966년에 개정된 북한의 "조선어 철자법"과 대동소이한 것으로 남한과는 차이를 보인다. 이의 대표적인 특징으로는 다음과 같은 것을 들 수 있다(박갑수, 1995, 1997).

① 남한에서는 사이시옷을 쓰는데, 중국에서는 쓰지 않는다.
② 남한에서는 어간 모음 "ㅣ, ㅐ, ㅔ, ㅚ, ㅟ, ㅢ" 아래 "-어/-었"을 쓰는
데, 중국에서는 "-여/-였"을 쓴다.
③ 남한에서는 한자어의 어두음 "ㄹ"과 구개음화한 "ㄴ" 대해 두음법
칙을 적용하는데, 중국에서는 원음 표기를 한다.
④ 남한에서는 한자어에 "ㅖ"가 들어 있는 음절로 "계, 례, 몌, 폐, 혜,
예"를 인정하는데, 중국에서는 "몌, 폐"를 인정하지 않는다.
⑤ 남한에서는 "이(齒, 蝨)"와의 합성어를 "사랑니, 머릿니"」로 표기하
는데, 중국에서는 "사랑이, 머리이"로 표기한다.
⑥ 남한에서는 띄어쓰기를 할 때 중국에 비해 많이 띄어 쓴다.

이러한 규범상의 차이로 말미암아 중국의 조선족 서간문에는 어두에
"ㄹ" 및 구개음화된 "ㄴ"이 많이 쓰이고 있고, "ㅣ, ㅐ, ㅔ, ㅚ, ㅟ, ㅢ" 아
래 "-어/었"이 아닌, "-여/-였"이 일반적으로 쓰이고 있다. 사이시옷의 용례
는 거의 보이지 않는다. 띄어쓰기는 중국의 규범을 지키기보다 자의적으로
쓰고 있다는 인상이 짙다. 이들의 용례를 몇 개씩 보이면 다음과 같다.

① "ㄹ" 두음의 사용
. 그래서 부끄러움과 미안감에서 먼저 량해를 구하면서...
. 렴치없는 요구인지 몰라도...
. 그래서 현철씨가 노래한 록음 태입과 노래집을 부쳐 주시기를...
. 그리고 년로하신 부모님을 위하여 ≪성경전서≫도 부탁하는데...
② 연결형 등에 "-여"의 사용
. 고국으로 춤추며 뛰여가리라.
. 지금은 사회가 발전되여 機械化로 하기 때문에 사람에 일손이 만이
헐하게 되엿습니다.
. 책을 보내 주시여서 다섯 식구가 잘 보고 있습니다.
. 해마다 봄이 오면 개나리꽃 살구꽃 피여나는 곳/ 이곳이 내가 태여난
고향이란다.

③ 종결어미 「요」의 사용
. 먹을 것이라고는 푸성귀와 밥뿐이요.
. 끝으로 방송국 여러 선생님들 안령히 게십시요.
④ 사이시옷의 생략
. 나무잎도 떨어지면 뿌리로 가나...

2.3. 표음적 표기

표음적 표기는 Heritage langage 또는 Kitchen language의 소산이라 할 것이다. 이들은 아직 한국어에 대한 인식이 부족해서 표기에 오용을 빚고 있다. 이러한 것으로는 표준 발음으로 인정하는 자음접변 수용, 속격 조사의 음운 변동 수용, 및 연철 표기를 들 수 있다. 이들은 모두 문자언어가 아닌 구어(口語)로서는 수용될 수 있으나, 표음적 표기를 하면 오철(誤綴), 오용이 된다.

① 자음접변의 수용
자음접변이 일어나는 많은 비음화 현상이 그대로 표기에 나타나고 있다. 설측음화는 별로 보이지 않는다.

. 안녕하심니까(안녕하십니니까).
. 새해의 인사를 올림니다(올립니다).
. 화목은 더더욱 고국의 친우 친척을 그리게 됨니다(됩니다).
. 1월 31일 문제풀이 정답을 맞추어 보렴니다(보렵니다).
. 많이 諒解하시기 바람니다(바랍니다).
. 앞으로 많이 배워야 될 것을 희망함니다(희망합니다).
. 수말리(수만리) 떨어진 고국 땅에서...

② 속격조사 "의"의 변동 수용
속격의 조사 "의"는 많은 것이 "에"로 쓰이고 있다.

. 낙동강 기슭에 자리 잡은 나에(나의) 조부님!
. 봄바람에 풍겨오는 고향에(고향의) 향기인양--
. 여지까지 친척들에(친척들의) 소식은 하나도 못 들엇읍니다.
. 사람에(사람의) 일손이 만이 헐하게 되엿습니다.
. 생활상 쾌락과 사업에(사업의) 순리를 두 손 들어 빌어봅니다.
. 우리 해외동포에(해외동포의) 머리속에 떠오르는 것은...

③ 연철 표기

어원을 의식하지 못하고, 발음되는 대로 연철한 표기가 많이 보인다. 이는 문법에 대한 학습을 제대로 받지 못한 때문이라 하겠다.

. 저는 60에 가까와 오는 늙으니(늙은이)로서 貴放送의 熱情的인 愛聽者입니다.
. 무슨 훈장으로 가슴에 다라(달아) 올리리까?
. 나는 이 노래를 드를(들을) 때마다/ 가슴을 절켜 주누나.
. 가고 시퍼라(싶어라) 고국이여
. 問題푸리(풀이)는 아주 흥취 있음니다.
. 동이보감, 미술책의 피료되오니(필요되오니) 태산 같은 부탁 드립니다.

④ 기타

칠종성(七終聲) 표기, 단모음화 표기 등이 보인다.

. 每日과 갖이 하루도 빠짐없이 라디오에 귀를 밧삭 대고 듯고(듣고) 있엇으나...(있었으나)
. 될 수 잇는 대로 해결해 주셨으면 천만 감사하겟습니다(하겠습니다).
. 우리 백의민족에 다심 업는(없는) 혈맥의 련게로(연계로)...
. 끝으로 방송국 여러 선생님들 안령히 게십시요(계십시오).
. 띠운(띄운)장은 우리 곳에선 일반적으로 ≪썩장≫이라고 합니다.
. 30년 동안 한국 자를 쓰지 안아(않아)

2.4. 음운의 변동

구어(口語)에서의 음운의 변동이 표기에 많이 반영되고 있다. 이러한 변동은 앞에서 살펴본 바와 같이 표준 발음으로 수용되는 것과 그렇지 않은 것이 있다. 표기의 오용 가운데는 표준 발음으로 인정되지 않는 변동이 그대로 표기되는 것이 많다. 이것은 다음에 논의할 "인식 부족"의 경우와 마찬가지로 미숙한 학습 단계를 보여 주는 "중간언어"라 할 것이다. 이러한 변동은 대체로 남한의 언어에서도 흔히 나타나는 현상이다.

① "ㅐ-ㅔ"의 혼란
   . 편지도 제데로(제대로) 써지지 않아서 몇번 썼다가 그만 두고 말았지요.
   . 特히 막네(막내) 딸이 책을 품에 안고...
   . 이른 새벽에 김매러 나가고 달 떠야 호미 매고(메고) 돌아오네.
   . 전번 내번(네번) 편지를 방송국에 보내고...
   . 오늘까지 제가 전한 편지는 한 차래(차례)도 消息이 없습니다.
   . 어렷을 때 부모한태(한테) 듣고 듣은 고향 이야기
② 전설모음화
   . 多彩로운 生活面에서 가진(갖은) 노력을 다하시는 사회교육 방송국
③ "ㅎ"음의 약화 탈락
   . 제가 소학교를 필업하고부터는 30여년을 한국 자를 쓰지 안아(않아)...
   . 전번 저이(저희)가 문제풀이 정답을 매주일 정리하여 일요일에 부치었습니다.
④ 원순모음화의 수용
   . 동구의 기뿐(기쁜) 소식 전하겠노라구
   . 친척 친우들을 찾었으면 무어라 할 수 없이 기뿌겠습니다(기쁘겠습니다).
⑤ 구식 발음
   . 사회교육 방송국 여러 선생님들 안령하십니까(안녕하십니까)?
   . 신체 근강(건강)과 맡은 바 事業에서 더욱 더 큰 성과를 걷울 것을 빌

면서...
⑥ 기타

. 몇 (몇) 가지 書籍도 요구하였습니다.

2.5. 인식 부족

"표음적 표기" 또는 "음운변이"에 의한 오류도 결과적으로는 한국어에 대한 인식이 부족해 잘못이 빚어진 것이나, 여기서 말하는 "인식 부족"에 의한 오용이란 한국 어문에 대해 무지하거나, 필자 나름의 잘못된 어원적 해석을 가해 표기를 함으로 오기를 한 것을 말한다. 이러한 오용은 선어말 (先語末) 어미 "았"을 "앗"으로 표기하는 것이 대표적인 것이고, 이 밖에 체언, 용언, 부사, 조사 등에 많이 나타난다. 이들은 학습자의 학습 단계를 단적으로 보여 주는 것으로, 바른 형태에 대한 인식, 또는 올바른 어원에 대한 지도를 통해 교정될 수 있을 것이다.

① 선어말 어미 "았"의 "앗"화

. 여지까지 친척들에 소식은 하나도 못 들엇습니다(들었습니다).
. 問題푸리 擔當 先生 앞 月曆을 감사히 바닷음니다(받았습니다).
. 어렷을(어렸을) 때 부모한태 듣고 들은 고향 이야기
. 每日과 갖이 하루도 빠짐없이 라디오에 귀를 밧삭 대고 있엇으나...

② 체언

. 저의 여행은 몇일(며칠) 또는 몇 주일의 시간이 됩니다.
. 밭임(받침)이 韓國 標準語와는 틀린 점이 많으리라구 생각되오니...
. 찌프린 하늘엔 햇님(해님)은 어데 가고
. 이 절기는 경첩(驚蟄)입니다.
. 사람마다 단노절(단오절)에는 유쾌(유쾌)하게 놀기도 하고 그내(그네)
  도 뛰고...
. 한민족의 좋은 풍섭(풍속) 대대로 전하도록 노력하겠습니다. 2 (51)

③ 용언

. 兄任의 두분 누님의 한 분 게심니다(계십니다).
. 끝으로 방송국 여러 선생님들 안령히 게십시요(계십시오).
. 더 큰 성과를 걷울(거둘) 것을 빌면서 이 筆을 놓습니다.
. 마음을 끌어단겨(끌어당겨) 삼천리 금스강산에 나래치게 하는...
. 그리운 목소리 전파 타고 나래도쳐(나래돋쳐)...
. 언제 가야 서로 맛나(만나) 두 손 잡고 들어 볼까?
. 타국에 태여나 외국땅만 해매돌며 한 맺인(맺힌) 그 몇 十年이든가.
. 책자를 요청하는데 붓쳐(부처) 주시면 무엇보다 더 감사하겠습니다.
. 담당자 선생님께서 저에게 꼭 붙어(부처) 주실 것을 바랍니다.
. 벼모 붙고(붓고) 논갈이도 하고 거름도 내고...
. 우리 모국-대한민국에 유관되는 내용을 싫는(싣는) 두 가지 신식...
. 고국 동포들의 앗김없는(아낌없는) 방조 밑에 갈라진 혈육을 다시 찾고...
. 고향을 두고도 못 가는 않다가운(안타까운) 타관 나그네 신세
. 조상님 나라 폭은한(포근한) 어머님 따사로운 품으로...
. 廣野도 山川草木도 歡歌의 갈채를 휘둘으는데(휘두르는데)...

④ 부사

. 每日과 갖이(같이) 하루도 빠짐없이 라디오에 귀를 밧싹(바싹) 대고...
. 일손이 만이(많이) 헐하게 되엿습니다.
. 정성겄(정성껏) 보내 주신 편지와 신년 선물 반가히(반가이) 받았습니다.
. 나는 비로서(비로소) 나기도 만주 따에서 나고...
. 까마귀 요란스리(요란스레) 울어대네, 동구의 기쁜 소식 전하겠노라구.

⑤ 조사

. 每日갖이(같이) 社會敎育 放送局에 방송을 들었으나...
. 매일갖이(같이) 들어도 그리운 목소리
. 그러면 금일는(은) 이상을오(으로) 불비상서하면서...
. 한국의 역사을(를) 실은 책과 지형지도, 풍경화을(를) 담은 화보와...
. 兄任의(이) 두 분, 누님의(이) 한 분 게심니다.
. 數多한 親戚들의 結緣을 지어 주신 여러 先生들이(의) 至誠에 感動되며...

⑥ 접사 등
. 金宗秀氏는 三兄弟에 셋채(셋째) 아들이고...
. 風霜 고초 겪을 데로(대로) 겪으면서도...

3. 어휘상의 오용

어휘의 경우도 규범상 차이가 있는 것과 문자 그대로의 오용의 두 가지로 나누어 볼 수 있다. 방언에 대한 상대적인 개념은 북한과는 달리 중국 조선족의 경우에도 남한과 같이 표준어라 하고 있다.(연변 사회과학원 언어연구소, 1996) 이 표준어가 남한과 달라 조선족의 서간문에는 한국에서의 용어와 다른 말이 많이 쓰이고 있다. 그리고 방언 또한 많이 보인다. 이러한 방언에는 북한 방언, 그것도 평안 방언이라 할 것이 많다. 이 밖에 남한에는 보이지 않는 특이한 형태의 단어와 우리와 다른 의미로 쓰는 한자어들이 또한 많이 쓰이고 있다. 이러한 단어들을 살펴보면 다음과 같다.

3.1. 규범상의 차이

중국의 규범과 남한의 규범이 달라 차이를 드러내는 말에는 다음과 같은 것이 보인다. 보기 가운데 ( )는 괄호 안의 낱말이 남한의 표준어라는 표시이며, (=)는 중국에서의 복수 표준어를, (?)는 남한어에서 적절한 대응어가 보이지 않음을 나타내기 위해 사용한 기호이다.

① 체언
. 기념날(=기념일)에 해외 동포들은 고국과 같이...
. 때로는 남편과 안해(아내)로 때로는 할머니와 아들로...

  . 선생님들에게 속심(속마음)의 말을 하게 해요
  . 내 왜 나래(=날개) 돋힌 새가 되지 못했더냐?
  . 고국에도 곡우에 당콩(=강남콩)을 심는지요?
  . 띠운 장은 우리 곳에선 일반적으로 ≪썩장≫(=담북장)이라고 합니다.
  . 알아맞추기 못하면 어쩌나 하는 주저심(?)에 그냥 필을 들지 못했지요

　위의 중국의 규범어 가운데 "썩장, 주저심" 외의 단어는 모두 북한의 문화어와 일치하는 것이다.

② 용언
  . 맑게 개인(갠) 하늘에 별을 보면서 필을 들어 …
  . 날이 개이고(개고) 따듯해…
  . 까마귀 대가리를 까부시고(까부수고) 금년 일년의 부스럼도 몽땅 까부셔서(까부수어서) 무병할 것이고…
  . 마음을 끌어단겨 삼천리 금수 강산에 나래치게(날개치게) 하는 마음에 노래
  . 알싸안고 딩굴면서(=뒹굴면서) 회포 풀리라.
  . 1월 31일 문제풀이 정답을 맞추어(맞히어) 보렵니다.
  . 저도 적지않은 답안을 맞추어 (맞히어) 보았댔는데…
  . 그리고 中國語音 방송국에서 배워주는(=가르쳐 주는) 한국말 책
  . 문제풀이 시간을 하루의 과제로 빠치지(=빠뜨리지) 않고 공부한답니다.
  . 참나무 소나무 밤나무 영근(=여문) 내 고향
  . 귀방송국에 편지를 올렸댔는데(올렸었는데) 아직 소식이 없습니다.

　위의 중국의 규범어는 모두 북한의 문화어와 동일한 것이다. 이 밖에 이들 서간문에는 남한과 다른 단어라기보다 남한에서는 쓰이지 않는 단어도 보인다. "나다, 암흑한, 피타는, 일떠나, 필요되는"이 그것이다. 이 가운데 "암흑한"은 북한에서도 쓰이지 않는다. 이들의 구체적인 용례는 다음과 같다.

. 얼마나 죄송스러운지 얼굴이 뜨거워 나요(?).
. 이것은 암흑한(?) 현실에 대한 그의 강렬한 불만을 반영한 것이다.
. 고국 동포들의 피타는(?) 대가를/ 무슨 말씀 골나 찬미하리까.
. 백의동포여, 우리 모두 일떠나(?)/ 철석같이 한데 뭉치여/
. 겸히 必要되는(?) 冊子를 요구합니다.

③ 기타
. 하루도 드팀없이(드팀 없게) 우리 민족의 메아리 눈물겨운 사회교육
  방송을 청시하고 있어요.
. 모쪼록(아무쪼록) 건강하여 주십시요!(건강하시기 바랍니다)
. 귀국에서 여직껏(여태껏) 보내온 알아맞추기 문제들을...
. 그것이 방송되면 인차(?) 부처 보내고 말입니다.
. 하여(그리하여) 放送局 여러분께 도움을 빌면서...

이들 가운데 「여직껏」은 북한에서도 방언으로 보는 것이다.

3.2. 방언 · 사투리

중국 조선족의 언어 규범으로 볼 때 사투리로 보아야 할 단어들도 많이
쓰이고 있다. 이들은 남한의 규범으로 보아도 대체로 방언에 해당한 것이
다. 이들 보기를 체언과 용언 및 기타의 세 가지로 나누어 제시해 보기로
한다.

① 체언
. 우리 백의민족에 다심없는(?) 혈맥의 련계로...
. 저는 당손(장손)으로써...
. 방방곳곳(방방곡곡) 어디라 할 것 없이 노래 불러 주겠어요.
. 해외 방방곳곳(방방곡곡)에서 방송국에 도착된 편지들을 소개할 때...

. 고국의 방방면면(방방곡곡)을 많이 알아보자는 것이예요.
. 무슨 신바람(심부름)이나 하라면 알아들으면서도…
. 숯무지(숯무더기) 위/ 뼈얼건/ 물동이와
. 절기 알아맞추기는 집집마다 이 날이면 동지 오구랑죽(새알심죽)을 해서
　먹지요.
. 이붓자식(의부자식)이라 괄세 말고…
. 갑자기 내린 진눈비(진눈깨비,눈비)가 멈추더니…

　이들 가운데 「다심없는」은 중국 및 북한의 사전에도 보이지 않는 방언
이며,「진눈비」는 중국에서는 「진눈, 진눈까비」를 표준어로 보는 것으로,
북한과 같다.

② 용언
. 저녁 방송 시간을 안타까이 기다렸다가 귀를 강구하고(?) 열심히 듣군
　합니다.
. 우리 성 領事館의 檢査을 걸친다(거친다) 합니다.
. 1938년 2월에 이민으로 딸 둘을 다리고(데리고) 중국으로 왔습니다.
. 어렷을 때 부모한태/ 듣고 들은(들은) 고향 이야기
. 어릴 때 어머니께서 들었든(들었던) 거예요.
. 그럼 저 최근에 맞쳐(알아맞히어) 본 정답을 적어 보냅니다.
. 절벽도 무너지고 바다도 메꾸어(메워)
. 저녁 8시의 '새소식'의 내용을 좀더 뿔겄으면(불렀으면) 좋겠습니다.
. 다시금/ 못 돌아올/ 두만강 설은(설운) 물아…
. 인생의 谷雨가 되는 상싫군요(성싫군요).
. 그 날이 速히 올 것을 손곱아(손꼽아) 기다립니다.
. 저는 대번에 알아마췄어요(알아맞혔어요).
. 문제풀이 답을 알아맞춘(알아맞힌) 데 있지요
. 住所가 얼뜰하면(엉뚱하면) 落失할 수 있기 때문에 서울로 부칩니다.
. 이 방송의 프로에 귀를 기울여 온 지는 오라지만(오래지만)…

이들 가운데 "강구하고"는 "강구고"의 방언으로 "강구다"는 중국과 북한에서 다 표준어로 보고 있는 말이다. "얼뜰하면"은 중국과 북한의 사전에 다 수록되어 있지 않은 말로 "엉뚱하면"의 방언으로 보이는 말이다.

③ 기타
  . 겸히(겸하여) 必要되는 冊子를 요구합니다.
  . 혹 귀방송에 나의 속담이 다문(다만) 얼마라도 나온다면...
  . 따뜻한 새봄이 발벰발벰(발밤발밤) 찾아드는 곳/
  . 이제는 어느뜻(어느덧) 56년이란 세월이 흘러 한갑(환갑)이 가까워 오니...
  . 언녕(얼른) 부치려 했지만 주소를 몰라서...
  . 여지(여직/여태)까지 친척들에 소식은 하나도 못 들엇읍니다.
  . 여짓껏(여직껏/여태껏) 선생님들의 목소리를 참여하여 왔어도...

이들 가운데 "겸히", "언녕"은 사전에 수록되어 있지 않은 말이다. "발벰발벰"은 중국에서는 "발맘발맘", "발면발면"과 함께 복수 표준어로 보고 있는 말이다. 북한도 마찬가지다. 이에 대해 남한에서는 "발맘발맘"을 동음이의의 다른 말로 보고 있다.

3.3. 특수한 한자어

중국 조선족의 서간문에는 남한에서는 쓰이지 않는 특이한 형태의 단어, 또는 특이한 뜻으로 쓰는 말이 많이 쓰이고 있다. 따라서 이들을 형태와 의미로 크게 나누어 살펴보기로 한다.

3.3.1. 형태상의 특이어

형태적으로 볼 때 남한에서 쓰이지 않는 말은 중국의 사전에만 수록된 것과, 중국과 북한의 사전에 공통으로 수록된 것, 중국 및 북한의 사전에도 수록되지 않은 것의 세 가지가 있다.

① 중국의 사전에만 수록된 것
- 鋼鐵 産量(생산량)에서 英國 프랑스를 초과한 8번째
- 안도현 우전국(우체국) 영업반의 처녀애가 보내달라 하는데요...
- 여러 先生들에게 充分한 感謝의 뜻을 表達하지(표현전달하지) 못하여 大端히 未安합니다.
- 감사의 인사를 이 글로 표달하는(표현전달하는) 바이니 받아 주세요.
- 면에 있는 호구부(호적부?)를 찾아보시게 되면...

② 중국과 북한의 사전에 공통으로 수록된 것
- 더 많은 계레 동포들을 위해 복무하실 것을 바라면서, 방송원(방송국 원)들이 옥체 건강하실 것을 바랍니다.
- 제가 소학교를 필업(卒業)하고부터는 30여년을 한국 자를 쓰지 안아...
- 저는 북경 민족문화궁에서 해설원(解說員) 사업을 하고 있습니다.

③ 중국 및 북한 사전에도 수록되지 않은 것
- 마침 외삼촌께서 고국 갔다 오시면서 錄像帶(비디오테이프)를 가져 오셨지요.
- 나는 처음 문제 풀리에 參加하며 답복(答復)의 기일이 늦을까바...
- 언제부터 우리 민족의 민가(民謠)를 즐겨 듣는데 저의 결혼 레물로 록음 테프를 부처 줄 수 있을까요.
- 저는 북경민족문화궁(北京民族文化宮)에서 해설원(解說員) 사업을 하고 있습니다.
- 지구 각지에 류산(流散?)하고 있는 우리 백의민족에 다심없는 혈맥의 련계로...
- 존경하는 한국방송공사 사회교육 방송국 부책(負責)동지들!
- 고향의 부유와 발달로 자호감(自豪感)을 느긴다고 하셨습니다.
- 문제풀이 절목(節目:프로)을 들어오면서...
- 귀 절목(節目:프로)의 애청자로써 방송을 끊임없이 들으면서...
- 좋기는 서신에 채색사진(天然色寫眞) 한장과...

이들 어휘들 가운데 ①은 중국어로 보이는 것이고, ② · ③ 가운데도 일부 단어는 중국어로 확인된다. 이러한 단어로는 다음과 같은 것이 있다.

畢業, 錄像帶 答復, 北京民族文化宮(고유명사), 負責, 自豪感, 節目, 彩色寫眞

3.3.2. 의미상의 특수어

남한과 다른 의미로 쓰이는 것은 대체로 사회주의 국가에서 그 의미가 특수화한 것이다. 그래서 이들은 중국과 북한에서 다 같은 뜻으로 쓰이는 것을 볼 수 있다.

- 안녕하십니까? 공작(?)에서 바삐 돌아치겠지요? (工作)
- 저는 공작에 참가한 지 1년 밖에 되지 않습니다.
- 꼭 우리 민족의 교양(?) 사업에 힘으로 될 것 같습니다. (教養)
- 子息들을 教育 · 教養(학습)함에 도움이 될까하여 국어사전과 韓譯사전을 부탁합니다.
- 고국 인민(동포)들에게 행복을 축복하며, 담당자 동지(?)의 옥체 건강을 축원합니다. (同志)
- 금후부터 전 각 방면에 료해를 깊이하며... (了解)
- 한국 친척 방문을 갔다 오셔서야 한국에 대한 진일보의 료해가 있게 되였습니다.
- 부친은 김재식, 모친의 명함(=姓銜)은 잘 기억되지 않습니다.
- 아무쪼록 많이 방조를 주시면 합니다. (幇助)
- 선생님들의 많은 방조 바랍니다.
- 정말 전심전의로 국외동포들을 위하여 복무하누나. (服務)
- 저는 작년 대학을 졸업하고 직장에 분배받아 출근하는... (分配)
- 저는 북경 민족문화궁에서 해설원 사업을(일)을 하고 있습니다.
- 나는 지금 학습에 수요되는 책이 두 가지 있지요. (需要)
- 방송국 전체 성원들에게 뜨거운 감사와 뜨거운 인사를 드립니다. (成員)
- 國際的 地位가 날이 갈수록 높아지는데 對하여 熱烈히(?) 祝賀합니다.
- 저는 고국 인민들을 한없이 그리는 마음에서 필을 들어 올립니다. (筆)

- 中國 大陸과 대만도 人員 往來가 빈번하며 (人員)
- 수심을 안겨 준 장본이 누구이옵니까? (張本)
- 저는 사범학교 학생으로서 또 음악 전업인데... (專業)
- 우리집 7식솔은 모두 노래에 특별한 흥취를 갖고 있습니다. (興趣)
- 저는 이번에 문학을 필업했습니다. (畢業)
- 저는 음악에 대해 흥취를 갖고 잇는데... (興趣)

3.3.3. 관용적 표현

- 크게 힘을 받아 要求를 提起하는 바입니다.
- 미안스러운대로 저의 요구를 제출하오니 될 수 있겠는지요?
- 과분한 요구를 제출했는지 모르겠습니다.
- 저는 선생님께 몇 가지 요구를 제출하겠습니다.

3.4. 한문투의 표현

이 밖에 개화기 문체와 같이 한자어를 사용하고 있는 모습도 보여 준다. 이의 대표적인 것은 「필을 들다/ 필을 놓다」와 같은 표현이다.

- 이 필을 놓으려 합니다.
- 그럼 이만 쓰고 필을 놓겠습니다.
- 필을 들게 됩니다.
- 새해 들어서 또 필을 들게 됩니다.
- 貴方의 방송은 무척 마음이 좋더군요.

4. 문법상의 오류

문법면에서는 활용, 곡용, 수식, 대우법, 시제, 태, 관용적인 표현 등에 오용이 나타난다. 이 가운데 대표적인 것은 활용과 곡용인데, 이들은 방언의 영향으로 말미암아 빚어진 오용이 주종을 이룬다.

4.1. 활용의 오용

용언의 활용은 정상적인 활용을 하지 않고 잘못 활용한 것과, 그 용언의 성격상 그러한 활용을 할 수 없는 것을 하게 한 비문법적 활용의 두 가지가 있다. 후자의 경우는 형용사가 동사의 활용을 하는 것이 그 대표적인 것이다.

4.1.1. 활용의 오용

. 봄나비 고달퍼(고달파) 하는 늦봄에도/ 머나먼 창공을 헤아리누나.
. 이슬이 떨어진 꽃위에 벌이 날래(날아) 든다.
. 어릴 때 어머님께서 듣었든 거예요.
. 저는 정말 선생님들을 직접 만나봐서(만나뵙고) 감사의 말을 하고 싶습니다.
. 고향에 수요되는 것이 있다면 서슴치(서슴지) 마시고 알려 주십시오.
. 그리운 부모 보고파 한숨 지우며(지으며)/

4.1.2. 비문법적 활용

. 편지를 받지를 못하고 궁금하는(궁금해 하던) 중에...
. 궁금하는(궁금해하던) 중에 오늘 다섯번째 편지를 보냅니다.
. 그리운 고향 가고파 애통하는(애통해 하는)
. 소식이 없어 조마조마하는(조마조마해 하는) 중이예요.

이 밖에 접사 "-고프다"가 붙은 활용이 있다. 이것은 남북한 모두가 인정하지 않던 것이나, 근자에 간행된 한국의 사전 가운데는 이를 표준어로 실어 놓고 있는 것도 있다. 그런데 북한이나 중국에서는 표제어로 올려놓고 있지 않다. 그럼에도 조선족의 서간문에는 이 "-고프다"계 파생어가 많이 쓰이고 있다. 이는 평안도 방언으로 보인다.

- 조상님 나라 폭은한 어머님 따사로운 품으로/ 가고파라 가고파 그 언제 가 보려나.
- 꿈에 보고픈 고향의 금수강산을 보시면서 가요를 들으시던 어머님은 찬탄을 금치 못하시군요.

4.2. 곡용의 오용

곡용(曲用)의 오용은 1인칭 낮춤말 "저"의 주격을 "제가"로 하지 아니하고, "저가"로 하는 것이 대표적인 것이다. 이 밖에 조사가 생략된 명사문이라 할 문장이 쓰인다는 것도 기억해 두어야 한다. 이는 대체로 한국어의 사용 능력이 낮은 사람에게 나타나는 현상이라 할 수 있다. "저가"는 한국의 젊은이도 사용하는 경향을 보인다.

- 그럼 저가 한번 더 소개해 드리겠습니다.
- 저가 선생님한테 요구하시는 것은...
- 저가 총명해서가 아니지요.
- 한국 체육이 세계를(로) 진출할 때 저의 마음은 얼마나 기뻤는지 모릅니다.
- 주야 없이 동포 겨레 위하여 心血 아낌 없으시고 努力하시는 당신들께 연변의 170만 조선인 대표하여 감사 올립니다.

4.3. 수식의 오용

의존명사에 관형어가 오지 않고 생략되는가 하면, 여기에 조사가 붙어

접속부사로 전성되어 쓰이는 것을 볼 수 있다. 이러한 경향은 남한어에서도 나타나는 현상이다.

. 때문에 문제풀이 시간 마추기가 힘들었습니다.
. 때문에 될 수 있으면 저녁 8시의 ≪새소식≫의 내용을 좀더 뿔겠으면 좋겠습니다.
. 때문에 이번에 서신을 통하여 또한가지 문제를 알아마추어 볼까 합니다.

4.4. 대우법의 오용

낮추어 표현해야 할 화자를 존대함으로 오용을 빚는 경우가 많다. 이는 대우법에 대한 의식은 있으나 이의 바른 용법을 제대로 몰라 오용을 빚고 있는 것이라 하겠다.

. 존경하옵신 홍xx 김xx 두 분 선생님
. 존경하시는 편집원 앞
. 방송원들의 사업은 얼마나 위대하신가요.
. 존경하시는 김xx, 김xx 두 선생님께
. 방송국 책임자들에게(께) 고마운 인사 드립니다.
. 오늘 이 기회를 빌어 중국의 저는 선생들에게(께) 충심으로 되는 새해 첫인사를 올리옵니다.

4.5. 시제의 오용

문맥에 어울리게 시제를 사용하지 못하고 있는 경우도 자주 발견된다.

. 선생님 저가 듣는(들은) 말에 고국에 일어교본이 있다는데...
. 가요를 들으시던 어머님은 찬탄을 금치 못하시군요(못하시더군요).

. 언제부터 시작하였는지 몰랐어도(몰라도) 신비롭게만 여겨지는 한국...
. 인도 석가 부락의 왕자로서 후에 출가 수행하였는(수행한) 석가무니...
. 소식이 없어 조마조마하는(조마조하던) 중이에요.

4.6. 능·피동의 오용

. 소의 胃는 두 部分으로 나누어(나뉘어) 있는데 즉 胃臟과 千葉이 있는데...
. 또 日曜日이면 老人들이 集合되는데(集合하는데)...

4.7. 관용 표현의 오용

관용적 표현으로 "-기를 + 타동사" 표현이 "-ㄹ 것을 + 타동사"의 형태로 많이 바뀌어 쓰인다.

. 더 많은 계레 동포들을 위해 복무하실 것을 바라면서, 방송원들이 옥체 건강하실 것을 바랍니다.
. 꼭 부처 줄 것을 믿으면서...
. 존경하는 문제풀이 담당자 선생님께서 저에게 꼭 붙여 주실 것을 바랍니다.
. 그 날이 速히 올 것을 손곱아 기다립니다.
. 아모쪼록 힘 다하여 먼 친척이라도 찾아 주실 것을 고대합니다.
. 끝으로 先生任들의 事業에서 더욱 큰 成果가 있을 것을 고대합니다.

5. 구문상의 오용

구문상의 오용은 구조적으로 성분간의 호응이 제대로 되지 않는 것을 말한다. 이러한 오용은 성분과 성분 사이에 호응이 제대로 되지 않는 것과,

생략에 의해 그 호응관계가 제대로 이루어지지 않는 것의 두 가지가 있다. 이는 다음에 논의할 의미 호응과 관계되는 것으로, 논리적 사고(思考)와 구문의 능력이 부족해 빚어지는 현상이라 하겠다. 이는 조리 있는 사고로 극복할 수 있을 것이다.

5.1. 성분간의 호응

① 주술호응

- 저는 오래전부터 매일저녁 한국 사회교육방송에 귀기울이고 잇는 안해와 함께 저도 최근부터 귀맛이 끌려 민족과 통일의 감정에서 이 방송을 열심히 듣고 있는 것입니다. (있습니다)
- 저는 부끄러운 데로 저의 음악 학습에 도움이 있는(도움을 주는) 책들을 요구합니다.
- 요구될 책자는 ≪인체해부학≫ ≪안마치료법≫과 ≪운명철학≫ 책자를 수요됩니다.
- 또 매일 저녁이면 고국 방송공사에서 보내 드리는 ≪보고싶은 얼굴, 그리운 목소리≫를 듣는 것이 이젠 저의 습관으로 되였습니다.

② 객술호응

- 한국 체육이 세계를 진출할 때 저의 마음은 얼마나 기뻣는지 모릅니다.
- 여짓껏 선생님들의 목소리를(목소리에) 참여하여 왔어도(왔으면서도) 편지 한장 올리지 못한 데 대해 얼마나 죄송스러운지 얼굴이 뜨거워나요.
- 어린 아이들의 흥분을 나게 하는 것입니다.

③ 보술호응

- 이 방송 프로에 보내는 편지는 이번이 처음으로 됩니다.
- 충심으로 되는 감사를 올려요 긍정으로 대답할 것은 아마 지금부터라도 선생님들의 단골손님으로 되어…
- 또 매일 저녁이면 고국 방송공사에서 보내 드리는 ≪보고싶은 얼굴, 그리운 목소리≫를 듣는 것이 이젠 저의 습관으로 되였습니다.

④ 수식호응

- 大韓民國의 富强壯盛하고 人民들이 自由幸福하시기를 衷心으로 祝願하며 畢을 놓습니다.
- 그때까지 선생님을 친히 만나뵈서 인사를 드리겠습니다.
- 지금은 사회가 발전되여 機械化로 하기 때문에(발전되고 기계화하여) 사람에 일손이 만이 헐하게 되엿습니다.
- 방송국 책임자들에게 재삼 고마운 인사드립니다.

⑤ 접속호응

- 참고로 보시고 부탁한 것은 될 수 있으면 방조해 주시고, 사업에 지장 주면서 애써 찾을 필요는 없습니다(없겠습니다).
- 방송국 여러 선생님께서 많은 참고로 해 주시고(주시기 바라고), 끝으로 방송국 여러 선생님들 안령히 게십시오(계시기 기원합니다).
- 방송국 선생님께서 방조하여 주시면(주시기를) 진심으로 기도합니다.
- 렴치없이 페를 많이 끼친데 대하여 미안한 감상을 느끼면서(미안하게 생각하며) 여러 선생님들께서 널리 량해해 주시기 바랍니다.

5.2. 생략

- 만약 방송국에서 우표 모이기를 좋아하는 (사람을) 소개하여 주신다면 서로 앞으로 학습하며 교환하려 하오니 수고를 바랍니다.
- 방송국 책임자들에게 재삼 고마운(고맙다고 하는) 인사 드립니다.
- 때로는 남편과 안해로 때로는 할머니와 아들로 (분하여 어떻게) 그렇게 재미 있게 순서를 진행합니까?
- 선생님께서는 지금도 우리 천 백만 조선 동포들의 행복을 위하여 분망하시고(분망해 하시고) 있겠지요.
- 그리운 정을 나눌(나누고 싶은) 마음이 간절합니다.
- 방송 사업에서(사업을 하느라고) 매일 바삐 보내시리라 믿습니다.
- 끝으로 선생님들의 사업이 순리롭기를(순조롭게 이루어지기를) 바라면서 망향시 한 수 드립니다.
- 여러분께서 수고스럽지만 꼭 회답을 (하여 주시기) 바라며, 끝으로 여

러 선생님들의 만수무강을 축복합니다.

6. 의미상의 오용

의미상의 오용은 단어를 고르는 과정에서 의미상 적절하지 않은 낱말을 고르는 경우와, 두 개 이상의 성분 사이에 의미상 호응이 제대로 되지 않는 경우의 두 가지를 생각할 수 있다.

6.1. 부적절한 어의(語義)

수식과 피수식의 대상 사이에 의미 호응이 제대로 되지 않는 경우가 많다. 이러한 것에는 어휘 선택이 잘못 되었거나, 그 의미를 잘 몰라 잘못 쓴 경우의 두 가지가 있는 것으로 보인다.

- 가능하다면 방송국의 건축(건물) 사진과 선생님들이 공작하시는 사진...
- 저는 한국의 문학도들과 기꺼이(다정하게) 사귀고 싶습니다.
- 그러면 오늘은 이만 쓰고 선생님을 비롯한 여러 선생님들께 행운이 떨어지기(깃들기)를 바랍니다.
- 또 매일 저녁이면 고국 방송공사에서 보내 드리는(주시는) ≪보고싶은 얼굴, 그리운 목소리≫를 듣는 것이 습관으로 되었습니다.
- 물론 저녁 8시에 ≪새소식≫이 있지만 ≪종합새소식≫보다 내용이 적어서 만족되지(만족스럽지) 않습니다.
- 저의 청구를 들어 주셨으면 더 없이 반갑겠습니다(고맙겠습니다).
- 이번에는 고국의 발전을 반응할(반영할) 수 잇는 화보와...
- 하여 放送局 여러분께 도움을 빌면서(청하면서) 國際 郵便局의 주소를 漢字로 어떻게 쓰시는지 下問(문의)하는 바입니다.
- 아래 책자를 요구합니다(요청합니다/ 청구합니다).

- 선생님들께 미안한 부탁 드립니다. '대가정 보감'을 요구합니다.
- 이 하잘 것 없는 인간의 손을 잡아 주신다면 일체 힘을 바쳐 주겠어요(바치겠어요).
- 이전에도 답안을 여러번 보내드렸지만 무슨 원인(이유)인지 무소식입니다
- 사실에 대한 진실성의 각도에서 저까지도 이런 보도에 대해 원통(분통함)을 느끼고 있습니다.
- 저는 아버지를 잃고(여의고) 자라 아버지의 고향이며 아버지의 형제분들의 이름을 모른답니다.
- 그리고 또 앞으로 더욱 휘황한 전과(성과)를 얻기 간절히 바랍니다.
- 선생님의 귀체 건강을 축복합니다(축원합니다).
- 그럼 오늘은 여기서 졸필을 줄이면서 귀방송국 사업 일군들의 건강을 축복합니다.
- 韓國 標準語와는 틀린(다른) 점이 많으리라구 생각되오니 많이 諒解하시기 바랍니다.
- 중국어 번역이든가 길 안내원이 필요된다면 저의 자그마한 도움이라도 우리 민족의 영광을 위하여 하고(바치고) 싶습니다.

6.2. 조리 없는 표현

말이나 문장은 의미가 통해야 한다. 그것은 의미 호응이 되어야 하고 조리(條理)에 맞아야 한다. 조리에 맞지 않는 말은 말이라 할 수 없다. 그런데 조선족의 서간문에는 이러한 의미호응이 제대로 되지 않거나, 조리에 맞지 않는 비논리적인 표현이 많다. 이들의 용례를 몇 개 보면 다음과 같다.

- 금일 저가 필을 들게 된 원인은 다름이 아니라, 귀 고국에 다시 한번 필을 올려 문제풀이 정답을 올립니다(써 보내기 위해서입니다).
- 저는 교원의 몸이지만 사업 외에 고국 방송을 애청하는 것도 역시 한 가지 락으로 느껴집니다(생각하고 있습니다).

. 나는 비로서 나기도 만주따에서 나고, 자라기도 만주땅에서 자랏건만
(자랐으나) 고국의 옛노래를 드러도(들으면) 안타까운 마음은(이) 한이
없습니다(한없이 듭니다).
. 많은 참고로 해 주심을 바라면서 앞으로 더 보귀하고 좋은 문제들을
내 주면 즐겨 맞이하게 됩니다(맞히어 보겠습니다).
. 이번에도 좀 서산한 감이 있어 필을 않들가 해서(하다가) 혹시 하고
다시 한번 문제풀이 정답을 써서 선생님들의 도움을 받을가 하여 필
을 또 놀려 패을 끼치게 되었습니다.
. 그럼 이만 그치면서 다음번 서신 거래때 '가정주부'와 '문학정신' 몇
권을 보내 주실 것을 약조하시기 바랍니다.
. 홍xx 선생님 문제풀이 시간은 무슨 련속극을 련결하여 꼭 계속 놓지
지 않고 듣으려는 결심같이 한 가닥의 연극을 본 것 같아 기억이 새
롭게 기억할 수 있답니다.
. 이런 心情은 저 혼자뿐 아니라 他國에 살고 잇는 同胞들이 故國에서
보내온 선물을 받을 때 血肉이 結緣되고 相逢하였을 때 있는 共同한
心情이라고 生覺합니다.

7. 결어

중국 조선족 서간문의 오류를 살펴보았다. 조선족들은 소위 Heritage
langage 또는 Kitchen language를 사용하며, 중간언어를 구사하고 있다. 이
중간언어는 사용자에 따라 많은 차이를 보인다.

조선족의 오류의 일반적인 경향은 표기, 어휘, 문법, 문장 전반에 많이
빚어지고 있다.

표기는 규범의 차이에 의한 이형태(異形態)와, 표음적 표기 및 음운 변동,
인식 부족에 따른 오용이 많다. 어휘의 경우도 규범의 차이에 의한 이형태
와, 특이한 한자어에 의한 형태 및 어의에 의한 차이를 드러내고, 방언의

사용으로 오용이 빚어지고 있다. 남한과 다른 이러한 중국의 특이성(特異性)
은 북한과는 대체로 일치한다는 경향을 지닌다. 문법은 활용·곡용 등의
이해 부족 및 방언의 영향으로 오용이 많이 빚어지는가 하면, 수식, 대우법,
시제, 태(態) 등에도 오용의 예가 나타난다. 구문상의 오용은 우선 형태상
성분간의 호응이 제대로 되지 않는 비문(非文)이 많고, 생략에 의한 의미상
호응이 되지 않는 비문이 많다. 의미는 부적절한 어휘 선택과 조리에 맞지
않는 표현을 함으로 비문이 많다는 것이 특징이다. 이것은 Heritage
language를 문법 의식 없이 나열한 데 연유하는 것이라 하겠다. 따라서 이
러한 오류를 극복하기 위해서는 문법 교육의 강화를 제언해야 할 것으로
생각된다. 서간문을 보낼 정도의 조선족이면 L1을 학습한 사람으로 볼 수
있으므로 대조분석을 통한 L2 교육은 긍정적인 전이(轉移)로 나타날 수 있을
것이다. 따라서 L1과 L2의 대조를 통한 교수·학습이 바람직할 것이다.

그리고 여기 덧붙일 것은 북한 언어와의 관계이다. 하나의 언어가 국제
화되기 위해서는 체계적으로 통일된 언어이어야 한다. 그런데 광의의 우리
한국어는 남북한 언어가 다르고, 재외 동포(특히 중국)의 언어가 다르다. 이
래 가지고서는 국제적인 언어가 되기 어렵다. 더구나 중국 및 독립국가 연
합과 같은 재외 동포에게 남북한어의 통일을 기대하기도 하는데 중국 및
독립국가 연합의 언어 규범이 북한의 규범에 일방적으로 경도되어 있다는
것은 그들의 역할에 회의를 갖게 한다. 오히려 한국어의 통일을 위해서는
1933년의 "한글맞춤법"의 정신으로 돌아가는 것이 바람직하다 할 것이다.
이러한 회귀(回歸)는 후퇴가 아니라 통일의 핵(核)의 발견이라 하겠다. 이러
한 회귀현상은 희랍이나, 이스라엘에서 그 예를 볼 수 있다.

중국 조선족 서간문의 오용분석을 통해 한국어 교육을 위해 건의할 수
있는 것은 우선 중국 조선족의 언어 규범과 남한의 언어 규범의 차이를 인
식하고, 이 차이의 극복을 위한 노력이 필요하겠다는 것이다. 그리고 이러
한 바탕 위에 그들의 언어습득 단계에 따라 오용을 교정해 나가야 한다.

이러한 오용 교정에 대한 교수법으로는 무엇보다 최소한 한국어의 구조와 특성을 이해하는 데 필요한 문법 교수가 필요하다. 이때에는 무엇보다 오디오·링갈 어프로치(Audio-lingual approach)와 문법번역법의 교수법이 좋은 방법이 된다고 하겠다.(*)

참고문헌

박갑수(1994), 올바른 언어생활, 한샘출판사
박갑수(1997), 한국어교육개론, 서울사대 외국인을 위한 한국어 지도자과정
박갑수(1995), 남북 맞춤법의 차이와 그 통일 문제, 국제고려학회 학술총서, 국제고려학회
박갑수(1996), 남북한의 언어 차이, 중학교 국어 3-1, 교육부
허유희(1996), 이태리어 학습에 있어 오류 설명의 이론적 문제, 이중언어학회지 13, 이
        중언어학회
D. Larsen-Freeman(1986), Techniques and principles in language teaching, Oxford
        University
石田敏子(1995), 日本語 教授法, 大修館書店
奧大邦男 편(1992), 日本語 教育學, 福村出版
木村宗男 외(1992), 日本語 教授法, 櫻楓社

■ 이 글은 "국어교육연구. 제4집, 서울대학교 국어교육연구소, 1997. 12."에 실린 논문이다.

제4장 재소(在蘇) 고려인의 언어와 한국어교육

— 1990년대 "고려일보"의 언어를 중심으로 —

1. 서언

소련은 이민 초기부터 우리 동포가 나가 살던 곳이다. 어느 곳이나 마마찬가지이나, 이곳에서도 우리 동포들은 언어의 수난을 겪었다.

소련에서의 한국어, 곧 고려어(高麗語) 교육의 역사는 세 단계로 나누어 볼 수 있다. 초기 연해주(沿海洲)에서의 전성기, 2단계인 강제 이주 후의 수난기, 3단계인 페레스트로이카 이후의 자유기가 그것이다.

여기서는 소련에서의 고려인들의 언어생활 및 언어 교육 실태를 살펴보고, 특히 앞에서 언급한 제2단계인 수난기의 언어를 살펴보기로 한다. 구체적인 자료는 "재쏘고려인전국신문"인 1990년대의 "고려일보"로 하기로 한다. 이는 역사적인 언어사실의 확인 뿐 아니라, 효과적인 한국어교육을 추구하기 위함이다. 당시는 민족어 상실의 고난의 시기였기 때문에 규범적인 언어에 대한 이질성(異質性)을 많이 지닌 것이었다. 더구나 고려어는 조선인민공화국(이하 "조선")과 중화인민공화국 조선족의 규범을 많이 따랐다. 따라서 한국어교육을 위해서는 이들의 실상을 확인할 필요도 있다. 이렇게 다른 규범은 우리 민족뿐 아니라, 다른 민족의 한국어교육에도 장애가 되기 때문이다.

수만리 떨어진 이국에서 고생하는 우리 재외동포를 생각하며, 우리 언어를 바루고, 효과적인 한국어교육과 한국어의 세계화가 이루어지길 바라는 마음에서 이 글을 쓰기로 한다.

2. 재소 고려인들의 언어생활과 한국어교육

한민족은 한반도를 중심으로 하여 전세계에 7천여만 동포가 흩어져 살고 있다. 이 가운데 구소련에는 약 40여만의 동포가 살고 있다.

옛 소련, 연해주에는 일찍부터 우리 동포가 나가 살았다. 이들의 한국어교육은 서너 단계로 나누어 볼 수 있다.

첫째 단계는 소위 초기 "한국어교육의 전성기"로, 19세기에 연해주에 이주해 살던 시기이다. 기록에 의하면 1863년 포시엣트에 최초로 농민 13호가 이주해 살았다 한다(서대숙, 1984). 그뒤 조선에 흉년이 들고, 경제적으로 어려워 대거 이주하였고, 1910년 이후에는 애국지사들이 많이 유입하였다. 소련에서는 1917년 러시아혁명이 일어났고, 소비에트 정권은 소수민족들로 하여금 각급 학교에서 모국어로 교수하라는 명령을 내렸다. 이에 조선인 마을에도 소비에트 유일노력학교와 농민청년학교(7년제 초등중학)가 설립되었다. 그리고 1930년대에는 많은 민족교육기관이 설립되었다. 초등학교가 300여개소, 초등중학이 56개소 건립되었다. 1929년 소왕영과 포시엣트에는 사범전문학교가 설립되었고, 1931년에는 해삼시에 국제고려사범대학이 설립되었다(한득봉, 1991). 그리고 모스크바, 하바롭스크, 블라디보스토크에는 조선 출판사들이 운영되어 각종 교과서와 문예서적, 및 번역물이 출판되었다. 또한, 당시 연해주에는 7가지 한글 신문과, 한국어로 펴내는 잡지가 8종 출간되었다(조영환, 1992). 그러기에 명월봉(1991)은 이 시대를 고려

문화 교육발전의 "황금시대"라 하였고, 한득봉(1991)은 이때가 소련에서의 한국어교육의 "전성기"였다고 하고 있다.

둘째 단계는 1937~38년 스탈린의 탄압정책에 의해 연해주의 우리 동포가 중앙아시아 및 카자흐스탄으로 강제이주를 당해 조선어문이 수난을 당하던 시기이다. 이때 소련의 당과 정부는 민족교육에 의해 이중언어교육이 제대로 실시되지 못한 결함을 시정하기 위해 비러시아인 학교에서 노어(露語) 교육을 강화하는 일련의 정책을 폈다. 1938년 1월 24일짜의 "민족학교 개편에 대한 결정"은 그 하나의 예다. 이에 따라 공화국들은 "브르조아 민족주의자들은 특수민족학교를 만들어 이를 부르조아 민족주의의 근원지로 만들었다. 그리하여 소비에트 생활에 접촉치 못하게 하였으며, 그들이 소비에트화와 과학을 인식하지 못하게 하였고, 고등교육기관들과 전문교육들에서 교육을 받지 못하게 하였다"고 규정하였다. 그리고는 민족간부들에 대한 대중적 탄압을 가하였다. 민족어와 민족교육을 열망하는 사람들은 민족주의자, 혹은 인민과 당의 원수라는 딱지를 붙여 그들을 처형하고 벌하였다. 이러한 민족문화 말살정책은 스탈린 이후, 후르시초프와 브레즈네프 시대에도 지속되었다. 따라서 1938년 이후 한국어로 교육하는 교육기관은 모두 폐지되었다(조영환, 1992). 이로 말미암아 고려인들은 자기 민족어와 풍습, 전통, 문화를 알지 못하게 되었으며, 완전히 소련에 동화되게 되었다. 그리하여 1989년의 여론조사에 의하면 고려인들의 49,4%가 한국어를, 50.1%가 노어를 모국어로 간주하고 있다.

이러한 언어사용 경향은 우즈베키스탄 도시 거주자의 작업 중 교류언어 경향에 보다 잘 나타난다(유 일리야, 1991)

<우즈베키스탄 도시 거주자의 작업 중 교류언어>

사회, 직업적 주민들의 특성	사용하는 언어		
	한국어	노어	우즈베키어
상위그룹의 지도자와 전문가	-	87.4	1.1
중위그룹의 지도자와 전문가	2.1	76.3	1.0
사무원	4.2	80.3	1.4
고급기술자격 소유 육체노동자	3.4	83.1	3.1
중급기술자격 소유 육체노동자	5.2	70.7	3.4
무자격 육체노동자	18.8	34.8	5.1
연금생활자	9.1	6.1	

이렇게 작업 중에 사용하는 언어는 압도적으로 노어가 사용되고 있다. 이와 달리 가정에서의 언어사용도 부부(夫婦)의 대화 외에는 역시 노어(露語)가 상대적으로 많이 쓰이는 것으로 나타나는 것을 볼 수 있다(유 일리야, 1991).

<우즈베키스탄 공화국의 가정 내 의사소통 언어>

대화상대자	사용하는 언어				
	한국어	노어	우즈베키어	한국어와 노어	무응답
어린이 학생과	29.0	87.4	1.6	5.1	4.9
남편/ 부인과	34.2	76.3	1.6	6.1	42.1
성인과	60.	80.3	0.7	4.3	2.1

다음에는 이 시기의 한국어교육에 대해 약간 언급하기로 한다. 1938년 이후 흔히 한국어교육이 단절되었다고 하나, 반드시 그렇지는 않았다(박갑수, 2013). 김필영(2005)과 남 빅토르(2005)에 의하면 카자흐스탄의 일부지역

과 우즈베키스탄에서는 적어도 1939년까지 고려인의 초 · 중등학교에서
"고려말"이 가르쳐졌다. 그리고 제3단계인 "페레스트로이카" 이전에는 소
련에서 "고려말" 교육이 행해지지 않았는가? 그렇지 않은 것 같다. 1956
년에는 대학에 한국어학과가 창설되었다. 최 쓰웨틀라나(1991)에 의하면
1956년 9월 1일 나자미 국립사범대학에 한국어문학과가 처음 개설되었고,
이는 8년 후에 폐쇄되었다.

> "1956년 9얼 1일에 타슈켄트 니자미 국립사범대학 로어문학부에 한국
> 어문과가 처음으로 열렸습니다. 이 과는 한국어교원을 양성하기 위하여
> 정부 결정에 따라 열렸습니다. 이 결정에는 한국어 교원 100명을 양성할
> 것이 예상되었습니다. 이 결정이 시행된 결과 1964년에 본학과는 닫혔습
> 니다."

니자미 국립사범대학은 한국어 교원 100명 양성이란 소기의 목적을 달
성해 폐쇄하였다. (사실은 최 예쁘끼나는 그의 1991년 논문에서 60여명의 조선어
교원이 양성되었다고 하고 있다.). 그리고 1985년 한국어가 사라질 지경에 이르
렀을 때 타시켄트 국립사범대학 러시아-타타르학부의 한국어문과로 재개
설되었다. 또한 1960년대에 초등학교에서 한국어교육이 행해진 사실도 볼
수 있다(최 쓰웨틀라나, 1991).

> "1960년에 김남석 선생님하고 허 미하일알쎄예위츠 교수님이 편찬한
> 3-4학년용 한국어교과서가 이만권으로 발행되었습니다. 60년대 그 교과서
> 는 한국어교육에 있어서 커다란 역할을 하였습니다."

김남석 · 허 미하일알쎄예위츠 공저의 교재가 1960년에 만들어졌고, 이
것이 1960년대에 한국어교육에 커다란 역할을 하였다는 것이다. 그리고
1970년대 및 1980년대에도 많은 학교에서, 많은 시간 교육이 행해진 것은

아나나 교육이 행해졌다. 최 쓰웨틀라나(1991)는 다음과 같은 사실을 알려 준다.

"... 그럼에도 불구하고 70년대에 한국어교육은 단지 9개 학교, 80년대 에 7개 학교에서만 일주일에 두 시간씩 실시되었고, 4개 학교에서만 전문 가들이 한국어를 가르쳤습니다."

1주일에 한 시간, 아니면 두 시간 가르쳐졌다는 것은 최 예브끼나(1991) 에서도 증언하고 있다.

이렇게 하여 한국어교육의 제2단계는 어렵사리 지나게 되었다. 따라서 제2단계는 한국어교육이 근근 연명한 시대라 하겠다.

제3단계는 페레스트로이카와 1991년 소련이 해체된 시대다. 페레스트로이카(peresstroika)는 "재편, 개혁"의 의미를 지니는 말로, 이는 고르바초프 정권이 1986년 이래 추진한 내외정책의 기본 노선이다. 국내적으로는 민주화・자유화를, 외교적으로는 긴장완화를 기조로 한 것이다. 페레스트로이카는 재소 고려인들에게 정치・경제・사회・언론・교육 등 분야에 자유를 안겨주었다. 특히 재소 한인들에게는 젊은이들에게 모국어를 가르칠 수 있게 하였다. 그리하여 고려인들은 곳곳에 고려인 문화센터를 조직하고 여기서 모어 재생을 위해 노력하였다. 고려어는 주로 크르조크식으로 학습하는데 이러한 조직이 많이 생겨났다.

페레스트로이카 이후 독립국가연합이 형성되면서는 무엇보다 고려인은 고국과의 관계가 밀접하게 되었다. 그리하여 독립국가연합에는 한국의 교육기관으로 한국학교 1개, 한국교육원 7개, 교육관실 1개, 한글학교 724개가 설립되었다. 한국학교는 모스크바 한국학교로, 여기서는 한국 교육과정에 현지 특성을 가미하여 교육하고 있다. 한국교육원은 러시아의 사할린, 하바로프스크, 블라디보스토크, 로스토프 나 도누, 우즈베키스탄의 타슈켄트, 카자흐스탄의 알마티, 키르기스스탄의 비쉬켁에 설치되었다.

중고등학교 과정은 독립국가연합의 정규학교 커리큘럼에 한국어 및 한국문화를 추가하거나, 한국어반을 개설한 것이 고작이다. 쉬콜라의 대표적 학교로는 모스크바 제1086한민족학교와 유즈노사할린스크 제9학교(동양어문학교)를 들 수 있다. 제1086학교는 민족교육을 잘 하는, 기숙학교이고, 제9학교는 고려인 밀집지역의 학교이다.

이밖에 독립국가연합의 한국어교육은 한국과의 상호교류 협약에 의해 참관, 연수 외에 교재 및 교구 공급 등이 활발히 수행되고 있다.

그런데 이 시대에는 색다른 문제가 하나 제기되고 있다. 그것은 독립국가연합 전체의 공용어와 함께 다시 공화국 언어를 학습하고, 모어를 학습해야 한다는 것이다. 특히 공화국 언어는 직접·간접으로 강요를 당하는 실정이다. 고국의 언어 문화 문제를 해결하기 위해서는 한민족자치구가 필요하다든가, 아니면 집결 구역이 필요하다는 주장이 나오고 있다. 그러나 이는 쉽게 해결될 수 있는 문제가 아닌 것 같다.

3. 재소 고려인들의 고려어의 이질성

소련에 거주하는 고려인들의 언어의 특성은 어떠한가? 앞에서 언급한 제2기에는 거의 교육의 기회를 박탈당해 민족어를 상실케 되었다. 그리고 조금 남아 쓰이는 것도 일정한 규범 없이 혼란스럽게 사용되었다. 그리하여 "고려일보"의 기사도 보면 기사(記事)에 따라 무난한 것이 있는가 하면, 많은 문제를 안고 있는 것이 있다.

한국어교육을 제대로 하기 위해서는 규범적인 한국어를 제대로 알아야 한다. 따라서 여기서는 1990년대의 고려어를 "고려신문" 기사를 중심으로 살펴보기로 한다. 그리하여 문제성을 지니는 것을 "이질성(異質性)"이라 보아 살펴보기로 한다. 이는 한국어교육을 위한 고찰이기에 규범적인 한국어에 대한 문제점을 "오용"이라기보다 "이질적인 것"이라 보아 "이질성"이라하여 살펴보려는 것이다.

자료는 1992년도의 "고려일보" 7~8월분 10일치로 하기로 한다. 그 구체적인 자료는 "7월 28일, 7월 29일, 7월 31일, 8월7일, 8월 11일, 8월 12일, 8월 14일, 8월 18일, 8월 19일, 8월 25일"의 10일 분이다. 고찰의 대상은 표기, 어휘, 문법, 표현 등으로 나누어 고찰하기로 한다.

3.1. 표기의 이질성

표기의 이질성은 맞춤법, 외래어 표기, 띄어쓰기의 문제를 살펴보기로 한다.

3.1.1. 맞춤법의 이질성

고려어의 맞춤법은 일반적으로 조선식 "맞춤법"을 따르고 있다. 따라서 표기상 두음법칙과 사이시옷의 비적용, "ㅣ, ㅐ" 등의 음 아래에서 부사형 "여"가 사용되고 있다. 그 구체적인 예로, "런꽃과 진달래꽃(7-28-4), 넌금생활을 나갈때까지(7-29-4)"는 어두에 "ㄹ"과 구개음화된 "ㄴ" 소리가 오지 않는다는 한국의 규범 두음법칙을 따르지 않은 것이다. "고기국에는 고추가루를 넣지 않는다."(7-29-4)는 사이시옷을 표기하지 않은 것이다. "이 요구는 충족되였다(7-28-2), 제 가지들을 베여던지는(7-31-1)"는 부사형에 "어" 대신 "-여"를 쓴 것이다. 이밖에 "거주지 제한령이 페지되자(7-29-3)"는 "폐"를 단모음 표기한 것이고, "이것을 가슴아프게 받아들이지 않을가요? (7-29-4)"는 의문형 종결어미에 "-ㄹ까요" 아닌, "-ㄹ가요?"를 적용한 것이다. "고려일보"에는 이러한 맞춤법의 이질성을 보이는 예가 많다. 이러한 예를 몇 개 더 보면 다음과 같다.

* 그 리유(<이유), 류혈전(<유혈전), 리행하였다(<이행하였다), 로임도
  (<노임), 런방(<연방)의 테두리, 류행되여(<유행되어). 랍치되여(<납
  치되어), 래도하였다(<내도하였다).
* 년간생산량(<연간), 카사흐녀성(여성), 년간 생산강령(<연간), 년금생
  들(<연금생활자들)
* 고추가루(<고춧가루), 고기국(<고깃국), 물고기국(<물고깃국), 바줄
  (<밧줄)당기기, 남새국(남샛국), 수자가 늘어가는(숫자)
* 잘 되여(<되어) 갈 것, 공연을 보게되였다(되었다), 보태여(<보태어),
  말하였다, 기여들려고(<기어들려고) 한다
* 이라크군군비철페(<철폐), 페지되여(<폐지되어), 제재를 페지해야(<폐
  지해야), 장애물과페색(폐색)을

이러한 규범적인 것 외에 이질성을 보이는 것으로는 다음과 같은 것들
도 보인다.

* 국경넘어(너머)로 넘겨주는것을 방지한데로
* 공개성의 대상이 되지 않았을른지도(않을는지도) 모른다.
* 자기 의견같애서는(<같아서는)
* 로씨야 뒷이어(<뒤이어),
* 공장 일군들(<일꾼),
* 잔치는 아주 굉장하게(굉장하게) 차린다.
* 환영을 받군하였다(받곤)
* 우에(위에) 지적된 사실들은
* 옐찐은...<침몰되지 않는> 정치가로써(정치가로서) 나섰다.

3.1.2. 외래어 표기의 이질성

표기법에 있어 크게 이질성을 보이는 것은 외래어 표기이다. 한국의 외래어표기법은 표기의 기본원칙에서 "파열음표기에는 된소리를 쓰지 않는 것을 원칙으로 한다."고 하고 있다. 그런데 조선이나 중국의 조선족 등 공산권 국가에서는 러시아어의 발음을 표준으로 삼아 된소리 표기를 많이 하고 있다. 그리하여 소련과 한국은 표기에 큰 차이를 보인다. 예를 들면 "스폰서"를 "쓰뽄쏘르", 프로그램을 "쁘로그람마", 로켓을 "라께타"(8-19-4)라 하는 따위가 그것이다. 다음에 이러한 예를 몇 개 보기로 한다.

석탄공업 깜빠니야(<컴패니), 연극그루빠(그룹), 식료품 19똔(<톤), 땅크포(<탱크), 라께타(<로켓), 로씨야(<러시아), 한글교습 쎄미나르(<세미나), 페레쓰트로이카(<페레스트로이카), 쓰뽄쏘르(<스폰서), 비스네쓰맨들(<비즈니스맨들), 알마아따(<알마아타), 15 쁘로그람마(<프로그램), 카사흐쓰딴(<카자흐스탄), 뻬르씨야만 수역(<페르시아 만), 나또(<나토), 쎄씨야(<세션), 라지오(라디오)방송국들/ 킬로메터(킬로미터), 발콘에 서 있는(<발코니)

3.1.3. 띄어쓰기의 이질성

신문의 띄어쓰기는 일정하지 않다. 지면의 제약을 받기 때문에 비교적 자유롭게 조절하고 있다. 그런데 고려어에는 근본적인 이질성이 눈에 띈다. 이의 대표적인 것은 소위 불완전명사를 띄어 쓰지 않고, 앞의 말에 붙여 쓴다는 것이다. 이는 한국의 규범과 다른 것으로, 조선과 같은 것이다. 조선에서는 "분, 탓, 것, 나위, 녘, 지, 때문, 리, 번, 양" 따위를 다 붙여 쓰게 되어 있다. 그뿐이 아니다. "듯, 만" 등 불완전명사가 이어지는 동사나 형용사가 "토없이" "하다"와 어울리는 것은 붙여쓴다(올듯하다, 들을만하다). 따라서 한국의 띄어쓰기에 비해, 조선의 띄어쓰기는 많이 붙여쓰게 되어

있다, 카자흐스탄에서는 이 조선의 규범에 따르고 있다. 이들 띄어쓰기의
이질성을 보이는 예를 몇 개 보면 다음과 같다.

* 합작기업소들을 건설할데 대한 계약
* 우리의 손에 모든것이 달린셈이지요.
* 보잘것없고...
* 그는 가는곳마다에서 연설하면서 이에 대해 설명하였다.
* 내가 22년간 고스란히 일해오고있는 동학교에서

3.2. 어휘상의 이질성

언어는 기호다. 따라서 형식과 개념으로 이루어져 있다. 이러한 언어를
보면 형태나 의미의 면에서 이질성을 보이는 경우가 있다. 이는 한어(韓語)
와 명명을 달리하거나, 방언을 사용하거나, 규범에서 벗어난 말을 사용할
때 나타난다. 이질성(異質性)은 표기, 어휘, 문법 등 구조적인 면에서 볼 때
어휘에서 가장 많이 나타난다. 이는 단일 형태나, 연어(連語), 혹은 관용적
표현에 나타난다.

3.2.1. 형태상의 이질성

고려어의 형태상의 이질성은 그리 심하게 나타나지는 않는다. 이들의 특
징은 희귀한 고유어와 어려운 한자어, 그리고 조선의 방언이 쓰인다는 것
을 들 수 있다. "내리먹다, 뭇다, 안받침되다, 광포(狂暴), 인입(引入), 박산, 모
지리, 마사지고" 등이 이런 것이다.

형태적인 이질성은 특수한 변이형태(變異形態), 문법적 이질 형태, 방언 등
의 어휘 사용에 의해 나타난다. "년금생, 참망자, 닭알, 돋구는, 왔댔는데,
부족하는, 비롯"과 같은 것이 그것이다. "댔"은 특수한 조선어의 하나로,

"과거에 겪었던 사실을 돌이켜 말할 때 쓰는 토"라고 북한의 사전은 풀이
하고 있다.

* 합작기업소들을(기업체들을)/ 머리뼈를 개두술하고(개두수술하고)/ 끝
  내로 열지 못했습니다 (끝내)/ 그렇지 않는(않은) 경우에는/ 로씨야에
  서 탄압된 공민들에게(시민들에게)/ 조선공민증을 내라고(조선시민증
  을)/ 일련의 극단한(극단적인) 경우/ 수다한 문제가 제기되기(제기되게)
  마련입니다.
* 년금생들에게(연금생활자에게)/ 그 누구도(아무도) 그만한 돈을 받아가
  면서/ 뇨료법(尿療法)에 착수할수 있습니다.
* 닭알흰자위에(달걀)/ 동삼(三冬)을 무사히 지냈다/ 꼴호스로 왔댔는데
  (왔었는데)/ 중국으로 갔댔다(갔었다)/ 꼴호스로 왔댔는데(왔었는데)/
  늦게(나중에) 왔댔다.(왔었다)
* 후쎄인 제도의 음모들과 련관하고(연관시키고) 있다/ 독일 뮨헨에서
  판소리를 리행하여(연창하여)
* 맛을 돋구는 양념이 있다(돋우는)/ 맛을 돋군다.(돋운다)/ 열정은... 인공
  적으로 돋구고 있다(돋우고)
* 모지리(모질이, 몹시) 애쓰고/ 고려인합창단을 무어볼 생각이니(모아)/ 집
  들이 많이 마사졌다(부수어졌다)/ 그늘이나 먼불에서 말리우면(말리면)
* 바다나물(海草)로 국을 끓일 때는/ 미국 법전으로써(법)/ 동력원료를 비
  롯(비롯하여)/ 예술종목을 비롯(비롯하여)/ 립법자를 비롯(비롯하여)/
  스쿠터는 박산이되고(박살나고)/ 보고를 제출하였습니다(보고서를)/ 국
  가의 명칭을 변경시킬 것을(변경할)/ 애국심을 발양시켜(발양해)주어
  야/ 인민소비품과 부족하는(부족한) 건재들/ 프랑스 여성들은 불만해
  (불만스러워) 하고 있다.
* 고려인 사회계(사회)는 물론 전체사회계와(사회와)/ 우즈베끼스딴의 사

회계(사회)/ 정부 수석들의 회견은 (정상들의)/ 생활상 특징입니다(생활의)/ 차량을 받아들이는 십장(什長)/ 실지상으로는(실지로는)/ 성과적으로 운영되기 시작한지(성과 있게)/ 살피군하였습니다(살피곤).

* 영업구조(영업체)들의 회사금으로만/ 이외의(의외의) 사건이었다/ 소식통을 인증하면서(인용, 인정하면서)/ 종소리가 울린지도 이미 오래고(오래되었고)/ 소도시 우로(위로) 날아간다/ 토대 우에서(위에서)/ 왜서(왜)/ 이뻐야 하며(예뻐야)/ 주일학교를 열자했는데(열고자 하였는데)/ 이 현실에 없은(없던/ 없는)것처럼/ 대사관을 새로 건설할수 없지 않는가(않은가)/제 자식은 남에게서(남보다) 떨어진다는 것/ 훈춘 국경 경비대에(로) 자리를 옮겼다/ 일본에서 가장 대중적인 <요미우리>신문에(을) 인용하면서

* 사물에 장해가 없는 진행을(장애)/ 건설관리국 집단(단체·무리)/ 관리국 집단(무리)/ 2-3년 지어(至於·더 나아가) 4-5년까지/ 국가은행에서 군대로 전임하였을(전임시켰을)때/ 존엄성을 존중시해야(존중해야)/ 자율를(자율을) 존중시하며(존중하며)

* 대통령 참망자(후보자)/ 특별 초모에 모집하려고(초청모집?)/ 쏘련군대에 추모되었다(추가모집?)/ 침목대신 싼 철근콘크리트깔목(枕木)

* 로씨야에서 탄압된(탄압받은) 공민들에게/ 그 자신이 그후 탄압되였습니다(탄압당했습니다)./ 미국국민들이 웃음통을 터지우지(터뜨리지)

* 극히 필요되는(필요한)/ 학교를 필한 후(졸업한)/ 사범대 력사학부를 필했다(졸업했다)

* 호상 읽게 함으로써(상호)/ 협동동작하게 된다고(협동작업하게)/ 협동동작하고(협동작업하고)/ 자주 회상하군한다(회상하곤)

3.2.2. 의미상의 이질성

어휘의 의미상의 이질성을 보이는 것은 참으로 많다. 본래 의미는 맥락

(context)이 결정하는 것이므로 다양하게 마련이다. 그러나 이 경우에도 규범적, 혹은 표준적인 의미가 있게 마련이다. 그런데 고려어에는 이러한 의미와는 다른 이질성을 보이는 것이 많다. 이는 단일 형태의 경우와 연어 혹은 관용적 표현의 경우에 다 같이 나타난다.

(1) 단독 어휘의 경우

단일 어휘가 의미의 이질성을 많이 보인다. 그리고 이들은 다양한 어휘에서 나타나기도 하지만, 특정 어휘에 두드러지게 나타나기도 한다. "교제(交際), 구축(驅逐), 담화, 담보(擔保), 물다(支拂), 바쁘다, 사변, 이야기하다, 진행, 조직, 헐하다" 등은 그 중 대표적인 어휘다. 이들은 다의성까지 지닌다.

* 현재 약 500만 명 교포들이(동포들이)/ 이라크인을 영국에서 구축시킨 후(추방, 축출)/ 세 사람을 나라에서 구축시킨 것은(추방, 축출)/ 암살기도하려했다는 죄로 구축당했다.(축출)/ 과거의 직업적 무용가이다.(지난날, 전의)/ 교육체계개조에 참가해달라고 건의했습니다.(건의해 왔습니다.)/ 그럼에도 기아선상이(기아현상이) 존재하기 때문에/ 민족간 교제언어인(통용언어인) 로어로/ 불법월경자들과 교제하기 위한 (소통하기)/ 개별적 교제(소통)가 있었다/ 주내 많은 경리들에서는(社長들・책임자들)/ 어떤 경리들은(사장들은)/ 미국은 제 공민을(시민)/ 멕시카 공민(시민)/ 젖먹이시절부터 특별히 교양한다(가르쳐준다)/ 후세를 교양하고 있다(교육하고)/ 공화국들이 독립을 갖게 된(한) 지금/ 그 기간(기일, 기한)을 몇 번이나 연기하여/ 5년 기한으로(임기로) 피선(선출)하는 34명의 국제법률가들
* 그들은 낳았을 때부터(태어났을)/ 누구도(아무도) 모르고 있다/ 아내들은 많이 늦게(나중에) 왔댔다.
* 기자들과의 담화에서(대화에서)/ 본사기자는 김영웅 총장과 담화(대화)

를 가졌다/ 이것으로부터 우리 담화(이야기)를 시작하였다/ 교수요강에서 떨어진 학생은 (뒤떨어진)/ 모스크와교외에 동원하기(집결하기) 위한 조건/ 자유가 담보된다고(보장된다고)/ 사회적 담보(보장)/ 자유를 존중시하며(존중하며) 담보하며(보장하며)/ 공고화하는데로(쪽으로) 돌려진

* 독일 뮨헨에서 판소리를 리행하여(연창하여)

* 만억리로를 갖고 있다는(억만리로)/ 유엔안보리사회 결정 명제(규정)들을/ 모든 결정 명제들을(규정들을)/ 남성들보다 훨씬 적게 물어주기(지불하기) 때문이다/ 100만엔을 물었다고(지불했다고) 한다/ 조선어교원에게 물어줄(지불할) 봉급 이하였기에/ 신부의 대가를 누구고 가축으로나 옷으로 물어주지 않는다.(갚아주다)

* 학교에서 일하기가 참 바쁩니다.(힘들다)/ 교원들도 학생들도 바빠했습니다(힘들어했습니다)/ 이런 로임을받고 살아나가기 바쁘다는 것(힘들다는)/ 심리와 사고가 변경되지 않는다면(변화되지))/ 지정학적 상황이 변경됨(變化됨)/ 변경된(변화된) 지정확적 상황은/ 이 첨부적 군인인원수를 부양하는데(운영하는데)/ 물질적 방조(원조·도움)를 받기란 무모한 짓이기(어려운 일이기) 때문입니다/ 기대하는 기여를 하지 못했다는것만은 뻔하다(분명하다)/ 교차점 지역에 터를 배당(배정)하였다/ 의견을 변하고(바꾸고)/ 그 애들은 한번도 빼놓은(빠진)일이 없었어요

* 위원장으로 사업하고 있었는데(일하고)/ 몇 년 동안 사업하였다(일하였다)/ 이 국경선을 꼭 시인(인정)해야 할 것이다/ 마께도니야를 시인(인정)해야한다/ 권리를 시인하지(승인/ 인정하지) 말자는/ 반이라크동맹나라 대표들을 삭제하라고(제외하라고)/ 공화국민족어를 잘 소유하지(보유하지) 못한자는/ 언어를 어느정도 소유하고(보유하고) 있든지/ 로어를 소유한(보유한) 아이들이/ 실현되지 않은 숙망(宿望)(소망)/ 군중과 함께 쇠였다(즐겼다)/ 환갑을 쇨 때(환갑잔치를 할?)/ 즐겁게 쇠는(지내는) 문화의 날, 친선의 날/ 로이터가 쓰는바와(전하는바와) 같이/

일본신문들이 쓴바와 같이(전하는바와)/ 신랑 신부를 실은 자동차는(태
운)/이번 문화모임은 더구나 의미심장한 사변(사건)이라고/ 이 사변(사
건)은 공개성의 대상이 되지 않았을른지도 모른다/ 아직은 1천50만달러
만 수집하였다고(모금하였다고)/ 이 <말장난>에서는 시상(수상)이 제일
중요한 것이 아니라/ 유엔 사무총장에게 수교할(제출할) 예정이라고
* 5000만달러가 요구된다.(필요하다, 요청된다)/ 카사흐스딴에서뿐만(에서
만)/ 해당기관들의 일치성과(일체감과)/ 또 이상사람들에대한(웃어른)/
운수수단들이(교통수단들이)/ 운송도(수송도)/ 기사장 왈렌찌노위츠가
이야기했다(말했다)/ 손님들을 맞이하게 된 원인(이유)/ 조선말을 완전
히(온전히) 모르는 것만큼/ 사범대학들에서는 한국어과가 일하고 있습
니다(운영되고)/ 일하기를 원하리라 예정합니다(예상합니다)/ 완전한(진
정한) 의미에서는/ 이 신문의 의견에(주장에) 의하면/ 우위적으로(우선
적으로) 해결하기 시작하였다/ 그것은 예언할 수 없는(예상할) 후과를
* 심포지움 기본사업이 진행되였다(시행되었다)/ 해외문학 심포지움이
진행되였다(개최되었다)/ 문인협회의 상 시상회가 진행되였다(거행되
었다)/ 해마다 진행되는(개최되는) 이 정기시장에/ 1989년12월에 진행
한(실시한) 소련인구조사 자료/ 민족명절 진행(실시)등 사업/ 7월20일
에 진행하기로(거행하기로) 예정했던/ 재생과정이 활발히 진행되고(전
개되고) 있다/ 성적이 낮은 반들에서도 이런 반들을 조직하자고(조성
하자고·만들자고)/ 선택과목시간을 조직진행하고 있습니다.(조성하
고·만들고)/ 영화축전도 조직 진행할(조직할) 예정이다/ 알곡수확에
장해가(장애가) 없도록/ 나의 운명이 어떻게 조성되였을런지(되었을는
지)/ 우리 조건(입장)에서는/ 검사국의 자리(입장)에 대한 문제
* 전투함수는 20척을 초월하고(초과하고)/ 한인들을 특별 초모에 모집
하려고(초청 모임?)/ 고대문명력사 시간도 치르고 있고(운영하고)/ 외
국어시간도 치르고 있습니다(운영하고)/ 식량문제를 더욱 첨예화하고

(심각하게 하고) 있다.

* 무엇으로 해설할(해명할) 수 있는가?/ 일을 훨씬 헐케(수월하게) 할것
입니다/ 진짜 좋은 신부감을 찾아보기는 그리 헐찮다(쉽잖다)/ 좋지 못
할 후탈을(뒤탈) 빚어내게 될/ 독자 제현의 한글(고려어) 공부에 많
은 도움이 되었으면/ (이런) 상황이 가장 험난하다(심하다)/ 국가 지도
자들이 한 결론은(내린)

(2) 연어 내지 관용적 표현

단독으로 쓰인 어휘가 아니라, 연어(連語) 내지 관용적으로 쓰이며 형태
나 의미의 면에서 이질성을 드러내는 경우도 있다. "...이/가 나서다, ...에
준 인터뷰, 결실을 맺다, ...이 진행되다, 서 있던 문제"와 같은 것은 이의
대표적인 예이다. 특별히 "...이 진행되다"는 의미의 면에서 다양한 이질성
을 보인다. "-에 준 인터뷰"라는 표현은 한국의 기사라면 일반적으로 "-와
가진 인터뷰"라고 "준"이 아닌 "가진"이라 표현할 것이다. "파리신문 <피
가로>에 준 인터뷰에서"와 같은 것이 그 예다.

* 입학하는것만큼(입학하는 만큼)/ 나 자신도 부모이고 교원인것만큼 (교
원인만큼)/ 그대는(당신은, 선생님은)... 사연을 말해주셨으면/ 큰아들
과 딸들은 스스로 가정을 꾸리여(가정을 이루어)/ 자기 남편과함께 어
려운 고개를(고비를) 넘기로 결심한/ 좋은 결실이(열매를) 맺게 하기
위해서는/ 로씨야명절을 기념했다(쇠었다)/
* 한인들을 이주시킨후에 문제들이 나섰다(제기되었다)/ 중대한 문제가 나
서고(제기되고) 있다/ 학생들의 식사문제도 날카롭게 서있다는(예민하
게 대두하였다는) 것이다/ 제2위에 나서고(이르고 · 대두하고) 있는데
* 남겨 둔(놓은) 흔적인 것이다/ 구체적인 도움을 해 준(도움을 준)/ 되었
으면 싶다(한다)

* 민족지역형성체에 대한 문제를 세우지(문제를 제기하지) 않습니다.
* 상시적인 배려를 돌려줌으로써(배려를 함으로써)
* 회사는 23만루블리를 손해를 입었다(손해를 보았다)/ 수확을 거둘(할) 때는 일손이 부족하여서(곡식을 거둘 때)/ 계속 신호를 내며(경적을 울리며) 거리를 싸다닌다/ 서한에 싸인을 두었다(했다)/ 뒤떨어지지 않는 수준에 올려세우는데(수준으로 올려놓는데) 있다/ 이 제품에 대한 주민들의 수요가 높아(많아) 적지않은 이익을 [안겨]줍니다.
* 에프에르-3텔레비방송에 준 인터뷰에서(-와 가진 인터뷰에서)/ 방송에 준(방송과 가진) 인터뷰에서/ 잡지에 인터뷰를 주면서(잡지와 인터뷰를 하며)/ 파리신문 <피가로>에 준(<피가로>와 가진) 인터뷰에서/ 그런 지시를 준사람더러 물어봐야 한다(지시를 한)/ 흑해함대에(와) 관련된 문제
* 주권이 재판소에 차례진다는(돌아간다는) 의견
* 노래, 춤, 악기 타기(악기 연주)/ 미국국민들이 웃음통을 터지우지(터뜨리지) 않았다면
* 지금 경제, 정치, 문화면에서 재생과정이 활발히 진행되고(전개되고) 있다/ 4-5월에는 절박하게 서 있던 이 문제가(제기된 이 문제가)
* 프랑스어로 통용하는(프랑스어를 통용하는) 주민수가 ... 불어났다
* 회상을 더듬었을때(추억을 더듬었을 때)
* 이조치는 큰 효과를 주겠는가?(내겠는가?)

3.3. 문법상의 이질성

문법상의 이질성은 어휘 차원의 것과 성분간(成分間)의 호응(呼應) 차원의 것 두 가지가 있다. 어휘 차원의 것은 대체로 형태적인 이질성에서 살펴보았기에 여기서는 주로 성분간의 호응에 나타나는 이질성을 보기로 한다.

고려어의 성분간의 호응에 나타나는 이질성은 주술호응, 객술호응, 보술호응, 수식호응, 한정호응 등에 비교적 많이 나타나고, 이밖에 접속호응, 태의 호응, 시제의 호응 등에 약간 나타나는 것을 볼 수 있다. 다음에 이들에 대해 살펴보기로 한다.

3.3.1. 주술호응

한국어는 맥락의존적(脈絡依存的) 언어다. 따라서 주어가 많이 생략된다. 다만 여기에서는 문맥에서 추정 가능한 주어 생략은 문제 삼지 않기로 한다. 주어와 술어가 의미상 의미호응이 제대로 되지 않는 이질적 표현만을 보기로 한다. 이들은 대부분 주어와 호응되지 않는 의미상 부적절한 서술어가 쓰인 경우다.

* 우리 조건(입장)에서는 이것은 아주 큰 도움인것입니다(도움이 된다).
* 이것은 정화과정에 협조됩니다(도움이 됩니다)
* 그 결과 물질대사, 혈액순환이 위반됩니다.(혈액순환에 장애가 됩니다).
* 작년에 공화국 대통령과 시청 창작동맹 지도자들과의 상봉에서 (대통령은) 극장을 건설할 다른 땅을 내줄 것을 위임하였다(지시하였다).
* 이것은 땅크포가 남겨 둔(놓은) 흔적인 것이다(흔적이다).
* 우리 관리국 집단에는(집단은) 모두(모두가) 아주 훌륭하고 부지런한 사람들이지만
* 마케도니야 정권당국으로부터(정권당국이) 요구하였다.
* 희랍은 … <비우호적인결정>으로 여기겠느라고(여기겠노라고) 하였다.
* 날이 해동해지자(해동되자) 그들은 토굴을 팠다.
* 실업은 지난해에 열배나 올랐고(늘었고)

3.3.2. 객술호응

객술호응(客述呼應)은 목적어와 서술어가 제대로 호응이 되지 않아 이질성을 보이는 것이다. 이러한 이질성은 서술어보다는 어울리지 않는 목적어가 쓰인 경우가 많다. 그리고 목적어가 명사구로 되어 있는 것이 많다는 것도 하나의 특징이다. 이러한 명사구의 사용은 대체로 문장을 어색하게 만든다. 이들은 부사어가 되어야 좀 더 자연스러운 경우가 많다.

* 김일성을 좀 만나도록 조력해줄 것을(도와달라고) 보좌관 문일에게 부탁하였습니다.
* 기타 후과가 일어나지 않는가 하는것을 검열할 것을(검열하도록) 충고합니다.
* 미국정부는 비공식적으로 마차인을 내줄 것을(내 달라고) 멕시카에 요구했었는데
* 피해를 당한 아이들에게(아이들을) 원조할 것을(원조해 달라고) 호소하였다.
* 앞으로 더 좋은 시들을 써줄 것을(써 달라고) 기원하였다.
* <고려일보사>가 적극 이 좋은 일을 후원해줄것을(후원해 달라고) 부탁하려는데
* 모국어 배우는 운동을 촉진시킬 것을(촉진하도록) 상황이 요구하고 있습니다.
* 인민은 그것을 되돌리라는 정권당국의 요구를 지시할 것을(지시하도록) 호소하고 있다
* 현재 방송을 우크라이나어와 발찍해연안 나라 언어들로 할것을(하려고) 준비하고 있다.
* 프랑스어로(프랑스어를) 통용하는 주들을 순방하였는데

* 숙박소에 국제야영을 조직하였다(국제야영장을 개설하였다).
* 8월 중순까지 우리의 철도분국은 알곡운송에 준비될 것이며(알곡운송을 준비할)
* 문제를 해결할적에 그것을(그것에 대해) 시위하였다.
* 앞으로 방해를 끼치게(하게) 되는 날이면
* 이것은 한달동안에(한달동안을) 22만명의 아이들에게 식료품을 공급하기에 충분하다.
* 산수문제도 과제도 잘 풀고 해결할 줄 배워야(알아야) 합니다.
* 좋은 결실이(열매를) 맺게 하기 위해서는
* 전 국민적 배려를 돌리고(하고) 있다.
* 모임을 사회한 신계철원장이(모임의 사회를 본)

3.3.3. 보술호응

문장성분의 호응 가운데는 보술호응(補述呼應)이 많은 이질성을 보인다. 그것은 "되다" 앞에 오는 성분이 한국의 경우처럼 "-이/가"가 아니라, "-으로"를 지배하고 있기 때문이다. 이러한 표현은 조선이나, 중국 조선 동포들에서 나타나는 현상이다.

* 실지상으로는 민족간 국경선으로(국경선이) 되었다.
* 전체 까나다인들에게 있어선 큰 걱정거리로(걱정거리가) 될것이다.
* 이 학교는 민족간부양성을 위한 기반으로(기반이) 될 것이다.
* 몰도와는 국제 외화폰드의 168번째의 성원국으로(성원국이)되였다.
* 주민과 군인들이 그 희생자로(희생자가) 될수 있지 않는가?
* 제일 먼저 농장주로(농장주가) 되리라고는 생각지도 않았다.
* 이것도 역시 큰 문제거리로(문제거리가) 되어 있다
* 문화생활 역사의 한 페지의 첫구절로(첫구절이) 될 수 있는

* 중국시장은 인민소비품들로(인민소비품들이) 풍부하며
* 헌법은 확고부동한 장기 문헌으로(문헌이) 되어야 하며
* 전체 법보호주관들에 있어서 신성한 것으로(신성한 것이) 되어야 할 것이다.
* 네 사람이 한조로(한 조가) 되어 출연하는
* 한국민속악기에 대한 개념을 넓혀주는데 도음으로(도움이) 되었다.
* 이같은 조건은 문제점 해결의 기본으로는(기본이) 되지 못한다는 것은 사실이다.
* 교육체계는 어떤 것으로(것이) 되며 그의 발전전망은 어떤가?

3.3.4. 수식호응

수식성분도 호응이 제대로 되지 않는 것이 많다. 그것은 "-ㄹ데 대한/ -ㄹ데 대하여"란 관용적 표현이 많이 쓰이며, "때문에"가 앞에 꾸미는 말도 없이 접속어로 많이 쓰이기 때문이다. "-ㄹ데 대한/ -ㄹ데 대하여"는 조선과 중국에서 일반적으로 쓰이는 것이다. "때문에"는 한국에서도 많이 쓰는 추세이나, 규범에 맞는 표준 용법이라고는 보지 않는다.

* 합작기업소들을 건설할데(건설하는데) 대한 계약을 체결하였다.
* 전쟁을 중지함에 관한 국제대표자회를 진행할데(진행하는데) 대한 말이 오고갔다.
* 북부지역에서 씨찔리야섬으로 파견할데(파견하는데) 대한 나라 정부 결정
* 자유경제지역을 조성할데(조성하는데) 대하여 말합니다(말하겠습니다)
* 복권할데(복권하는데) 대한 문제가 해결되어야 한다고 봅니다.
* 로씨야 대통령 보리쓰 옐찐을 퇴직시킬데(퇴직시키는데) 대한
* 범인들을 내줄데(내주는데) 대한 공식조약

* 로씨야 군사당국은 ... <뮤이꼬>호를 라도가호에 들여보낼데(들여보
  내는데) 대한
* 극장을 건설할데(건설하는데) 대한 문제가
* 쎼씨야를 소집할데(소집하는데) 대한 호소
* 공동으로 버스생산을 할데(하는데) 대하여
* 때문에(그 때문에) 한국문인들의 과업은
* 때문에(그 때문에) 해외문학발전에 국가적, 전 국민적 배려를 돌리고 있다.
* 때문에(그 때문에) 우라는 임대하지 않으면
* 뿐만아니라(그뿐만아니라) 안보리사회의에서
* 운전수들은 제가 맡은 주행로를 지킬(지키는) 대신
* 중국 상대자들과(의) 협조는 많은 부분에서 서로가 유익하다고 봅니다.

3.3.5. 한정호응

한정호응의 이질성은 용언(用言)을 꾸미는 부사어가 형태 내지 의미의 면
에서 어울리지 않게 쓰인 것을 말한다. 이는 활용어미, 조사 등이 부적절하
게 사용되어 이질성을 드러내는 것이다.

* 마께도니야를 공식적으로 인정함에 대하여(인정한다고) 포고하고
* 일에서 내보내고(일을 그만두게 하고) 쏘련으로 보내달라는 청원서
* 이런 학교는 주요역할을 놀것이니 누구라없이(누구나 할것없이)
* 그만한 돈을 받아가면서(받고서는) 가르치려하지 않았습니다.
* 우리들을 만주로 정찰병력들로써 보내자고(보내고자/ 보내려고)하였다.
* 로씨야일본 관계를 혼란하게(혼란스럽게) 만들자고(만들려고) 하는 사
  람들만이 꾸며낸 이야기들을 듣자고(듣고자) 한다.
* 우리는 아직 그들에게(그들로부터)... 인민소비품과 식품만 공급받고
  있습니다.

* 남의 아이들께서(아이들보다) 떨어진다고 생각하지 않지않아요?!

* 대외경제연락성 인사과대표는 그것은 명백한 과장이다고(이라고) 말
하였다.

3.3.6. 접속호응

접속은 대등접속과 종속접속이 있다. 그런데 이러한 접속어가 부적절하
게 사용되어 이질성을 드러내기도 한다. 그러나 이러한 예는 많지 않다. 접
속호응의 이질성을 드러내는 대표적인 것으로는 "및 기타 등"이라는 것이
있다. 이는 "및 기타"로 충분할 표현을 여기에 다시 복수를 나타내는 "등"
을 붙여 중의적 표현을 한 것이다.

* 마께도니야인들은 신속한 국제적 공인을 받을 가망을 하지 말아야 하
고 4-5월에 절박하게 서 있던 이 문제가 차차 뒤전에 물러서고 있다는
인상이 생겼다(있다는 것을 알아야 한다).

* 우에 지적된 사실들은 어려운 시기를 겪고 있는 로씨야 국가에서 가능
한 폭발에(폭발 가능성에) 대해 말하며(말하고 있으며) 옐찐에게 추가
적 압력을 가하고 있다.

* <빠나쏘니크>, <샤르쁘>, <폴크쓰와겐>과 및 기타 등이 활동하고
있습니다. (기타가)

* 새로운 설비, 금속, 목재 및 기타 등의 상품들을 구매하여 (기타의)

3.3.7. 태의 호응

문장성분은 아니나, 능동과 피동이란 태(態)의 혼란도 보인다. 이러한 태
의 혼란은 조리 있는 사고를 제대로 하지 않아 빚어진 문법적 오류라 할
수 있다.

* 우리도 그 세계에로 이끌어들어가는것(이끌려 들어가는 것) 같았다.

* 젊은 아들 알렉싼드로도 중병에 걸려 사망되였지만(사망하였지만)

* 지금처럼 식품이 부족되는(부족한) 시기에

* 새로운 기술공정의 발전에(발전을) 신중히 고려된(고려한) 국가강령이

* 그는 지난해 8월에 쿠데타가 실패 당한후(쿠데타를 실패한후)

* 새로운 기술공정의 발전에(발전을) 신중히 고려된(고려한) 국가강령이

* 집단이 불안정화되고(불안정화하고) 있는 사실에

* 로씨야가 서방의 발전된 나라들 그루빠에 가입될 것을(가입하기를) 기대한다고 말했다.

* 그가 만일 대통령 지위에 오래 남아있지 않는다(못한다) 하더라도 로씨야에서 개혁은 되돌리지 못할(되돌려지지 않을) 것이다.

3.3.8. 시제 호응

시제의 혼란도 태의 이질성과 마찬가지로 비논리적인 사고를 하지 않아 빚어지는 현상이다. 이와 달리 "없은"과 같이 이질적 활용을 함으로 형태적인 오용이 빚어지기도 한다. 형태적인 이질성의 문제는 앞에서 살펴본 "형태상의 이질성"에서 예를 보이기도 하였다.

* 4월에 마지막 사람들이 까불을 떠나갔었다(떠나갔다)

* 이 주택건설공사는 지난해에 중단되었었다(되었다)

* 그들에게 언권을 주지않았었다(주지않았다).

* 자유경제지역을 조성할데 대하여 말합니다(말하겠습니다)

* 이 현실에 없은(없던/ 없는)것처럼

* 그들을 국경넘어로 넘겨주는것을 방지한데로(방지하는데로)

3.4. 표현의 이질성

앞에서 표기, 어휘, 의미, 문법 등 주로 언어의 구조적인 면에서 고려어의 이질성을 살펴보았다. 따라서 이와 다른 화용론적 입장에서의 고려가 미흡하였다. 이에 여기서는 표현 일반의 문제를 표현의 이질성이라고 하여 살펴보기로 한다.

여기서는 특히 부조리, 혹은 비논리적 표현이 문제가 될 것이며, 부족하고 어색한 표현이 고찰의 대상이 될 것이다. 외국에서의 한국어 사용문제이기 때문에 번역문체의 표현도 문제가 된다. 따라서 자연스럽게 형태적 면에서 생략, 혹은 추가·반복표현도 문제가 된다.

⑴ 부조리한 표현

* 소목쩨흐는 취사용 가구생산 ["방법"]을 터득하였는데("방법" 추가)
* 고급 색유리제품생산 [방법]을 터득할 것이며 고급스러운 색유리제품 생산[방법]도 터득하게 될 것입니다.("방법" 추가)
* 로씨야 대통령 보리쓰 옐찐을 퇴직시킬데(퇴직시키는데) 대한 일반표를(일반투표를?) 진행하기(추진하기) 위해서 100만명의 싸인을 수집하지(확보하지) 못하였다.
* 떠나던 그날에 일본의 정권당국으로부터(정권당국은) 다위도부에게 아무 불만도 없었다.(아무런 불만의 표현도 하지 않았다)
* 이라크가 유엔 결정을 수행하게 하기 위한 군사수단을 비롯한 모든 [행동을 취할] 가능성이 있다.("해동을 취할" 추가) (조리)
* 그 누구도(아무도) 그만한 돈(그 정도의 돈)을 받아가면서(받고서는) 가르치려하지 않았습니다.
* 일본에서 출장기한이 끝남과 관련하여(끝나자) 도꾜에서 모쓰크와로 떠났다.

* 민족적 각성이 각성되였습니다. (동의 반복)
* 주소재지에서는 자가용[未詳] 건설에 지방예산에서 차출하고 있다. (非文)
* 우리 외교관들은 [왜] 이렇게까지 많이 여기에 남아 있게 되었는가? ("왜" 추가)
* 이런 포름을 위해 [왜] 카사흐쓰딴 알마아따를 선택하였는가, ("왜" 추가)
* 방송량은 80년대에 비하여 다섯배나 늘어났지만 방송사의 정원은 그 대로 25명이 남아있다.(늘어나지 않고 25명 그대로 남아 있다.) (조리)
* 여기에 남아있는데 대한 책임을 자신이 전적으로 진다는(지겠으니) [허가해 달라는] 신청을 드리었다(하였다) ("허가해 달라는" 추가)
* 그는 생기는(발생하는) 어떤 문제이든지 해결할(해결하겠다는) 용의를 발휘하며 로씨야에 있어서 <완충장치>로(가) 되었다.<의미 혼란>
* 그가 만일 대통령 지위에 오래 남아있지 않는다(못한다) 하더라도 로씨 야에서 개혁은 되돌리지 못할(되돌려지지 않을) 것이다. <의미 혼란, 조리>
* 그러나 옐찐은(옐찐의) 정치적 명철은 갖고있는 <침몰되지 않는> 정 치가로써(정치가로서) 나섰다.(나서게 한다) (主述·조리)

(2) 번역체의 표현

* 이런 심포지움을 진행할 수 있는 조건을 지어주었고 따뜻이 마중해준 데 대하여 한명회회장은 한국을 대표하여 감사를 드렸다.
* 아직은 우리에게 이 나라들에서 민주주의가 완전히 이길 것이란 믿음 은 없다.
* 그리고 년간 생산강령은 그대로 남아있지만 처음부터 할당이 우리에 게 극히 요구됩니다.
* 그때로부터 마르가리따 쌈쏘노브나는 건강에 주의깊게 대하게 되었다.
* 이런 투쟁방법은 극단한 경우에만(극단적 경우에) 미국의 최고집행정

권기관의 승낙하에서만 리용하여야 한다고 그들은 지적하였다.

* 참신한 결정을 대담하게 받아들이는 것이 주도적 역할을 한다면 경제 생활에서 충분한 [발전의]가능성을 줄(제공할) 것이다.

* 알마아따에서는 의학실천에 널리 도입할수 있게끔 충고를 [해] 줄만한 수준에서(의) 뇨료법이 연구(뇨료법의 연구가)되지 못했습니다.

* 신체에 투입된 오줌이 충분한 가치로(가치가 풍부하게) 영향을 줄수 있습니다.

* 새로운 기술공정의 발전에 신중히 고려된 국가강령이 중국에는 작용 하고있습니다.

4. 결어

재소 고려인의 한국어교육과 언어의 실상을 살펴보았다. 고려인들은 민족어를 지키느라 갖은 고생을 하였다. 그런 가운데 민족어 교육의 2단계에서는 민족어를 상실하다시피 하였다. 따라서 이때의 고려어의 이질성은 말이 아니다. "한국어의 발음을 온전히 할 수 있는 사람들이란 신문사와 극장, 라지오방송국에만 있고 그 외의 사람들은 로어문자로 겨우 가사를 읽을 수 있는 정도다."(량원식, 1992. 8. 7.)라 한 기사는 당시의 언어 실태를 단적으로 말해 주는 것이라 하겠다.

1990년대의 언어는 이렇게 이질성 투성이다. 그것은 구체적으로 살펴본 바와 같다. 거기에다 고려어는 북한의 조선어의 영향을 많이 받고 있다. 조선의 언어규범은 한국의 규범과 상당한 차이를 보인다. 이러한 차이는 통일이 되어 하나의 규범에 의한 언어의 운용이 되도록 하여야 한다. 그래서 이질성을 극복할 수 있어야 한다. 그리고 독립국가 연합이 되어 각 공화국은 러시아어 외에 또한 각 공화국의 민족어를 공용어로 하고 있다. 이런 면에서 소수민족(少數民族)은 또 하나의 굴레를 쓰게 되어 있다. 그러나 모어(母語), 민족어를 상실해서는 안 된다. 이중언어, 나아가서는 다중언어 교육을 효과적으로 수행하여 피아의 언어를 효과적으로 구사하고, 문화를 향유할 수 있도록 하여야 하겠다. 그래서 서로 친교를 하도록 해야 한다. 그러기 위해서는 한국어교육의 장이 확장되고 효과적으로 운영되도록 하여야 하겠다. 그러지 않아도 이국에서 여러 가지로 생활이 어려울 텐데 언어에까지 고통을 받게 되니 가슴이 아프다. 구소련 동포들에게 행운이 같이 하길 빈다.(*)

참고문헌

남빅토르(2005), 우즈베키스탄의 국어교육, 국제한국어교육학회 편(2005), 한국어교육론 3, 한국문화사
량원식(1992), 갓나온 고려인 합창단, 고려일보, 1992. 8. 7.
명월봉(1991), 이중언어와 재소한인의 모국어교육문제, 이중언어학회지 제8호
박갑수(2012), 한국어교육의 원리와 방법, 역락
박갑수(2013) 재외동포교육과 한국어교육, 역락
유일리아(1991), 소비에트 한인들의 민족어 발전 과정, 이중언어학회지 제8호
이중언어학회(1991), 소련에서의 한국어학과 한국어교육, 이중언어학회 1
조영환(1992), 재소 한인들의 사회적 법적 지위와 사회활동, 고려일보, 1992. 7. 29.
최쓰웨틀라나 쎄레게예브나(1991), 타시켄트 한국어의 교육 실정, 이중언어학회지 제8호
최예브끼나(1991), 재소고려인들의 모국어 재생문제, 이중언어학회지 제8호
한득봉(1991), 소련에서의 한국어교육, 이중언어학회지 제8호

■ 이 글은 재소 고려인들의 민족어 교육 제 2단계에서의 언어 현실과 이들의 교육 방향을 살피기 위해 2018년 6월 18일 탈고한 원고이다. 미발표 원고임.

제 4 부

언어문화의 비교와
한국어교육의 세계화

제1장 중·일·한 신한어(新漢語)의 조어와 그 교류

1. 서언

한·중·일 3국은 흔히 한자문화권이라 한다. 고대의 중국은 선진문화의 나라로 한국과 일본에 많은 영향을 끼쳤다. 그 가운데 대표적인 것이 한자의 전수요, 한자어를 이들 언어에 파급시킨 것이라 하겠다.

고대 중국의 은(殷·商) 나라에서는 갑골문자(甲骨文字)을 창시하였고, 이는 한자(漢字)로 발전하였다. 한자와 갑골문은 별개의 것이 아니라, 이들은 서로 맥을 잇는 것이다. 갑골문의 음부(音符)는 주대(周代) 이후의 한자와 대응되어 은대의 언어가 뒷날 한어(漢語)의 조선(祖先)임을 확인해 주고 있다(牛島德次 외, 1979). 주나라는 은을 멸망시켜 은주(殷周) 합체에 의해 "漢人의 文化圈"을 이루었으며, 영토는 주 일대(一代)에 거의 장강(長江)에까지 미치었다.

문자와 언어의 영향은 직접 접촉하거나, 전적(典籍)을 통해 이루어진다. 우리나라는 적어도 한사군(漢四郡)이 설치되며, 한자 및 한문과 접촉하게 되었을 것이다. 이러한 어문의 영향은 삼국시대, 특히 신라 경덕왕(景德王) 때 지명 등을 중국식으로 개정함에 의해, 그리고 조선조에 주자학(朱子學)의 도입으로 크게 증폭되었을 것으로 보인다.

일본의 경우는 "일본서기(日本書紀)"에 의하면 응신천황(應神天皇) 15년에 백제에서 아직기(阿直岐)가 일본에 건너가 황태자에게 경전을 가르쳤고, 그 다음해 역시 백제의 왕인(王仁)이 논어 15권과 천자문을 일본에 가지고 가 한적을 학습하게 한 것으로 되어 있다. 그 뒤 중세의 宋·元·明 때 한어(漢語) 및 한자문화와 직접 교섭을 가졌다. 이때 승려가 왕래하고, 무역을 한 것이다. 그리고 근세의 에도막부(江戶幕府)의 말기부터 명치유신(明治維新)에 걸쳐 중국과 접촉하였다. 명치유신 때에는 서양문물과 접촉하며 많은 신한어(新漢語)를 만들어 이들이 일본어에 넘쳐나게 하였다(杉本つとむ, 1982).

서구의 문명이 동점(東漸)하며 중국과 일본은 이를 적극적으로 수용하였다. 한·중·일은 서구의 신문명을 수용하는 이 시기를 일반적으로 근대(近代)라 한다. 그리고 이 시기를 대체로 다음과 같이 본다.

중국: 근대 1840 → 현대 1919
일본: 근대 1868 → 현대 1945
한국: 근대 1894 → 현대 1945

근대에 접어들며 동양 삼국은 옛 유교문화를 탈피하고, 새로운 신문명을 추구하려 하였다. 그리고 서구어를 음차(音借)하거나, 번역(飜譯) 차용하였다. 서구어의 번역은 중국이 먼저 시작하였고, 이것이 일본에 영향을 미쳤다. 명치유신 이후 일본은 적극적으로 서구 문화와 문명을 도입하며, 각종 서적을 번역하고 많은 한자어를 신조하였다. 일본에서는 개화기에 신제(新製) 한어가 양산되었다. 거기에다 청일전쟁(淸日戰爭) 이후 많은 중국인이 일본에 유학하여 이들 일제(日製) 신한어(新漢語)가 중국에 역수출(逆輸出)되는 현상이 빚어졌다. 고대에 한자어들이 일본에 전수되던 것과는 달리 일본에서 한자어가 중국으로 건너갔다. 한자어의 교류(交流)가 일어나고, 역류현상이 전개된 것이다. 한국의 경우는 일본의 식민지로 전락하는 바람에 더욱 일본의 영향을 많이 받아, 종래의 중국식 한자어가 일제 한자어에 의해 대체되는 현상까지 빚어지게 되었다.

한자어는 이렇게 근세에 들어와 중·일·한의 신한어가 교류됨으로 그의 정체성(正體性)을 의심받는 지경에까지 이르렀다. 이에 중·일의 새로운 한자어의 조어(造語) 과정과, 이들의 영향, 상호 교류 과정을 살피고, 나아가 부분적이나마 우리말의 한자어의 정체성을 살펴보기로 한다. 이는 동양 삼국의 문화사적 특성을 밝히는 작업이 되는가 하면, 외국어로서의 한·중·일의 교육에도 기여하게 할 것이라 판단된다.

2. 중국과 일본의 신한어(新漢語) 조어(造語)

2.1. 중·일의 대역 사서(對譯 辭書)와 역서(譯書) 출간

2.1.1. 중국의 대역 사서와 역서

근대로 접어들며 서구 열강(列强)은 동양 삼국에 문호개방을 재촉하였다. 저들은 무력을 앞세워 유학(儒學)의 미몽(迷夢)에서 깨어나지 못하고 쇄국의 문을 닫고 있는 이들 나라를 위협하였다. 그리하여 근대에 접어들며 중·일은 다투어 서구문명을 수용하게 되었고, 서구의 학문을 번역 수용하게 되었다. 특히 청일전쟁(1894-95) 이후 중국과 일본은 서구 근대문명을 이입하며 많은 서적을 번역·간행하였다.

중국에서는 아편전쟁(1840-42)을 기점으로 서구문명이 물밀어 들자 국가사업으로 번역에 손을 대었다. 청국(淸國) 정부는 부국강병책(富國强兵策)의 일환으로 1862년 북경(北京)에 同文館을, 1867년에 上海 江南製造局 飜譯館을 개설하여 번역사업을 추진하였다. 이 때의 번역은 "중학위본(中學爲本)

서학위용(西學爲用)"이란 생각에 실학(實學)의 소개와 번역이 주류를 이루었다. 강남제조국 번역관(飜譯館)에서는 170여종의 번역서가 출판되었는데, 그 내용은 군사, 공예, 물리화학, 수학, 천문, 생리, 정치, 역사·지리, 법률, 산업, 농업 등 광범한 범위에 걸친 것이었다(芝田稔, 1987). 이러한 번역 과정에서 중국제 신한어가 만들어졌다. 번역은 위의 두 기관 외에 천진의 北洋學堂, 상해의 南洋公學, 海軍衙門, 總稅務司, 時務報, 廣學會, 墨海書館 등에서도 행해졌다.

중국에서의 서구 문화 수용 및 소개는 외국의 선교사 등이 중국어를 학습, 서구어를 번역하여 일본에 비해 일일지장(一日之長)이 있었다. 사전은 1714년 Basiel de Glemona에 의해 "한자서역"(1714)이란 불어사전이 만들어졌다. 이는 M. de Guigness의 Dictionnaire Chinois, Francais et Latin(1813)을 편집 출판한 것이다. 한영자전(漢英字典)은 주로 프로테스턴트의 선교사에 의해 1815년경부터 만들어져 일본에서 많이 참고한 것으로 나타난다. Robert Morrison은 A Dictionary of the Chinese Language(6 vol.)를 1815년~1823년 출판하였다. 이의 제2부가 한영사전, 제3부가 영한사전이다. 이후 많은 사전이 출판되었는데, 1844년에는 S. W. Williams의 An English Chinese Vocabulary, in the Court Dialect가 나왔고, 1847~8년 Medhurst의 "英漢字典"이 나왔다. 1866~9년에는 W. Lobscheid의 English and Chinese Dictionary, with Punti and Mandarin Pronunciation, Hongkong(英華字典)(1866~9)이 나왔다. Lobscheid는 1871년 "한영자전"도 출판하였다. 그 뒤 1892년에는 Herbert A. Giles의 A Chines English Dictionary가 출판되었다.

이른 시기의 번역어는 일률적이지도 않고, 합리성도 부족하여 별로 후대에 살아남지 못하였다. 그러나 사전류 특히 W. Lobscheid의 "영한자전(英華字典)"과 Herbert A. Giles의 "한영자전(漢英字典)" 등의 역어가 신한어로 일본에 수용되며, 일본어에 많은 영향을 끼쳤다. 森岡健二는 그의 "근대어의 성립"(1969)에서 柴田昌吉·子安峻의 "附音挿圖 英和字彙"(1873)가 Lobscheid의

자전에서 번역어를 50%까지 빌려온 것으로 보고 있다(森岡健二 外, 1978).

번역서(飜譯書)는 1889년 엄복(嚴復, 1853~1921)이 T. H. Huxley의 "진화와 윤리"를 "天演論"이라 번역하였는데 이것은 중국이 서구사상을 받아들인 최초의 번역서이다. 그는 이 밖에도 여러 권의 책을 번역하였다. Adam Smith의 "국부론"을 "原富", Helbert Spencer의 "사회학"을 "群學肆言", J. S. Mill의 "자유론"을 "群己權界論", Edward Jenks의 "정치학사"를 "社會通詮", Montesquieu의 "법의 정신"을 "孟德斯鳩 法意"라 번역한 것이 그것이다. 그런데 이들의 번역어는 오늘날의 표준 번역어와 차이가 있을 뿐 아니라, 고전이 많이 활용돼 이해하기 어렵게 된 것으로 본다(芝田稔, 1987). 몇 개의 어휘를 보면 다음과 같다. 보기 뒤의 괄호 안의 용례는 현대의 것이다. 嚴復의 용어는 별로 살아남은 것이 없다.

> arithmatic 布算(산술), biology 生學(생물학), capital 母財(자본), chemistry 質學(화학), economics 計學(경제학), evolution 天演(진화), philosopher 名理家(철학가), politics 治制論(정치학), society 群(사회)

이 밖에 서양의 새로운 지식을 보급하는 서적들도 나왔다. Alexander William의 "수학계몽", Ricci Matteo의 "기하원본", De Morgan의 "대수학", Hobson의 "博物新編", Martin William의 "格物入門" 등이 그것이다. 이들 가운데 "박물신편"과 "격물입문"은 일본어로 번역되어, 다음 장에서 논의할 신한어의 교류를 하게 하였다.

중국 지식인들은 일본 기행 자료를 많이 남겼는데, 여기에는 일본에서 새로 조어한 신한어가 많이 소개되고 있다. 이들의 영향은 분명치 않으나, 중국어에 적잖이 영향을 끼쳤을 것으로 보인다. 대표적인 기행자료로는 다음과 같은 것이 있다.(沈國威, 2012).

> 羅森(1854), 일본일기, 何如璋(1877), 使東述略幷雜詠, 王韜(1879), 扶桑遊

記, 李筱圃(1880), 日本紀遊, 傅雲龍(1887-9), 遊歷日本圖經餘記, 葉慶頤(1889),
策鰲雜撫, 黃慶澄(1894), 東遊日記, 黃遵憲(1879), 日本雜事詩

2.1.2. 일본의 대역 사서와 역서

일본인들이 처음으로 서구인과 접촉한 것은 16세기에 일본에 온 선교사
들이었고, 언어는 포르투갈어였다. 그러나 언어적 영향은 어휘 수준이었다.
그 뒤에 長崎의 出島에 와 교역을 한 홀란드 인의, 난어(蘭語)와 교섭을 가지
게 되었다. 그리고 江戸시대 말기가 되어 서양문물을 받아들이며 서구어가
많이 들어오게 되었고, 많은 번역어가 신조되었다.

일본의 도쿠가와 막부(德川幕府)는 쇄국(鎖國) 정책을 폈다. 그런데 막부의
제8대 將軍 吉宗는 쇄국정책을 약간 풀어 양서(洋書)와 기독교에 관한 서적
의 수입을 허락하였으며, 난학(蘭學)을 가르치게 하였다.

長崎의 통사(通詞) 중에는 우수한 사람이 셋 있었다. 中野柳圃는 문전(文典)
을 번역, 학숙의 교재로 사용하였고, 馬場佐十郎(貞由)은 막부의 명령으로 번
역국을 설립, 이의 책임자가 되었다. 吉雄權之助는 서양 의학을 吉雄塾에서
가르쳤다. 화란어 통사는 200명이나 되었고, 이들 통사들의 번역은 잘 되
어 있어 후세에 그 역어가 많이 남아 전한다.

杉田玄白과 前野良澤 등은 "해체신서(解體新書)"(1774)란 해부서를 번역 간
행하였는데, 이것이 난학(蘭學)의 최초의 번역서이다. 번역은 長崎의 통사(通
詞)와 江戸의 난학자들에 의해, 주로 한자어로 이루어졌다.

난학서는 "해체신서" 외에 "포술어선(砲術語選)"(1625) 등의 병학서(兵學書)
가 간행되었다. 이 밖에 大槻玄澤의 "난학계제(蘭學階梯)" 등의 어학서, 司馬
江漢의 "지구약설(地球略說)" 등의 지리서, 같은 司馬江漢의 "화란천설(和蘭天
說)" 등의 천문서, 青地林宗의 "기해관란(氣海觀瀾)" 등의 물리학서, 宇田川榕
庵의 "사밀개종(舍密開宗)" 등의 화학서와 "식물계원(植學啓原)" 등의 식물학서
등이 번역 간행되었다(山田, 1979). N. 쇼메르 편 "후생신편(厚生新編)"(1975)이

란 가정 백과사전과, "역명자류(譯名字類)", "역서자류(譯書字類)" 등의 번역어 사전도 간행되어 한자어에 의한 번역어를 풍성하게 하였다(杉本, 1982). 이 밖에 난어학(蘭語學)에 대해서도 長崎의 中野柳圃, 本木良永, 馬場貞由 등이 활동하여 江戶의 난학자들에게 영향을 끼쳤다. 품사 및 격(格) 등의 문법 술 어는 明治 이전에 이미 일정한 번역이 이루어졌다.

이러한 난학시대는 명치 20년을 전후하여 영학(英學)시대로 전환되는데, 이때의 많은 번역어가 현대 용어로 계승되고 있다. 기초적인 것은 과거의 용어를 계승하고, 명치유신(明治維新) 이후에는 신지식을 반영하는 번역어가 나오게 된다.

中村正直, 井上哲次郎, 西周 등은 영어로 된 서적을 번역하며 일본어 번역 어를 고안해 내었다. 中村正直, 西周, 柴田昌吉・子安俊 등은 W. Lobscheid 의 "英華字典"의 용어를 많이 활용해 번역하였다. 中村正直은 "자조론 (Self-Helf)"과 Mill의 "자유지리(On Liberty)"(1872)를, 西周는 "생산성발온(生産性 發蘊)"(1873), "백학연환(百學連環)"(1870), "이학(利學)"(1877) 등을, 井上哲次郎은 "철학자휘(哲學字彙)"(1881)를 간행하였다. 井上哲次郎은 Lobscheid 외에 西周를 많이 참고하였다. 이때 坪內逍遙, 松島剛, 西山義行 등은, William Swington의 만국사(1887) 등을 번역하였다. 品田太吉는 "セキスピア物語"를 번역하였고, Rev. W. White는 "천로역정(天路歷程)"(1886)을 번역하여, 일본어에 신한어(新 漢語)를 추가하였다(森岡健二, 1990). 余又蓀은 西周의 번역어에 관심을 갖고, 이를 연구하였는데 그는 余又蓀(1936)에서 西周의 중요 번역어로 26개 단어 를 들고 있다. 이는 대부분 현대에도 계속 사용되고 있는 것으로, 다음과 같은 것이다(沈國威, 2012).

철학, 심리학, 윤리학, 미학, 언어학, 사회학, 인식론, 絶對, 선천, 후천, 주관, 객관, 형이상학, 세계관, 인생관, 인격, 범주, 공리주의, 聯想, 주의 表 象, 感官, 진화론, 논리학, 권리

과학기술(科學技術) 분야는, 명치유신 이후에 서양을 수용한 인문분야에
비해, 약 100년 빠른 난학시대를 통해 서양문명을 왕성하게 흡수하였다.
따라서 이 분야는 이미 비교적 높은 수준에 올라 있었다. 이는 당시에 출판
된 전문 용어집을 볼 때 쉽게 확인된다. 당시의 번역어를 살필 수 있는 이
들 용어집을 몇 개 보면 다음과 같다(佐藤喜代治 編, 1978b).

醫語類聚(1873), 英和藥品名彙(1873), 화학대역사서(1874), 영화수학사서
(1878), 今昔對名表(1879), 洋和藥名字類(1881), 생물학어휘(1884), 공학자휘
(1886), 광물자휘(1890)

이와 달리 인문·사회분야의 번역어를 살필 수 있는 용어집 및 사전류
로는 다음과 같은 것이 있다.

라틴七科字典(1877), 영화학예사전(1881), 민법응용자해(1888), 和蘭字彙, 吉
田賢輔의 "英和字典"(1872), 柴田昌吉·子安峻의 "英和字彙"(1873), 井上哲次
郎의 "訂增英華字典" (1883-84), 津田仙 등 역 "英華和譯字典"(1879) (井上
및 津田의 사전은 로브샤이드 사전의 개수본임), Hepburn의 "新英語林集
成"(3판, 1886), 堀達之助 編 "英和對譯 袖珍辭書" (1867), "和譯英字彙"(1888)

2.2. 중·일 신한어(新漢語)의 조어 과정

중·일은 앞에서 살펴본 바와 같이 17~8세기 개화 과정에서 많은 신한
어를 만들었다. 그렇다면 이들 한자어는 어떻게 만들어졌는가? 다음에 그
조어 과정을 살펴보기로 한다.

새로운 사물이나 개념을 접하게 되면 그것에 명명(命名)을 하게 마련이다.
그러나 이미 이름이 붙어 있는 경우에는 그 원음(原音)을 수용하는 원음차
용(原音借用)을 하거나, 번역차용(飜譯借用)을 하게 된다. 서구문명이 중·일

에 들어오는 경우에도 이는 예외가 아니었다.

원음차용(原音借用)의 경우 중국이나 일본은 다 같이 한자로 표음(表音)하는 방식을 취하였다. 일본에서는 처음에 한자로 표음을 하였고, 뒤에 가나(假名)로 표음하였다. 표음은 낱말 전체를 하는 방식과 그 일부를 표음하는 방식이 있다. 이들의 예를 몇 개씩 보면 다음과 같다.

중국: 摩登(modern), 邏輯(logic), 賽因斯(science), 白蘭地(brandy), 沙發(sofa), 德謨克拉西(democracy), 窒扶斯(typhus), 煙士被理純(inspiration), 馬拉松(marathon), 引擎(engine), 普羅列搭利亞(proletariat), 布爾什維克(bol'sheviki), 華盛頓(washington), 巴里(paris)

일본 가타카나: インク(墨水), インテリケンチア(知識分子), クリスマス(聖誕節), セメント(水泥), ソプラノ(女高音), ダム(水庫), チーズ(乾酪), トマト(蕃茄), ニュス(新聞), ネクタイ(領帶), バス(公共汽車), ブラッシ(刷子), ブルジョアジ(資本家), ピアノ(鋼琴), ビロード(天鵝絨), ホテル(飯店), ミシン(縫紉機), ラジオ(無線電), ワイシヤツ(襯衣)(佐藤喜代治 編, 1982a)

일본 한자어: 俱樂部(club), 德律風(telephon), 烟斯被里純(inspiration), 瓦斯(gas), 淋巴(lymph), 虎列拉(cholera)

부분 표음은 중국에서 지명, 인명 표기에 쓰고 있는 것을 볼 수 있다. 이밖에는 생략하는 경우다. Los Angeles 羅城, San Francisco 桑港, Shakespeare 沙翁, Tolstoi 杜翁이라 하는 것이 그 예다. 한자로 쓴 지명, 인명은 거의 중국에서 조어한 신한자어라 볼 수 있다.

이 밖에 원음차용(原音借用)에는 말소리와 뜻을 아울러 표기하는 음의차용(音義借用)도 있다. 중국어에서 "잉글랜드"를 "英國", "로스앤젤레스"를 "羅城", "유토피아"를 "烏托邦", "비타민"을 "維他命(維生素)", "나치스"를 "納粹黨", "샌프란시스코"를 "桑港", "크레무린"을 "克理母林宮", "집"을 "吉甫車", 나폴레옹을 "나옹(奈翁)"이라 하는 따위가 이러한 것이다. 이들은 음차를 하면서, 그 대상을 좀 더 명확히 하기 위해, 원음에 그것이 나라(國·邦)나, 성시(城·府), 당(黨), 항(港), 궁(宮), 차(車), 노인(翁) 등임을 나타내는 말을 덧붙인 것이다.

원음차용에서 주목되는 사실은 중국에서는 음역어를 회피하는 경향을 보이는데 대해, 일본에서는 가나(假名) 쓰기를 통해 자유롭게, 신사태(新事態)에 대처하였다는 것이다.

번역차용(飜譯借用)의 경우는 우선 직역어(直譯語)와, 의역어(意譯語)로 바꾸는 것이 있다. 의역어의 경우는 또 중국 고전(古典)을 활용하거나, 독자적인 역어를 창출하는 것이다.

직역(直譯)을 하는 경우에는 단어, 또는 형태소의 의미에 따라 직접 번역하는 것으로, "Grund 元, stof 素 > 원소", "Water 水, stof 素 > 수소", "Salpeter 硝, zuur 酸, zilver 銀 > 초산은"과 같이 번역하는 것이 그것이다. 직역어는 N. 쇼메르 편 백과사전인 "후생신편(厚生新編)" 가운데 小林義直의 "화학편"(1875)에 화란어 번역어에 그 예가 많이 보인다.

의역에서 중국 고전(古典)을 원용하는 방법은 중국이나 일본이 다 같이 활용하고 있다. 중국의 옛 경전(經典)이나 불전(佛典)에 나오는 어휘나 구절을 활용해 조어를 하거나, 새로운 의미를 부여하는 것이다. 예를 들면 "經濟"는 그 출전이 抱朴子에 보이는 말로, 세상을 경영하고 백성을 구제한다는 "경세제민(經世濟民)"을 economics의 번역어로 사용한 것이고, "革命"은 역경(易經)에 보이는 말로 "天地革而四時成 湯武革命 順乎天而應乎人"에서 "천명(天命)이 바뀌는 것", 곧 왕통(王統)이 바뀌는 것을 의미하나 revolution이란 새로운 의미를 부여한 것이 그것이다. organization은 "紡織"의 의미에서 "組織"의 의미를, production은 "생계를 세우는 수단으로서의 산업"에서 "生産作業"을 의미하게 한 것이다. 이들은 일본에서 새로운 의미부여를 한 말로, 중국에서도 역수입하여 현재 상용되고 있는 말이다(佐藤喜代治 編, 1982a). 이 밖에 "감상(感傷), 개조, 고통, 공화(共和), 경감, 계급, 기일, 난잡,

대차(貸借), 매매, 면회, 목축, 병사, 봉건, 사기, 사상, 소개, 상공, 식량, 양호
(養護), 언어, 연하, 외출, 운명, 융통, 절멸, 종순, 평화, 후일, 한계” 등도 일본
에서 조어한 것으로, 중국의 고전에서 용례를 찾을 수 있는 신한어라 본다.
劉正埮·高名凱 외(1985)의 “漢語外來詞詞典”(1985)에도 중국 고전에 있는 말
이라고 명시한 일제 외래어가 168개 수록되어 있다.

중국의 경우도 청조(淸朝) 말기에 대량의 양서를 번역하고, 많은 신어를
만들었는데, 이때 신어를 만들며, 원칙적으로 자국의 고전 어구를 찾아 번
역어로 활용하였다. economics를 “計學, 資生學”, philosophy를 “理學, 智學”,
sociology를 “群學”, physics를 “格致學”이라 한 따위가 그것이다. 그런데 이
들은 고전에 새로운 개념을 적용하는데 무리가 따랐던지 대부분 사어(死語)
가 되었으며, 여기에 일본 번역어가 대치되었다.(劉德有, 2006).

다음에는 독자적으로 의역(意譯)한 말이라 할 신조어에 대해 살펴보기로
한다. 이는 “Dunken(暗)-kamer(室)”를 “암실(暗室)”이라 하는 대신 “사진기”라
하는 따위가 이런 것이다. 먼저 일본에서 번역한 화란어의 역어를 몇 개
보면 다음과 같다.

> neutrale 중화, oplosbaar 가용·용해, isolern 遊離, overzuurd 과산·산화,
> gezwavelde 硫化, gekoolde 탄화, phosphorische 인화, samenklevende 凝聚,
> verwantschap 親和力

명치 초기 魯文의 “서양도중(西洋道中)”(1880)과 “안우낙과(安愚樂鍋)”(1871-2)
에도 新漢語라 할 어휘가 많이 보이는데, 이들 가운데 다음(ア~サ行)의 예도
이러한 번역어이다(佐藤喜代治 編, 1982b).

> 緯度, 因果應報, 因循姑息, 英學, 영어, 英人, 英領, 圓球, 億長, 개항, 외국
> 인, 外國流, 會主, 佳宴, 確證, 家畜, 합중국, 割烹店, 漢醫, 간단, 關目, 貴威,
> 牛店, 牛痘, 舊弊家, 嬌面, 虛名家, 금은화폐, 金無垢, 愚考, 군함, 戱述, 건강,

建言, 高名家, 國益, 國産, 刻砲, 五大州, 滑稽者流, 細圖, 刺傷, 縮圖, 塾生, 塾中, 축포, 種痘, 商家, 滋養, 商館, 蒸氣, 증기차, 증기기관, 小數, 少端, 小砲, 商法家, 上陸, 書畫帳, 食臺, 人車, 仁術, 신세계, 新席, 침대, 신문, 신문지, 人力車, 瞬間, 盛運, 西客, 西哲, 西洋家, 서양학, 서양인, 서양풍, 서양류, 석탄, 金權, 船將, 賤身, 俗用

일본 어휘는 이러한 번역어에 의해 많은 한자어가 증가하였다. 이러한 사정은 일본 최초의 화영(和英)사전인, J. C. Hepburn의 "A Japanese and English Dictionary(和英語林集成, 1867)를 통해 쉽게 확인된다. Hepburn의 사전은 새로운 시대에 대응하기 위해 판을 거듭함에 따라 어휘수를 대폭 증가하였다. 초판의 표제어는 20,772어, 재판은 22,949어, 3판은 35,618어로 어휘를 증보하였다, 따라서 초판에 비해 3판은 어휘수가 무려 14,846어가 증가하였다. 제3판에 처음 표제어로 제시된 어휘를 J項에서 보면 다음과 같다(松村明, 1983)

사물, 자치, 示談, 사업, 辭表, 事情, 시간, 사건, 실행, 사고, 인민, 人工, 인류, 인생, 辭書, 실제, 自炊, 實地, 자전차, 실물, 滋養, 자선, 여학교, 여자, 女史, 수업, 從事, 巡查

Hepburn은 이러한 어휘의 증가에 대해 제3판에서 이렇게 지적하고 있다.

각 분야에 있어 일본어의 경이적, 또한 급속한 변화 때문에 이에 맞추어 증보하는 것은 곤란하다. … 여기 화영(和英)의 일부로 1만어 이상을 증보하였다. 의학·화학·식물 등의 각 부분의 순 전문어가 추가되면 좀 더 붙었을 것이나, 여기서는 일상 일반의 것에 한정하였다. 이들 신어의 대부분은 한어이다.

Hepburn은 증보한 한자어들을 일상 생활어라 하고 있다. 전문 분야의 용어를 증보하면 이보다 훨씬 그 수가 많아졌을 것이라는 것이다. 신문명을 수용하며, 얼마나 많은 신한어가 조어되었는지 상상하고도 남음이 있다.

중국에서도 의역(意譯)을 많이 하였다. 예를 몇 개 들어 보면 다음과 같다.

> 사인 記號, 뉴스 新聞, 잉크 墨水, 추잉검 口香糖, 브르조아지 資本家, 프
> 로레타리아 無産階級, 인테리겐처 知識分子, 인터내쇼널 國際, 생철 洋鐵,
> 튜립 鬱金香, 토나카이 馴鹿, 토마토 蕃茄, 솔 刷子, 버터프라이 胡蝶泳, 케
> 이블 電纜, 배드민턴 羽球, 크리스마스 聖誕節, 버터 黃油, 치즈 乾酪, 시멘
> 트 水泥, 소프라노 女高音, 스팀 暖氣, 택시 出租汽車, 비로드 天鵝絨, 와이
> 셔츠 偎衫, 플라스틱 塑料, 라디오 無線電, 텔레비전 電視(佐藤喜代治 編,
> 1982a).

이들은 대부분 현대 한어(漢語)로 쓰이고 있는 말이며, 일본 번역어와는
다른 것도 꽤 있다.

다음에는 형성 과정으로 볼 때 일본어에 한자를 먼저 적용하고, 뒤에 그
것을 자음(字音)에 따라 음독하게 된 신한자어를 보기로 한다. 이는 일본의
고유어(固有語)를 한자로 쓰는, 소위 "아데지(當字·宛字)가 뒤에 한자어(漢字
語)로 전용된 것이다. 이는 잘못이 빚어졌거나, 고의로 음독한 것으로, 일제
한어의 특수한 경우다. 이는 가차(假借)에 의한 조어라 할 수 있다. 구체적으
로 예를 들어보면 "かへりごと(返事), おほね(大根), ではる(出張), ものさわがし(物
騷), ひのこと(火事)를 "ヘンジ, ダイコン, シュッチヤゥ, ブッサゥ, クヮジ"와 같
이 읽는 것이 그것이다. 이러한 예로는 이 밖에 "尾籠, 兼日, 兼題, 立腹/腹
立, 御前, 落居, 籠居, 心外, 心配, 出來, 安價, 安直, 遊女, 金打, 日當" 등과
같은 것도 있다(山本孝雄. 1979). 이와는 달리 아데지를 쓰고 화훈(和訓)으로
읽는 일제 한자어도 있다. 이는 조어 과정이 앞의 예와는 반대가 되는 경우
이다.

山本孝雄은 이 밖에 "아데지(宛字)"의 예로, 한자어와 일어의 조합으로 이
루어진 한자어도 들고 있다. "無造作, 合點, 無骨, 當番, 調印, 入念" 등이 그

것인데, 이들은 한자어가 먼저 들어오고, 그 다음에 한어 조어 형식에 따라 일제 한어가 만들어진 것이라 본다.

그리고 여기 덧붙일 것은 일본의 훈독어(訓讀語) 문제다. 이는 본래 한자어가 아니다. 그러나 그것이 외형상 한자어의 탈을 쓰고 있을 뿐 아니라, 한자 문화권에서는 이것이 차용될 때 원음차용이 아니면, 자음어(字音語)로 수용하게 된다. 따라서 한국과 중국에서 자음어(字音語)로 음독되는 근대 일본의 훈독 한자어는 신한어로 다루게 된다. 이들 자음어는 단어에 쓰인 문자를 가지고는 어휘의 의미를 파악하기 어렵다는 특성을 지니는데, 이러한 한자어가 상당히 많다. 그 중의 몇 개를 보면 다음과 같다.

> 貸方, 大型, 讀物, 物語, 浮世繪, 相手, 相場, 小型, 手續, 手形, 讓渡, 引渡, 組合, 場合, 差押, 取扱, 取締, 取立, 取消, 打消,

조어(造語)는 또 접사(接辭), 및 준접사(準接辭)라 할 성분이 붙어 파생어(派生語) 내지 복합어(複合語)인 신한어를 형성하기도 한다. 이러한 방법에 의해서도 많은 신한어가 형성된다. 이들 일제 신한어는 중국어와 한국어에 다 같이 쓰이고 있다.

이들 접사류에 해당한 것은 접두사(接頭辭)라 할 것과 접미사(接尾辭)라 할 것의 두 가지 유형이 있다. 이들의 예를 보면 다음과 같은 것이 있다.

> 접두사류: 內-(내심, 내의), 無-(무능, 무색, 무감각), 未-(미숙, 미등록, 미지수), 不-(불쾌, 부정맥, 불평등), 外-(외박, 외국), 眞-(진심, 진리), 初-(초등, 초면), 大-(대장부, 대인), 小-(소아, 소심)
> 접미사류: "-感(민감, 호감, 미감, 긴장감), -界(정계, 학계, 문화계, 금융계), -觀(주관, 객관, 인생관, 가치관), -期(정기, 임기, 전기, 夏期), -力(기억력, 군사력, 잠재력, 생산력), -論(문학론, 방법론, 유물론, 인식론), -法(귀납법, 변증법, 분석법, 해석법), -線(생명선, 전선, 일선, 차선), -性(가능성, 필

요성, 민족성, 안전성), -式(신식, 양식, 일본식, 문답식), -炎(관절염, 늑막염, 장염, 폐렴), -率(능률, 안전율, 출산율, 확률), -的(과학적, 현실적, 대중적, 주관적), -点(초점, 관점, 요점, 출발점), -型(모형, 체형, 인간형?), -化(민주화, 공업화, 기계화, 다원화) -階級(유산계급, 양반계급), -問題(사회문제, 생산문제), -時代(원시시대, 철기시대), -社會(부족사회, 민주사회), -作用(풍화작용, 산화작용), -主義(자본주의, 공산주의) (劉德有, 2006)

이들 접사를 활용한 신한어는 대체로 일본에서 먼저 번역에 사용하고, 이를 중국어에서 그대로 수용한 것으로 본다. 법률 용어도, 예외가 있기는 하나 대체로 일본의 번역어를 중국이 역수입하거나, 이들 조어법에 따라 중국에서 조어한 것으로 본다(劉德有, 2006)

다음에는 사자성어(四字成語)에 대해 보기로 한다. 한자어 사용이 유행하면서 명치(明治) 초년에는 한자어 가운데도 4자로 된 소위 "四字成語"가 많이 쓰였다. 그리하여 宮武外骨은 "明治奇聞"에서 "명치의 초기에는 四字漢語의 時代였다. 관아의 포달(布達)이거나, 민간의 신문 잡지거나 즐겨 4자 한어를 썼고, 법률용어에도 이것이 많았다"고 하고 있다. 그리고 다음과 같은 사자(四字) 숙어(熟語)를 들고 있다.(松村明, 1983)

> * 尊王攘夷, 開港佐幕, 大義名分, 王政復古, 大政奉還, 明治一新, 廢藩治縣, 文明開化, 自由平等, 民選議院, 君民同治, 信敎自由, 神佛混淆, 舊弊頑固, 因循姑息, 肉食妻帶, 利用厚生, 權利義務, 公明正大, 人才登用, 不覇獨立, 新政厚德, 民權自由, 三權分立, 朝令暮改
> * 有心故造(故意) 期滿免除(時效), 數罪俱發(병합죄), 再犯加重(累犯), 毆打創傷(傷害), 家資分散(破産)

이들은 모두가 반드시 신한어라고 할 수 없을는지 모르나, 대부분이 당시의 시대상(時代相)을 반영하는 자음어(字音語)인 일제(日製) 신한어이다.

이상 신한어의 제작 과정을 살펴보았다. 일제(日製) 신한어를 중심으로 신한자어를 살펴볼 때, 신한어는 원음차용, 번역차용, "아데지(當字·宛字)의 전용(轉用), 접사(接辭)에 의한 조어, 사자성어의 조성 등에 의해 이루어진다고 할 수 있다.

3. 중·일·한의 신한어 교류(交流)

3.1. 중국의 신한어 조어와 교류

서구문명이 동점하면서 중국과 일본은 이들의 위세에 기가 죽었다. 그리하여 서구의 문화와 문명을 전면적으로 흡수하면서, 이들 어휘를 소수의 원음차용과 대량으로 번역차용을 하며 수용하였다. 이것이 본격적으로 이루어진 것은 청일전쟁(1894-95) 이후, 서구 근대문명에 대한 관심이 고조된 뒤부터이다. 중국이나 일본은 다 같이 부국강병(富國强兵)의 근대 국가를 지향하며, 서구어의 번역 작업을 수행하였다. 앞에서 언급한 바와 같이 청국(淸國) 정부는 1862년 北京에 同文館을, 1867년 上海 江南製造局에 번역관(飜譯館)을 개설하여, 번역 사업을 하게 하였다. 일본도 德川幕府의 제8대 將軍 德川吉宗 때 화란어 문전(文典)을 편수하도록 하는가 하면, 막부의 명령으로 번역국을 설립하여 馬場佐十郎으로 하여금 이의 책임을 맡게 하였다. 이렇게 중국과 일본은 번역 사업을 국가적 사업으로 실시하였다. 중국과 일본은 이렇게 신한어(新漢語)를 개발하며 일방적인 전수(傳授)와 수용관계가 아닌, 교류(交流)를 하였다.

서구어의 번역은 중국이 먼저 시작하였다. 외국의 선교사들이 선교를 하기 위해 한어(漢語)를 배워 서구어를 중국어로 번역하기 시작한 것이다.

중국에서는 위의 언급한 번역 기관이 개설되기에 앞서 많은 사전(辭典)들을 간행하였다. 이에 대해서는 앞에서 언급한 바와 같다. 교류의 면에서 볼 때는 특히 Lobscheid가 편저한 "English and Chinese Dictionary, with Punti and Mandarin Pronunciation(1866-9)"이 큰 역할을 하였다. 이는 일본의 사전 및 번역서에 많은 영향을 끼쳤다. 그 구체적인 예로 명치 초기의 영문 번역은 이에 의지함이 많았다. 中村正直의 "自助論"과 "自由之理"(1872), 및 西周의 "利學"(1877) 등이 그러한 예다. 中村正直의 "자조론"에 보이는 "영화자전"과 일치하는 번역어를 몇 개 보면 다음과 같다(佐藤喜代治 編, 1982b).

格言(maxim), 顯然トシテ(cleary), 保護(protection), 生命(life), 律法・法度(laws), 懶惰(idleness), 邦國(nation), 水平(level), 邦國(state), 治ㇺ(govern), 治ㇺ(rule), 忍耐(patience), 變更シテ(change), 成就シタリ(accomplish), 混亂(confusion), 黃金(gold), 生命ノ(vital), 學校(school), 才能(ability), 有用ノ(useful), 每日(daily), 艱難(difficulty), 財貨(wealth), 什物(furniture), 玻璃(glass), 無用ノ(useless), 偶然ノ事(accident), 定着シ(fix), 忽然トシテ(suddenly), 心ヲ用ヒテ＝用心(carefully), 客(visitore), 礎キタリ(polish), 友(friend), 機會(opportunity), 考究(investigation), 樹林(forest), 愚人(fool), 黑暗(dark), 燈(lamp), 學習(study), 天文ノ(astronomical), 器(instrument)

또한 명치 초기에 출판된 英和字典類도 Lobscheid의 영향을 받고 있는데, 森岡健二(1969)는 1872년 이후 출판된 吉田賢輔의 "英和字典"(1872), 柴田昌吉・子安峻의 "英和字彙"(1873) 등은 모두 그 영향을 받고 있으며, 특히 후자가 역어의 50%까지 이용하고 있다고 한 것은 앞에서 언급한 바 있다(芝田, 1987). 또한 Lobscheid 자전의 번역본인 津田仙 등의 "英華和譯字典"(1879) 및 井上哲次郎의 "訂增英華字典"(1883~84)이 출판되는 등 Lobscheid 자전이 일본어 내지 일본 영학(英學)에 끼친 영향은 대단하다.

중국에서도 서양의 새로운 지식을 보급하는 서적들이 많이 나왔다. 이 가운데 중국에서 간행된 Hobson의 "博物新編", Martin William의 "格物入門" 등은 일본어로 번역되어 일본어에 많은 영향을 끼쳤다. 山田孝雄(1979)

은 이들 신한어의 예를 보여 주고 이는데, 이 가운데 중국제 신한어가 아닌 것을 제외하고, 중국제 신한어를 제시하면 다음과 같은 것이 보인다.

骨膜, 虹彩, 門脈, 후두, 引力, 重力, 원심력, 구심력, 속력, 탄력, 압력, 重心, 氣孔, 氣重, 기압, 水壓, 지구, 衛星, 花梗, 單葉, 複葉 葉柄, 花粉, 柱頭, 광선, 분위기, 排氣壓, 탄소, 산소, 탄산, 한난계, 驗溫器, 전분, 輕氣, 輕氣球, 전기, 망원경, 해왕성, 화성암, 蒸氣, 현미경, 천왕성, 空氣, 신문지, 簿記, 인류학, 소송법

이렇게 중국에서는 淸末 근대화의 초기에 조어한 신한어(新漢語)가 일본에 영향을 미쳤다. 그리고 일본에서는 명치 초기에 이를 수용하고, 영향을 받으며, 자국어를 발전시키고 풍부하게 만들어 나아갔다.

3.2. 일본의 신한어 조어와 교류

일본은 옛날부터 외국어라면 중국어와 한국어 외에는 별로 영향을 받지 않았다. 室町時代 말 서구인이 도래하여 처음으로 포르트갈 어가 일본어에 외래어로 들어왔다. 이어서 홀란드와 교역을 하며 그 영향을 받았다. 江戶시대(1603~1867) 말기부터 明治시대(1868~1912)에 걸쳐 일본은 서구의 문물 수용에 총력을 기울이는 한편, 번역 및 출판 사업을 적극적으로 추진하였다. 그리하여 일본어에는 서구어를 번역한 신한자어가 범람하게 되었다. 이러한 과정은 앞에서 언급한 바와 같다.

그런데 당시의 일본의 지식인은 한자·한어에 대한 교양이 풍부하였고, 이들의 번역은 중국의 지식인에게 비교적 쉽게 이해되는 문체로 글을 썼다. 그리하여 일본의 번역서는 중국에서 많이 읽혔고, 또한 광범한 분야에 걸쳐 번역이 행해졌다. 이러한 사정은 당시의 "신민총보"(제2호, 1902. 2. 23.)

가 잘 전해 준다.

> 우리나라의 當務에 급한 것이 民智를 여는 것만한 것이 없고, 민지를
> 여는데 譯書만한 것이 없으며, 역서는 일본문의 便捷만한 것이 없다.

이는 중국인이 지식을 계발하기 위해서는 서구의 새로운 학문을 전하는
역서가 무엇보다 필요하고, 역서라면 일본어로 번역된 것이 가장 익히기에
편하다고 한 것이다.

이뿐이 아니다. 중국의 정치가요, 사상가인 梁啓超는 중국에서 영어영문을
중시하였으나, 이에 통하고, 학술·사상을 중국에 수입한 사람이 거의 없음
을 개탄하고, 서구문명의 이해는 일본에서 배우는 것이 상책이라고 권장하
고 있다 (佐騰喜代治 編, 1982a). 그래서 민지(民智) 개발이 국가 당면의 급선무이
므로 중국에서는 일본 서적의 번역이나 중역이 왕성하게 이루어졌다.

시대적인 상황이 이러하고, 또 사회적으로는 청일전쟁 이후 몇 만이라는
중국인이 일본에 유학을 하고 귀국해 일제 번역어가 중국에 확산되었고,
자국의 번역어를 밀어내고 일제 신한어가 대체되게 하였다. 이렇게 하여
전통적으로 중국에서 일본에 한어가 유입되던 것과는 달리 일본의 신한어
가 중국으로 유입되는 역류(逆流) 현상이 빚어지게 되었다 이러한 역류현상
은 명치 초기부터 나타난다.(龜井孝 外, 1976).

일본에서는 난학(蘭學)시대 이래 부지런히 신한어를 만들어냈고, 그 뒤
영학(英學)시대에 들어와서는 홀란드어를 매개로 하여 영어를 이해하였고,
한어가 영어를 이해하는 징검다리 구실을 하였다. 영학시대에는 이미 살펴
본 바와 같이 중국의 Lobscheid의 자전이 큰 역할을 하였다. 이의 도움을 받
으며 일본에서는 영어 사전과 번역서를 간행하였다. 그리고 J. C. Hepburn
은 앞에서 본 바와 같이 "A Japanese and English Dictionary(和英語林集成,
1867)"를 간행하여 판을 거듭하며 어휘를 증보하였다. 신조된 신한어가 수

없이 많아 판을 거듭하며 증보하지 않을 수 없었다. 그것도 전문어는 증보하지 않았는 데도 말이다. 생활어가 그렇게 증가했다는 말이다. 신한어가 수천 수만 어에 이른다고 할 정도이다.(陳舜臣 外, 1972, 劉德有, 2006). 高島(2017)는 아무리 신한어를 들어도 끝이 없다며, 江戶시대 이전의 어휘를 매거하는 쪽이 쉬울 것이라고까지 하고 있다.

일본의 번역어는 이런 과정을 겪으며 급속도로 발전, 그 어휘를 불려나갔다. 이러한 일본어가 중국어에 유입된 것은 明治 초기까지 거슬러 올라가는 것으로 보인다. 따라서 중국에서의 한어의 역류(逆流) 현상은 근대후기(近代後期)인 1895년서부터 1919년 사이의 문헌 자료를 살펴보아야 한다.

신한어의 역류현상에 대한 고찰은 우선 현재까지의 연구 결과부터 살펴보는 것이 좋다. 余文蓀은 西周가 만든 번역어를 중심으로 고찰하였으며, 王立達은 "현대 중국어 속의 일어 유래 어휘"(1958)를 발표하였고, 高名凱와 劉正埮은 "現代漢語外來詞研究"(1958)를 간행하였다. 그리고 외래어 연구는 금기시되어 1959년 북경사범학원의 "五四以來漢語書面語言的變遷和發展"을 끝으로 휴면 상태로 들어갔다. 그 뒤 1984년 劉正埮・高名凱・麥永乾,・史有爲 등이 편해 "漢語外來詞詞典"(商務印書館・上海辭書出版社, 1985)을 간행함으로 일제 신한어의 영향은 크게 정리되었다. 沈國威(2012)에서는 여기에 일본어 차용어사가 892개 수록된 것으로 보고 있다. 저자는 여기에서 "昆布"를 제외하여 891개로 본다. 이 밖의 외래사 자료로는 또 "辭源"(商務印書館, 1931)을 들 수 있다.

그러면 어떻게 해서 중국에서 일제 신한어의 역전(逆轉)현상이 일어나게 되었는가? 그것은 무엇보다 명치유신(明治維新)의 성과가 중국 학계에 커다란 영향을 끼쳤고, 당시 중국의 풍조가 일본을 따라 배우려는 분위기였다는 것이다. 그리고 중국 고전에 전거가 있는 조어가 많으며, 어휘 구조를 구문구조에 따라 조어하여 번역어의 구조가 어색하지 않으며, 수만 명이란 일본 유학생이 일제 신한어를 모국에 유입시켰고, 신지식에 대한 일본의

서적이 많이 번역되었다는 것 등을 들 수 있다.(沈國威, 2012)

그러면 다음에는 구체적으로 "漢語外來詞詞典"(1985)을 중심으로 중국에 유입된 한자 어사의 영향, 내지는 교류현상에 대해 살펴보기로 한다. 이에 대해서는 의미의 면과 형태적인 면, 다시 말하면 조어의 양면에 대한 고찰이 필요하다 하겠다.

高名凱·劉正埮은 이들 외래사들을 25가지로 분류한 것을 보여 준다. 그런데 이렇게 되면 너무 번잡하여 분류의 의미가 퇴색된다. 이에 沈國威 (2012)의 분류도 바람직한 것은 못 되나 이에 따라 10개 분야로 나누어 보기로 한다. 이에 따른 양적 결과는 다음과 같이 나타난다. 이를 빈도순에 따라 배열하면 다음과 같다.

① 기타 143어 ② 정치·경제·법률 등 정치 분야 121어, ③ 물리·화학·수학·지리학 등 자연과학 분야 117어, ④ 철학 분야 107어, ⑤ 교육·의료위생·체육 등 교육 분야 106어, ⑥ 문학·예술·음악·조형·고고학 등 인문 분야 82어, ⑦ 경제·경제활동 등 경제 분야 80어, ⑧ 공업, 농업 등 생산활동 및 기술 관련 분야 등 광위의 공업 분야 74어, ⑨ 군사 관계 분야 49어, ⑩ 종교 분야 12어

위에 제시한 바와 같이 기타 분야가 가장 빈도가 높으나, 기타를 제외할 때 일본 외래어는 ① 정치분야, ② 자연과학 분야, ③ 철학 분야, ④ 교육 분야, ⑤ 인문 분야의 순으로 빈도의 순위가 낮아진다.

다음으로 형태(形態), 다시 말해 조어 구조를 볼 때, 2음절의 신한어가 압도적으로 많이 만들어졌다. 한자어는 본래가 단음절(單音節)의 형태로, 그것은 형태소(形態素)인 동시에 단어이다. 그런데 이런 형태소가 사회가 복잡해지고 시대가 흐름에 따라 사상(事象)과 개념이 다양해져 1음절의 형태소로는 표현에 한계가 있어, 형태소의 결합에 의한, 2음절 어휘가 주류를 이루게 되었다. 따라서 신한어도 2음절로 조어하는 것이 대세를 이루었다. 특히

일본에서는 모방심리에 의해 2음절의 한자어를 양산한 것으로까지 본다(高島俊男, 2017). 이러한 말이 중국어에 유입되어 중국어에 보다 많은 2음절의 신한어가 생겨났다.

앞에서 언급한 바와 같이 초기에 중국에서는 번역차용을, 일본에서는 상대적으로 원음차용을 많이 하여 원음차용어가 많아졌다. 물론 이는 상대적인 표현이다. 원음차용은 문자 그대로 조어라고는 할 수 없다. 생략이나 혼종어(混種語)의 경우는 조어에 속한다 할 것이다. 일본에서는 가능한 한 화란어를 번역 차용하였다. 생활 습관이 그렇지 아니한 상황에서 "일주일(一週日)"이란 개념을 번역하여 그것이 정착하기까지에 반세기가 걸렸다는 사실은 유명한 일화다.

아데지(當字)와 훈독어의 자음어화(字音語化)는 언어의 구조상 결과적으로 원음차용 형식을 지닌다. 이는 본래 한자어가 아님에도 결과적으로 외국에서는 신한어를 증가시키는 것이 된다. 접사를 활용한 신한어의 조어, 및 사자성어의 양산 또한 중·일의 한자어를 증대시키는 결과로 나타난다.

형태적인 면에서 언급해야 할 의역어(意譯語)의 문제는 중·일의 조어에 공통점이 있는가 하면 특수성이 있다. 소위 중국의 고전(古典)에 있는 말에 새로운 의미를 부여하는 조어법은 중국이나 일본이 다 같이 쓰고 있는 방식이다. 이에 대해 중국과 일본에서 독자적 발상(發想)에 의해 신한어를 조어하는 것은 개성적인 것이라 하겠다. 고대 한어를 활용한 신한어는 그 용례가 꽤 많아 180개쯤 된다. 이들 용례 가운데 초성이 우리말로 "ㄱ~ㄷ"인 어휘의 예를 참고로 보면 다음과 같다.

> 간사(幹事), 강령(綱領), 강습(講習), 견인차(牽引車), 경비(經費), 경제(經濟), 경제공황(經濟恐慌), 경제학(經濟學), 계급(階級), 계획(計劃), 공수동맹(攻守同盟), 공화(共和), 과도(過渡), 과목(科目), 과정(課程), 광언(狂言, kyogen), 교수(敎授), 교육학(敎育學), 교제(交際), 교통(交通), 교환(交換), 구

류(拘留), 구체(具体), 국체(國体), 군국주의(君國主義), 군적(軍籍), 군수품(軍需品), 규범(規範), 규칙(規則), 기관(機關), 기록(記錄), 기분(气分), 기사(騎士), 기질(气質), 낭인(浪人), 노동(勞動), 노동자(勞動者), 노동조합(勞動組合), 논리학(論理學), 능력(能力), 능률(能率), 단행본(單行本), 대언인(代言人·lawyer), 도구(道具), 도서관(圖書館), 독점(獨占), 동정(同情), 등기(登記)

이에 대해 독자적인 의역어는 고전 한어를 바탕으로 한 어휘와 비교할 때 비교가 되지 않을 정도로 용례가 많아 무려 670개 내외나 된다. 이의 예는 수적으로 많아 우리말로 "ㄱ" 초성을 가진 어휘만을 보아도 다음과 같이 많다.

가결(可決), 가극(歌劇), 가단주철(可鍛鑄鐵:malleable cast iron), 가분수(假分數), 가상적(假想敵), 가정(假定), 각광(脚光), 각본(脚本), 각서(覺書), 간단(簡單), 간부(干部), 간선(幹線), 간수(看守), 간접(間接), 간헐열(間歇熱), 간헐천(間歇泉), 간호부(看護婦), 감성(感性), 감정(鑑定), 강단(講壇), 강사(講師), 강연(講演), 강제(强制), 강좌(講座), 개괄(槪括), 개념(槪念), 개략(槪略), 개산(槪算), 개입(介入), 개정(改訂), 개편(改編), 객관(客觀), 객체(客体), 갱목(坑木), 거두(巨頭), 거성(巨星), 거장(巨匠), 건축(建築), 검파기(檢波器:detector), 견지(堅持), 결산(決算), 결핵(結核), 경공업(輕工業), 경관(警官), 경기(景氣), 경기(競技), 경찰(警察), 경험(經驗), 계기(契機), 계수(係數), 계열(系列), 계통(系統), 고로(高爐: blast furnace), 고리대(高利貸), 고사포(高射砲), 고장(故障), 고정(固定), 고조(高潮), 고주파(高周波), 고체(固体), 공간(空間), 공립(公立), 공명(共鳴), 공민(公民), 공보(公報), 공복(公僕), 공산주의(共産主義), 공소(公訴), 공업(工業), 공영(公營), 공인(公認), 공채(公債), 공칭(公稱: nominal), 공판(公判), 과학(科學), 관계(關係), 관념(觀念), 관점(觀點), 관조(觀照), 관측(觀測), 광고(廣告), 광년(光年), 광선(光線), 광의(廣義), 광장(廣場), 교감신경(交感神經), 교과서(敎科書), 교양(敎養), 교착어(膠着語), 교향악(交響樂), 교훈(校訓), 구축함(驅逐艦), 국고(國庫), 국교(國敎), 국립(國立), 국사범(國事犯), 국세(國稅), 국제(國際), 군부(軍部), 궁도(弓道), 권위(權威), 권익(權益), 권한(權限), 귀납(歸納), 극복(克服), 극장(劇場), 근무(勤務), 금액(金額), 금융(金

融), 금패(金牌), 금혼식(金婚式), 긍정(肯定), 기계(機械), 기관포(機關砲), 기
독(基督), 기독교(基督教), 기밀(氣密), 기사(技師), 기선(汽船), 기수(旗手), 기
업(企業), 기적(汽笛), 기조(基調), 기준(基準), 기지(基地), 기질(基質), 기체(氣
體), 기호(記號), 긴장(緊張)

중국에서 차용한 의역어는 고전을 많이 활용해 신한어를 조어하기도 하
였지만, 역시 이를 활용하는 것은 한계가 있어 독자적인 발상에 의한 신한
어가 많이 조어되었다. 그리고 직역어와 의역어의 관계도 보면 특수한 경
우를 제외하면 대부분 의역을 하고 있다고 할 수 있다. 따라서 일본인의
발상에 의한 번역어가 많이 중국에 유입되어 그 영향을 미치고 있다고 할
수 있다.

앞에서 원음차용은 예를 들지 않았는데, 서양 외래어와 일본의 광의의
가차어(假借語)가 원음차용 되었다고 할 수 있다. 중국에서 음차하고 있는
어휘는 40여 개로 나타난다. 이들은 대부분이 일본에서 소위 "外來語"라
하는 것이 중국에 유입된 것이다.

加農炮: kanoho, 加答兒: kataru, 加非: kohi, 健質亞那: genchiana, 古柯:
koka, 古加乙涅: kokain, 俱樂部: kurabu, 規那: kina, 規尼涅: kinine, 金剛石:
konggoseki, 金糸雀: kanaria, 僂麻質斯: ryumachisu, 哩 miru, 糎: sench-metoru,
碼 yado, 粍 miri-metoru, 目: me, 小夜曲; sayo-kyoku, 安質母尼: anchimoni, 沃
素: yoso, 瓦: guramu, 瓦斯: gasu, 淋巴: rinpa, 丁幾: chinki, 曹達: soda, 窒扶斯:
chifusu, 呎(foot): futo, 粁: kilo-metoru, 瓲: kilo-gramu, 天鵝絨: birodo, 天主:
tenshu, 吋: inchi, 襯衣: shirt, 炭酸加里: tansan-kari<음,의>, 炭酸瓦斯:
tansan-gasu<음,의>, 探海灯: tansho-to, 噸: ton, 虎列剌: korera

이상 "漢語外來詞詞典"을 중심으로 중국에 유입된 일제 차용어를 살펴보았
고, "辭源"의 차용어를 살펴보지 않았다. 이에 "辭源"에 수록된, "漢語外來詞詞
典"에 수록되지 않은 차용어를 제시해 보면 다음과 같다.(森岡健二 外, 1978).

免除, 大工, 대통령(대총통), 寒天(洋羹), 한난계(寒暑表·검온표), 후견인,
心配, 호주(가장), 지점(분점), 支配, 고장, 요리(烹飪), 晴雨計(풍우표), 안내,
注文, 産婆(穩婆), 番地, 登錄(註冊), 看板, 窒素(淡氣), 競賣(拍賣), 백묵(분필),
興行, 調製, 郵便, 配達

이렇게 중·일 신한어의 교류 내지 영향은 상호적이었다. 양국의 관계는
초기에는 중국이 일본에, 명치 초기 이후 역전되어 일본이 주로 중국에 영
향을 끼쳤다고 할 수 있다. 그리고 대체로 일본의 신한어가 중국어에 영향
을 끼친 것으로 강조되고 있으나, 沈國威(2012)의 지적처럼 이는 사전류의
영향이 제대로 평가되지 않은 결과이고, 중국의 신한어가 일본어에 미친 영
향도, 앞에서 살펴본 바와 같이 수월찮다는 것을 인정해야 한다.

3.3. 한국의 신한어 조어와 교류

한국에서도 다소간의 신한어가 조어되고 교류되었다. 그러나 중국이나
일본에 비하면 상대적으로 신한어는 많이 신조되지 않았다. 오히려 중·일
의 신한어의 영향을 많이 받은 편이다. 조선조는 쇄국정책(鎖國政策)을 폈고,
근세에는 열강의 세력 다툼의 장이 되었는가 하면, 일본의 식민지하에서
자국어를 잃고 일본어를 국어로 사용하는 비극을 겪어야 하였다.

1876년 병자수호조약(丙子修護條約)에 의해 개항(開港)을 하게 된 조선은 주
로 청일(淸日)의 각축장이 되었다. 신문명은 중국과 일본을 통해 간접 수입
되었다. 그리고 이 신문명이나 개념을 나타내는 말은 일본이나 중국에서
번역된 말이었다. 특히 이 가운데 우리나라에 유입되어 통용되는 어휘의
90%는 일본에서 번역 내지 조어된 어휘라고까지 보기도 한다(박영섭, 1995).
그것도 그럴 것이 개항 이후 1910년 한일합방(韓日合邦)이 되어 일본의 세력
아래 놓였기 때문이다. 그리하여 조선의 신한어는 조어, 및 교류라기보다

구체적으로 어떤 영향을 받았느냐에 초점이 놓인다. 이에 조어 및 그 과정에 대해 앞에서 따로 살펴보지 않았기에 여기서 간단히 언급하기로 한다.

역사적으로 볼 때 일본어와의 접촉은 壬亂때부터 있었다. 선조대왕실록(宣祖大王實錄)에는 방을 걸어 이때 우리의 도성에 염습(染濕)된 왜어(倭語)를 통금하였다고 한다(박갑수, 2016). 일찍이 일본어의 영향을 받은 것이다. 또한 조선통신사들에 의해 일본어 내지 신한어가 소개되고 있는 것도 볼 수 있다. 그러나 본격적으로 일본의 신한어가 우리말에 수용되게 된 것은 19세기 90년대, 곧 갑오경장(甲午更張) 전후라 할 수 있다. 물론 1980년대에 일부 일본 유학생이 있었고, 상무(商務)나 공무로 일본에 출입하기도 하였으나, 신한어를 수용할 정도의 환경은 아니었다. 서구문명의 수용은 갑오개혁을 전후하여 청나라, 및 일본과의 관계가 밀접해진 뒤부터이다. 이때의 개화서적으로는 "만국공법, 조선책략, 박물신편" 등 많은 것이 있었다. 중국의 魏源의 "해국도지(海國圖志)"와, 청나라 참찬관(參贊官) 黃遵憲의 "조선책략"이 소개되고, 정관응(鄭觀應)의 "이언(易言)"이 번역·간행되는가 하면, 헐버트의 "사민필지(四民必知)" 등이 간행되며 서양의 문물 제도에 관한 신한어가 도입되었다. 그리고 유길준(兪吉濬)의 "서유견문(西遊見聞)"(1895)과 같은 국한혼용의 계몽서도 간행되었다. 이는 福澤諭吉의 "서양사정(西洋事情)"의 영향을 많이 받은 것이다.

또한 1919년까지의 초기의 사전으로는 다음과 같은 것이 있었다. 이 가운데 리델의 "한불ㅈ뎐"(1880)은 중국식 신한어가, James S. Gale의 "한영ㅈ뎐"(1897)은 일본식 신한어가 많이 반영된 것으로 보인다(김형철, 1997).

푸칠로 : 노한사전(1874), 리델 : 한불자전(1880), 언더우드 : 한영·영한자전(1890), 다블뤼 : 나한사전(1891), 스코트 : 영한사전(1891), 게일 : 한영사전(1897), 알레베크 : 법한사전(1901), 일어잡지사 : 일회화사전(1906), 柿原治郎 : 일한いろは사전(1907), 존스 : 영한자전(1914), 船岡獻治 : 鮮譯日語

大辭典(1919)

한편 "한불자전"은 구교(舊敎)의 신부들이 편찬해 구교와 관련된 어휘가 많고, "한영자전"(1897)은 신교의 목사들이 편찬하여 신교와 관련된 어휘가 많은 것이 특징이다. 그리고 "한불자전"은 정치관계 어휘들이 거의 실려 있지 않은데, 이는 정치관계 어휘들이 대부부분 일본계 한어라는 것과 무관하지 않을 것으로 보인다. 이와는 달리 그간의 신문류나 교과서등에 쓰인 신한어는 "한영자전"(1987)에 반영되었을 것으로 추정케 한다.

문학작품 및 교양서적도 많이 번역 출간되었다. 1895년 게일의 "텬로역뎡"이 간행되었고, 학부의 편집국에서 편찬한 "영국사요"(1896), "중일약사"(1898), "미국독립사"(1899) 등 역사서가 많이 출간되었다. 이들은 대체로 영어로 된 것이다. 그리고 청말, 중화민국 초의 정치가요 사상가인 梁啓超의 "월남망국사"(1906, 및 1907)와 "중국혼(中國魂)"(1907, 1907) 등이 거듭 번역 출판된 것을 볼 수 있다. 이 때 번역어는 중일의 영향을 많이 받았으나, 특히 일본의 영향을 많이 받았다.

그리고 여기 덧붙일 것은 근대화 과정에서 근대식 학교가 설립되고, 신문·잡지가 창간되어 많은 신한어를 사용하게 되었다는 것이다. 근대식 학교는 1886년 배재학당과 이화학당이 창설되었고, 같은 해에 최초의 관립학교인 육영공원(育英公院)이 설립되었다. 1894년 학교는 대폭적으로 학제 개편이 단행되었으며, 이들 학교는 근대문화 창달에 많은 기여를 하였다. 특히 대한제국 말기부터 정부에서 편찬한 교재를 학교에 공급함으로 신한어가 획기적으로 보급되었을 것으로 보게 한다.

그러면 다음에 구체적으로 신한어의 영향 및 교류에 관해 살펴보기로 한다.

첫째, 한국의 신한어는 조어를 하기보다 중·일어의 영향을 받은 편이다.

한국에서의 신한어의 조어에 대해서는 앞에서 논의한 바와 같다. 한국에서는 여러 가지 불리한 상황으로 말미암아 제대로 조어가 안 되었고, 오히려 중·일의 영향을 받아 이를 수용하였다고 하겠다. 특히 한국은 일본의 식민지로 떨어져 일본의 영향을 많이 받았다. 더구나 국어를 상실하고 일본어를 수용하여야 하였다. 따라서 한국의 신한어는 일본이나 중국에 영향을 미치기보다 일본의 영향을 전적으로 받았다 할 수 있다. 신한어의 교류는 일본에 의한 일방적인 것이었다 하겠다.

둘째, 단일음절(單一音節)의 한자어의 많은 등장을 볼 수 있다.

* 是故로 古聖이 曰 孝란 者는 뻐 親을 事ᄒ는 비오. 悌란 者는 뻐 長을
  事ᄒ는 비오.
  慈란 者는 뻐 衆을 事ᄒ는 비라 ᄒ시니라 <소학독본, 1985>
* 孔子ㅣ曰 天이 物을 보ᄒ민 반다시 그 材를 因ᄒ야 篤ᄒ는지라 <소학5>

본래 한어는 1음절어이다. 따라서 신한어에도 앞의 예문에 보이는 바와 같이 1음절어가 많으며, 특히 용언의 경우 어근이 1음절의 한자어로 된 것이 많았다.

셋째, 2음절어의 범람을 보게 한다.

2음절어에 대해서는 앞에서도 언급한 바 있다. 高島(2017)는 일본의 2음절어의 조어에 대해 "원숭이 흉내"라고 비하하고, "일본어는 2음절이 연결되어 안정적 성질을 지니는 것이 아니다. 한자 2자를 결합해야 할 필연성이 없다. 중국인이 하는 것을 고급이라 생각하여 원숭이 흉내를 내 온 타성으로 그렇게 한 것이다."라 하고 있다. 이러한 일제 신한어로 말미암아 한국에서도 2음절어가 범람하게 되었다.

넷째, 중국어에는 없는 일제 신한어와 같은 어휘가 한국어에는 무수하게 많다. 이는 한·일 공통어, 말을 바꾸면 일제 신한어가 한국에 많이 유입되었

음을 의미한다. 이는 중국어와 한국어의 일어 수용 경향이 다르다는 것을 보여 주는 것으로, 이는 한국어의 특징이라 하겠다. 중국어와는 달리 일제 신한어가 한국어에 크게 작용하였음을 의미하며, 한·일어(韓日語)의 교류가 엄청나게 이루어졌음을 의미한다. 이러한 사실은 우리나라가 일제 식민지하에 있었던 것과도 무관하지 않다. 다음에 이들 예 가운데서 "あ, か" 2行의 신한어만을 보면 다음과 같다. 괄호 안은 신한어의 의미를 중국의 해당어로 밝힌 것이다(文化廳, 1969).

暗記(背), 案內(嚮導, 介紹), 育成(培養, 양성), 醫師(醫生, 大夫), 一族(一家), 一日(一天), 의류(衣服), 意味(意思), 운전(開車), 운전수(司機), 운반(搬運), 운명(命運), 영화(電影, 影片), 驛(站), 演習(實習), 응원(援助, 聲援), 옥상(屋頂), 회사(公司), 해설(설명, 講解), 回復(恢復), 가옥(房屋), 과학자(科學家), 각오(決心), 恪別(格外, 특별), 誇言(說得過火, 과장), 菓子(點心), 火事(火災), 箇條(分條), 渦中(旋渦中), 화요일(星期二), 看護(護理), 元日(元旦), 感心(佩服), 歡待(款待), 幻談(暢談), 寒暖計(寒暑計), 官廳(정부기관), 看板(招牌), 肝要(중요, 要緊), 元來(原來), 歸國(回國), 喫茶店(茶館), 기부(捐錢, 捐助), 氣分(情緒, 精神, 心情), 휴게(休息, 憩息), 휴강(停課), 급행(쾌차, 急性地趕到), 給仕(侍者, 勤雜, 工友), 牛乳(牛奶), 舊來(已往), 共學(同校), 競技(比賽), 업자(同業者), 教壇(講臺, 講壇), 共通(共同), 興味(興趣), 極度(極端), 拒否(拒絕, 否決), 義理(人情, 情面, 情分, 面子), 近所(近隣, 附近), 근무(服務, 工作), 금요일(星期五), 下宿(公寓), 결의(決心), 월급(薪水, 月薪), 월요일(星期一), 喧嘩(打架), 견학(見習, 참관), 玄關(房門口), 元氣(很有精神), 검약(節省, 節約), 工具(工人), 後援(支援), 항공편(航空信), 孝行(孝順), 構內(院內, 교내), 후배(晚輩, 後班生), 항복(投降), 國電(國營電車), 御飯(飯), 今回(這次), 根氣(耐心, 耐性), 금월(這個月), 금주(這星期), 今日(今天, 現在), 今夜(今晚, 今天晚上)

이들 일제 한어는 중국어에서는 쓰이지 않는 것이다. 오히려 괄호 안의 용어가 사용된다. 그런데, 우리는 이들 일제 한자어를 거의 사용한다. 이는 달리 말하면 일제 한자어가 우리말에는 신한어로 거의 다 수용되었다는 말이다. 이러한 사실은 비근한 예로 요일명만 보더라도 중국에서는 "星期一, 二, 三..."이라 하는 데 대해, 우리는 "月曜日, 火曜日, 水曜日..."이라 하는 데서도 확인할 수 있다. 그러니 우리말에 일본 신한어가 얼마나 엄청나게 영형을 미쳤는가는 상상을 하고도 남음이 있다.

다섯째, 일제 신한어가 모두 수용된 것은 아니다.

한국의 신한어는 대부분이 일제 신한어이다. 그러나 일제 신한어가 모두 수용된 것은 아니다. 다음과 같은 신한어는 중국어는 물론 한국어에도 대부분이 원칙적으로 수용되지 않은 것으로 보인다.

案外(意外, 出乎意外之外), 意地(固執, 用心, 心術), 옥내(室內), 委細(詳細), 醫者(醫生, 大夫), 衣裝(衣裳), 一應(大體, 大致), 一團(一群), 一段(更加), 一緒(一起), 一生懸命(拼命, 盡量), 一心(盡心, 一心一意), 一體(畢意, 究意, 到底), 遠足(교외여행, 도보여행, 학교활동지일), 我慢(인내, 忍住, 耐心), 氣性(성격, 성정), 氣樂(無憂無慮, 不緊張, 舒適), 恐縮(對不起, 過意不去), 固情(苦楚, 不便, 不滿), 苦勞(辛苦, 勞苦), 見物(觀光, 遊覽), 見當(注意, 豫想, 估計), 懸命(盡力, 拼命), 皇居(皇宮), 交番(派出所), 刻刻(時時刻刻, 每時每刻), 愚癡(怨言, 牢騷), 御免(對不起, 표시거절), 今度(這次, 這回)

여섯째, 복합어의 형태소, 및 단어의 배열 순서가 일제 신한어와 경향을 같이 한다.

중국의 한어와 일본어의 한어는 구조적으로 차이를 보이는 것도 있다. 그것은 형태소의 배열 순서가 다른 것이다. "あ, か"행의 다음과 같은 한자어가 이러한 예다. 앞의 예가 일제 한어이고, 뒤가 중국의 한어이다. 그런데 우리의 신한어는 대부분 일본의 한자어와 형태소의 배열 순서가 같다.

移轉-전이, 운명-명운, 외출-출외, 感傷-상감, 期日-일기, 고통-통고, 輕減-감경, 한계-계한, 언어-어언, 강하-하강, 후일-일후, 재목-목재, 詐欺-기사, 産出-출산, 産物-물산, 색채-채색, 終始-시종, 從順-순종, 趣旨-지취, 紹介-개

소, 商工-공상, 上程-정상, 정열-열정, 식량-양식, 제한-한제, 정숙-숙정, 정
정당당-당당정정, 先祖-조선, 線路-노선

貸借-차대, 단계-계단, 단축-축단, 탐정-정탐, 土砂-사토, 年賀-하년, 買收-
수매, 敗戰-전패, 賣買-買賣, 배분-분배, 奮發-발분, 兵士-사병, 平和-화평, 牧
畜-축목, 絶滅-멸절, 면회-회면, 夜半-반야, 融通-통융, 養護-호양, 養殖-식양,
亂雜-잡난

일곱째, 신한어의 의미가 일본어 쪽으로 기울어지는 경향을 보인다.

일제 한자어 가운데는 형태의 면이 아니라, 의미의 면에서 차이를 보이
는 말도 많다. 이러한 것에는, ① 일·중 한자어의 의미가 중복되면서, 부
분적으로 차이가 나는 것, ② 일·중 한자어의 의미가 두드러지게 차이가
나는 것이 있다. 전자는 의미의 다의성으로 말미암아 빚어진 것이라 하겠
으나, 후자는 의미가 다르다는 면에서 상호간에 커뮤니케이션에 상당한 장
애를 초래할 수 있다. 후자의 예를 보면 다음과 같다.(예: 중국~ 일본)

曖昧(부정한 남녀 관계~ 불명확/ 韓: 억울한 누명), 一身(의류 一枚~ 身·
全身), 外人(타인~ 외국인), 관심(마음을 쓰다~ 흥취), 記事(사실을 기록하
다~ 뉴스·소식), 汽船(발동선~輪船), 行事(행동·교제~ 예행적 행사 의
식), 銀貨(현금과 물품~ 화폐), 勤勞(잘 일하다~ 노동·노고), 工夫(시간·
暇~ 창작·想出/ 韓: 학습·연구), 原稿(草稿~ 稿子), 檢討(자기 잘못을 비
판하다~ 연구·심사), 講義(강의 노트·프린트~ 講·강해), 高揚(높이 올
리다~ 發揚·제고), 試驗(해 봄~ 考試), 事情(사건·事柄·用事~ 이유·연
고·情況), 趣味(재미 있다~ 기호·흥취), 正月(음력 정월~ 新年), 성취(成
果~ 完成), 招待(응접하다, 초대하다~ 請客·邀請), 丈夫(夫·亭主~ 장
건·건강·결실), 新聞(뉴스, 새로 일어난 일~ 報, 報紙), 說明(분명히 하
다~ 해석·해설), 선생(남성 존칭~ 老師·교원·의사·律師), 大家(모두,
많은 사람~ 權威), 대장부(남자~ 不要緊·可以放心·沒問題), 大名(명성~
봉건제후, 富而奢), 인간(世間~ 인류·사람), 평판(심판~ 명성·평가·풍
문), 빈핍(가난하다~ 貧·窮乏), 便宜(싸다·득이 되다~ 方便), 勉强(싫어

하면서 하다, 무리하게 ...하다~ 學習·少算), 洗面(器)(洗臉器·세면기 같은 형태의 그릇~ 托盤), 迷惑(미혹하다~ 麻煩·爲難), 模樣(格好·용모~ 花樣·情況·光景), 야채(야채, 산채~ 蔬菜·菜), 用意(의도~ 豫備·준비), 用心(마음을 쓰다, 노력하다~ 小心·留神), 料理(처리하다~ 菜· 중국요리)

4. 결어

중·일·한의 신한어의 조어(造語)와 이의 영향(影響) 및 교류(交流)에 대해 살펴보았다. 동양 삼국은 한자 문화권이라 한다. 그렇듯 역사적으로 동일 문화권에 속할 뿐 아니라, 개화기 이후에도 신한어를 신조하며 신문명어(新文明語)를 발전시키며 현대를 살아오고 있다. 이러한 한자어는 한자문화권에 서양의 라틴어와 같으면서도 다른 면이라 하겠다.

중·일은 근대의 초기에는 중국이 일본에 영향을 끼치며, 개화기 후반기에는 일본이 중국에 영향을 끼치며 신한어를 조어하고, 문화적으로 선도해 왔다. 한국은 상대적으로 조어가 많지 않았던 편이며, 이들의 영향을, 그것도 일본의 영향을 많이 받으며 신문명을 수용해 왔다고 할 수 있다.

근세의 언어는 새로운 문물과 개념을 수용하며 발전해 왔다. 이는 아카데믹한 연구를 위해, 문화적 교류를 위해, 또한 효과적인 활용과 외국어로서의 자국어의 교육을 위해 연구를 필요로 한다. 문화사적(文化史的) 교류와 효과적 언어 사용을 위해 신한어의 연구는 한·중·일이 다 같이 필요로 하는 영역이다. 국제화, 세계화를 위해 삼국의 문화교류와 신한어에 대한 이해가 필요하다.

한·중·일 삼국의 언어는 상호 교류하며 영향을 주고받아 신한어(新漢語)의 국적을 따지기 힘들게 되었다. 정체성(正體性)이 분명하지 않다. 이들은 문화사적으로 수수관계를 규명하기 위해 이의 구명을 필요로 한다. 조어는 주로 원음차용, 번역차용, 접사에 의한 조어 등에 의해 이루어진다. 번역차용은 주로 중국 고전에 근거를 두고, 신한어를 조어하여 새로운 의미를 부여하거나, 독자적 발상에 의해 많은 어휘를 신조하였다. 어휘가 다그러하듯, 신한어는 문화와 사회를 반영한다. 이런 의미에서 신한어의 어휘 특성을 바로 파악하여 자국어를 제대로 알고, 문화를 바로 이해하며, 교육에의 활용을 올바로 하도록 하여야 한다.

오늘날은 세계화 시대요, 국제화 시대로, 공동번영을 추구해야 하는 시대다. 중·일·한의 신한어의 실체를 바로 파악하여 국어의 정체성을 확인하고, 실체를 바로 알도록 해야 한다. 그리하여 우리말을 건전하게 발전시켜 보다 나은 신문명사회를 구축하고, 상호 교류·협동함으로 국제적으로 유대를 강화하고, 친선을 도모하는 사회를 지향하도록 할 일이다.

참고문헌

김병철(1975), 한국근대번역문학사연구 (상), 을유문화사
김병철(1975), 상동   (하), 을유문화사
김형철(1997), 개화기 국어연구, 경남대학교 출판부
박갑수(2012), 한국어교육의 원리와 방법, 역락
박갑수(2013), 한국어교육과 언어문화 교육, 역락
박갑수(2016), 국어순화와 법률문장의 순화, 역락
박갑수(2017), 언어·문화, 그리고 한국어교육, 역락
박영섭(1995), 국어한자어휘론, 박이정
沈國威(2012), 근대중일어휘교류사, 고려대학교 출판부
劉正埮·高名凱·麥永乾·史有爲 編(1985), 漢語外來詞詞典, 商務印書館 上海辭書出版社
陳舜臣·陳謙臣(1972), 日本語と中國語, 祥傳社
劉德有(2006), 日本語·中國語, 講談社
牛島德次 外(1967), 中國文化叢書 1, 言語, 大修館書店
鐘ケ江信光(1964), 中國語のすすめ, 講談社 現代新書

龜井孝 外(1976), 日本語の歷史, 6, 新しい國語への步み, 平凡社

高島俊男(2017), 漢字と日本人, 文藝春秋

佐藤喜代治 編(1982), 日本語の語彙の特色, 講座 日本語の語彙, 第2卷, 明治書院

佐藤喜代治 編(1982), 近代の語彙, 講座 日本語の語彙, 第6卷, 明治書院

阪倉篤義 外(1971), 講座國語史 3 語彙史, 大修館書店

芝田 稔(1987), 日本 中國 ことばの往來, 白帝社

杉本つとむ(1982), ことばの文化史, 櫻楓社

杉本つとむ(1981), 近代日本語, 紀伊國屋書店

鈴木修次(1979), 漢語と日本人, みすず書房

松村明(1983), 近代の國語- 江戶から現代へ, 櫻楓社

森岡健二 外編(1978), 講座 日本語學 4 語彙史, 明治書院

山田孝雄(1979), 國語の中に於ける漢語の研究, 宝文館出版

文化廳(1969), 中國語と對應する漢語, 文化廳

■ 이 글은 중국 한국(조선)어교육연구학회 2018년도 국제학술대회(2018. 7.21; 연변대학)에서 구두 발표하였고, '한국어교육연구' 제22집 (서울사대 외국인을 위한 한국어교육 지도자 과정, 2018년 9월 14일)에 게재된 논문이다.

제2장 한·일·영어 관용어의 비교
-이목(耳目) 관련 관용어를 중심으로

1. 서론

마음속에 갈무리하고 있는 것을 정이라 하고, 이것이 입 밖으로 나온 것을 말이라 한다. 소위 장심위정 출구위어(藏心爲情 出口爲語)가 그것이다. 사람들은 뜻을 지니고, 이는 언어를 통해 표현하게 마련이다.

그런데 이 심층의 개념이 표층의 언어로 표현될 때 다양한 이형을 드러낸다. 발상(發想)에 따라 표현이 달라지는 것이다. 이는 크게 언어문체(Sprachstil)와 문체언어(Stilsprachen)로 형상화한다. 전자가 언어의 유형적 문체라면, 후자는 이를 활용한 개인적 문체다. 민족어에 따른 유형적 표현의 차이는 관용어, 속담, 비유, 명명(命名) 등에 잘 나타난다.

관용적 표현은 유형적 문체로 민족적 특성을 드러낸다. 여기서는 대표적 감각기관인 耳·目과 관련되는 관용적 표현을 발상의 면에서 살펴보기로 한다. 한 언어의 표현의 특성을 살피기 위해서는 무엇보다 비교의 방법이 바람직하다. 이에 韓·日·英의 관용적 표현을 비교·대조하기로 한다. 그렇게 되면 귀와 눈에 의한 한국적 발상의 표현 특성이 보다 잘 드러날 것이다. 본고에서는 먼저 한·일·영어의 耳目 관련 관용적 표현의 동질성을 살피고, 나아가 이들 관용적 표현을 유형화하여 세 언어권의 표현을 비교·대조함으로 한국어의 표현 특성을 구체적으로 살피기로 한다.

관용적 표현의 예는 다음 자료에서 추출하기로 한다.

<한국어 관용어 자료>
　국립국어연구원 편(1999), 표준 국어대사전, 두산동아
　김민수 외편(1991), 금성판 국어대사전, 금성사
　박영준 외편(1996), 관용어사전, 태학사
<일본어 관용어 자료>
　新村出 編(1989), 廣辭苑(第二版補訂版), 岩波書店
　安田吉實 外編(2003), 민중 엣센스 日韓辭典(제2개정판), 민중서림
　白石大二 編(1995), 國語慣用句辭典(二十四版), 東京堂出版
　奧山益郎 編(1994), 慣用表現辭典, 東京堂出版
<영어 관용어 자료>
　시사영어사 편집국 편(1978), The New World Comprehensive Dictionary, 시사영어사
　장성언 편(1979), 영어관용법사전 Dictionary of ENGLISH USAGE, 연세대학교 출판부
　東信行 外譯編(1993), The Kenkyusha-Longman Dictionary of English Idioms, KENKYUSHA

2. 언어권 간에 공통되는 관용어

2.1. 귀와 관련된 관용어

인류의 보편적인 발상과 민족적 특성에 의해 언어 표현은 같거나 다르게 나타난다. 따라서 관용적 표현도 언어에 따라 같거나 달리 표현되게 마련이다. 관용적 표현이란 어떤 언어의 특유한 표현 형식을 말한다. 이러한

관용적 표현(이하 "관용어"라 함)은 어휘적인 것과 문법적인 것의 두 가지가 있다. 그런데 이 관용어에 대한 견해는 학자에 따라 약간의 차이를 보인다. 위의 자료에서도 마찬가지다. 따라서 자료에 따라 달리 처리된 관용어 가운데 속담, 격언 및 특수한 어휘와 용례 따위는 고찰의 대상에서 제외하기로 한다. 그리고 자료 추출은 원칙적으로 표제어 "귀"와 "눈" 항의 관용어에 한정하기로 한다.

귀와 눈에 관련된 한 · 일 · 영어권의 관용어는 위의 자료를 바탕으로 할 때 650개가 추출된다. 한국어 관용어 262개, 일본어 관용어 229개, 영어 관용어 159개다. 그러나 실제로는 이보다 많다. 영어 관용어의 경우는 자료에 따라 동의의 유사한 형식을 "clap[set, lay] eyes on"과 같이 하나의 표제어로 다루고 있기도 하기 때문이다. 이들 관용어는 귀와 관련된 것이 169개이고, 눈과 관련된 것이 481개다. 따라서 눈과 관련된 관용어가 귀와 관련된 관용어의 3배 가까이 된다.

귀와 관련된 관용어는 한국어 66개(39.0%), 일본어 51개(30.2%), 영어 52개(30.8%)다. 세 언어권의 관용적 표현의 異同을 살피기 위해 먼저 동질성부터 보기로 한다. 이는 세 언어권에 공통되는 관용어와 두 언어권에 공통되는 관용어로 나누어 볼 수 있다. 세 언어권에 공통되는 관용어는 한국어를 기준으로 할 때 5개다. 이들 同義 · 同形의 관용어는 다음과 같다.

> "귀를 기울이다: *耳を傾ける · *耳をそばだ(側)てる: bend an ear(one's ears) · bow down one's ears · incline one's ears, 귀를 세우다: 耳を立る: prick up one's ears, 귀를 의심하다: 耳を疑う: cannot believe one's ears, 귀를 주다: *耳を遣る: give (one's) ear to, 귀에 들어오다 · 귀에 들어가다: 耳に入る: come to(catch, fall on, reach) one's ears"

이들에 대한 외형상의 이형을 고려하면 한국어와 일본어는 6개, 영어는

7개가 된다. 이러한 동의·동형의 관용어는 삼국이 모두 10%가 안 되며, 한국어가 제일 빈도가 낮아 7.6%다. 이들 형식은 O+V형의 단순구조가 주종을 이루고, 개념적인 면에서는 "듣는 태도"를 나타내는 것이 대부분이다.

이와는 달리 두 나라에 공통되는 관용어는 한·일어의 경우는 12개이고, 한·영어의 경우는 7개, 일·영어의 경우는 8개다. 3국 공통의 관용어 5개를 포함시킬 때 한·일의 관용어는 17개, 29.1%, 한·영 관용어는 12개, 20.3%, 일·영 관용어는 13개, 25.2%의 동질성을 지니는 것이 된다. 따라서 한국어의 관용어의 표현은 상대적으로 일본어의 관용어와 좀 더 가깝고, 한·영어의 관계보다 일·영어 관용어의 관계가 가까운 것을 알 수 있다. 이는 발상과 문화사적인 원인이 작용한 것으로 보인다.

삼국 공통의 관용어를 제외한 한국어와 일본어만의 동의·동형의 관용어는 다음과 같다.

> 귀가 멀다: みみが遠い, 귀를 세우다: *耳を立る, 귀를 씻다: 耳を洗う·耳を滌ぐ, 귀에 거슬리다: 耳に逆らう, 눈에 걸리다: 耳にさわ(障)る, 귀에 담다: *耳に入れる, 귀에 못이 박히다: 耳にたこができる,

이들 8개의 관용어에 세 나라 공통의 관용어를 합친 한국 관용어의 형태는 S+V형이 1개, ad+V형이 4개, O+V형이 6개, ad+S+V형이 1개가 된다. 따라서 모두가 단순한 구조의 형식이며, 목적어+동사인 O+V형이 가장 빈도가 높은 것으로 나타난다. 개념적 면에서는 "유의해 듣는다"는 "경청(傾聽)"을 나타내는 관용어가 주종을 이룬다. 위의 12개 관용어 가운데 별표(*)를 한 5개가 이에 해당된다. 이는 귀가 청각 기관이기 때문에 이들 관용어는 주로 듣기, 그 가운데도 귀 기울여 듣기에 대부분이 비유된 것이다.

한·영어 간 동의·동형의 관용어는 모두가 앞에서 살펴본 3국 공통의 관용어에 속하는 것이다. 이들은 외형상 7개이나, 활용되는 동사에 따라 세분하면 영어의 경우는 10개가 된다. 따라서 영어 관용어는 동의·동형의 것이 다른 관용어보다 많은 것이 된다. 이들은 개념적 면에서 볼 때 "come to(catch, fall on, reach) one's ears(귀에 들어오다), cannot believe one's ears(귀를 의심하다)"의 두 예를 제외하고는 모두가 경청과 관련된 것이다. 경청의 뜻을 나타내기 위해 "ear"를 "bend, bow, give, incline, prick" 하고 있다. 이는 한국어의 경우 "귀"를 "기울이다, 주다, 세우다"라 하는 것과 발상을 같이 한다.

일본어와 영어 간의 동의·동형의 관용어는 "stop (close) one's ear to: 耳を塞ぐ, 耳を覆う" 하나가 더 있을 뿐이다.

그런데 관용어 가운데는 같거나 유사한 표현 가운데 의미가 다른 것도 있고, 언어에 따라 관용어로 보고 있지 않은 것이 상당히 많다. 이는 관용어에 대한 인식과 편집 태도가 다르기 때문에 빚어진 결과라 할 것이다. 이들의 예는 따로 제시하거나 거론하지 않기로 한다.

2.2. 눈과 관련된 관용어

눈과 관련된 관용어는 481개로, 앞에서 언급한 바와 같이 귀와 관련된 관용어에 비해 매우 많은 편이다. 이들 관용어는 한국어 196개, 일본어 178개, 영어 107개다. 따라서 이들의 분포는 한국어 40.7%, 일본어 37.0%, 영어 22.2%로, 귀와 관련된 관용어의 분포가 한국어 39.0%, 일어 30.2%, 영어 30.8%인 것과 현저한 차이를 보인다. 일본어 관용어의 빈도가 높고, 영어 관용어의 빈도가 매우 낮다. 이는 일어에서는 눈과 관련된 관용 표현을 많이 하고, 영어에서는 상대적으로 적게 한다는 것을 의미한다. 관용어의 유형은 한·일·영어에 공통되는 동의·동형의 것이 10개 보인다. 그리고 한·일 두 언어 사이의 동의·동형의 관용어는 26개이고, 한·영어 사이의 동의·동형은 4개, 일·영어 사이의 동의·동형은 6개다. 따라서 여기에 삼국 공통의 관용어를 포함시킬 때 한·일 관용어는 36개, 19.3%, 한·영어는 14개, 9.2%, 일·영어는 16개, 11.2%의 동질성을 지니는 것이 된다. 이는 눈 관련 관용어의 동질성이 귀 관련 관용어에 비해 동질성이 낮은 것을 의미한다. 한·일·영 관용어의 관계는 귀 관련 관용어와 마찬가지로 한·일 관계가 좀 더 밀접하고, 한·영 관계보다 일·영 관계가 더 밀접하다.

한·일·영어권의 동의·동형의 관용어를 개념적인 면에서 유형화해 보면 다음과 같다.

> * 이해 및 판단(3개): 눈이 있다: 目がある: have(with) an eye for, 눈을 의심하다: 目を疑う: cannot believe one's eyes, 눈을 뜨다(눈이 열리다): 目を開く, 目をあく, open a person's eyes to the truth
> * 표정 및 태도(2개): 눈을 감다(눈감아 주다): 目をつぶる, 目を塞ぐ, shut (close) one's eyes to, 눈을 감다: 目を塞ぐ, 目をつぶる: with one's eyes closed
> * 주의 관심(2개): 눈을 주다: 目を遣る: give an eye to, 눈을 까뒤집다: 目を剝く: keep (have) one's eyes peeled(skinned)
> * 감정(2개): 눈을 크게 뜨다: 目を大くする : make a person open his eyes, 눈이 나오다: 目が出る: someone's eyes nearly (almost, practically) popped out of his head
> * 시간적 근접(1): 눈 깜짝할 사이: 目振る間: in the twinkling of an eye

이들의 형태는 S+V형이 2개, O+V형이 5개, O+ad+V형이 2개, 기타 1개로 되어, O+V형이 주종을 이룬다.

두 언어권에 공통되는 관용어를 보면 한·일어에 공통되는 관용어는 형태적인 면에서 볼 때 S+V형, O+V형, ad+V형의 단순구조로 되어 있는 것이 주종을 이룬다. S+V형이 4개, O+V형이 9개, ad+V형이 3개로 빈도가 높은 것이다. 따라서 세 나라 공통의 것까지 합치면 O+V형이 14개로 가장 빈도가 높고, 그 다음이 S+V형으로 6개가 된다. 그리고 이들은 그 개념에

따라 유형화해 볼 때 삼국 공통의 관용어까지 합칠 경우 감정을 표현하는
것이 11개로 가장 많아 전체의 1/3에 육박한다. 이들의 예는 다음과 같은
것이다(*표는 세 언어에 공통되는 관용어임).

눈이 나오다: *目が出る, 눈이 돌다: 目が回る, 눈에 불이 나다: 目から火
가 出る, 눈에 모를 세우다: 目に角を立てる, 눈에 걸리다(눈에 거슬리다, 눈
에 뭐가 씌우다): 目に障る, 눈 위에 혹: 目の上の(たん)こぶ, 눈을 뜨고 볼
수 없다: 目も當てられぬ(ない), 눈을 크게 뜨다: *目を大きくする, 눈을 치
켜뜨다: 目をさかだてる, 눈을 깜박이다(깜박거리다): 目をぱちくりさせる,
눈이 동그래지다(눈을 휘둥그레 만들다, 눈이 휘둥그레지다): 目を丸くする

감정 이외에 높은 빈도를 보이는 것에는 표정·태도, 주의·관심, 판
단·이해 등을 나타내는 것으로 22개가 있다.

* 표정·태도(6개): 目を忍ぶ: 눈을 피하다, 目をそば(側)める: 눈을 피하
다, (한눈팔다), 目を側む: 눈을 돌리다, 눈을 피하다, 目をそ(逸)らす:
눈을 피하다, 눈을 돌리다, *目をつぶる(つむる): 눈을 감다<默認·죽
음>, *目をふさ(塞)ぐ: 눈을 감다 <默認·죽음>
* 주의·관심(6개): 目が行く: 눈이 가다, 目にはい(入)る: 눈에 들다, 目を
止(留)める: 눈을 멈추다, 目を引く: 눈을 끌다, 目を向ける: 눈을 돌리
다, *目を剝く: 눈을 까뒤집다
* 판단·이해(4개): *目がある: 눈이 있다, 目が高い: 눈이 높다, *目を疑
う: 눈을 의심하다, *目を開く: 눈을 뜨다, 눈이 열리다, 눈이 뜨이다
* 근거리(3개): 目と鼻の間: 눈코 사이, 目と鼻の先: 눈코 사이, *目振る
間: 눈 깜짝할 사이(時間的 거리)
* 의사전달(3개): 目で物を言う: 눈으로 말하다, 目をく(吳)れる: 눈을 주
다, *目をや(遣)る: 눈을 주다

이 밖에 "目をくら(晦)ます, 目を偸む: 눈을 속이다"와 같이 속이는 것을

나타내는 것과, "目が輝く: 눈이 빛나다"란 영리함, "目に入れても痛くない: 눈에 넣어도 아프지 않다"란 귀여운 것을 나타내는 것이 있다.

한국어와 영어 관용어가 동의·동형의 것은 세 나라에 공통되는 10개 외에 두 언어에만 대응되는 서너 개가 더 있다. "keep one's (both) eyes wide open: 눈을 크게 뜨다, not bat an eye·not bat an eyelid: 눈도 깜짝 안하다, without batting an eye: 눈도 깜짝 안하다"가 그것이다. 그런데 이들 동의·동형의 관용어들은 개념적인 면에서 유형화할 정도로 집중적 분포는 보이지 않는다. 이해·판단, 표정·태도를 나타내는 예가 너덧 개씩 되어 좀 두드러질 뿐이다.

일본어와 영어에 공통성을 보이는 관용어는 3국 공통의 관용어 외에 일·영어에만 공통되는 것이 6개 더 보인다. "remove the scale from someone's eyes: 目から鱗が落る, cast(run) one's eye over: 目を通す, drop one's eyes: 目を落す, 目を伏せる, be unable to take one's eyes off: 目を離せない, cannot take one's eyes off: 目を離せない, fix one's eye on: 目を付ける" 등이 그것이다. 이러한 관용어는 발상이라기보다 일본의 근대화 과정과 좀 더 관계가 있을 것으로 보인다.

이 밖에 유의적 관용어가 여럿 보이며, 언어에 따라 관용어로 보는 것과 그렇지 않은 것이 많아 언어권에 따라 차이가 남은 귀 관련 관용어의 경우와 마찬가지다.

3. '귀' 관련 관용어의 유형과 특성

관용적 표현의 특성을 살피기 위해서는 유형화하는 것이 바람직하다. 유형화는 형태적인 면과 개념적인 면에서 할 수 있으나, 개념적인 면에서 하는 것이 좀 더 바람직할 것이다. 관용어의 의미는 구성요소의 총화가 아닌

제3의 의미를 지닌다. 그러나 경우에 따라서는 구성 요소의 의미가 크게 작용하므로, 여기서는 구성요소의 총화가 아닌 제3의 의미와 함께 구성 요소의 의미도 고려하는 절충적 방식을 취하기로 한다.

<도표 1>

유 형	한어	일어	영어	계	%
1. 신체 부위	1			1	0.6
2. 청력-기능	7	8	3	18	10.6
3. 판단·이해(력)·정보(력)	13	4	4	21	12.4
4. 주의·관심	17	17	9	43	25.4
5. 표정·태도	5	7	5	17	10.0
6. 의사전달·전언	2	1	2	5	3.0
7. 소식·풍문	4	5	2	11	6.5
8. 경험	7	1	2	10	6.0
9. 감정	5	7	1	13	7.7
10. 모양·위치	5	1		6	3.5
11. 주변·근처·현장			6	6	3.5
12. 기준·정도			6	6	3.5
13. 싸움·구타			4	4	2.4
14. 대가			1	1	0.6
15. 수면			1	1	0.6
16. 아첨			1	1	0.6
계	66	51	52	169	
%	(39.0%)	(30.2%)	(30.8%)		

귀와 관련된 관용어의 주요 유형의 분포는 <도표 1>에 보이는 바와 같이 "주의·관심"이 25.4%로 가장 빈도가 높고, "판단·이해" 12.4%, "청력" 10.6%, "표정·태도" 10.0%의 순으로 빈도가 낮아진다. 이는 한·일·영어권 화자들이 귀를 통해 주의·관심을 표현하는 것을 가장 좋아하며, 귀가 청각기관이어 표현 아닌, 이해와 관련시키고 있음을 알게 한다.

언어권에 따른 특징은 한국어 관용어의 경우 "주의·관심"(25.7%), "판단·이해"(19.7%), "청력·기능"(10.6%)이 빈도가 높고, 일본어 관용어는 "주의·관심"(33.3%), "청력·기능"(15.7%), "표정·태도", 및 "외형"(13.7%)이, 영어 관용어는 "주의·관심"(17.3%), "표정·태도"(9.6%), "판단·이해력"(7.7%)이 빈도가 높다. 이들은 경향이 비슷하나 빈도에 차이를 보인다. 그리고 유형별로는 일본어 관용어가 가장 높은 빈도의 대부분을 차지하고, 한국어가 그 뒤를 잇는다. "청력"이 일본어 15.7%, 한국어 10.6%, "주의·관심"이 일본어 33.3%, 한국어 25.7%, "표정·태도"가 일본어 13.7%, 영어 9.6%, "감정"이 일본어 13.7%, 한국어 7.6%인 것이 그것이다. 이로 볼 때 고빈도의 유형은 한국인에 비해 일본인이 상대적으로 좀 더 애용하는 발상이라 하겠다. 이에 대해 "판단·이해(력)"은 한국어가 19.7%, 일본어가 7.8%의 빈도를 보여 한국어의 우세를 보인다. 따라서 귀에 의한 발상의 한국적 특징의 하나는 한국인이 "판단·이해(력)"의 표현을 즐기는 것이라 할 것이다.

그러면 대표적 유형의 표현 특성을 <도표 1>의 유형 순서에 따라 살펴보기로 한다.

제1유형 신체 부위를 나타내는 관용어는 "귀"가 하나의 감각기관이라기보다 신체 부위의 일부로서 표상된다. 한국어의 관용표현 "귀 베고 꼬리 떼고"가 그것이다. 일본어와 영어의 경우는 예가 보이지 않는다.

제2유형 청각기능은 "귀"가 "듣기", "듣는 능력"을 의미한다. 여기서의 "귀"는 "듣기, 청취력, 정보력"을 비유한다. 한국의 청각 기능을 나타내는 관용어는 능력이 없음을 나타내는 것이 많은 편이다. "귀가 밝다, 귀동냥, 귀를 뜨다(태어나 처음으로 소리를 알아듣게 되다.)"는 긍정적인 것이고, "귀가 먹다, 귀가 멀다, 귀가 어둡다, 귀가 절벽이다"는 부정적인 것이다. 일어의 경우는 "耳が聞く, 耳が早い, 耳から口(들은 것을 곧 입으로 옮김), 耳で聞く, 耳に入れる"와 같이 대부분이 긍정적인 것이며, 청각 이상(異常)을 나타내는 것은 "耳が遠い, 耳が惡い, 耳を聾する" 세 개뿐이다. 영어의 경우는 "be music to someone's ear (들어서 즐겁다), come to one's ears, have(hold, keep) an ear to the ground (주변 일에 안테나가 높다)"가 그것이다.

제3유형 판단·이해(력)는 귀가 판단·이해를 하고, 이러한 능력을 나타내는 경우다. 이는 청각 능력이 연쇄적 의미변화를 해 "귀"가 이에 비유된 것이다. 이 유형의 관용어는 한국어만이 높은 빈도를 보인다. 한국어의 경우는 13개로 일·영어의 빈도에 비해 배나 된다. 한국어 관용어는 귀의 능력을 긍정적 의미로 나타내는 것이 7개, 부정적 의미로 나타내는 것이 6개다. "귀가 넓다, 귀가 뚫리다, 귀가 열리다, 귀가 트이다, 귀에 들어오다, 귓구멍이 넓다, 귓문이 넓다"는 긍정적 의미를 지니는 것이고, "귀가 무르다, 귀가 얇다, 귀가 여리다, 귀가 질기다, 귀를 의심하다, 귀에 안 들어오다"는 부정적인 것이다. 일본어의 경우는 긍정적 의미의 "耳がこ(肥)える, 耳したが順う年, 耳に入る, 耳を疑う" 등 4개의 예가 보인다. 영어의 경우도 "cannot believe one's ears, have an ear for, have no ear for, have(hold, keep) an ear to the ground (주변 일에 안테나가 높다)"와 같이 4개다.

제4유형 주의·관심은 귀를 기울여 적극적으로 들으려 하는, 의도적 청취 태도를 말한다. 이는 달리 말하면 경청(傾聽)하는 것이다. 이 유형의 관용어는 한·일·영 언어권에 다 같이 가장 높은 빈도를 보인다. 특히 일본어는 약 33%란 높은 빈도를 보인다. 이 유형의 관용어는 적극적 청취 태도를 보이는 것과, 소극적으로 잊히지 않거나 관심이 가는 것을 나타내는 두 가지가 있다. 한국어 관용어에는 다음과 같은 것이 있다.

* 적극적 태도(7개): 귀를 기울이다, 귀를 도사리다, 귀를 세우다, 귀를 열다, 귀를 재다, 귀를 주다, 귀에 담다
* 소극적 태도(10개): 귀가 뜨이다, 귀가 번쩍 뜨이다, 귀가 솔깃하다, 귀가 쏠리다, *귀에 쟁쟁하다, *귓가에 맴돌다, *귓가에 아른거리다,

*귓전에 맴돌다, *귓전에 아른거리다, *귓전을 울리다

위에 보이는 바와 같이 한국의 관용어는 적극적 청취 태도보다 소극적 태도를 보이는 것이 약간 많다. 소극적 태도를 보이는 것에는 *표를 한 不忍을 나타내는 것이 7개나 된다. 이에 대해 일본어의 관용어는 적극적 경청을 보이는 것이 거의 배나 된다.

* 적극적 태도(11개): 耳ととむ(주의하여 듣다), みみに留める, 耳の垢を取つて聞く, 耳をか(貸)す, 耳をかたむ(傾)ける(=귀를 기울이다), 耳をす(澄)ます, 耳をそばだてる(=귀를 기울이다/ 귀를 세우다), 耳を立る, 耳をとどめる(= 귀에 담다), 耳を遣る(=귀를 주다), 耳寄り
* 소극적 태도(6개): 耳がとど(留)まる(들은 것이 뒤에 남다), 耳に立つ(들은 것에 주의가 쏠리다), みみにとまる, 耳に付く, 耳にとま(留)る, 耳に殘る

영어의 관용어는 9개로 처리되었으나, 동사가 다른 경우 별개의 것으로 칠 때 15개가 된다. 이렇게 되면 한·일어의 관용어와 거의 같은 빈도가 된다.

all ears(열심히 들으며), bend an ear(one's ears), bow down(incline) one's ears, give ear to, have(get, win, gain, catch) the ear of (귀 기울여 주다), have itching ears (듣고 싶어 하다), lend an(one's) ear to, prick up one's ears (귀를 쫑긋 세우다), stop(close) one's ears to

영어의 관용어도 적극적인 청취 태도를 나타내는 것이 대부분이다. 따라서 이는 한국어와는 경향을 달리 하고, 일본어와 같은 경향을 보인다 하겠다. 이 유형의 한국어 관용어는 앞에서 살펴본 바와 같이 일어, 및 영어 관용어와 대응되는 것이 많다는 특징을 지닌다.

제5유형 표정·태도는 음성언어에 대한 신체적 반응을 의미한다. 특히 이는 제4유형 "주의·관심"에 대한 무표적 특성(unmarked feature)이라 할, 적극성이 아닌 소극성, 그리고 수동적 듣기 내지 거부의 태도가 대상이 된다. 따라서 이는 주의를 기울이지 않고 들리는 대로 듣는 것, 잘 듣지 않는 표정이나 태도를 나타낸다. 한국어의 경우 "귀를 팔다, 귀 밖으로 듣다, 귀에 들어가다, 귓등으로 듣다, 귓전으로 듣다"란 5개의 예가 보인다. 일본어의 경우는 "耳に入る(=귀에 들어가다), 耳にする, 耳に挟む(언뜻 듣다), 耳に觸れる, 耳をおおう, 耳を潰す(듣고서 듣지 않은 체하다), 耳を塞ぐ" 등 7개의 예가 이에 해당한다. 영어의 경우는 "fall on deaf(indifferent) ears(무시당하다), go in(at) one ear and out(at) the other, make a pig's ear (out) of , stop(close) one's ears to, turn a deaf ear to"의 5개다.

제6유형은 의사 전달·전언(傳言)의 의미를 나타내는 것이다. 이는 귀가 듣기 아닌 "말하기"의 의미기능을 나타내는 것으로 특수한 것이다. 따라서 예가 많지 않다. 한국어의 관용적 표현은 "귀띔, 귀를 달다(말이나 글에 내용을 보태다)"가 그것이다. "귀를 주다"가 남에게 살그머니 알려 조심하게 하다란 의미로 쓰일 때 이것도 이 유형에 속한다. 일본어의 경우는 "耳を汚す"가 이러한 예이고, "耳を打つ"도 귀엣말을 하다란 뜻으로 쓰일 때 이 유형에 속하는 것으로 볼 수 있다. 영어의 경우는 "a flea in someone's ear(질책, 고언), a word in someone's ear"가 이 유형에 속한다 할 것이다.

제7유형 소식·풍문은 귀가 제3자의 말을 비유하는 것이다. 한국어의 경우는 "귀가 가렵다, 귀가 간지럽다, 귀를 씻다, 귀를 재우다"가 이 유형에 속한다. 일본어의 경우는 "耳がけが(汚)れる, 耳の正月(재미있는 얘기나 음악 따위를 들음), 耳を洗う, 耳を聞く(평판 등을 듣다), 耳をすす(滌)ぐ"가 이 유형의 예다. 영어의 경우는 "feel one's ears burning, believe one's ear"가 이 유형에 해당된다. 일본어 관용어 "耳を洗う, 耳をすす(滌)ぐ"는 한국어의 관용적 표현 "귀를 씻다"에 대응되는 것이다. 영어 "feel one's ears burning"은 "나쁜

소문으로 귀가 타는 것을 느끼다"를 뜻해 한국어의 "귀가 가렵다"는 발상과 비슷하다.

제8유형 경험은 이미 경험한 반복적 사실을 의미한다. 이 때 "귀"는 반복적 청취를 비유한다고 하겠다. 경험을 나타내는 한국어의 관용적 표현은 비교적 많아 7개나 된다. "귀가 닳다, 귀가 설다, 귀를 익히다, 귀에 못이 박히다, 귀에 설다, 귀에 싹이 나다, 귀에 익다"가 그것이다. 이들은 대부분 반복적 사실과 관계되는 것이고, "귀가 설다, 귀에 설다"의 두 예만이 경험이 부족함을 나타내는 것이다. 일어의 관용 표현은 "耳にたこができる" 하나뿐이다. 이는 한국어 관용어 "귀에 못이 박히다"와 동의·동형의 것이다. 영어의 경우는 "not dry behind the ears, wet behind the ears"의 두 관용어가 보인다. 이들은 한·일어 관용어의 반복적 사실과는 발상을 달리한다. 경험을 나타내는 제8유형의 한국어의 많은 관용어는 일·영어와 구별되는 한국어의 특징을 드러내는 것이라 하겠다.

제9유형 감정은 관용적 표현이 말이나 소리로 말미암아 어떠한 감정을 갖게 됨을 말한다. 한국어에는 "귀가 따갑다, 귀가 아프다, 귀에 거슬리다, 귀에 거칠다, 귀에 걸리다"란 5개의 예가 보인다. 이들은 혐오의 감정을 나타낸다. 일어의 경우는 "耳が痛い, 耳に當る(듣고 화가 나다), 耳がかゆい(여러 번 들어 듣고 싶지 않다), 耳に逆らう, 耳にさわ(障)る(=귀에 걸리다, 귀에 거슬리다), 耳を打つ(소리가 강하게 들리다), 耳をつんさく(귀청이 떨어지다)"와 같은 7개의 관용어가 보인다. 이들도 주로 혐오감을 나타내는 것으로, 이 가운데는 소음(騷音)과 관련된 것이 많다는 특징을 보인다. 영어의 경우는 "on one's ear(화가 나서)" 하나가 보인다. 한·일어에 비해 영어의 경우는 감정을 나타내는 관용어가 상대적으로 적은 편이다.

제10유형 귀의 모양·위치는 귀의 형태나, 위치와 관련된 비유 표현이다. 한국어의 "귀가 나다(모서리가 실그러지다), 귀가 빠지다(태어나다), 귀를 맞추다(금액, 액수를 맞추다), 귀 떨어진 돈"이 그 예다. 말이나 글의 내용을

보탠다는 뜻의 "귀를 달다"도 귀의 위치와 관련된 것으로 이 유형과도 관련된다. 일본어의 예 "耳を揃える"는 한국어의 관용적 표현 "귀를 맞추다"에 대응된다. 영어의 경우는 "기준·정도"를 나타내는 관용어가 이 유형과 관련된다. 귀의 모양·위치를 나타내는 관용어가 한국어에 많다는 것은 하나의 표현적 특징이다.

제11유형 이하는 주로 영어의 관용적 표현에 보이는 것으로 특정 개념을 나타내는 표현 유형이다. 제11유형은 주변·현장을 나타낸다. "about one's ears (주위에), bring the storm of indignation(a hornet's nest) about one's ears (큰 소동을 일으키다), kick out on his ear·throw out of his ear (갑자기 그만두게 하다), out on one's ear(일이나 회사 등에서 내쫓겨), play by ear(문제를 현장 처리하다)"가 그 예다. 귀로서 주변이나 현장을 비유한 것이다. 한국어에서는 주변이나 현장을 나타낼 때에는 귀 아닌, "눈앞", "코앞" 등이 많이 사용된다. 해고는 주로 "목을 자르다"나 목에 비유해 표현한다.

제12유형은 기준·정도를 나타낸다. "from ear to ear (크게 입을 벌려), head over ears (어떤 일에 깊이 관여하여), up to the(one's) ears (上同), to the ears (한껏), bring down about someone's ears (조직, 소망 등을 완전히 무너뜨리다), fall down about someone's ears (上同)" 등이 그 예다. 이들은 "귀"의 위치와 관련된 것으로, "기준·정도·한도" 따위를 비유적으로 나타낸다. 한국어에서는 한도나 기준을 나타낼 때 흔히 "머리, 목, 귀, 코"가 다양하게 사용된다.

제13유형은 싸움·구타를 나타내는 유형이다. "be by the ears(싸우다, 다투다), fall together by the ears (싸움을 시작하다), get a thick ear (귀가 부을 정도로 맞다), set persons by the ears (분쟁을 일으키게 하다)" 등이 그 예다. 이는 귀를 잡고 싸우는 데서 연유한 관용적 표현이라 할 것이다. 한국에서 "멱, 멱살"을 잡고 싸우는 것과 대조된다.

제14유형은 대가(代價)를 나타내는 것이다. "would give one's ears for it(to do it) (어떤 희생도 마다하지 않는다)"가 그 예다. 한국어의 "목숨이라도 내 놓겠다"는 발상과 같은 표현이라 하겠다.

제15유형은 수면, 곧 잠을 비유하는 것이다. "sleep upon both ears (푹 자다)"가 그 예다. 잠은 조용해야 자게 되는 것이니 귀와 관련지은 것이다.

제16유형은 아첨을 나타내는 것이다. "tickle a person's ear(s)"가 그 예다. 귀를 간질이는 것으로 아첨을 비유한 것이다. 한국어의 "불알을 긁어 주다"와 발상을 같이 한다.

4. '눈' 관련 관용어의 유형과 특성

눈은 귀와 같은 감각기관이다. 따라서 눈과 관련된 관용어도 귀와 관련된 관용어와 대조도 할 수 있게 유형화하여 살펴보기로 한다. 이들의 유형과 관용어의 분포는 다음과 같다.

<도표 2>

유　　형	한국	일본	영어	계	%
1. 신체부위	3	2	1	6	1.2
2. 시각기능-시력	7	15	5	27	5.6
3. 판단·이해(력)	23	20	16	59	12.3
4. 주의·주목·관심	42	36	28	106	22.0
5. 시선·표정·태도	33	30	15	78	16.2
6. 의사전달·눈짓	7	10	2	19	3.9
7. 외모·외관·눈요기	3	10	9	22	4.6
8. 경험	2	2	1	5	1.0
9. 감정	61	21	13	95	19.8
10. 생사	4	4		8	1.7
11. 잠	1	9		10	2.1
12. 기준·정도·운수	2	7	1	10	2.1

13. 근거리	6	3	3	12	2.5
14. 기만·속이다	1	5	3	9	1.9
15. 울다	1	4	4	9	1.9
16. 추파			4	4	0.8
17. 싸움			2	2	0.4
계	196	178	107	481	
%	(40.7%)	(37.0%)	(22.2%)		

<도표 2>에 보이는 바와 같이 눈과 관련된 한국어 관용어는 196개 (40.7%)이고, 일본어 관용어는 178개(37.0%), 영어 관용어는 107개(22.2%)다. 이들의 분포를 보면 주의·관심을 나타내는 것이 가장 빈도가 높아 22.0% 이고, 그 다음 감정이 19.7%, 표정·태도가 16.2%, 판단·이해가 12.3%로 나타난다. 이러한 경향은 귀 관련 관용어가 주의·관심(25.4%), 판단·이해 (12.4%), 청력(10.6%), 표정·태도(10.0%)의 순으로 빈도가 낮아지는 것과 그 경향이 비슷하면서도 차이가 난다. 특히 눈 관련 관용어의 경우 "감정"이 두드러진다는 것이 다르다. 언어권에 따른 분포는 한국어의 경우 "감 정"(31.1%), "주의·관심"(21.4%), "표정·태도"(16.8%), "판단·이해"(11.7%) 의 빈도가 높고, 일본어의 경우는 "주의·주목·관심"(20.2%), "표정·태도 (16.8%)", "감정(11.8%)", "판단·이해(11.2%)"가, 영어권은 "주의·주목·관 심"(26.1%), "판단·이해"(14.9%), "표정·태도"(14.0%), "감정"(12.1%)의 빈도 가 높다. 이들도 경향은 비슷하나 빈도에 많은 차이를 드러낸다. 가장 높은 빈도를 보이는 유형은 한국어의 "감정", 일본어의 "시각기능", "태도·표 정", 영어의 "판단·이해", "주의·관심" 등이다. 이들 높은 빈도를 보이는 눈 관련 관용어는 귀 관련 관용어와는 달리 한 언어권에 치우치지 아니하 고 분산된 경향을 보인다. "감정"을 나타내는 한국어 관용어는 매우 특이 한 경향을 보인다. 빈도가 61개, 31.1%라는 고빈도도 그러하거니와, 한· 일·영 삼국의 평균 빈도가 19.8%로, 다른 언어권과 현저한 차이를 보인다

는 사실이 특이하다. 일어 11.8%, 영어 12.1%이니, 이는 한국어 눈 관련 관용어의 두드러진 발상의 특징을 보여주는 것이라 할 것이다.

그러면 다음에 <도표 2>에 제시한 유형의 순서에 따라 이들의 특성을 살펴보기로 한다.

제1유형 신체 부위는 눈이 신체의 일부로서 제시되는 경우이다. 이러한 예로는 한국어의 "눈이 꺼지다, 눈이 십리만큼 들어갔다, 눈이 없냐 귀가 없냐"와 같은 것이 있다. 일본의 관용어는 "目が腐る, 目の端が痛い"가 이에 속한다. 이들은 물론 노년의 모습이나, 긴장하여 눈을 감고 있던 뒤의 느낌을 의미하나, 구성 요소인 단어 "눈", 또는 "눈 끝"의 의미가 강하게 드러난다. 영어의 경우는 "the naked eye"가 보인다. 이는 한국어나 일어에서는 "肉眼, 裸眼"이라 하여 발상은 같으나 관용어가 아니다.

제2유형 시각 기능－시력은 눈이 곧 시력을 비유한다. 한국어의 관용어는 7개로, "눈꺼풀이 씌우다, 눈에 풀칠하다(감은 눈으로 보듯 사물을 잘못 보다), 눈에 헛거미가 잡히다, 눈을 맞추다(서로 눈을 마주 보다), 눈이 밝다, 눈이 삐다, 눈이 어둡다"가 그것이다. "눈이 어둡다, 눈에 헛거미가 잡히다"는 판단력이 흐려짐을 비유하기도 한다. 일본어의 예는 15개로, 상대적으로 빈도가 높다. "目があく, 目が痛くなる(눈이 아파 못 보겠다), 目がつぶれる(장님이 되다), 目が遠い(원시다), 目が見える, 目が弱い, 目が悪い, 目で見て口で言え(사정을 궁구하고 말하라), 目にうつ(映)る, 目にか(掛・懸)かる, 目にする, 目にはいる, 目に觸れる, 目に見える, 目を見開く(눈을 뜨다)" 등이 그것이다. 이들은 주로 "보이다"란 의미기능을 드러낸다. "目があく"는 잠이 깸에, "目にかかる"는 만남(會)에, "目にはいる"는 작은 것, 귀여운 것에 비유되기도 한다. 영어의 예는 "clap(set, lay) eyes on, put the eye on, set (the) eyes on"이 보인다. 이들은 "만나다"에 비유되기도 한다. 이밖에 "where are your eyes?"도 여기에 속할 예다. 우리의 "눈은 어디 두고 다니느냐?"에 대응될 관용어다. "a bird's-eye view"는 한·일어에서 다 "鳥瞰, 鳥瞰圖"라 하여 구성 요소를 달리하는 단어다.

　제3유형 판단·이해(력)은 비교적 높은 빈도를 보이는 것으로 세 가지 부류가 있다. 첫째, "깨닫다·이해하다"류, 둘째, "분별·이해를 못하다" 류, 셋째, "판단력·이해력"류가 그것이다. 한국어의 관용어는 23개로, 첫째 유형은 8개다. "눈뜸, 눈에 들어오다(=目に入る), 눈을 뜨다, 눈을 틔우다, 눈이 뜨이다, 눈이 번쩍 뜨이다, 눈이 열리다, 눈이 트이다"가 그 예다. 시각에 의한 지각에서 나아가 각성을 의미한다. 둘째 유형은 5개로, "눈에 뭐가 씌우다, 눈에 안 들어오다, 눈을 뜬 장님이다, 눈을 의심하다, 눈이 씌우다" 따위가 그 예다. 셋째 유형은 10개로, "눈이 낮다, 눈이 높다, 눈이 멀다, 눈이 무디다, 눈이 바로(똑바로) 배기다(北: 北은 북한을 의미한다. 이하 同), 눈이 삐다, 눈이 여리다, 눈이 있다, 눈이 캄캄하다, 눈이 흐릿하다"가 그것이다. 이 유형에 속하는 일본어 관용어도 19개로 많은 편이다. 이는 첫째 유형 "目からうろこ(鱗)が落ちる, 目から鼻へ抜ける(머리 회전이 빠르고 빨리 이해함), 目に入る, 目鼻が付く"나, 둘째 유형 "目がくれる, 目をおおう, 目を疑う"에 비해, 셋째 유형의 관용어가 상대적으로 많아 13개다. "目がある, 目がいい, 目が利く, 目がくも(曇)る, 目が眩む, 目肥える, 目が 高い, 目先がきく, 目が 無い, 目に一丁字なし(文識力), 目を肥やす(감식력), 目を開く(文識力), 目が早い"가 그것이다. 영어 관용어는 첫째 유형의 것에 "by (the) eye, in my eyes, in one's (the) mind's eye, in the eye of, open a person's eyes to the truth, remove the scale from someone's eyes, shut (close) one's eyes to, through the eyes of, with one's eyes open(shut), with open eyes" 등 11개가 있는데, 이는 견해·견지와 묵인(默認)을 의미해 표정 태도와 관련된 것이 보인다는 특징을 지닌다. "cannot believe one's eyes"는 둘째 유형의 것으로, 세 언어에 공통되는 것이다. "get one's eye in, have (with) an eye for, half an eye, if someone had half an eye"는 셋째 유형과 관계된다. 한·일어는 셋째 유형이, 영어는 첫째 유형이 많은 분포를 보인다.

제4 유형 주의·주목·관심은 가장 빈도가 높은 것이다. 한국어의 경우는 전체 유형 가운데 두 번째로 빈도가 높다. 제4유형은 한국어의 경우 관심을 나타내는 관용어의 빈도가 높고(12/42개), 일어의 경우는 주시·주목(17/36개), 영어의 경우는 주의·경계(12/28개)를 나타내는 것이 빈도가 높아 차이를 보인다. 한국어의 관심을 나타내는 관용어는 "눈과 귀를 한데 모으다, 눈길을 끌다, 눈길을 모으다, 눈길이 미치다, 눈을 끌다, 눈을 멈추다, 눈을 반짝거리다, 눈을 번뜩이다, 눈을 번쩍이다, 눈이 가다, 눈이 팔리다, 제 눈에 안경"과 같은 것이다. 이 밖에 관심과 관계가 있는 것으로 잊히지 않고 생각나는 것을 나타내는 관용어도 7개 보인다. "눈 뜨고 절명한다(北), 눈에 남다(北), 눈에 밟히다, 눈에 삼삼 귀에 쟁쟁(北), 눈에 선하다, 눈에 아른거리다, 눈에 어리다"가 그것이다. 욕심을 내거나 이익 추구를 나타내는 관용어도 6개다. "눈에 불을 달다, 눈에 불을 켜다, 눈이 벌겋다, 눈이 반짝이다, 눈이 뻘겋다, 눈이 시뻘겋다" 같은 것이 그것이다. "눈에 쌍초롱(쌍불)을 켜 달다(北), 눈에 화등잔을 켜다(北), 눈에 황달이 떴다(北), 눈을 밝히다, 눈을 씻고 보려야 볼 수 없다, 눈을 씻고 보아도"는 무엇을 찾거나 밝혀내려 신경 쓰는 것을 나타내는 관용어다(6개). "눈을 뒤집다, 눈이 가매지게(가매지도록), 눈이 빠지도록 기다리다"도 이 유형에 해당하는 것으로 볼 수 있을 것이다. 이 밖에 "눈을 똑바로 뜨다, 눈을 크게 뜨다, 눈이 뚫어지게(뚫어지도록), 눈이 빠지도록 기다리다"와 같이 보는 태도를 강조하는 것, "눈에 들다, 눈에 잘 보이다"와 같은 신임, "눈에 띄다, 눈표 나다"와 같이 현저함을 나타내는 관용어가 있다.

일본어의 경우는 한국어와는 달리 주시·주목을 의미하는 관용어가 17/36개로 빈도가 가장 높다. "目がとど(届)く, 目が留る, 目が離せない, 目ぐじらを立てる, 目にとどめる, 目を入れる, 目を掛く(ける)(친절하게 돌보다), 目を凝らす, 目を皿にする, 目を澄ます, 目を注ぐ, 目を付ける, 目を留める, 目を止む, 目を長くす, 目を見出す, 目を見張る(주시)"가 그 예이다. 그 다음 빈도를 보이

는 것이 관심이다(11개). "目じりが下がる, 目事理を下げる, 目にか(掛)ける(보살 피다), 目の毒(보면 욕심나는 것), 目もすまに(눈도 떼지 않고), 目をうば(奪)う(われ る), 目を下す(= 目を掛く), 目を配る, 目を引く, 目を向ける"가 그것이다. 이 밖 에 현저함을 나타내는 "目にうか(浮)ぶ, 目に立つ, 目に付く, 目に見えて", 감 시·경계를 나타내는 "目が光る, 目を光らす(せる)", 好感을 나타내는 "目が行 く(마음에 들다), 目にと(留)まる(마음에 들다)"가 보인다.

영어 관용어는 주의·감시·경계를 나타내는 관용어가 제일 많고, 그 다음이 관심, 그 다음이 주시·주목을 나타내는 것이다. 주의·감시·경계 를 나타내는 관용어는 12/28개이다. "an (one's, someone's) eagle eye, half all one's eye about one, have an eye on(upon), have an (one's) eye open= keep an (one's) eye open, have eyes at the back of one's head, have one's eye on, a (one's) weather eye open(엄중하게 경계를 계속하다), keep an (one's) eye on(upon) (감시 하다), keep an eye out, keep both (one's) eyes wide open, keep (have) one's eyes peeled(skinned)(항상 경계하다)"등이 그것이다. 관심을 나타내는 것은 7개로, "be unable to take one's eyes off (눈을 못 떼다), cannot take one's eyes off (매료 되다), have set eyes on, catch a person's eye(s), have(with) an eye to, have eyes only for, have in one's eye(안중에 두다)"가 그것이다. 주시·주목을 나타내는 것에는 "all eyes (열심히 주시하다), fix one's eye on, give an eye to, look (straight, right) in the eyes , meet someone's eye(s)"가 있다. 이 밖에 갈망·추 구를 나타내는 것에 "have (keep, with) an eye to (on) the main chance, have one's eyes for, someone's eyes are bigger than his belly"가 보이고, 애호 등을 나타내는 것에"set one's eye by, the apple of someone's eye(가장 중요한 인물)" 가 보인다.

제5유형 시선·표정·태도를 나타내는 것도 빈도가 높다. 이는 제4유형 의 무표적(無標的) 특성을 나타내는 것이어서 우선 태도 가운데 주의를 기울 이지 않는다는 의미를 나타내는 관용어가 많다. 한국어의 경우 33개 중 7

개가 이런 것으로, "곁눈을 뜨다, 곁눈을 주다, 곁눈을 팔다, 눈도 거들떠보지 않다, 눈도 깜짝 안 하다, 눈을 돌리다, 눈을 팔다"가 그것이다. 이와는 달리 타인의 시선을 나타내는 것도 6개 보인다. "눈에서 벗어나다, 눈을 꺼리다, 눈을 속이다, 눈이 많다, 눈이 무섭다, 눈을 피하다"가 그것이다. 이들은 대부분이 타인의 시선을 피하고자 하는 것이다. 이 밖에 알지 못해 어리둥절함을 나타내는 것으로, "눈을 굴리다, 눈을 깜박거리다, 눈을 깜박이다, 눈을 꿈벅거리다"가 있다. "눈 딱 감다, 눈을 감아 주다, 눈을 딱 감다"는 묵인(默認)을 나타내는 것이다. 태도를 나타내는 관용어는 이렇게 20개다. 표정을 나타내는 것은 11개가 보이는데, 이 가운데 "눈만 깜박거리다, 눈만 깜박이다, 눈만 끔벅거리다"는 아무 생각이 없음을 나타낸다. "눈이 풀리다, 눈동자가 풀리다"는 정신이 나간 상태를 나타낸다. 이에 대해 "눈에 가시가 돋히다(北), 눈에 칼을 세우다"는 모진 기운이 내비치는 표정을, "눈초리가 차갑다"는 냉정함을 표현한다. 이 밖에 "눈 하나 까딱하지 않다, 눈 하나 깜짝하지 않는다"는 태연함을, "눈 둘 곳을 모르다"는 어리둥절하거나 어색함을 나타낸다. "눈 밖에 나다, 눈에 나다"는 믿을 수 없는 상태를 나타낸다.

일본어의 경우는 31개 관용어 가운데 태도를 나타내는 것이 13개, 표정을 나타내는 것이 9개다. 태도를 나타내는 관용어로는 "目が舞う, 目を回す, 目をす(据)える(한 곳을 물끄러미 보다), 目を忍ぶ(눈에 띄지 않게 하다), 目を通す, 目を후(伏)せる(눈을 내리깔다)"가 있다. "目は空, 目もくれ(吳)ない, 目をそ(逸)らす, 目をはな(離)す"는 태도 가운데도 주의를 기울이지 않는다는 의미를 나타낸다. 표정에 관한 것으로는 "目が輝く, 目が散る, 目がす(据)わる(물끄러미 한 곳을 노려보다), 目の色を變える, 目は心のかがみ(鏡) (まと(窓), 目もなく(눈을 가늘게 뜨고), 目をあそ(遊)ばせる, 目を怒らす, 目をくわす(目くばせする)" 같은 것이 있다. 묵인을 의미하는 경우 "目をつぶる, 目をふさぐ"도 여기에 해당된다. 이 밖에 시선을 나타내는 관용어가 5개 있는데, "目も遙に, 目をあい

て, 目をあけて, 目を極む(한껏 멀리 보다), 目をくぐ(潜)る(감시의 눈을 피하다)"가 그것이다. "目をそばだつ, 目を側む"는 측시(側視)를 나타낸다. 이 밖에 "目から火が出る, 目に留まらぬ"는 "눈에 불이 나다"란 심상과 빠름을 드러낸다.

영어 관용어의 경우는 태도를 나타내는 것이 가장 많은데, 그 가운데도 주의를 기울이지 않음을 나타내는 관용어가 8개로 제일 많다. "cast(run) one's eye over, see ... with half an eye, out of the corner of one's eye, out of the public eye(세간에 잊혀져), turn a blind eye(간과하다), with half an eye, if someone had half an eye, with one's eyes closed"가 그것이다. "drop one's eyes, in the public eye"도 태도와 관련된 것이다. 표정과 관련된 관용어는 "not bat an eye, not bat an eyelid, the evil eye, the green eye, without batting an eye"와 같은 5개가 보인다.

제6유형 의사전달·눈짓에 해당한 유형은 많지 않다. 눈은 앞에서 보듯, 귀와 마찬가지로, 주로 판단·이해의 기능을 많이 드러내고 있다. 이 유형의 한국어 관용어는 7개가 보인다. "눈길을 주다, 눈웃음을 치다, 눈으로 말하다, 눈을 주다, 눈이 맞다, 눈총을 주다, 눈총을 받다"가 그것이다. 일본어의 경우는 10개로, 한국어에 비해 빈도가 높다. "目くばせする, 目で物を言う(=눈으로 말하다), 目が物を言う, 目に物を言わす, 目は口ほどに物を言う, 目引き袖引き, 目引き鼻引き, 目をく(呉)れる, 目をや(遣)る(=눈을 주다), 目を見す(눈짓을 하다)"가 그것이다. 영어의 경우는 "give with the eyes(눈짓으로 알리다), see eye to eye(의견이 딱 맞다)"란 두 개의 예만이 보인다.

제7유형 외모와 관련된 관용어는 한국어에는 거의 없고, 일어 및 영어권엔 상대적으로 매우 많은 편이다. 한국어의 경우는 "눈에 넣어도 아프지 않다, 눈이 부시다, 눈이 빛나다"의 3개가 보일 뿐이다. 일본어의 관용어는 "目に入れても痛くない(=눈에 넣어도 아프지 않다), 目の中へ入れても痛くない(=눈에 넣어도 아프지 않다), 目にし(染)みる(染む)(색채 인상이 선명하다), 目の正月(=目の保養)(눈요기), 目もあや(に)(눈부시게 아름다운 모양), 目も及ばず(바로 볼 수가 없을 정도로 아름답다), 目をい(射)る(빛이 눈을 강하게 비추다), 目を樂しませる, 目をよろこ(喜)ばす, 目を喜ばせる” 등 10개가 보인다. 영어의 경우는 “eye bar, in the eye of the wind= in the wind's eye, easy on the eyes(보기에 좋은), feast one's eyes on(눈요기하다), a sight for sore eyes (눈의 保養), the eye of day(heaven, the morning)(태양), the eye of night(heaven)(별), to the eye(겉으로는)” 등 9개가 보이나, 이형을 고려하면 12개가 된다. 詩에서 눈이 태양과 별에 비유된 것은 특이하다.

제8유형 “경험”은 체험이나 경험의 유무를 나타내는 것이다. 이 유형의 관용어는 몇 개 되지 않는다. 한국어에는 “눈에 익다, 눈에 설다”의 2개가 있다. 경험을 나타내는 귀와 관련된 관용어가 7개인데 대해 매우 빈도가 낮다. 일본어는 “目に近い(언제나 보고 있다), 目に見る(실제로 보다)”가 보인다. “目に近い”는 만나다의 의미도 나타낸다. 영어의 경우는 “when you were just (no more than) a twinkle in your father's eyes”가 “네가 태어나기 아주 그 전에, 아주 옛날에”를 의미해 지난날의 경험을 나타내는 것으로 볼 수 있다.

제9유형 감정을 나타내는 관용어는 귀 관련 관용어에 비해 압도적으로 많다. 이들 분포는 한국어 31.1%, 일본어 11.2%, 영어 12.1%를 보여, 특히 한국어의 경우 빈도가 월등히 높다. 한국어 관용어는 61개가 보이는데, 화가 나고, 놀랍고, 혐오스러운 감정을 나타내는 것이 주류를 이룬다. 성을 내고 화를 내는 것은 12개(괄호 안 것을 별도로 치면 14개)다. “눈알을 곤두세우다, 눈알을 부라리다, 눈에 모를 세우다, 눈에 불이 나다, 눈에 불이 일다, 눈에서 번개가 번쩍 나다, 눈에 쌍심지가 나다(서다/ 오르다), 눈에 쌍심지를 켜다, 눈에 천불이 나다, 눈을 곤두세우다, 눈을 부라리다, 눈을 부릅뜨다”가 그것이다. 놀라는 것과 관련된 관용어도 12개이다. “눈깔이 나오다, 눈알이 나오다, 눈알이 돌다, 눈을 휘둥그렇게 만들다, 눈이 나오다, 눈이 돌다, 눈이 돌아가다, 눈이 동그래지다, 눈이 등잔만 하다, 눈이 번쩍하다, 눈

이 휘둥그레지다, 눈이 화등잔(火燈盞) 같다"가 그것이다. 혐오스러운 것을
나타내는 것은 8개로, "눈꼴이 사납다, 눈꼴이 시다, 눈꼴이 틀리다, 눈살을
찌푸리다, 눈에 거슬리다(걸리다), 눈에 거칠다, 눈에 걸리다, 눈이 시다"가
그 예다. 여기에 미워서 거슬리는 "눈엣가시, 눈 위에 혹", 증오를 나타내는
"눈총을 맞다, 눈총을 주다"가 더 있다 이 밖에 비이성적 상황, 혼란스런
상황, 절망적 상황을 나타내는 것이 10개가 있다. 비이성적 상황을 나타내
는 것은 "눈이 까뒤집히다, 눈이 뒤집히다, 눈알이 뒤집히다, 눈이 산 밖에
비어지다"가 그 예다. "눈에 딱정벌레가 왔다 갔다 하다, 눈을 까뒤집다,
눈을 뒤집다"는 혼란스러운 상황을, "눈앞이 깜깜하다, 눈앞이 캄캄하다,
눈앞이 아찔하다"는 절망스러운 상황을 나타낸다. 이 밖에 경멸(눈을 깔다,
눈을 내리깔다), 불만(눈을 치켜뜨다, 눈허리가 시다), 감동(눈시울을 붉히다, 눈시울
이 뜨거워지다), 대담(大膽)(눈앞에 보이는 것이 없다, 눈에 보이는 것이 없다)을 나
타내는 관용어가 있다. "눈에서 피눈물이 나다, 눈에서 황이 나다. 눈 뜨고
볼 수 없다, 눈에 차다, 눈을 흘기다, 눈초리가 따갑다, 눈코 뜰 사이(새) 없
다"와 같은 관용어도 보인다.

일본어 관용어는 21개로, 놀라움과 노여움을 나타내는 것이 주류를 이룬
다. 이들은 각각 6개씩 보이는데 놀라움을 나타내는 것은 "目が出る(=눈이
나오다), 目が飛び出る, 目を大きくする, 目を白黒させる, 目をぱちくりさせる, 目
を丸くする"가 그 예다. 노여움을 나타내는 예는 "目に角を立てる(=눈에 모를
세우다), 目に物を見せる(뼈저리게 하다), 目をさかだてる, 目を三角にする, 目をつ
り上げる, 目をむ(剝)く(눈을 부릅뜨다)"가 그것이다. "目の上の(たん)こぶ(=눈 위
에 혹), 目のかたき(敵)にする(적의를 나타내다)"는 증오, 적의를 나타낸다. "目に
障る(=눈에 거슬리다, 눈에 걸리다)"는 혐오를 나타낸다. 이 밖에 愛好와 관련
된 "目に入れても痛くない(=눈에 넣어도 아프지 않다), 目の中へ入れても痛くな
い(=눈에 넣어도 아프지 않다), 目を細くする"가 있다. "目を輝かす(せる)"는 희
망에 부풀고 기뻐하는 모습을 비유하는 말이다. "目が回る(=눈이 돌다)", "目

も當てられぬ(ない)(=눈을 뜨고 볼 수 없다)"는 각각 다망(多忙)과 비참을 나타내는 것이다.

영어 관용어는 13개로, 주류를 이루는 것은 감탄이다. "all one's(the or in the) eye! (허튼 수작 하지 마라), eye down (주목!), in a pig's eye (결코), mind one's eye(조심하라), oh my eye!= my eye(s)! (말도 안 돼!), (here's) mud in your eye(건배! 일차대전 때 진창서 싸운 병사들의 건배사에서)"가 그 예다. "make a person open his eyes (깜짝 놀라게 하다), someone's eyes nearly (almost, practically) popped out of his head"는 놀라움을, "spit in someone's eye(침을 뱉고 싶을 정도로 화나다)"는 노여움을 나타내는 것이다. 이 밖에 해방을 나타내는 "eyes to cool it", 낙담을 나타내는 "one in the eye for", 기 죽이다를 나타내는 "wipe the eye of (a shooter)" 따위가 있다.

제10유형 생사(生死)에 관한 관용어는 한국어와 일본어에 다 같이 4개씩 보인다. 이는 대체로 눈 감는 것을 죽음에 비유한 것이다. 한국의 관용어는 "눈에 흙이 들어가다(덮이다), 눈을 감다, 눈이 시퍼렇게 살아 있다, 눈자위가 꺼지다"이고, 일본의 관용어는 "目が黒い, 目の黒いうち, 目をお(落)とす, 目をつぶる"이다. "눈을 감다, 目をつぶる"는 다 같이 "자다"의 의미를 나타내기도 한다. 살아 있음을 나타낼 때 한국어는 "눈이 시퍼렇게 살아 있을 때"라 하고, 일본어는 "目の黒いうち"라고 해 발상의 차이를 보인다. 영어의 예는 보이지 않는다.

제11유형 잠에 관한 관용어는 한국어에는 몇 개 안 보이는데, 일본어에는 여러 개가 보인다. 한국어에는 "눈을 붙이다"가 있고, 이 밖에 제10유형에 소속시킨 "눈을 감다"가 있다. 일본어의 예는 "目が合う, 目が堅い(밤이 깊어도 잠을 자려 하지 않다), 目がさ(覺)める, 目も合わず(자지 못하다), 目がさえる, 目をさ(覺)ます, 目をつぶる, 目を眠る, 目をふさぐ가 그것이다. 특히 이들 가운데 "目が覺める, 目がさえる, 目を覺ます, 目を眠る"의 "目(め)"는 "눈" 아닌 잠에 비유된 것이다. 한국어에서는 이런 경우 대체로 "눈" 아닌 "잠"으로 표현된다. "目をつぶる, 目を眠る, 目をふさぐ"는 못 본체 묵인한다는 의미를 지녀 제5유형에도 해당된다. "目を眠る"는 제10유형과도 관련된다. 英語에는 이런 관용어가 보이지 않는다.

제12유형의 기준·정도·운수는 특히 일본어에서 目(め)가 자(尺), 저울 주사위 따위의 눈금을 의미해 수량을 의미하는가 하면, 바둑판, 그물 등의 눈, 톱니, 판의 결 등에 비유되어 쓰임으로 이런 예가 많다. 한국어의 예는 거의 보이지 않는데, "눈에 안경, 제 눈에 안경"이 여기에 속하는 것으로 볼 수 있을 것이다. 일본어의 경우는 "目に余る(수가 많아서 다 살펴볼 수 없다), 目の下(고기의 크기를 재는 표준), 目の付け所(착안점), 目を立てる(톱, 줄 등의 날을 세우다), 目を起す(①주사위를 던져 좋은 눈금이 나오게 하다 ②좋은 운을 만나다, 目を切る(칼자국을 내다)" 등이 이에 해당한다. "目あり目なし"는 바둑에서 유가무가(有家無家)를 의미한다. "目が出る"도 주사위 눈금에서 "행운이 돌아오다"를 의미할 때 여기에 속한다. 영어의 경우는 "up to one's (the) eyes (일에 몰두하여, 빚에 쪼들려)=up to the ears"가 한도(限度)를 의미해 여기에 해당되는 것으로 볼 수 있다.

제13유형 근거리는 공간적·시간적 거리를 아울러 의미한다. 한국어의 "눈 깜짝할 사이, 눈앞에 나타나다, 눈앞에 닥치다, 눈앞에 두다, 눈앞에 보이다, 눈앞에 선하다"가 그 예다. 한국어에서는 "눈앞"이라는 말로 가까운 거리 목전(目前)을 의미한다. 이와는 달리 "코앞"이라고도 한다. 일본어의 경우도 "目の前, 目前"라 한다. 일본어의 관용어는 "目と鼻の先(가까운 거리의 장소), 目と鼻の間(近距離), 目振る間(= 눈 깜짝할 사이)"가 있다. 영어의 경우는 "before someone's (very) eyes(바로 눈앞에서), under someone's (very) eyes(눈앞에서), in the twinkling of an eye(눈 깜짝이는 사이에)"가 여기에 속하는 예다.

제14유형은 기만, 속이다를 나타내는 것이다. 이 유형의 한국어의 관용어는 "눈가림을 하다(얄팍한 방법으로 속이다)" 하나뿐이다. "눈을 속이다"도 타인의 시선(제4류) 외에 기만의 의미를 지닌다. 일본어는 "目を晦ます(눈을 속이다), 目を盗む, 目をかす(掠)める, 目を抜く, 目を偸む(남에게 들키지 않게 비밀히 하다)"와 같이 댓 개의 예가 보인다. 이들 가운데 "目をかす(掠)める, 目を抜く, 目を偸む"는 타인의 시선을 의미하기도 한다. 영어의 경우는 "do (a person) in the eye (남의 눈을 속이다), pull the wool over someone's eyes (사람의 눈을 속이다), throw dust in (into) someone's eyes (사람의 눈을 속이다)"가 있다.

제15유형은 눈물, 울다를 나타내는 것이다. 한국어의 예는 "눈에 이슬이 맺히다" 하나가 있다. 일본어의 경우는 "目頭が熱くなる, 目がはれる(울어 눈이 붓다), 目に涙がたまる(자연히 눈물이 나다), 目をうるませる(눈물을 조금 흘리다), 目をぬぐう(눈물을 닦다)"와 같이 4개가 보인다. 영어의 경우도 4개가 보이는데, "cry one's eyes out(눈이 붓게 울다), pipe one's eye, put one's finger in one's eye (눈물을 흘리다), with dry eyes(눈물 한 방울 흘리지 않고)"가 그것이다.

제16유형 추파는 영어에만 보이는 특수한 것이다. "cast(make) sheep's eyes(추파를 던지다), give the glad eye(추파를 던지다), give the big eye, make eyes at(추파를 던지다)"가 그 예다.

제17유형 싸움, 일격(一擊)도 영어에만 보이는 것이다. "a smack in the eye(사람을 탁 밀어붙이는 것, 일격), hit a person(give a person one) in the eye(눈통을 한 대 치다)"가 이의 예다.

5. 결어

한·일·영어권의 이목(耳目)과 관련된 관용어를 발상과 표현을 중심으로 살펴보았다. 이목 관련 관용어는 총 651개인데, 이들 관용어는 귀 관련 관용어가 169개, 눈 관련 관용어가 481개로 눈 관련 관용어가 압도적으로 높은 빈도를 보인다. 귀 관련 한국어 관용어는 66개, 일어 51개, 영어 52개이며, 눈 관련 한국어 관용어는 196개, 일어 178개, 영어 107개다.

한·일·영어의 귀 관련 동의·동형의 관용어는 5개(8.9%), 눈 관련 관용어는 10개(6.2%)다. 두세 언어권에 공통되는 관용어는 귀와 눈을 가릴 것 없이 한·일 관계가 가장 밀접하고, 일·영 관계가 한·영 관계보다 좀 더 밀접한 경향을 보인다.

한·일·영어권의 관용어는 개념적인 면에서 16~17가지 유형으로 나뉜다. 귀 관련 관용어는 주의·관심 25.4%, 이해·판단(력) 12.4%, 청각기능 10.6%, 표정·태도 10.0%가 높은 빈도를 보이는 것이다. 눈 관련 관용어는 주의·관심 22.0%, 감정 19.7%, 시선·표정·태도 16.2%, 판단·이해(력) 12.3%가 높은 빈도를 보이는 것이다. 이들은 귀와 눈을 통한 발상의 특징적 경향을 보여 준다. 귀 관계 관용어의 대표적 유형 가운데 가장 빈도가 높은 유형은 한국어의 판단·이해, 경험과, 일어의 청각기능, 주의·관심, 표정·태도, 감정, 영어의 주변·근처, 기준·정도이다. 눈 관련 관용어는 한국어의 감정, 일어의 시각기능, 표정·태도, 영어의 판단·이해, 주의·관심이다. 이들은 각 언어권의 발상과 표현의 특징을 드러내는 것이라 할 수 있다. 한국어권의 경우는 귀를 통한 판단·이해와, 경험, 눈을 통한 감정 및 근거리 표현을 즐겨 하는 것으로 볼 수 있다.

같은 감각기관인 이목 관련 관용어는 유사한 경향을 보이면서도 차이가 난다. 귀 관련 관용어가 청각 관계(10.6%)를, 눈 관련 관용어가 감정의 두드러진 빈도를 보이는 것(19.8%)과, 전반적으로 빈도에 차이를 보이는 것이 그것이다. 그러나 귀가 이해, 눈이 표현 기능을 좀 더 드러내고 있는 것은 아니다.

한·일·영 관용어의 표현상의 특징은, 먼저 귀 관련 관용어부터 살펴보면 다음과 같다.

제2류(청각기능)는 한국어의 경우 청각능력이 없다는 부정적인 것이 많은 데 대해 일어는 긍정적 면이 강하다. 제3류(판단·이해력)는 한국어만이 빈도가 높고, 제4류(주의·관심)는 일본 관용어가 상대적으로 높은 빈도를 보인다. 한국어의 경우는 소극적 청취 태도를, 일·영어의 경우는 적극적 태도를 보여 차이를 드러낸다. 제6류(의사전달・전언)는 말하기의 의미기능이라 그 예가 많지 않다. 제8류(경험)는 한국어 관용어가 상대적으로 많고, 일・영어의 관용어가 적어 한국어권의 한 특성이 된다. 이들은 대부분 반복적 사실과 관련된다. 제9류(감정)는 감정 표현을 거의 하지 않아, 많은 예를 보이는 눈 관련 관용어와 크게 다르다. 제11류(주변・근방・현장), 제12류(기준・정도), 제13류(싸움・구타), 제14류(代價), 제15류(수면), 제16류(아첨)는 모두 영어권에만 보이는 것으로 특이한 것이다. 이는 저들의 발상과 문화적 특성을 반영하는 것이라 하겠다.

눈 관련 관용어의 특징은 한국어권 관용어는 감정을, 일어권은 표정 태도, 영어권은 주의・관심을 나타내는 것이 높은 빈도를 보여 발상의 차이를 보이는 것이다.

제2류(시각기능)는 일어가 상대적으로 높은 빈도를 보인다. 제3류(판단・이해력・읽다)는 비교적 빈도가 높은 것으로, 깨닫다・이해하다類, 분별・이해 못하다類, 판단력・이해력類의 세 가지가 있는데, 한국어권은 셋째 유형이 다소 높기는 하나 분산된 경향을 보이고, 일본어권은 셋째 유형이, 영어권은 첫째 유형이 많아 차이를 드러낸다.

제4류(주의・주목・관심)는 빈도가 가장 높은 것으로, 한국어의 경우는 관심을 나타내는 것이 많고(12/42), 일어는 주시・주목(17/36), 영어는 주의・경계를 나타내는 것(12/28)이 많아 차이를 보인다. 제5류(시선・표정・태도)는 세 언어권이 다 주로 태도를 나타낸다. 제 6류(의사전달・눈짓)는 귀의 경우와 마찬가지로 예가 많지 않다. 상대적으로 일본어권이 좀 많은 편이다. 제7류(외모・외관)는 한국어가 상대적으로 적고, 일・영어권이 두드러진 경향을 보인다. 제8류(경험)는 전반적으로 귀에 비해 빈도가 낮은 편이다.

제9류(감정)는 세 언어권이 다 높은 빈도를 보이나, 특히 한국어가 31.1%라는 압도적인 빈도를 나타낸다. 한국인은 눈을 통해 감정 표현을 많이 하고 있다. 한국어권은 화나고, 놀랍고, 혐오스런 감정을 주로 나타낸다. 이에 대해 일본어권은 놀라움과 노여움을, 영어권은 주로 감탄을 나타내어 차이를 드러낸다. 제10류(생사), 제11류(잠)는 한·일어에만 나타난다. 특히 잠은 일본어의 경우 빈도가 높다. 제12류(기준·정도·운수)는 일어권이, 제13류(근거리)는 한국어권이 빈도가 높다. 제16류(추파), 제17류(싸움)는 영어권에만 보이는 특수한 표현으로 저들의 문화가 반영된 것이라 하겠다.

눈과 귀는 같은 감각 기관이다. 이들과 관련된 관용어는 이들에 의한 발상과 문화에 따라 표현의 이동(異同)을 드러낸다. 자국어를 알려면 외국어를 알아야 한다는 말이 있다. 비교 대조를 통해 발상과 표현의 실상을 바로 알고, 효과적인 언어소통을 하도록 대처해야 한다.(*)

참고문헌

박갑수(2005), 일반국어의 문체와 표현, 집문당
이경자(1999), 우리말 신체어 형성, 충남대학교 출판부
李明玉(2007), 日本語と韓國語の慣用表現の差異, 笠間書院
國廣哲彌(1992), 日英語比較講座 第4卷, 發想と表現, 大修館
白石大二(1967), 日本語の發想- 語源·イデイオム, 東京堂出版
_____(1972), 日本語發想辭典, 東京堂出版
フランシス·クデイラ·羽鳥博愛(1984), 英語の發想 Image 辭典, 朝日出版社
박갑수(1999), "손" 관계 관용구의 발상과 표현, 이중언어학 16, 이중언어학회
박갑수(2001), "발" 관계 관용구의 발상과 표현, 외국인을 위한 한국어교육연구 4, 서울
　　　　대 사대 외국인을 위한 한국어교육 지도자과정

■ 이 논문은 중국 한국(조선)어교육연구학회의 "한국(조선)어교육 국제학술연토회(2010. 7. 16-20)"에서 발표한 내용을 다소 보완한 것이다. 미발표 논문임.

제3장 한·중·일 "추석" 문화의 특성

1. 서론

한·중·일 동양 3국은 다 같은 한자문화권(漢字文化圈)으로 문화면에서
많은 공통성을 지니고 있다. 그리고 이들 문화는 상호교류하면서 상호 동
화되기도 하였다. 더구나 이들 나라는 농업국가로 문자 그대로 월력(月曆),
곧 농력(農曆)에 따라 농사를 짓고, 이에 따라 생활하였기에 세시(歲時) 의례
(儀禮) 면에서 공통점이 많다.

우리나라에는 4대 명절이 있다. 설, 대보름, 단오, 추석이 그것이다. 이러
한 절일(節日)은 중국이나 일본에도 다 같이 있다. 이들은 서로 같고 다른
면을 보여 준다. 이는 다 같이 한자문화권의 농업국가이기 때문에 공통 요
소를 지니는가 하면, 각각 고유한 문화를 지녀 차이가 나기도 한다.

여기서는 이러한 세시풍속 가운데 한·중·일의 광의의 "추석" 문화를
살펴보기로 한다. 이를 살피고자 하는 이유는 외국어로서의 한국어교육(韓
國語敎育)을 위한 문화교육으로서 필요하기 때문이다. 언어교육(言語敎育)은
언어의 교육만으로는 충분하지 못하다. 그것은 언어가 문화의 산물이요,

그것의 화석(化石)이라 할 수 있기 때문이다. 그래서 언어교육, 특히 외국어 교육(外國語敎育)은 그 첫째 시간부터 문화교육(文化敎育)이라는 말이 있다. 그런 면에서 한국어교육에 문화교육이 필요하고, 그 한 면으로 세시 풍속도 살펴볼 필요가 있다. 이에 여기서는 추석 문화를 살펴보고자 하는 것이다.

여기서는 한·중·일의 추석에 대응되는 절일을 비교 고찰해 보기로 한다. "추석"에 대응되는 절일은 중국은 "중추지에(中秋節)", 일본은 "스키미(月見)"라 하겠다. 따라서 여기서는 한국의 "추석"과 이들 "中秋節"과 "月見"를 비교 고찰하여 그 특성을 살펴보게 될 것이다. 이렇게 함으로 한국의 추석 문화를 바로 알고, 나아가 중·일의 학습자로 하여금 자국의 추석 문화도 바로 이해하게 하려는 것이다. 괴테는 외국어를 모르는 사람은 자국어도 모른다고 하였거니와, 문화도 비교를 통해 비로소 자국 문화를 바로 알게 된다고 할 것이다.

그러면 동양 삼국의 추석 문화의 비교를 통해 외국어로서의 한국어 학습이 원만하게 이루어지고, 상호간의 문화를 바로 이해함으로 한중, 한일 관계가 좀 더 친밀하게 발전될 수 있게 되기를 기대한다.

2. 한국의 "추석(秋夕)" 문화

2.1. 추석의 기원과 성격

한국의 추석은 4대 명절 가운데 하나다. 이는 "추석(秋夕)"이라 하는 외에 "중추절(仲秋節)", 또는 "가위", "한가위"라 한다. "추석"이란 이름은 예기(禮記)의 "춘조일 추석월(春朝日秋夕月)"에서 유래하는 것이 아닌가 본다. "중추절(仲秋節)"이란 8월이 중추(仲秋)에 해당하기 때문이다. "가위"는 "가배 > 가뵈 > 가위"와 같은 변화 과정을 거친 것으로 "가운데"를 의미하는 말이

며, 8월의 중간, 가운데를 의미한다. 한자로는 "嘉俳·嘉排"라고 기록되고
있다. "한가위"는 "큰 중간"이란 말로, 가을의 "한 중간"이란 말이니, 이는
중국의 中秋節라는 명칭과 발상을 같이 하는 말이라 할 수 있다. 추석은 맹
(孟)·중(仲)·계추(季秋)의 한 중간이기 때문이다.

"가배(嘉俳)"의 용례는 삼국사기, 고려 속요 "동동(動動)"에 보이고, 동국세
시기도에 보인다. "가배(嘉排)"의 용례는 열양세시기와 경도잡지 등에 보인다.

추석의 기원은 흔히 "가위(嘉俳·嘉排)"에서 찾는다. 이는 삼국사기 권 제1
신라본기(新羅本紀) 제1, 儒理尼師今 9년조에 보이는 다음과 같은 기록이다.

王旣定六部 中分爲二 使王女二人 各率部內女子 分朋造黨 自秋七月旣望
每日早集 大部之庭 積麻乙夜而罷 至八月十五日 考其功之多少 負者置酒食
以謝勝者 於是歌舞百戲皆作 謂之嘉俳

"경주의 6부를 둘로 나누어 두 왕녀로 하여금 두 패의 여자를 거느려 7
월 기망(旣望)부터 매일 일찍 대부(大部)의 뜰에 모여 을야(乙夜)까지 길쌈을
하였다. 그래서 8월 보름에 짠 베의 다소를 평가하여 진 쪽이 주식(酒食)을
마련하여 이긴 쪽을 사례하였다. 이 때 가무와 온갖 놀이를 다하였는데 이
를 가배(嘉俳)라 하였다."는 것이다. 이것이 추석(秋夕)의 기원이라는 것이다.
우리의 대표적인 세시기(歲時記)인 "동국세시기(東國歲時記)", "열양세시기(열
陽歲時記)", "경도잡지(京都雜誌)" 등은 다 같이 이 삼국사기의 기록을 기초로,
추석의 기원을 설명하고 있다. 그리고 동국세시기는 그 기원을 설명하기에
앞서 추석의 성격을 설명하고 있는데 다음가 같이 기록하고 있다.

十五日 東俗稱秋夕 又曰嘉俳 肇自羅俗 鄕里田家 爲一年 最重之名節 以其
新穀已登西成不遠 黃鷄白酒 四隣醉飽以樂之

"우리나라에서 팔월 15일을 추석, 또는 가배라 한다. 이는 신라 이래의 풍속으로 일년 중 가장 큰 명절이다. 신곡이 익어 추수가 머지않았기 때문이다. 이 날 닭고기와 막걸리 등으로 이웃과 어울려 배불리 먹고 취해 흥겹게 논다." 이렇게 추석은 "실컷 먹고 마시고 즐겁게 노는 날"이었다.

이 밖의 추석에 대한 외국 옛 기록도 몇 가지 보인다. 7세기 "수서(隋書)"에는 "8월 15일이면 (임금이) 풍류를 베풀고, 관리를 시켜 활을 쏘게 해서 잘 쏜 자에게는 상으로 말이나 포목을 준다."고 신라 궁중의 풍속을 묘사하고 있다. 그리고 9세기, 唐 文宗 때 입당한, 일본의 밀교(密敎) 승인 圓仁(794~864)은 그의 "입당구법순례행기(入唐求法巡禮行記)"에서 산동성(山東省)의 신라인들의 생활상을 보고, "절에서 전포와 떡을 장만하여 8월 보름을 쇠는 일은 여느 나라에서는 볼 수 없고, 오직 신라에만 있는 풍속이다."라 하였다. 이로 볼 때 추석에는 신라의 궁중에서도 풍류를 즐겼는가 하면, 절에서도 추석을 쇠는 신라 고유의 풍속이었음을 알 수 있다.

그런데 이들 기록을 보면 "명절(名節)"이라고는 하나, 오늘날과 같은 숭조(崇祖)의 제례를 행하거나, 추수감사의 의식을 행하고 있지는 않다. 삼국사기의 기록은 연원을 설명하고 있는 것이니 그렇다 하더라도, 동국세시기는 1년의 가장 큰 명절이라 하면서도, "닭과 술을 마련하여 사린(四隣)이 취하고 실컷 먹으며 즐겼다."고 하고 있을 뿐이다. 원인(圓仁)의 "순례행기"도 위의 글에 이어 다음과 같이 "가무로써 즐겁게 노는" 명절로 묘사하고 있을 뿐이다.

그곳 노승의 말에 의하면 신라에서는 이 날이 발해와 싸워 이긴 기념일이기 때문에 그 날을 명절로 삼고, 일반 백성들은 온갖 음식을 만들어 먹고 가무로써 즐겁게 노는데, 이 절 역시 신라 사람의 절이므로 고국을 그리워하여 8월 15일에 명절놀이를 한다.

초기의 추석은 이렇게 주식(酒食)을 갖추어 가무를 하며 즐겁게 노는 날이었을 뿐이다. 오늘날과 달리 초기에는 농공(農功)도 끝나 잠시 한가한 좋은 계절, 휘영청 달이 밝은 밤(月夕)을 즐기는 날이 추석이라는 것이 추석의 본래의 성격이었다. 그러던 것이 모든 것을 천지신명(天地神明)에 의존하였던 우리 조상은 뒤에 풍성한 추수와 조상의 음덕에 감사하게 되었다. 곧 천지신명에게 풍성한 수확을 할 것에 대해 감사하는가 하면, 조상에 차례를 지내고, 성묘를 하게 되었다. 그리고 이것이 추석의 본령이 되었다.

이러한 과정은 열양세시기(洌陽歲時記)의 기록이 잘 설명해 준다. 열양세시기에는 "사대부가(士大夫家) 이상의 집에서는 설·추석·한식·동지의 네 명절에는 산소에 가서 제사를 지낸다. 설날과 동지에는 제사를 지내지 않는 경우도 있으나, 한식과 추석에는 성대하게 지낸다. 한식 때보다 추석에 더 풍성하게 지낸다."고 한 것이 그것이다. 사대부가 이상의 집에서 묘제(墓祭)를 지냈다는 것이다. 그리고 이러한 묘제는 신라시대에 이미 일반화하였던 것으로 보인다. 그것은 같은 책에서 당나라 시인인 유자후(柳子厚)의 말을 인용하며, "조(皂, 병졸), 예(隷, 노예), 용(傭, 용인), 개(丐, 거지) 등이 모두 부모의 산소에 성묘하는 것이 이 날뿐이다."라 하고 있기 때문이다. 그러나 이것이 곧, 오늘날의 추석 풍습과 같았던 것으로는 보이지 않는다. 이는 오늘의 성묘를 말한 것이겠다. 여기서는 묘제(墓祭)를 지냈다고 하였지, 차례(茶禮)를 지냈다고 한 것이 아니다.

"차례(茶禮)"는 기제(忌祭)와는 달리 낮에 집에서 지내는, 축제다. 이는 한자로 되어 있으나 중국의 한자어가 아니요, 우리의 한자말이다. 추석의 제례가 "묘제"에서 "차례"로 바뀐 것은 그리 오래된 것은 아닌 것 같다. 이는 정학유(丁學游)의 "농가월령가"가 증언해 준다.

북어 쾌 젓 조기로 秋夕 名日 쉬어 보세.
新稻酒 올여 송편 박나물 토란국을

선산에 제물하고 이웃집 나눠 먹세.

작자 정학유(1786~1855)는 정조~철종 연간의 사람이다. 그런데 그의 "농
가월령가"에도 시장에 가 제수를 마련해 와 차례를 지내는 것을 노래하는
것이 아니라, 묘제 지내는 것을 노래하고 있다. 이로 보아 추석에 차례를
지내게 된 것은 그 뒤에 생겨난 풍습이라 하겠다.

2.2. "추석"의 세시풍속

오늘날 추석날에는 차례를 지내고 성묘를 하고, 여러 가지 민속놀이를
하며 즐긴다. 여기에서는 이러한 세시풍속 가운데 우리의 고유한 민속놀이
와 절식(節食)에 대해 살펴보기로 한다. 먼저 민속놀이를 보기로 한다.

첫째, 술과 떡을 빚어 실컷 먹고 취하며 즐겁게 논다.
추석의 민속은 동국세시기의 "黃鷄白酒 四隣醉飽以樂之"가 그 대표적인
것이며, 수서(隋書)의 "8월 15일이면 임금이 풍류를 베풀고"가 옛날 풍속을
보여 주는 것이라 하겠다. 圓仁의 "입당구법순례행기(入唐求法巡禮行記)"에도
앞에서 인용한 바와 같이 "8월 보름을 명절로 삼고, 일반 백성들은 온갖
음식을 만들어 먹고 가무로써 즐겁게 노는데"라 하고 있다. 이렇게 추석은
실컷 먹고 마시고 즐겁게 노는 날이었다. 이러한 전통은 오늘날에도 이어
져 "더도 덜도 말고 한가위만 같아라."라는 속담을 낳게 되었다 할 것이다.
둘째, 차례를 지내고, 성묘를 한다.
햇곡식으로 술과 떡을 빚어 차례(茶禮)를 지낸다. 이날 성묘도 하는데, 이
는 앞에서 본 바와 같이 이미 신라시대부터 행해졌다. 묘제(墓祭)를 하기 전
에 벌초를 한다. 이들은 오늘날도 행해지고 있는 풍습이다. 풍양(豊穰) 기원,
추수감사, 조상의 음덕에 감사하는 축제를 올린 것이다.

셋째, 여러 가지 놀이를 하였다.

절일에는 여러 가지 놀이를 한다. 이러한 놀이는 절일에 따라 일정한 경향을 보인다. 물론 이는 모두가 그렇다는 말은 아니다. 예를 들면 상원(上元)에는 예축의례(豫祝儀禮)와, 단오에는 성장의례와, 추석에는 수확의례와 관련된 것이 많다는 말이다. 수확에 대한 감사의 의례와 관련이 있는 추석의 놀이로는 다음과 같은 것을 들 수 있다.

① 활쏘기, 씨름 등을 하며 즐긴다.

수서(隋書)에는 앞에서 본 바와 같이 신라의 궁중의 풍속으로 "관리를 시켜 활을 쏘게 해서 잘 쏜 자에게는 상으로 말이나 포목을 준다."고 하고 있다. 씨름은 원시사회에서부터 전해 오는 무술의 일종이다. 고려사에 충혜왕 때 왕이 직접 씨름을 관람하였다는 기록이 보인다. 그리고 동국세시기에는 충청도의 향속(鄕俗)이라 하여 16일에 씨름판을 벌이고, 술과 음식을 차려서 먹고 즐긴다고 하고 있다. 따라서 활쏘기와 씨름은 농공(農功)을 필한 뒤 무예를 장려한 민속행사라 하겠다. 이들 민속은 오늘날까지 이어지고 있다. 특히 씨름은 민속행사로 추석을 전후하여 곳곳에서 "씨름대회"를 개최하며 우승자에게는 황우(黃牛)를 상품으로 준다. 최근에는 이 씨름이 세계문화유산으로 등재되게 되기도 하였다.

이 밖에 동국세시기에는 제주도 풍속으로 남녀가 모여 가무를 하고, 줄다리기(曳大索)를 한다는 기록이 보이며, 그네뛰기(鞦韆), 포계지희(捕鷄之戱)를 한다고도 하고 있다.

② 강강술래와 쾌지나칭칭나네 놀이를 한다.

강강술래는 전남 서남해안에서 주로 부녀자들이 즐긴 놀이다. 이는 원무(圓舞) 형식의 놀이로, 추석날 곱게 단장한 부녀자들이 서로 손을 잡고, 원을 그리며 "강강술래"를 부르며 뛰노는 놀이다. 추석날뿐 아니라, 연일 동네 부잣집 마당을 돌아가며 놀이를 하였고, 집주인은 음식을 대접하였다. 목청이 좋은 여자가 선창을 하면 나머지 사람은 "강강수월래"라고 뒷소리로 후렴을 부른다. 처음에 진양조로 느리게 춤을 추다가 차츰 빨라져 중머리, 중중머리, 자진머리로 변하고, 힘이 빠져 지칠 때까지 춘다. 이의 유래에 대해서는 임진왜란 때의 이순순 장군과 관련지어 설명하기도 하나, 영월(迎 月)과 수확의례인 농민들의 원무에서 유래된 것으로 본다.

전라도의 "강강술래"에 대가 되는 것이 경상도의 "쾌지나칭칭나네"라는 놀이다. 이는 강강술래가 부녀자들이 춤을 추는 놀이인데 대해 남자들이 춤을 추는 놀이이다. 이 노래도 임진왜란과 관계를 짓기도 하나, 억지 부회이고, 경상도 민요 "월이 청청"과 같이 달이 밝다는 뜻의 가무로 본다. 느린 것과 빠른 것이 있는데, 선소리꾼이 "하늘에는 별도 총총"하고 메기면 놀이꾼들이 "쾌지나칭칭나네"라는 뒷소리로 받으며 춤을 춘다. 선율은 전형적인 동부민요조(東部民謠調)이다.

③ 소먹이놀이, 거북놀이 등의 놀이를 한다.

소먹이놀이는 황해, 경기, 충청 지방에서 행해진다. 장정 두 사람이 엉덩이를 맞대고 엎드린 위에 멍석을 덮고 소를 가장하여 노는 놀이다. 이때 농악대가 뒤를 따른다. 이들은 동네 부잣집을 돌면서 "옆집의 누렁소가 평생에 즐기는 싸리꼬챙이와 뜨물이 먹고 싶어 찾아왔으니 내 놓으시오." 하고 외치면 주인은 술과 음식을 대접한다. 그러면 그에 대한 보답으로 농악에 맞추어 여러 가지로 춤도 추고 노래도 부른다.

거북이놀이는 소 대신 거북으로 가장, 맷방석을 씌우고, 그 위에 수수 잎이나 짚을 사용하여 거북이 모양을 만들어 노는 놀이다. 기호(畿湖) 지방에서 노는데, 무병장수를 빌고, 지신을 밟아 줌으로 동네의 잡귀와 잡신을 물리친다고 한다. 그러나 거북이 수신(水神)을 나타내는 영물이므로, 농신(農神)과 관련이 있는 기풍(祈豊) 행사로 보인다(이두현, 1974).

④ 소싸움을 시키며 즐긴다.

우리나라에서 소싸움은 어느 집 머슴이 소를 잘 먹여 기운이 센가를 가려 치하하기 위해 시작되었다. 최근까지 마산·진주·밀양·청도 등 주로 경상도 지방에서 소싸움 대회가 자주 열렸다. "정월 씨름, 팔월 소싸움"이란 말처럼 소싸움은 주로 추석 무렵에 행해졌을 것으로 보인다. 소싸움은 본래 풍년을 기원해 소를 신에게 바치는 제례에서 나온 것이라 본다. 그리하여 중국이나 일본 등지에서는 싸움에 진 소는 잡아먹는다. 우리나라에서는 백정에게 팔기도 하고, 함경북도 북청의 경우처럼 구워 먹기도 했다(이화영, 2014).

⑤ 지게목발 춤 놀이를 한다.

추석을 전후하여 벌초를 하거나, 농사일을 하면서 지게 다리를 작대기로 치면서 노래를 부르고 춤을 추는 놀이다. 이는 호남 지방의 농촌에서 성행하였는데, 지금은 익산(益山)에서 무형문화재로 복원하여 "익산발노래"로 전승되고 있다. 이는 초동이나 농부들이 가을에 수확한 것을 져 나르며 목발을 두드리며 소리를 하던 것인데, 작대기타령, 등짐소리, 꿩타령 등으로 불리기도 한다.

⑥ 반보기를 한다.

"뒷간과 시집은 멀어야 한다."는 속언이 있다. 이는 출가한 뒤에 좋지 못한 후문이 반갑지 않기 때문에 나온 말이다. 지난날의 시집살이는 출가외인이라 하여 시집과 거리를 두었다. 친정어머니는 딸이 보고 싶고, 딸은 친정어머니를 그리워하나 쉽게 만날 수 없었다. 그리하여 오고가는 시간조차 아까워 추석에 중간 지점에서 만나 장만한 음식을 나누어 먹으며 회포를 풀었다. 이를 서로 반쯤 와서 만난다하여 반보기라 하였다. 시집살이의 어려움을 보여 주는 우리 민속의 하나다.

⑦ 밭고랑을 기는 풍속이 있다.

진도(珍島)에서는 추석 전야에 어린이들이 벌거벗고 밭고랑을 기어다니는 풍속이 있다. 이렇게 하면 부스럼이 나지 않고, 밭곡식이 풍년이 든다고 여기기 때문이다.

⑧ 고을 원(員)놀이 등을 하며 논다.

추석이라 훈장이 비운 틈에 학동들이 원 역할극을 하며 노는 것이다. 이 때 한 사람이 원이 되어, 학동들이 제소한 송사를 해결하며 논다. 세금이나 제사, 관혼상제 등의 시비, 노비의 비위사실, 부역 참여 여부 등을 문초하고 논고하며 노는 놀이다. 이는 학동의 집을 옮겨 다니며 벌이는데, 푸짐한 음식상을 받아 대접을 받은 뒤 "암행어사출도"라는 호령에 따라 다음 집으로 옮긴다. 이는 장차 과거를 보고 출사(出仕)할 학동들의 꿈과 지혜를 키우고자 한 것이다.

가마싸움도 많이 하였다. 이는 바퀴가 달린 가마를 가지고 출전하여 가마를 호위하는 전위들 끼리 싸움을 하다가 한 쪽이 균형이 깨지면 직접 부딪쳐 상대방의 가마를 부수어 버리는 놀이다. 여자 아이들은 둥글게 둘러앉아 수건돌리기란 놀이도 하였다. 이는 오늘날도 하고 노는 놀이다.

넷째, 고향에 돌아가는 풍습이 있다.

추석이 되면 타관에 있는 사람은 고향을 찾는다. 즐거운 날에는 멀리 떨어져 있는 가족이 더욱 그리운 법이다. 그러기에 불원천리하고 고향을 찾는다. 조상의 묘소가 대체로 고향에 모셔졌기 때문에 성묘를 하기 위해 고향을 찾고, 문자 그대로 "귀성(歸省)을 하기 위해 고향을 찾는 것이다. 이러한 현상은 사회의 근대화와 더불어 고향을 떠난 사람이 많아지며 더욱 심화되는 경향을 보인다.

다섯째, 햇곡식으로 떡과 음식을 마련하여 고사를 지낸다.

햇곡식이 익으면 이로써 떡과 음식을 마련하여 집의 수호신인 성주모시기를 하는가 하면, 배 고사, 신주단지 갈기 등을 하기도 한다. 호남 일대에서는 햇곡식이 익으면 이를 약간 베어 짚이 붙어 있는 채로 방문 앞에 매달아 놓고, 절도 하고 음식을 장만하여 고사를 지내기도 한다. 또한 햇벼를 베여다가 선영에 제사를 지내고, 이를 말려 우물, 당산, 마당, 곳간 등에 받쳐 놓기도 한다. 이를 "올개심리(올이심리)"라고 한다.

여섯째, 추석날의 날씨로 풍흉(豊凶)을 점치기도 한다.

추석날의 날씨로 풍흉을 점치기도 하였는데, 농가에서는 비를 꺼렸다. 이 날 비가 내리면 이듬해에는 흉년, 날씨가 맑으면 풍년이 든다고 하였다. 그리고 밤에 흰 구름이 많고, 군데군데 벌어져 있으면 보리농사가 풍년이 들고, 구름이 뭉쳐 있거나 한 점도 없으면 흉년이 들 조짐이라 하였다. 또 송남잡지(松南雜誌)의 세시류(歲時類)에서는 추석에 달이 없으면 토끼와 민물 조개가 포태를 하지 못하고, 메밀이 결실을 못한다고 하고 있다.

다음에는 절식(節食)을 보기로 한다.

추석의 절식이라면 흔히 송편을 떠올린다. 그러나 이것이 전부는 아니었다. 동국세시기에는 16일조에 "술집에서는 햅쌀로 술을 빚고, 떡집에서는 올벼로 송편(松餅)과, 무와 호박 시루떡(甑餅)을 만든다. 또한 찹쌀가루를 찌고 쳐서 떡(餈)을 만들어 여기에 익힌 흑태와 황태 및 깨(芝麻) 가루를 입혀 이를 인절미(引餅)라 하는데 이를 판다."고 하고 있다. 그러나 동국세시기에는 매주가, 매병가(賣餅家)에서 이렇게 한다고 하고 있으나, 일반 민가에서도 이들을 빚어 차례를 지내고 먹었다. 이 밖에 단자(團子)를 만들어 먹었는데, 찹쌀가루를 쪄서 새알 모양의 둥근 떡을 만들고, 여기에 삶은 밤을 꿀에 개어 발랐다. 이를 밤단자(栗團子)라 하였다(동국세시기).

이 밖의 절식으로는 토란국과 토란단자(土卵團子)를 만들어 먹었고, 호박·무·가지 등의 말랭이를 만들어 먹고, 가을의 온갖 과일을 먹었다. 토란국은 남쪽과 달리 북쪽에서 많이 해 먹는다.

3. 중국의 "중추지에(中秋節)" 문화

중국에서는 음력 8월 15일을 "중추(中秋)", 또는 "중추절(中秋節)"이라 하여 절일(節日)로 즐긴다. 우리와 달리 "중추"를 "버금 중(仲)"자가 아닌, "가운데 중(中)"자를 쓴다. 이는 가을의 한 가운데, 정중(正中)이라는 의미를 나타낸다. 그리고 "월석(月夕)"이라고도 하는데, 이는 저녁에 제를 지내는데 연유하는 명명이다.

3.1. "중추지에"의 역사와 성격

중국의 "現代漢語詞典"(북경 商務印書館, 2006)은 "中秋"에 대해 "這一天有賞月 喫月餅的風俗"(달을 즐기고 월병을 먹는 풍속이 있는 날)이라고 풀이하고 있다. 中秋節는 우리와 마찬가지로 당대(唐代) 이후 그저 8월 보름, 둥근 달을 즐기는 날이었을 뿐이다. 다음에 중국의 추석, 곧 "중추절"의 역사와 성격을 살펴보기로 한다.

중국의 대표적인 풍속세시기라 할 것에 "형초세시기(荊楚歲時記)"가 있다. 이는 6세기 중엽 양(梁)나라 종름(宗懍)이 지은 것이다. 그런데 여기에는 "中秋"에 대한 기사가 보이지 않는다. 이는 荊나라와 楚나라에는 8월 15일이 명절이 아니었음은 물론, 특별한 세시풍속도 없었다는 의미로 해석된다. 오히려 한(漢)나라 이래 수확제(收穫祭)로서 추사(秋社)가 행해졌다. 8월 15일이 처음 문헌에 나타나는 것은 전한(前漢) 경제(景帝) 때 매승(枚乘)의 "칠발(七發)"문(文)으로, 여기에는 관도(觀濤)에 대한 기록만이 보인다(후술).

당(唐) 나라에 들어서 8월 15일을 "中秋"라 하고, 달을 구경하고 즐기는 풍습이 매우 성행하였다. 이를 "완월(翫月)"이라 하였다. 송(宋)나라 때에도 이러한 풍습은 이어졌고 매우 성행했는데 이때는 이를 "상월(賞月)"이라 하였다. "동경몽화록(東京夢華錄)"은 북송(北宋)말 개봉(開封) 풍속을 다음과 같이 전하고 있다.

귀인의 집에서는 대사(臺榭)를 아름답게 장식하고, 일반 민간에서도 사람들은 다투어 주루(酒樓)를 점령하여 상월(賞月)의 잔치를 벌려 관현(管

絃)의 소리가 들끓었다. 물론 금리(禁裏)에서도 잔치를 개최하여 금정(禁庭)에서 가까운 곳은 이 생우(笙竽)의 소리가 심야까지 들렸다.

거리에는 야점(夜店)이 늘어서고, 통행이 번화하였다. 이러한 번화함은 남송(南宋)의 수도 임안(臨安·현 杭州)도 마찬가지였다. 송대에는 2월 15일을 "화조(花朝)"라 하고, 8월15일을 "월석(月夕)"이라 하였다.

명청(明淸) 시대에는 가족이 일당에 모여 잔치를 베푸는 것이 일반적이었는데, 이를 "상월(賞月)"이라 하였다. 지역에 따라서는 "단월(團月), 원월(圓月), 월단원(月團圓), 단원주(團圓酒)"라 했다. 이는 모두 달의 둥근 것, 곧 "단원(團圓)"에 의탁해 "일가의 단란(團欒)"을 나타낸 것이다. 그래서 중추(中秋)는 "단원절(團圓節)"이라고도 한다.

이상 한(漢)나라 이래의 중추지에(中秋節)의 역사를 개관해 보았다. 중추절은 "만월제(滿月祭)"로 추정된다. 그러나 송대(宋代)에 이르기까지 이 사실을 언급한 문헌은 보이지 않는다(中村, 1988).

중국에서는 국가적 전례로서의 제월(祭月)은 추분(秋分)에 행해졌다. 주례(周禮)의 정현(鄭玄)의 주에 의하면 "천자는 춘분에 해를 제사지내고, 추분에 달을 제사지낸다(天子當 春分朝日 秋分夕月)"고 한 것이 그것이다. 후세의 석월(夕月)을 보면 확실히 전례(典禮)로서는 "추분 석월"이 전통적인 것이다. 그것은 추분에 밤낮의 길이가 같고, 이 날부터 달에 속하는 밤이 길어지므로, 보름이 아닌 추분에 달에 제사지내는 것이 이치에 맞는다. 그런 의미에서 중추절에는 전례로서 제를 지내지 않았다고 할 수 있다. 그러나 민간에서는 국가의 전례와 관계없이 신앙의 대상으로써 달을 향해 절하는 경우가 많았다. 이를 "배월(拜月)"이라 하였고, 이 "배월"이 송대의 문헌에서부터 나타난다. 김영지(金盈之)의 "취옹담록(醉翁談錄)"에는 개봉(開封)의 풍속이 다음과 같이 그려져 있다.

본래의 경사(京師·開封)의 중추 상월(賞月)의 모임은 다른 군(郡)보다 성했다. 빈부 할 것 없이 성 전체가 이를 행하는데, 열두세 살 된 자녀는 모두 성인 복장을 하고 누대에 오르거나, 뜰에서 향불을 피우고 달을 향해 절을 한다. 절을 할 때에 남자는 빨리 관리가 되어 높은 자리에 오르기를 바란다. … 여자는 화장을 하고, 용모가 상아(常娥)와 같이 둥글고 하얗게 되기를 바란다.

이렇게 송대(宋代)에 들어 달을 향해 절을 하고, 소원을 비는 풍속이 있었다. 명청(明淸)시대에도 상월(賞月)의 잔치를 하기 전에 달에게 제배(祭拜)하였다. 제배를 하지 않는 지방도 있으나, 이를 행하는 지방이 일반적이었는데, 이를 "재월궁(齋月宮)", "월궁전(月宮奠)"이라 하였다. 이 때 뜰이나 문 앞, 노대(露臺) 등에 탁자를 놓고 그 위에 술과 과일(혹은 차와 과일)·월병 들을 차리고, 꽃병을 올려놓고, 향불을 피우고 달을 향해 제배하였다. 북경 지방에서는 배월할 때, "월광지(月光紙)", 또는 "월광마아(月光馬兒)"라 불리는 월신(月神)의 화상을 달이 돋는 방향에 설치하고, 이에 대해 제배(祭拜)하는 것이 명대부터의 격식이었다.

그리고 달은 태음(太陰)이며, 부녀자들은 음(陰)에 속한다고 본다. 따라서 지방에 따라서는 부녀자가 먼저 분향하고 절을 한다. 남자는 그 뒤 절을 하거나, 제배를 하지 않았다.

이상 살펴본 바와 같이 중국의 중추지에는 처음에는 달이 우아한 시취가 있어 "문아적(文雅的) 중국인"의 사랑을 받아 완월(翫月), 또는 상월(賞月)과 같이, 한 나라 이후 달을 보고 즐기는 유락적(遊樂的) 행사로 비롯되었다. 이렇게 중추절은 처음에는 귀족, 관환(官宦), 문인, 사자(仕子)들이 주로 달을 관상하고 정회를 이에 기탁하는 날이었다(紀微, 2008). 그러던 것이 송(宋) 나라에 들어와서는 이러한 풍습이 일반화하여 달과, 달의 신인 월신(月神)을 신앙대상으로서 배례하고, 소원을 빌게 되었다. 특히 중국인의 관념에 달이 둥글고 반듯한 것(圓正)은 가정의 단원(團圓)과 혈연(親情)이 서로 모이는 것을 상징한다. 그래서 이날 흩어져 있던 친인(親人)이 서로 모인다(團聚). 중추절은 이렇게 하여 단원절(團圓節)의 성격을 띠게 되고, 추수감사제의 성격을 아울러 지니게 되었다.

3.2. "중추지에"의 세시풍속

중추절에는 여러 가지 세시풍속이 행해진다. 여기서는 이러한 세시풍속 가운데 중요한 것을 살펴보기로 한다.

첫째, 저녁에 달과 월신(月神)에게 제를 지낸다.

달은 이울고 찬다. 이는 불사(不死), 영원히 죽지 않음을 의미한다. 따라서 달은 신앙의 대상이 되었다. 그리고 중국에서는 달에 옥토(玉兔), 섬여(蟾蜍), 항아(姮娥)의 세 신(神)이 있다고 믿는다. 옥토와 섬여는 일찍이 전한(前漢) 초기의 백화(帛畵)에도 보인다. 이 가운데 달 속의 토끼 이야기는 인도에도 있고, 우리 민담에도 보인다. 두꺼비 이야기는 중국 고유의 것으로 본다. 항아(姮娥)는 상아(常娥)라고도 하는데, 유궁국(有窮國)의 군주인 후예(后羿)의 아내로, 후예가 서왕모(西王母)로부터 받은 불사약을 훔쳐 먹고 월궁에 가 달의 신이 되었다는 전설이 있다.

배월(拜月) 행사는 달이 처음 떠오를 때, 앞에서 본 바와 같이 주로 여성과 어린이에 의해 진행된다. 남자는 극소수 참여한다. 이때 모든 사람은 마음 속에 일종의 아름다운 소원을 품고 기원한다. 한국에서는 주로 8월 14일 밤에 달을 바라보고 소원을 빈다.

둘째, 월신(月神) 외에 여러 신에게 제를 올린다.

중추는 길상(吉祥)의 절일이다. 따라서 민속활동은 주로 경신(敬神)의 것이 많다. 이 날 밤 사람들은 월신 외에 토지신, 조신(潮神), 남신(藍神), 탁신(桌神) 등에도 제를 올린다. 제사는 집안의 평안을 빌기 위해 행해졌다. 토지신에 대한 제사는 8월 15일이 토지야(土地爺)의 생일이고, 이 때가 추수 때라 추수감사제를 드리는 것이라 할 수 있다. 토지신에게 "보경안민(保境安民)"
과, "호우풍수지은(護祐豊收之恩)"에 감사하고, 계속적인 호우와 풍성한 수확
을 기구한다(紀微, 2008).

셋째, 아이들에게 완구를 나누어 주고, 달과 관련된 전설을 이야기한다.

배월 후 뜰에 앉아 달을 감상하며, 어른들은 아이들에게 완구 토아야(免
兒爺)를 나누어 준다. 이는 진흙으로 만들어 뺨에 분을 바르고, 금투구에, 몸
에는 전복을 입었으며, 왼손에는 절구통을, 오른 손에는 절구를 들고, 등에
는 깃발을 꽂았다. 이러한 위풍(威風)을 지닌 토아야를 받고 아이들은 기쁨
을 감추지 못한다. 그리고 어른들은 손자 손녀에게 "상아분월(常娥奔月), 옥
토도약(玉免搗藥), 오강벌계(吳剛伐桂), 당황유월궁(唐皇遊月宮)" 등 경전적 전설
을 들려 주어 이들로 하여금 월궁을 동경해 마지않게 한다.

"상아분월"은 앞에서 이미 언급한 바 있고, "옥토도약"은 우리에게도 잘
알려진, 토끼가 선약(仙藥)을 찧는다는 이야기다. 그런데 여기에는 배경 설
화가 있다. 세 신선이 거지로 화신하여 여우와 원숭이, 토끼에게 먹을 것을
청하였다. 여우와 원숭이는 먹을 것을 다 내어 주었다. 토끼는 아무것도 없
어 "너희들은 나를 먹어라."하였다. 이에 신선들은 크게 감동을 받아 대장
토끼를 광한궁(廣漢宮)으로 보내어 옥토(玉免)를 만들고, 상아와 짝이 되어 장
생불사약을 절구에 찧어 만들게 하였다고 한다. 지방에 따라서는 옥토가
사랑을 많이 받아 중추 제월(祭月)이 토야제(兎爺祭)로 바뀌어 행해지기도 한
다. 옥토는 오강(吳剛)의 어린이 화신이라 하기도 한다. 전설에 따라서는 토
끼가 금두꺼비로 바뀌어 있는 것도 있다. "오강벌계(吳剛伐桂)"는 염제(炎帝)
의 손자 백릉(伯陵)과 관련된 전설이다. 오강이 도를 닦기 위해 3년 동안 집
을 비운 사이에 백릉이 오강의 아내를 사통해 세 아들을 낳았다. 이를 안
오강은 백릉을 죽였다. 이에 염제는 오강을 월궁으로 귀양 보내고 죽지 않
는 나무(不死之樹) 월계수(月桂樹)를 베도록 하였다. 월계는 키가 500발이나
되는 나무로, 베면 합해지고 베면 합해지고 하는 나무이어서 염제는 오강

으로 하여금 영원히 쉴 수 없는 징벌을 받게 한 것이다. 중국판 시지프스의 고통을 받게 한 이야기다. "당황유월궁(唐皇遊月宮)"은 당 현종(玄宗)이 중추에 상월(賞月)할 때 도사 나공원(羅公遠)을 만나 월궁에서 놀았다는 전설이다. 현종은 월궁에서 상아와 오강의 환대를 받았다. 그는 나아가 월궁의 무곡(舞曲)을 채보해 와 "예상무의곡(霓裳舞衣曲)"을 편성하였고, 월궁의 선병(仙餠)을 모방하여 오늘날의 월병(月餠)을 만들었다고 한다(紀微, 2008).

넷째, 타향에 나가 있는 사람이 부모를 찾는다.

중추지에는 달의 둥근 것, 곧 "단원(團圓)"에 의탁해 "일가의 단원(團欒)"을 나타낸다. 그래서 중추(中秋)는 "단원절(團圓節)"이라고도 한다. 따라서 이 날은 특별히 혈육, 곧 친인(親人)을 그리워하는 날이다. 그래서 타향에 나가 있는 사람은 이 날 반드시 집에 돌아와 친정(親情)을 나눈다. 그래서 중추절을 단원절(團圓節)이라고도 한다. 친정에 가 있던 부인도 반드시 시집으로 돌아온다. 8월 15일은 이렇게 일가 단란하게 즐기는 가절(佳節)이다.

다섯째, 관조(觀潮), 농조희(弄潮戱) 등의 풍습이 있다.

조수의 밀고 써는 것은 달과 밀접한 관련이 있다. 관조(觀潮)는 꽤 오래된 풍습으로 보인다. 문헌에 처음 나타나는 것은 앞에서 본 전한(前漢) 때 매승(枚乘)의 "칠발(七發)"문의 광릉(廣陵) 곡강(曲江)의 관도(觀濤)이다. 절강성 항주(杭州) 지방에서도 중추 때 관조의 일대 행사가 있었다. 큰 파도가 밀려들어 항주만으로 흘러드는 전당강(錢塘江)이 역류하는 장관을 구경하는 것이다. 이는 이른바 시오쓰나미(潮津波)를 구경하는 것이다. 전당강의 관조가 처음 보이는 것은 당 나라 유우석(劉禹錫)의 "낭도사(浪淘沙)"라는 시에서다. 백거이(白居易)의 "조(潮)"라는 시에도 항주의 조수가 읊어지고 있는데, 전당강의 진파(津波)로 보인다.

송대(宋代)에 접어들어서는 관조가 성황을 보인다. 남송의 수도가 항주였기 때문이다. 이때는 단순한 관조만이 아니라, 농조(弄潮)의 놀이, 수군(水軍)의 교습(敎習)까지 있어 한층 구경거리였다. 농조(弄潮)란 숙련된 수영 선수가 큰 파도 속으로 뛰어들어 백태(百態)를 연출하는 것이었고, 수군의 교습이란 큰 파도가 몰려 오기 전에 수백 척의 군주(軍舟)가 분열이합(分列離合)하는가 하면, 또한 군희(軍戲)를 행하였기 때문이다. 전당강의 관조는 명청(明淸)을 이어 오늘날도 행해지는 것으로 알려진다.

여섯째, 여러 가지 놀이를 한다.

전에는 밝은 달빛 아래 여러 가지 놀이를 하였다. 많은 지역에서는 유성향구(流星香球), 호자등(蒿子燈), 등자등(橙子燈), 등자롱(橙子籠), 중추포(中秋砲), 유화룡(游火龍), 소탑(燒塔) 등 놀이를 행하였다. 특히 등롱놀이가 많이 행해졌다.

① 유성향구(流星香球)는 사천(四川)의 풍속으로, 어린이들이 유자에 만향주(滿香柱)를 꽂고, 이를 쥐고 거리를 춤추며 돌아다니는 것이다. 그러면 점점인 향불이 한 줄기 광선이 되어 보기에 매우 좋았다.

② 호자등(蒿子燈)과 등자등(橙子燈)은 다복쑥이나, 귤(橙)에 많은 선향(線香)을 연결하거나 박고, 여기에 불을 붙여 아이들이 손에 쥐고 거리를 뛰어다니는 것이다. 그러면 하늘에 하나 가득한 별과 같이 보기에 좋다. 이들 "등(燈)"은 처마에 매달기도 한다. 같은 부류의 것으로 가지등(茄子燈)도 있다.

③ 등자롱(橙子籠)이란 어린이들이 긴 대 끝에 귤과, 대나무와 오색의 색종이로 용머리를 만든 등롱을 매달고, 여기에 불을 붙여 거리를 들고 다니며 놀던 것이다. 이는 "등자룡(橙子龍)"이라고도 하였다. 또한 이와 비슷한 놀이로, 광동지방에 "유자등롱(柚子燈籠)"이란 것이 있는데, 이는 유자 위에 어하화과(魚鰕花果) 모양의 종이 등롱(燈籠)을 매달고 아이들이 노는 것이다.

④ 유화룡(游火龍)은 안휘·강서(江西) 등지의 풍속이다. 짚을 묶어 초룡(草龍)을 만들어 용신에 향주를 꽂고 연도에서 논다. 강서 저도(宁都)의 화룡은 대나무를 묶어서 화파(火把)를 이룬다. 불을 붙이면 명실상부한 화룡이 된다.

⑤ 소탑(燒塔)은 벽돌을 사용해 기좌(基座)를 만들고, 다시 개와 조각을 사용하여 탑을 이루고, 꼭대기에는 구멍을 내어 나무·곡물 껍질 등을 넣을 수 있게 된 것이다. 밤에 탑에 불을 붙여 불이 왕성하게 탈 때 송화 가루나

발매유(潑媒油)를 뿌려 불꽃을 조성하면 장관을 이룬다. 소탑은 시합도 하는데, 와탑이 빨갛게 타고 무너지지 않는 쪽이 승리하게 된다.

일곱째, 외를 보내는 송과(送瓜) 풍습이 있다.

송과는 사천(四川) 및 호북 지방을 중심으로 행해지던 풍습이다. 이는 아이가 없는 친척이나 친구 집에 남의 밭 외(瓜)를 훔쳐 채색을 하고, 금고(金鼓)를 요란하게 울리며 보내었는데, 이렇게 하면 아이를 낳는다고 했다. 지방에 따라서는 동과(冬瓜)는 여자, 남과(南瓜)는 남자아이를 위해 구분하여 보낸다. 이러한 풍습은 소수민족인 토가족(土家族)의 풍습에 연유하는 것으로 본다. 이 밖에 청대(淸代)의 부녀자들은 주월량(走月亮)이라 하여 답월(踏月)하는 풍습도 있었다.

여덟째, 월신점(月神占)을 친다.

월신점이 각 지방에서 행해졌다. 한 예로, 복건(福建) 지방에서는 "청월고(請月姑)"가 행해지는데, 달에게 제물을 차려 놓고 꿇어 절을 하고, 광주리를 반상(盤床)에 엎어 놓고 주문을 외어 월고(月姑)를 초청한다. 강신하면 광주리가 저절로 위로 올라가며 달그락달그락 소리를 낸다. 그 소리의 수를 세어 재상(災祥)을 점친다. 비슷한 점에 "선희강(仙姬降)", "청람고(請籃姑)" 같은 것도 있는데, 이들은 육조시대(六朝時代)의 "자고복(紫姑卜)"에 연유하는 것으로 보인다.

다음에는 중추지에의 절식을 보기로 한다. 이 날의 절식으로는 월병(月餅), 완월갱(玩月羹), 자파(餈粑), 오리(鴨子) 요리, 토란(土卵) 등을 들 수 있다.

당대(唐代)까지만 하여도 이렇다 할 절식이 없었다. 오대(五代)에서 송(宋)나라에 걸쳐 살던 도곡(陶穀)의 "청이록(淸異錄)"에 "완월갱(玩月羹)"이 보이는 정도이다.

① 완월갱은 그 형태가 어떻게 생겼는지 분명치 않다. 송대(宋代) 이래 정월 보름에 "원자(圓子)"를 먹는 풍습이 있었고, 청(淸)나라에서 여자의 성년식인 계(笄)를 행할 때 전분으로 만든 단자(團子)인 "환갱(丸羹)"을 반드시 손

님에게 내놓았던 것으로 보아 일종의 단자로 추정된다(田村, 1988).

② 월병(月餅)은 중추 절식 가운데 가장 잘 알려진 식품이다. 월병이 중추의 절식이 된 것은 원(元)나라에 들어서이다. 월병을 먹는 풍습은 명대(明代)에 들어서 북으로 북경에서 남으로 광동·광서 지방에 이르도록 광범한 지역에서 행해졌다. 월병은 앞에서 본 바와 같이 당 현종과 얽혀진 전설이 있는가 하면, 주원장(朱元璋)과 얽힌 일화도 있다. 주원장의 일화는 그가 봉기할 때 의용군(義勇軍)의 봉기 사실을 적은 글(字條)을 여기에 넣어 보냈다는 것이다. 그러나 이는 뒷날 부회한 것으로 본다. 월병은 중추의 단월(團月)과 비슷한데, 이는 단원(團圓), 친인(親人)의 그리운 정감을 여기에 기탁한 것이라 본다. 그 모양이 둥글다는 것 외에는 생김새나 재료 등이 다양하다. 근대의 월병으로는 경식월병(북경식), 광식월병(광동식), 소식월병(소주식), 신식(滇式)월병(운남식) 등이 알려져 있다.

③ 자파(糍粑·餈粑·糍粑)는 찹쌀을 낟알 그대로 쪄서 절구에 찧은 다음 둥글게 만든 식품이다. 이는 청대에서 중화민국에 걸쳐 만들어졌다. 콩가루를 엷게 묻히고, 깨를 찧어 설탕을 첨가한 것을 묻히어 먹는다. 일본에서는 일본 떡 "모치(もち)"와 같다고 본다. 우리의 "인절미" 같은 것이다.

④ 월병 외에 이 날 가장 많이 먹는 것이 오리 요리다. 계화압(桂花鴨)이라 한다. 이는 남경 사람들이 가장 좋아하는 요리다. 전설에 의하면 중추에 오리를 먹는 것은 원말(元末) 주원장이 봉기한 것과 관련이 있다. 사람들은 "살압자(殺鴨子)"에 맞추어 "살달자(殺韃子: 몽고인을 죽여라)"라고 하여 중원의 지기(志氣)를 회복하고자 한 데 연유한다고 한다.

⑤ 토란(芋頭)을 먹는다. 이는 벽사(辟邪)와 액막이를 위한 것으로 보나, 그 기원은 척계광(戚繼光)의 군대가 왜군(倭軍)에 항거할 때 토란으로 배고픔을 달랜데 연유한다고 한다.

⑥ 계화주(桂花酒)를 마신다. 계화는 자고로 부귀길상, 자손창성의 상징이라 믿었다. 따라서 계화주는 사람들의 사랑을 받았다. 이는 포도를 사용하

고, 계화로 빚어 사람들의 심장과 비장에 계화향이 스며들게 한다.

4. 일본의 "쓰키미(月見)"의 문화

일본에는 우리의 추석에 대비되는 세시 풍속이 두 가지 있다. 그 하나는 오본(お盆)이고, 다른 하나는 쓰키미(月見)이다. "오본"은 불교와 관련이 있는 행사다. 이는 목련(目連)이 아귀도(餓鬼道)에 떨어진 어머니를 구했다는 우란분경(盂蘭盆經)의 "우란분(盂蘭盆)"과 관련이 있는 것으로 본다. 일본에서 우란분회는 일찍이 657년 7월 15일 개최되었는가 하면, 이어 궁중에서 연중 행사로 개최되었다. 그리고 오늘날에는 선조의 혼제(魂祭)를 중심으로, 살아 있는 어버이를 축하하고, 벼의 예축(豫祝) 및 전작물(田作物) 수확제의 요소가 가미되어 전국적 행사로 치러진다. 이에 대해 "쓰키미(月見)"는 아래에서 논의되는 바와 같이 8월 15일, 달을 상찬하고 풍년을 기원하는 행사로, 중국 전래의 명월 관상(觀賞)의 풍습에 연유한다. 따라서 이들은 다 같이 전통적 풍습에 외래 사상이 가미된 것이다. 전자는 내용상, 후자는 형식상 우리의 추석과 관련이 깊다. 더구나 8월 15일, 만월의 "月見"를 "중추절(中秋節)" 또는 "팔월절(八月節)"이라고도 한다(岡田 外. 2013). 이런 면에서 볼 때 "お盆"에 비해 "月見"가 보다 우리의 "추석"과 대응된다 하겠다. 따라서 여기서는 일본의 "月見"의 세시풍속을 우리의 "추석"과 대응되는 것으로 보고, 이를 살펴보기로 한다.

4.1. "쓰키미"의 역사와 성격

일본에서 음력 8월 15일의 달을 관상하는 풍습은 헤이안시대(平安時代)부터 보인다. 이를 "쥬고야(十五夜)"라 한다. 달리는 "쓰키미(月見)", 혹은 "메이게쓰(名月)", "이모메이게쓰(芋名月)"라고 한다.

달을 감상하는 풍습은 이미 앞에서 살펴본 바와 같이 중국에 당대(唐代)부터 있었다. 그리고 이러한 풍습은 송대(宋代)에도 이어졌다. 이러한 중국의 풍습이 일본에 전해졌다. 명월 관상(觀賞)에 대한 기록은 문덕천황(文德天皇)(827~858) 대에서부터 문헌에 나타난다.(田中 外, 2012). 그리고 청화(淸和)천황 때인, 정관(貞觀) 연간(859~877)에 당 나라에서 달을 관상하는 풍습이 일본에 들어왔다. 그래서 헤이안(平安)시대의 귀족들 사이에 이 행사가 성행하였다. 이는 점점 그 규모가 커졌고, 연희(延喜) 19년(919)에는 우다법황(宇多法皇)이 일본 독자의 "쓰키미"를 개최하기까지 하였다. 이 때의 "쓰키미"는 중국의 경우와 같이 시가(詩歌)와 관현(管絃)을 즐기며, 술을 마시고 노는, 풍취를 지닌 것으로, 서민과는 거리가 있는 것이었다. 이때의 상월(賞月)은 소원을 빌거나, 공물(供物)을 차리고 비는 종교적 요소는 아직 없었고, 다만 달을 바라보고 이를 즐기기만 하는 것이었다(Wikipedia).

무로마치(室町)시대에 들어서서도 관월(觀月)의 풍습은 계속되었다. 그러나 연회를 베풀고 즐기며 노는 풍습은 간소화하였다. 무로마치 시대 후기에 접어들어서는 메이게쓰(名月)의 날 달을 향해 절을 하고, 달에 공물을 바치는 풍습이 생겨났다.

에도(江戶)시대에 접어들며, "쓰키미"는 서민층에도 정착되었다. 쥬고야(十五夜)는 계절적으로 아직 수확하기 이전이라 추수 감사제가 아닌, 풍작을 기원하는 예축적 마쓰리로 행해졌다. 이날 사람들은 토란을 삶아 먹으며 밤놀이를 하는 것이 일반적이었다. 이 때 서민층의 "쓰키미"에 "쓰키미당고(團子)"와 같은 공물이 있었다는 기록은 보이지 않는다. 가정에서 공물을 바치게 된 것은 중기 이후로 보인다. 에도(江戶) 후기의 풍속 기록인 "수정만고(守貞漫稿)"에 의하면 "十五夜"에 제단을 차리고, 공물을 바치는데, 에도(江戶)에서는 둥근 공 모양의 쓰키미당고(月見團子)를, 교토(京都)와 오사카(大

阪)에서는 토란 모양의 당고(團子)를 제물로 차린 것으로 되어 있다.

현대에는 툇마루에 억새를 장식한 쓰키미단고(月見團子)와 토란(土卵), 풋콩(枝頭) 등 계절의 산물과 신쥬(御酒)를 차려놓고 달을 완상한다. "쥬고야(十五夜)"는 이 때 수확하는 토란을 공물로 바치기 때문에 특히 "이모메이게쓰(芋名月)"라고도 한다. 또한 불교 사원에서는 풍작을 기원하는 법회를 개최하기도 하였다.

일본에는 달을 완상하는 날이 "쥬고야(十五夜)" 외에 하루가 더 있다. 그것은 9월 13일에 달맞이를 하는 것이다. 이는 "쥬고야(十五夜)"에 대해 "쥬산야(十三夜)"라 한다. "名月"는 8월 15일과, 9월 13일의 두 만월을 가리킨다. 이러한 기록은 이미 14세기부터 보인다. "十三夜"는 일본의 8월 날씨가 워낙 변덕이 심해 날씨가 좋은 9월에 달 구경을 한 것이다. "十三夜"는 일본 고유의 풍습으로 알려진다. 이날 밤에는 풋콩(枝豆)과 밤 등을 공물로 바치는데, 이로 말미암아 이날을 "十五夜"의 "이모메이게쓰(芋名月)"에 대해, "마메메이게쓰(豆名月)", 또는 "구리메이게쓰(栗名月)"라 한다.

일본 사람들은 매우 달을 사랑한 것 같다. 그것은 "月見"하는 날이 두 번 있는 것만이 아니다. 그들은 달이 뜨기를 기다렸고, 이우는 달을 애석해 하였다. 그리하여 그들은 상현 달은 "夕月夜"라 하였고, "名月"의 전야, 곧 14일 밤을 "마쓰요이(待宵)"라 하여 미리부터 즐겼다. 그것은 보름날의 날씨가 어떨지 몰라 미리부터 달을 즐긴 것이다. 이들은 구름 낀 十五夜에는 "무게쓰(無月)"를, 비오는 날은 "우게쓰(雨月)"까지 즐겼다. 이뿐이 아니다. 일본 사람들은 16일은 망설인다는 의미를 내포한 "이자요이(十六夜)", 17일은 "다치마치쓰키(立待月)", 18일은 "이마치쓰키(居待月)", 19일은 "후시마치쓰키(臥待月)", 20일은 "후케마치쓰키(更待月)"라고 점점 늦게 돋는 달을 기다리며 맞았다. 그리고 23일의 달은 "한밤중의 달(眞夜中の月)"이라고 보는 사람도 없다는 의미를 담아 명명하였다(福田 外, 2012). 참으로 8월의 "名月" 전후의 달을 이렇게 사랑하고, 지는 달을 아쉬워한 민족은 일본인 말고는 없는 것 같다.

일본의 "쓰키미(月見)"는 이렇게 "十五夜"와 "十三夜"의 두 가지가 있다. "十五夜"는 중국 전래의 명월관(名月觀)을 이어 받은 것으로 달은 귀족들의 음풍영월의 대상이었다. 그러던 것이 후대에 들어와 일반화하며, 특히 농민들에 의해 농경행사와 관련지어져 추수 감사제의 성격을 띠게 되었다. 그리고 "十三夜"는 일본인들이 신앙적 의미에서 만월(滿月)을 중시해 절일로 삼았으며, 달의 영휴(盈虧)가 생산의 사이클과 연결되며, 농작물의 수확, 증식, 풍요의 상징으로 작용해 축제의 대상이 되었다고 할 수 있다.

4.2. "쓰키미(月見)의 세시풍속

추석에 대응되는 "月見"에는 여러 가지 세시풍속이 있다. 다음에 이러한 "月見"의 세시풍속과 절식(節食)에 대해 살펴보기로 한다. 먼저 세시풍속을 보기로 한다.

첫째, 공물(供物)을 차려 놓고 달을 맞는다.

"十五夜"에는 툇마루에 책상을 놓고 참억새의 이삭 등 소위 칠초(七草)로 장식하고, 月見團子와 토란 등을 차려 놓고 달이 뜨기를 기다린다. 공물(供物)은 일정치 않으나, 대체로 그 시절, 그 지역에서 나는 특산물을 진설한다. 토란을 진설하는 곳이 많고, 벼이삭, 풋콩, 밤 과, 감, 그리고 신곡으로 만든 공물 등을 바쳤다.

둘째, 공물과 토란 및 풋콩 등을 훔치는 습관이 있다.

十五夜에는 달에 바친 공물이나, 남의 밭에 들어가 토란이나, 콩 등을 훔쳐도 좋다는 풍습이 있다. 그래서 훔친 것은 미리 정해 놓은 집에 가지고 가 안주로 하여 술을 마셨다. 이날 이렇게 남의 것을 훔치는 일은 "十五夜 神"이 허락하는 것으로 여겼다. 그래서 도둑을 맞은 집에서도 공물이 없어지면 달이 먹었다고 기뻐하는가 하면, 오히려 공물이나 작물 잃은 것을 좋

은 징조라고 좋아하였다. 훔친 단자(團子)를 먹으면 건강하게 살 수 있다고
도 하였다. 이 날의 이러한 풍습을 "お月見泥棒(月見도둑)"이라 한다.

셋째, 잔치를 베풀고, 시가를 읊고 즐긴다.

앞에서 살펴본 바와 같이 이날 밤에 귀족들은 잔치를 베풀고 시가(詩歌)
를 읊으며 즐겼다. 이태백(李太白)은 채석강에 비치는 달을 끌어안으려다 기
경상천(騎鯨上天)하였다는 전설이 있거니와, 일본에서도 뱃놀이(舟遊)를 하며
수면의 달을 즐기고, 시를 읊고 잔치를 베풀며 즐겼다. 헤이안(平安)시대 귀
족들은 달을 직접 보지 않고, 술잔과 못에 비치는 달을 즐겼다고 한다. 이
러한 풍습은 후대에도 계속되었다.

넷째, 여러 가지 놀이를 한다.

"月見"에는 앞에서 살펴본 공물이나, 밭의 토란, 및 풋콩(枝豆) 등을 훔쳐
먹는 놀이가 가장 대표적인 놀이라 할 것이다. 이 밖의 주요한 놀이로는
줄다리기, 여자들의 군무(群舞), 씨름 등을 들 수 있다.

① 줄다리기를 한다.

줄다리기는 동북 지방에서 오키나와(沖繩)에 이르는 넓은 지역에 분포하
고 있는데, 특히 남구주(南九州) 지방에서 많이 한다. 줄다리기의 목적은 정
령맞이, 풍양(豊穰)기원, 악령제거 등에 있는 것으로 본다. 줄다리기의 승패
는 거의 문제를 삼지 않는다. 지방에 따라서는 이긴 쪽이 풍년, 또는 풍어
가 든다고 한다. 줄다리기는 줄이 끊어져야 끝내기도 한다. 줄이 끊어지는
것은 악령제거를 의미한다.

줄다리기를 하기 전 줄이 마련되면 우선 둥근 고리를 만들어 어린이가
그 가운데 들어가 달을 향해 절을 하고 풍작을 기원한다. 둥근 고리는 용사
(龍蛇)가 사리고 있는 것으로 보고, 어린이는 용신으로 생각하여 줄 주위의
청년들과 대화도 나누는데, 이때 벼의 풍작을 약속하기도 한다. 줄다리기
가 끝난 다음에는 줄을 강이나 바다에 떠내려 보내거나, 태우거나 한다. 씨
름판의 가를 두르고 씨름을 하기도 한다.

② 여자들은 군무(群舞)를 하고, 남자들은 씨름을 한다.

남구주(南九州)에서 남서 제도(諸島) 등에 이르는 지역에서는 十五夜의 춤(十五夜踊り)을 추었다. 달이 뜰 때 해변에 나가 둥근 진(圓陣)을 무어 춤을 춘다(福田 外, 2012). 이는 우리의 "강강술래"를 연상케 하는 것이다. 그리고 남자들은 앞에서 언급한 바와 같이 줄다리기를 한 뒤, 이 줄로 씨름판의 가를 두르고 씨름을 하며 즐긴다.

③ 못과 호수를 순례하며 달을 즐긴다.

평안(平安)시대 귀족들이 호수에 비친 달을 관상하며 시를 즐겼다고 하였거니와 이러한 풍습은 후대에도 계속되었다. 그리하여 호수와 못(池塘)을 순례하며 달을 완상하고 시가를 즐겼다. 그리하여 17세기의 松尾芭蕉(1644~1694)는 "명월(名月)과 못을 순례하며 밤이 샌다(名月や池をめぐりて 夜もすがら)"란 俳句를 보여 준다. 못에 비친 달의 아름다움에 매료된 시인의 심경을 엿보게 한다. 연못이나 호수의 달을 즐겼다는 것은 일본의 3대 명월 감상지를 京都 대각사(大覺寺)의 대택지(大澤池), 奈良 채녀사(采女寺)의 원택지(猿澤池), 대진시(大津市)의 석산사(石山寺)를 꼽는 데서도 알 수 있다.

④ 와라뎃포(藁鐵砲) 놀이를 한다.

도치키현(縣)의 일부에서는 재액 제거의 취지로 "와라뎃포(藁鐵砲)" 행사를 하였다. "와라뎃포"는 어린이들이 토란 줄기를 새끼줄에 감아 만든 것으로, 각 가정의 뜰이나 도로를 "지프라기총 지푸라기총(わらてっぽう わらてっぽう)"이라 큰소리로 외치며 두드리고 다니는 것을 말한다. 이는 농작물에 해가 되는 두더지를 친다는 의미가 있다고 한다. 이 행사는 十三夜에 행해졌는데, 대부분의 경우는 작은설날(小正月) 행해진다. 끝나면 짚은 감나무 등에 감아 두었다.

다섯째, "月見" 날의 날씨를 보고 풍흉 등을 점친다.

달의 상태를 보아 그 해의 작황을 점치는 연점(年占)의 요소를 보인다. 곧 8월 15일이 맑으면 보리가, 9월 13일이 맑으면 밀이 풍작이 된다고 한다.

그리고 아오모리현(青森縣)에서는 달에 걸린 구름의 정도를 보고 대구의 풍어(豊漁) 여부를 점친다. 후쿠이현(福井縣)에서는 에비스조(夷組)와 오쿠로조(大黑組)로 나누어 줄다리기를 하는데, 에비스가 이기면 풍어(豊漁), 오쿠로가 이기면 풍작이라고 점을 친다. 지역적 특성이 반영되고 있다.

여섯째, 가는 줄을 만들어 높은 나무에 거는 등 여러 가지 전승 풍습이 있다.

줄다리기의 줄과는 달리 짚으로 가는 줄을 만들어 달의 줄, 혹은 신의 줄이라 하여, 줄을 꼴 때 토란, 밤, 벼를 함께 넣고 꼬아 높은 나무에 걸어 달에 바친다. 또한 줄과 같은 재료로 큰 조리(大草履)와 짚인형(藁人形)을 만들어 높은 나무에 걸어 느려뜨리거나, 길에 쭉 깔아 놓는 등 재미 있는 풍습도 전한다.

일곱째, "十三夜"에도 "十五夜"와 같은 행사가 행해진다.

전통적 "月見""라 할 수 있는 "十三夜"에도 "十五夜"와 마찬가지로 달에 공물을 바치고, 밭 작물을 훔쳐도 좋다는 풍습이 있다. 공물은 "十五夜"에는 15개, "十三夜"에는 13개 하는 것으로 되어 있다.

일본열도에는 도작(稻作)을 기축(基軸)으로 하는 문화 외에 토란을 중심으로 한 전작(畑作)을 기축으로 하는 문화체계가 있는 것으로 보기도 한다. 일본에서 토란제(芋祭り)가 많이 행해지는데, 이것을 전작을 기축으로 하는 문화라 보는 것이다. 8월 15일을 "芋名月"라 하는 것도 이런 것이다. 동북지방이 이에 해당한다. 그러나 공물에 토란이 없으면 안 된다고 보는 지역은 널리 분포되어 있다.

"十三夜"에도 줄다리기를 한다. 다만 줄다리기의 줄은 십오야에는 띠(芧)로, 십삼야에는 짚으로 꼬는 경우가 많다. 그것은 "十三夜"는 이미 추수를 한 뒤이기 때문이다. "月見"는 한쪽만 하는 것이 아니라고도 한다. "가다쓰키미(片月見)"는 불길하다고 하여 쌍으로 즐기는 것을 원칙으로 한다.

다음에는 이 날의 절식을 살펴보기로 한다. 일본의 절식은 달에 바치는 공물(供物) 외에 다른 음식은 별로 없는 것 같다. 따라서 일본의 절식은 月見

團子와 토란(里芋), 풋콩(枝豆), 밤, 감, 신주(御酒)와 그 밖의 신곡(新穀)의 공물을 들 수 있다. 신곡의 공물은 靜岡縣에서 햅쌀로 "헤소모치(へそもち)"라고 하는, 한 가운데가 움푹 들어가게 만든 평편한 단자(團子)가 있고, "오하기(お萩)"가 보인다. "오하기"는 찹쌀과 멥쌀을 섞어 쪄서 가볍게 친 다음, 둥글게 빚어 팥소나 콩고물 따위를 묻힌 떡을 말한다. 달리는 "보다모치(牡丹餠)"라 한다. 우리의 인절미 같은 것이다.

5. 결어– 한·중·일 "추석" 문화의 특성

우리는 앞에서 한·중·일의 광의의 "추석(秋夕)" 문화, 곧 한국의 추석(秋夕)과 중국의 "中秋節", 일본의 "月見"를 살펴보았다. 그러면 다음에는 이들 한·중·일의 광의의 추석 문화의 특성을 살펴 그 같고 다름을 제시하기로 한다.

앞에서 우리는 한중일의 광의의 추석 문화의 기원과 성격, 그리고 세시풍속을 살펴보았다. 따라서 이미 삼국의 "추석" 문화적 특성은 드러난 바 있다. 따라서 이러한 특성 가운데 대표적인 특성을 중심으로 그 이동(異同)을 논의하여 결론을 내릴 차례다. 이에 대표적인 특성을 중심으로 다음에 "秋夕"과 "中秋節", 그리고 "月見"의 특성을 비교하여 그 특성을 제시하기로 한다.

첫째, 한·중·일 삼국은 광의의 "추석"의 성격에 차이를 보인다.
광의의 삼국의 "추석"은 달을 관상하고, 제례를 행한다는 공통점을 지니는 외에 그 나름의 특성을 지니고 있다. 이를 한 마디로 규정한다면 한국의 "추석"은 조상제(祖上祭)이고, 중국의 "中秋節"은 배월제(拜月祭), 혹은 월신제(月神祭)이며, 일본의 "月見"는 애월제(愛月祭)라 할 수 있다.

역사적으로 볼 때 한국의 "추석"은 "가배" 기원설과는 관계 없이 풍양
예축(豊穰豫祝)의 행사로 술과 갖은 음식을 실컷 먹고 마시며 즐기는 날이었
다. 곧 사린(四隣)이 가무를 즐기고 노는 날이다. 그 뒤 유교의 영향으로 이
는 조상의 음덕과 풍성한 수확에 감사하는 축제로 변하였다. 그리고 이것
이 추석의 본령이 되었다. 그래서 달에 대한 관심이 희석되었다. 유락적(遊
樂的) 추석이 제례위주의 행사의 날로 바뀌게 된 것은 그리 오래지 않은 것
으로 보인다. 18~9세기에 지어진 "농가월령가"만 보아도 차례(茶禮) 아닌,
묘제(墓祭)를 노래하고 있다.

중국에서는 국가적 전례로서의 제월(祭月)은 추분(秋分)에 행하여졌기에
중추지에(中秋節)는 둥근 달을 즐기는 완월(翫月)이요, 상월(賞月)의 명일이었
다. 당나라 때에는 주로 귀족, 관환(官宦), 문인들이 음풍영월하였고, 송(宋)
나라 이후에는 일반화하여 요란하게 즐기고 놀았다. 그러나 이런 가운데
민간에서는 신앙의 대상으로서의 달과 월신(月神)에 절하고(拜月), 소원을 빌
었다. 중국에는 다른 나라와 달리 옥토(玉兔), 섬여(蟾蜍), 항아(姮娥)라는 달의
세 신에 대한 전설이 있다. 이들에 대한 제배는 무엇보다 중추절의 특성을
드러낸다. 청나라와 명나라 이래 단원(團圓)이 강조되고, 단원절(團圓節)이라
고까지 하는 것은 달에 대한 민간신앙으로 말미암아 친인(親人)의 정을 강
조하게 된 때문이다.

일본에는 달을 관상하는 "月見"가 1년에 두번 있다. 8월 15일의 "十五夜"
와, 9월 13일의 "十三夜"가 그것이다. "十五夜"는 당(唐)의 관월 풍습이 일본
에 전해진 것으로, 헤이안(平安)시대의 귀족들이 외래문화를 즐긴 것이다.
이에 대해 "十三夜"는 일본 고유의 달에 대한 신앙적 차원에서 만월을 즐
긴 것이다. 일본 사람들은 "名月"를 두 번 즐길 뿐 아니라, 이날의 "무월(無
月)", "우월(雨月)"까지 즐겼다. 그리고 상현달에서부터 14일의 달, 16, 17,
18, 19, 20일의 달을 즐기고, 23의 달까지 즐긴다. 이런 의미에서 일본의
"月見"는 정말 달을 사랑해서 이를 즐긴다는 특성을 지니는 것으로 볼 수

있다.

둘째, 제례를 행하는 때에 차이를 보인다.

한국에서는 지난날의 묘제도 그렇고, 차례도 낮에 지낸다. 그런데 중국이나 일본에서는 달이 떠오르는 밤에 지낸다. 그래서 중국에서는 "월석(月夕)"이라 하고, 일본에서는 "月見"라 한다. 우리도 물론 "秋夕"이라 하여 "저녁"이 강조되고 있으나, 이는 이름뿐이다. "朝鮮風俗集"을 지은 今村鞆이 "이 밤 內地(일본)와 같이 月祭를 하지 않는다. 풍류유생이 달을 감상하기도 하나, 성하지는 않다. 내선인(內鮮人)의 달에 대한 풍류심(風流心)이 매우 다르다."고 하고 있는 것도 한·일의 달에 대한 관심이 다르다는 것을 말하고 있는 것이다. 우리는 일본에 비해 달에 대한 관심이 적어졌다.

셋째, 귀성하는 풍습이 있다.

한국에서는 차례를 지내고, 귀성(歸省)과 성묘를 하기 위해 고향을 찾는 풍습이 있다. 중국에서는 이날이 단원절(團圓節)이기도 하여 친인(親人)의 정을 나누기 위해 타관에 나가 있는 사람이 고향을 찾는다. 일본에는 이러한 풍습이 없는 것으로 보인다. 이러한 풍습은 오히려 "오본(お盆)"에 행해지는 것을 볼 수 있다.

넷째, 점을 치는 풍습이 있다.

점을 치는 가장 대표적인 풍습은 광의의 추석날 날씨를 보아 풍흉을 점치는 것이다. 이러한 풍습은 한국, 중국, 일본에 다 있다. 한국에서는 추석날 비가 오면 이듬해 흉년이 들고, 날이 맑으면 풍년이 든다고 한다. 그리고 밤에 구름이 많고, 군데군데 벌어져 있으면 보리 농사가 풍년이 들고, 구름이 없거나 뭉쳐 있으면 흉년이 들 조짐이라 본다. 중국의 경우는 청월고(請月姑), 선희강(仙姬降), 청람고(請藍姑)와 같은 형식을 통해 월신(月神)을 초청해 재상(災祥)을 점친다. 그리고 일본에서는 우리와 마찬가지로 날씨를 보아 연점을 치는데, 十五夜가 맑으면 보리가, 十三夜가 맑으면 밀이 풍작이 된다고 한다. 후쿠이현(福井縣)에서는 에비스조(夷組)와 오쿠로조(大黑組)로 나누어 줄다리기를 하는데 에비스가 이기면 풍어(豊漁), 오쿠로가 이기면 풍작이라고 점을 친다.

다섯째, 삼국이 고유한 풍습과 문화를 반영한다.

한국에서는 고사를 지내는 풍습이 있고, 반보기라 하여 친정어머니와 시집간 딸이 중로에서 만나 음식을 먹으며, 그리웠던 친정을 달래는 풍습이 있다. 중국에서는 월신 외에 토지신, 조신(潮神), 남신(藍神), 탁신(桌神) 등에 제를 지내는가 하면, 특히 관조(觀潮)를 하는 오랜 풍습이 있다, 자녀가 없는 집에 외를 보내는 송과(送瓜)라는 특별한 풍습도 있다. 그러면 아들을 낳는다고 한다. 이는 토가족(土家族)의 풍습에서 연유하는 것으로 본다. 일본에는 남의 집 공물(供物)과 남의 밭의 토란 등을 훔치는 허락된 풍습이요, 놀이이기도 한 특별한 풍습이 있다. 도둑맞은 집에서는 이를 알고도 방치하며, 오히려 공물이나 밭작물이 없어진 것을 달이 먹은 것이라 여겨 좋아한다. 이 밖에 月見날 우제(芋祭)를 지내고, 줄다리기의 줄과는 달리 토란 줄기와 벼, 밤 등과 함께 가는 줄(小綱)을 꼬아 높은 나무에 걸어 달에 바치는 풍속도 있다.

여섯째, 놀이에 같고 다름이 있다.

한국에서는 줄다리기, 씨름, 강강술래를 하고 노는데, 일본에서도 줄다리기와 씨름을 하고 여자들이 군무(群舞)를 한다. 이는 같은 점이다. 이 밖에 한국의 소먹이놀이, 거북놀이, 소싸움, 밭고랑 기기, 원(員)놀이 등의 놀이는 중국이나 일본에서는 하는 것 같지 않다. 중국에서는 등롱(燈籠)놀이가 많고, 소탑(燒塔)놀이를 한다. 일본에서는 못이나 호수 순례를 하고, 와라뎃포(藁鐵砲)놀이를 한다. 이들은 서로 다른 고유의 놀이로 볼 수 있다. 일본의 남구주(南九州)에서 남서(南西)의 여러 섬에 이르는 지역에서는 달이 뜰 때 부녀자들이 해변에 나가 원진(圓陣)을 무어 군무를 행하는데, 이는 특별히 흥미를 끈다. 그것은 우리의 부녀자들이 전라도 해안지방에서 행하는 원무 형식의 군무, 강강술래를 연상케 하는 풍속이요, 문화이기 때문이다.

일곱째, 절식에도 같고 다름이 있다.

한국의 절식으로는 송편, 단자, 토란국, 신도주(新稻酒)와 이 밖에 시루떡, 인절미, 호박, 무·가지 말랭이 등을 들 수 있다. 이 가운데 단자, 토란은 중국과 일본에서도 다 같이 공물로 바치거나, 먹는 것이다. 중국의 절식으로는 단자, 토란 외에 완월갱(玩月羹), 월병(月餠), 자파(餈粑), 오리 요리, 계화주(桂花酒) 등이 있다. 월병과 오리 요리는 중추절의 대표적인 절식이다. 중추에 오리 요리를 먹는 것은 주원장(朱元璋)이 원나라 말기에 봉기한 것과 관련이 있는 것으로 본다. 사람들은 "살압자(殺鴨子)"에 맞추어 몽고인을 죽이라는 "살달자(殺韃子)"라고 외쳐 중원의 지기(志氣)를 회복하고자 한 데 연유하는 것으로 보기 때문이다. 토란을 먹는 기원은 척계광(戚繼光)의 군대가 왜군(倭軍)에 항거할 때 토란으로 배고픔을 달랜 데 있다고 한다. 일본의 절식으로는 단자, 토란 외에 풋콩(枝豆), 밤, 감, 신주(御酒)가 있다. 그리고 신곡으로 만든 "헤소모치(餠)", "오하기(お萩·牡丹餠)"란 일본 고유의 떡이 있다. "헤소모치"란 번역하면 "배꼽떡"이라 할 것으로, 한 가운데가 불쑥 들어가게 만든 평편한 단자(團子)이다. 이에 대해 "오하기(お萩)"란 "보다모치(牡丹餠)"라고도 하는 것으로, 찹쌀과 멥쌀을 섞어 쪄서 가볍게 친 다음, 둥글게 빚어 팥소나 콩고물 따위를 묻힌 떡을 말한다. 말하자면 우리의 인절미 같은 것이다. 토란은 3국이 다 절식으로 먹는데 중국과 같이 특수한 면도 있겠지만 이는 계절적으로 이 때가 수확철이라 시절 음식이어 절식으로 많이 이용하게 되었다고 할 것이다.

참고문헌

박갑수(2013), 한국어교육과 언어문화 교육, 역락
박갑수(2016), 언어·문학·문화, 그리고 교육, 역락

박갑수(2017), 언어·문화, 그리고 한국어교육, 역락

오정란, 교지연(2011), 외국어로서의 한·중 언어 문화 비교, 박이정

이두현 외(1977), 한국민속학개선, 민중서관

이석호 역(1977), 동국세시기(외), 을유문화사

이화영(2014), 민중의 현실, 생활의례, 푸른 사상

한호철(2016), 세시풍속 이야기, 지식과교양

紀微(2008), 中國國俗, 陝西師範大學出版社

今村병(1925), 朝鮮風俗集, 斯道館

岡田芳朗·松井吉昭(2013), 年中行事讀本, 創元社

黒澤明夫(2002), 見てわかる日本- 傳統·文化編, JTB

田中宣一·宮田登 編(2012), 年中行事事典, 三省堂

中村喬(1988), 中國の年中行事, 平凡社

中村喬(1988), 續中國の年中行事, 平凡社

福田アジオ 外(2012), 日本の年中行事事典, 吉田弘文館

宮田登 外(1984), 日本民俗學大系 9, 歷と祭祀- 日本人の季節感覺, 小學館

     (2018. 12. 12)

■ 이 글은 외국어로서의 한국어교육에 문화교육이 절대적으로 필요해 한·중·일의 "추석" 文化를 비교·대조한 것이다. 2018년 12월 12일 탈고한 것이다. 미발표 원고임.

제4장 국어교육과 한국어교육의 세계화 - 어제 · 오늘 · 내일

1. 서언

학회에서 주어진 주제가 "(한)국어교육의 세계화- 어제 · 오늘 · 내일"이다. 이는 약간의 설명을 필요로 한다. "한국어교육의 세계화"는 한국어교육의 글로발화(globalization), 나아가서 한국어의 세계적인 보급을 의미한다 하겠다. 이에 대해 "국어교육의 세계화"는 그 개념이 좀 모호하다. 액면 그대로 해석한다면 170여 국가에 나가 살고 있는 재외동포의 국어교육을 생각할 수 있다. 그러나 그런 의미는 아닐 것이다. 이는 오히려 국어교육의 현대화(modernization), 국제화(internationalization)를 의미한다고 보아야 할 것이다. 편협한 국수주의적 국어교육이 아니라, 세계적인 언어 내지 교육이론을 바탕으로 한, 국제적인 학문으로서 발전하는 국어교육을 의미한다고 하겠다. 따라서 주어진 주제의 논의는 국어교육의 현대화 내지 국제화와, 한국어교육의 세계화(globalization)란 양면의 논의를 함께 하는 것이 바람직하겠다.

다행히 저자는 국어교육에 대한 회고와 반성 등 국어교육 개선에 관한

글과, 한국어교육의 세계화에 대한 여러 편의 글을 발표 바 있다. 그 대표적인 것으로는 다음과 같은 것들을 들 수 있다.

국어교육의 과제와 전망, 한국어연구논문, 제37호, KBS한국어연구회(1993)

國際化時代の韓國の國語教育, 世界の言語教育・日本の國語教育, 日本國立國語研究所(1995)

국어교육 100년의 회고와 전망, 이중언어학회지, 제13호, 이중언어학회, 1996

한국어 국제화의 현황과 과제, 해외 한민족과 차세대, SAT II 한국어진흥재단(LA), 1996

외국어로서의 한국어 교육-그 현황과 과제, SAT II 한국어진흥재단(LA), 1998

새천년과 우리 언어문화의 발전 방향, 국어교육학연구, 제9집, 국어교육학회, 1999

한국어교육의 과제와 전망, 국어교육연구, 제6호, 서울대학교 국어교육연구소, 1999

한국어교육의 현황과 과제, 중국에서의 한국어교육 III, 연변과학기술대학, 한국학연구소, 2002

한국어교육의 과제와 개선방안, 재외동포의 정체성 확립과 교육의 방향, 재외동포교육진흥재단, 2003

재외동포 한국어교육의 오늘과 내일, 이중언어학회지, 제33호, 이중언어학회, 2007

한국어교육의 현황과 발전 방향, 한국어교육연구, 서울대 한국어교육 지도자과정, 2009

한국어 세계화와 한국어교육, 한국어교육연구, 제14호, 서울대 한국어교육 지도자과정, 2010

한국어 세계화 정책의 현황과 대책, 한국어교육연구, 5, 배재대학 한국어교육연구소, 2010

한국어교육의 현실과 미래, 국학연구논총, 제6집, 택민국학연구원, 2010

한국어교육의 현황과 발전 방향, 한국어교육연구, 서울대 한국어교육지
　　　　도자 과정, 2011

한국어 세계화, 그 실상과 새로운 추진 방안, (사)한국문화국제교류운동
　　　　본부, 2012

국어교육의 현황과 반성, 국학연구논총, 제16집, 택민국학연구원, 2015

이에 이 글에서는 주어진 주제에 대한 논의를 하되, 학회가 국어교육학
회인 만큼 국어교육을 위주로 하고, 여기에 한국어교육에 대한 문제를 아
우르는 형식을 취하기로 한다. "어제·오늘·내일"이란 회고와 전망은 국
어교육과 한국어교육의 역사적 흐름을 개관하고, 국어교육과 한국어교육
의 문제와 개선 방향에 대해 논의하기로 한다. 특히 국어교육의 문제는 필
자가 "국어교육의 현황과 반성(2015)"에서 비교적 심도 있게 다루었기에 이
를 중심으로 많이 개고·첨삭하게 될 것이다. 이 점 사전에 오해가 없도록
서두에서 밝혀 둔다.

2. 지난날의 국어교육과 한국어교육

2.1. 지난날의 국어교육

언어교육은 인간이 사회생활을 시작하면서부터 비롯됐을 것이다. 그러
나 본격적인 민족어 교육, 혹은 국어교육은 근대화 이후에 시작되었다. 고
대국가는 언어에 대해 개방정책(開放政策)을 폈고, 근대에 접어들어 열강은
폐쇄정책(閉鎖政策)을 폈다. 근대에 접어들어 국민의 통합을 위해 언어의 통
일이 필요해 폐쇄정책을 펴고, 언어의 통일을 하기 위해 국어교육을 한 것

이다(鹽田, 1977; 박갑수, 1984).

일반적으로 언어는 학습(學習) 아닌 습득(習得)에 의해 이루어진다. 특히 자국어의 경우 그러하다. 따라서 이 땅의 국어교육사(國語敎育史)는 그리 오래지 않다.

우리의 국어교육이 본격적으로 시작된 것은 갑오경장(1894) 이후라 하겠다. 1895년에 신학제가 실시되며 사범학교, 소학교, 중학교가 설립되었다. 이들 학교는 개교하면서 국어교육을 실시하였다. 따라서 국어교육의 역사는 120여 년 정도가 된다.(사실은 1894년 9월 18일 교동초등학교(관립교동 왕실학교)가 설립되었고, 이는 1895년 한성사범부속 초등학교가 되었다.)

1895년 2월 교육입국조서(敎育立國詔書)가 반포되며, 신식교육을 실시하게 되었다. 그리고 1895년 7월 칙령 제149호로 반포된 "소학교령(小學校令)"에 의해 정통 학교가 설립되게 되었다. 이에 미동, 장동(매동), 수하동 초등학교 등 서울에 10개 초등학교가, 지방에 50여 곳에 초등학교가 설립되었다. 중학교는 이보다 5년 후인 1899년 4월 칙령 제11호로 "중학교관제(中學校官制)"가 공포되고, 1900년 4월 학부령 제12호로 "중학교규칙(中學校規則)"이 공포되어 설립되었다. 이에 앞서 1895년 4월 칙령 제77호로 "한성사범학교관제(漢城師範學校官制)"를 발표해 교사 양성기관이 탄생하였다. 이때의 국어과(國語科)는 분과주의(分科主義)를 채택해 "독서, 작문, 습자"의 세 과목으로 나뉘어 있었다(박붕배, 1987).

그러면 국어교육은 구체적으로 어떻게 수행되었는가? 교육과정을 중심으로 국어교육의 흐름을 살펴보기로 한다(박갑수, 2015).

1945년에 해방이 되며 남한은 미군정청(美軍政廳)이 들어서 군정기에 접어들었다. 이때 초기의 교육과정이라 할 "교수요목(敎授要目)"이 제정되었다. 1945년 9월 학교 교과목 편제와 시간 배당이 발표되었고, 1946년 초등학교 "교수요목"과 중학교 "교수요목"이 제정 공포되어, 소위 "교수요목" 시대의 국어교육이 시작되었다.

그 뒤 1948년 대한민국 정부가 수립되고, 1955년에 제1차 교육과정이 제 정되면서 국어교육은 본격적인 교육과정에 의한 교육의 시대에 들어섰다. 이후 교육과정은 7·8차의 개정을 거치며 변화·발전하여 오늘에 이르고 있다.

제1차 교육과정은 미국의 새로운 교육사조, 특히 진보주의(進步主義) 교육 에서 강조하는 경험주의를 도입하여 이루어졌다. 이는 종래의 지식위주의 교육에서 일대 전환을 한 것으로, 생활중심(生活中心) 교육과정이었다. 언어 면에서는 인간형성의 기능을 고려해 교육목표를 수립하였다. 1963년에는 제2차 교육과정이 마련되었는데, 이는 사회중심 교육의 특색을 지닌 진보 주의 교육사조를 반영한 것으로, 국어교육은 널리 사회생활의 필요에 부응 하는 것이어야 한다고 보았다. 1973년의 제3차 교육과정은 '교육헌장'의 이념과 미국의 학문중심 교육과정을 반영하였다. 국어과 교육에서는 첫째, 언어능력을 길러 국어생활을 원활하게 하고, 둘째 사고력을 길러 건전한 사회인으로 성장하도록 하며, 셋째 전달 내용의 가치를 통하여 바람직한 인간을 형성하고자 하였다.

제4차 교육과정은 1981년 제5공화국 출범 이후 개정된 것으로, 특정 사 조나 이념을 반영하지 않은 종합적이고 복합적인 것이다. 이는 종래의 교과 중심, 경험중심, 학문중심의 교육과정을 바탕으로, 여기에 미래에 대한 인 식을 강조한 미래지향적 교육과정이었다. 국어과에서는 언어기능의 신장 및 강화, 문학교육의 강화, 언어교육의 체계화, 작문교육의 강화, 가치관 교 육의 내면화를 강조하였다. 제5차 교육과정은 1987년 소위 '6·29선언'이 나오던 해 개정된 것으로, 이 교육과정도 제4차 교육과정과 마찬가지로 특 정 사조나 이론을 내세운, 슬로건이 있는 교육과정은 아니었다. 국어교육의 목표를 일원화하고, 이로부터 국어 수업의 목표 및 방법에 대한 일관된 지 침을 추출해 낼 수 있게 국어 교육과정의 체계화에 주안점을 둔 것이었다. 제6차 교육과정은 1992년 제정된 것으로, 20세기를 마무리하고, 새로운 시대를 준비하는 교육개혁의 일환으로 개정된 것이다. 이는 실용중심 교육을 지향한 교육과정으로, 학문중심 교육과정과 활동중심 교육과정의 절충·통합을 통해 실용성을 강조한 것이다. 1997년에는 제7차 교육과정이 제정되었는데, 이는 건전한 인성과 창의성을 함양하는 기초·기본 교육에 충실을 기하고자 한 것이었다.

제7차 교육과정의 개정안은 2007년 제정되었다. 이는 학습자의 자율성과 창의성을 신장하기 위한 학생중심 교육과정이었다. 따라서 전인적 성장 기반 위에 개성을 추구하는 사람, 기초 능력을 토대로 창의적 능력을 발휘하는 사람 등을 추구하였다(박갑수, 2005).

현행 교육과정은 교육부 고시 제2015-74호로 개정·고시된 것이다. "2015 교육과정"은 총론에서 "자기 관리능력, 창의·융합 사고능력, 정보처리능력, 의사소통 능력, 공동체 의식, 심미적 감상 능력"을 핵심 역량으로 보고 있다. 이들 6가지 능력 가운데 적어도 "자기 관리능력, 공동체 의식"이란 두 가지 능력을 제외한 나머지 4가지 능력은 국어능력이라 할 수도 있는 것이다. 따라서 "2015 교육과정"은 종래 흔히 국어과에 대해 언급되는 "도구 교과"라는 말과 달리, 교과 전반에 핵심적 역량을 미치는 중요 교과로 자리매김된 것이라 하겠다. 국어교육은 이제 국어과의 중요성을 새삼 명심하고 교육을 해야 할 것이다.

이상이 약 60년에 걸쳐 추구한 우리 국어교육의 교육과정이요, 역사다. 우리의 국어교육은 앞에서 살펴본 교육과정의 기본 정신 내지 이념을 바탕으로 구안된 국어과 교육과정에 따라 끊임없이 변화 발전하며 오늘에 이르렀다. 따라서 그간의 국어교육은 국수적·폐쇄적 교육이 아닌, 시대적 흐름과 함께 세계적 교육사조를 수용하며 변화 발전해 왔다고 할 수 있다. 국어교육은 오늘도 부단히 현대화(modernization)하며, 혁신과 발전을 거듭해 국제화, 세계화의 길로 나아가고 있다.

2.2. 지난날의 한국어교육

한국어교육은 타민족과 접촉을 가지면서 행해지기 시작했을 것이다. 따라서 선사시대는 차치하고, 적어도 한사군(漢四郡)이 설치되었을 때는 한국어교육이 행해졌을 것이다. 명문화된 기록은 속일본기(續日本記)에 美濃 · 武藏의 양국에서 신라를 정복하기 위해 신라어를 가르쳤다는 것이 최초인 것 같다. 그 뒤 宋 손목(孫穆)의 계림유사, 明의 조선관역어(朝鮮館譯語), 조선조의 임진왜란 및 조선통신사의 왕래가 직 · 간접으로 한국어교육에 영향을 끼쳤을 것으로 보인다. 그 뒤 일본에서는 조선통신사를 맞기 위해 1727년 대마도에 한국어 교육기관인 韓語司가 설립되었다(박갑수, 2012). 이것이 사실상 최초의 한국어 교육기관이다. 교린수지(交隣須知)와 인어대방(隣語大方)은 이 때 저술된 조선어 학습서이다. 그 뒤 일본에서는 1792년 嚴原 韓語學所가 설립되었고, 조선에는 1873년 草梁館語學所가 설립되었다. 그리고 근대적 의미의 한국어교육은 일본의 동경외국어학교(1880)의 조선학과 창설, 러시아의 St. Peterburg대학(1897)에 한국어 강좌가 개설되며 시작되어, 이후 동서양의 대학에서 한국어교육이 확산되게 되었다. 이때 서양에서의 한국어교육은 중국학 내지 일본학을 하며 통과의례로 행해졌다. 국내에서는 1959년 연세대학교 어학당에서 한국어강좌를 개설하여 한국어교육을 시작하였다. 이후 한국어교육은 주로 대학의 비학위과정에서 수행되었고, 1990년대에 서울대학교 사법대학에 석 · 박사 과정을 개설하며, 한국어교육이 본격적인 연구와 학습의 단계에 들어서게 되었다.

한국어교육은 국제정세에 따라 주로 이방에서 먼저 시작되었다. 따라서 교육여건이 채 성숙되기 전에 시작되어 초기에는 모든 것이 부실하였다. 교육과정도, 교재도, 교사도 제대로 갖추지 못한 상황에서 피동적으로 행해졌다. 그 간의 이들 교육여건을 간단히 살펴보면 다음과 같다.

우선 교육과정은 명문화된 것이 없는 상태에서 교육기관 나름으로 교육을 수행하였다. 따라서 난이도나 학습의 선후 단계도 구별이 없었다. 그러던 것이 한국어능력시험을 치르고, 국어기본법에 따라 한국어교육능력검정시험을 치르게 되면서 자리를 잡게 되었다. 교재는 부실하고, 턱 없이 부족했다. 그나마 대학의 연수기관에서 마련한 것이 질적으로 나은 편이었다. 2009년의 조사보고에 의하면 한국어 교재는 약 3,500종으로(진대연, 2009), 양적으로는 상당수 개발되었다. 그러나 질적으로는 문제가 많은 것으로 나타난다. 교원의 문제는 심각하다. 특히 해외의 경우 그러하다. 한국어 교원은 오늘날 비학위과정과 학위과정에서 수적으로 적잖이 배출되고 있다. 그런데 수급에 문제가 많다. 현지에서는 유자격자(有資格者)를 원하고, 유자격자는 현실적으로 여건이 마뜩치 않아 현지에 잘 가지 않는 편이다. 이는 물론 경제적인 것이 큰 원인이다. 근자에는 2012년 세종학당재단이 설립되어 여기서 교원을 파견하는가 하면 지원하고 있어 그나마 다행이다. 코이카에서의 한국어교원 파견도 부족한 교원 문제 해결에 도움을 주고 있다.

교수법은 외국어교수법을 원용할 수 있어 그나마 괜찮은 편이다. 교수법에는 문법-번역법(grammar-translation method), 청각구두법(audio-lingual approach), 전신반응법(total physical response), 침묵법(silent way), 공동체 언어학습법(community language learning), 암시적 교수법(suggestopedia), 자연법(the natural approach), 의사소통교수법(communicative approach) 등이 있다. 이 가운데 많이 활용되는 것은 문법-번역법, 청각구두법, 의사소통교수법 등이다. 이는 학습자의 여건에 따라 달리 활용되고 있다.

한국어 세계화의 현황에 대해서도 여기서 간단히 살펴보기로 한다. 한국어교육의 목표는 한 마디로 "이방인 혹은 이민족간의 소통과, 친선 도모 및 문화교류"에 있다고 하겠다. 세계 각국은 자국어의 세계적 보급, 곧 자국어의 국제화, 혹은 세계화를 강도 높게 추진하고 있다. 영국의 British Council, 미국의 American Center, 독일의 Goethe Institute, 프랑스의 Allience Francaise, 일본의 국제교류기금, 중국의 공자학원 등은 이러한 기구의 대표적인 것이다. 우리는 지난날 한국어 세계화를 꿈도 꾸지 못했고, 1970년대 까지만 하여도 이러한 정책은 유야무야한 형편이었다. 그러던 것이 정부에 서 정책적으로 한국 언어문화 보급을 적극적으로 추진하며, 2012년 세종학 당 재단을 설립함으로 한국어 세계화가 본격적으로 추진되게 되었다. 그리 하여 우리도 오늘날 열강과 함께 자국어 세계화 정책을 확산·발전시키며, 한국어 세계화를 활발히 추진하고 있다.

한국어 세계화의 구체적인 경향은 2014년도 교육부의 자료에 의하면 4 년 사이에 한국어를 정규과목으로 가르치는 외국의 초·중·고등학교가 배로 늘어났다. 2010년 21개국 540개교에서 2014년에는 26개국 1,111개 학교가 되었다. 학생수는 57,400명에서 93,100명으로 늘어났다. 세종학당 도 확장일로에 있다. 이는 2014년에 55개국에 138개소가 개설되어 있는 것 으로 되어 있다. 오늘날 그 수치는 많이 늘어났을 것으로 추정된다. 이러한 한국어의 세계화는 한국어능력시험, 곧 TOPIK에 의해서도 확인된다. 1997 년 제1회 능력시험 때에는 겨우 2692명이 응시하였는데, 2016년의 제46회 한국어능력시험 때에는 45개국에서 72,295명이 시험을 치게 됨으로 20년 사이에 그 수가 30배로 증가하였다. 이는 한국이 10대 경제 대국으로 부상 하고, 한류(韓流)가 영향을 끼친 결과라 하겠다.

3. 우리말 교육의 개선과 세계화 방안

한국의 국어교육은 그간 많은 혁신과 발전을 거듭하여 학문적으로 튼튼 한 기반을 마련하였는가 하면 정상궤도에 올라섰다. 그러나 현실적으로는 아직도 부족한 면이 없지 않다. 발전에는 끝이 없다. 이에 이 장에서는 우 리말 교육의 내일, 곧 우리말 교육의 현대화, 국제화, 세계화를 위해 국어 교육 및 한국어교육에 대한 기대, 해결해야 할 과제 및 세계화 방안에 대해 논의를 전개하기로 한다.

3.1. 박갑수(2015)에 논의된 국어교육의 개선 방향

앞에서 언급한 바와 같이 박갑수(2015)는 국어교육의 문제와 개선방향을 비교적 심도 있게 다루고 있다. 이에 여기서는 우선 이들 논의를 간단히 살펴보고, 국어 및 한국어교육의 현대화와 국제화의 논의를 더 진전시키기로 한다. 박갑수(2015)에는 국어교육의 문제와 개선방향으로 다음과 같이 아홉 가지를 제기하였다. 이들은 이 글의 주제와 관련시켜 볼 때 대부분이 국어교육의 현대화에 대한 논의이며, 마지막 아홉째가 한국어교육의 국제화의 문제다. 일곱째 한자교육의 문제는 현대화와 국제화의 양면에 걸친 것이라 하겠다.

첫째, 국어교육 목표(目標)의 재검, 내지 조정이 필요하다.
이는 당시(2015년)의 국어과 교육과정(교육인적자원부 고시 제20007-79)의 국어교육의 교육목표가 현학적으로 진술되어 있는가 하면, 국어교육의 목표가 커뮤니케이션에 있다고 하겠는데 이것이 제대로 드러나지 않는 것을 문제 삼은 것이다. 교육목표가 국어 내지 국어교육 전공자를 기르는 것과 같이 현학적으로 진술되어 있는 것도 문제다. 이러한 문제는 일본의 국어과 학습지도요령(문부과학성, 2008)의 목표와 비교할 때 분명히 드러난다. 일본의 교육목표는 "상호 전달 능력 제고(傳え合う力を高める)"로 되어 있다. "2007 교육과정"은 문교부고시 제2015-74호의 교육과정"에서 많이 개선되었다. 따라서 많이 좋아졌다. 그러나 아직도 일본의 교육목표만은 못 하다. 참고로 한국의 이들 "2007 교육과정"과 "2015 교육과정", 및 일본의 "2008 학습지도요령"의 교육 목표를 비교할 수 있게 제시하면 다음과 같다.

* 2007 교육과정의 목표

국어 활동과 국어와 문학의 본질을 총체적으로 이해하고, 국어 활동의 맥락을 고려하면서 국어를 정확하고 효과적으로 사용하며, 국어 문화를 바르게 이해하고, 국어의 발전과 민족의 국어 문화 창조에 이바지할 수 있는 능력과 태도를 기른다.

* 2015 교육과정의 목표

국어로 이루어지는 이해 · 표현 활동 및 문법과 문학의 본질을 이해하고, 의사소통이 이루어지는 맥락의 다양한 요소를 고려하여 품위 있고 개성 있는 국어를 사용하며, 국어문화를 향유하면서 국어의 발전과 국어문화 창조에 이바지하는 능력과 태도를 기른다.

* 일본의 2008 학습지도요령의 목표

국어를 적절하게 표현하고 정확히 이해하는 능력을 육성하고, 상호 전달하는 능력을 높임과 더불어, 사고력 상상력 및 언어 감각을 길러 국어에 대한 관심을 깊게 하여 국어를 존중하는 태도를 기른다.

둘째, 국어의 기능(機能) 확인 및 국어교육의 위상(位相) 강화가 필요하다.

"국어"를 흔히 도구교과라 하나, 이는 단순한 "도구교과"가 아니다. '국어 능력'은 각 교과 등의 학습에 기본이 되는 능력이다. "2015 교육과정"은 총론의 교육방향을 핵심 역량 중심의 교육과정이라 하고 있는데, 핵심역량 6가지 가운데 4가지가 국어능력이라 할 수 있는 것이다. 따라서 국어교육은 단순한 형식적인 도구교과가 아니라, 우리가 흔히 '전인교육'이라 하고, 일본의 교육과정에서 "사는 능력(生きる力)"이라 하는 교육 전반에 핵심적 역량을 미치는, 혹은 미쳐야 하는 교과다.

셋째, 국어교육의 내용체계에 있어 영역(領域) 구분의 재검토가 필요하다.

한국의 국어과 교육과정에서는 내용체계의 영역을 오늘날 언어의 기능인 "듣기, 말하기, 읽기, 쓰기"와 "국어 지식, 문학"의 6영역으로 나누고 있다. 이러한 영역 구분은 역사적으로 두어 단계를 거쳐 오늘에 이른 것이다.

외국의 경우는 우리와 차이를 보인다. 일본의 경우는 오늘날 '말하기·듣기, 쓰기, 읽기, 전통적인 문화와 국어의 특질에 관한 사항'이란 네 영역으로 나누고 있다(문부과학성 2008). 영국(英國)의 국가 교육과정은 '말하기와 듣기, 읽기, 쓰기'의 4영역으로 나눈다. 문학은 읽기에서 다룬다. 프랑스는 말하기, 읽기, 쓰기의 세 영역으로 나눈다. 문학작품은 읽기에서 많은 것을 다룬다. 이에 대해 중국(中國)에서는 '본문(本文)'이라는 영역을 설정하여 문학작품을 다루고 있다(우리말연구소, 2003). 이와 같이 국어과의 영역 구분은 일정치 않다. 언어관 내지 사회적 여건에 따라 차이가 난다. 영역과 제재에 대한 재검토가 필요하다.

넷째, 국어교육에 언어문화 교육의 강화가 필요하다.

언어는 사물을 사실적(事實的)으로 표현하는 것이 아니라, 그 민족의 문화가 반영된 언어를 사용해 표현하고 이해한다. 우리는 '바늘귀'를 뀄다고 하나, 영어권에서는 '바늘눈(needle's eye)'을 뀄다고 한다. 이렇게 문화가 다르면 언어 표현이 달라진다.

국어교육에서는 외국어교육에서처럼 문화교육이 절실한 것은 아니나, 매우 필요하다. 현행 교육과정의 '국어문화를 누리면서...'라는 향수만으로는 부족하다. 그간 교육과정이나 현장에서는 문화교육에 대한 관심이 너무도 부족하였다.

국어문화 교육을 강화해야 한다. 우선 역사와 문물·제도·습속 등을 나타내는 전통적인 어휘와 생활어의 배경이 교육 대상이 돼야 한다. 언어문화는 어휘만이 아니라, 관용어·속담·비유 등에도 민족문화가 반영되어 있다. 이들도 교육 대상으로 포용하여 그 말의 참뜻과 맛을 알게 해야 한다.

언어문화 교육은 특히 다문화 가정을 위해서 반드시 행해져야 한다. 국제화시대 세계화시대에는 동화(同化)교육이 아닌, 문화적 차이를 인정하고 교류를 해야 한다.

다섯째, 사고력 배양의 교육이 필요하다.

우리의 교육과정에서는 1973년의 제3차 교육과정에서 언어사용을 사고(思考)의 차원으로 끌어 올려 교육의 대상으로 삼은 바 있다. 그러나 그 전후에는 사고력이 교육과정에서 논의된 적이 거의 없는 것 같다. 이는 바람직한 현상이 못 된다.

언어는 외언(外言)과 내언(內言)으로 구별된다. 사람들은 내언에 의해 사고하고, 외언에 의해 뜻을 표현함으로, 문화와 문명을 발달시키고 문화생활을 하게 된다.

데라크로와(Deracroix, 1930)가 언급한 바와 같이 사고는 언어에 의해 이루어지고, 이는 또한 일정한 언어표현의 틀을 형성해 낸다. 따라서 정서적 · 문학적 표현과 더불어 통달적 · 과학적 표현에 대한 주의가 필요하다. 그간 전자에는 문학교육을 통해 어느 정도 국어교육에 의해 주의가 기울어지고 있는데, 후자에는 주의가 부족하지 않았나 하는 생각이 든다. 비판적 읽기, 논리적 읽기, 토론학습, 논술 등을 통해 사고력을 기르도록 해야 한다. 특히 문법(文法)은 바로 이러한 사고와 표현의 틀이라 할 수 있다. 이런 의미에서 문법은 단순한 언어 지식에 그치는 것이 아니라 생각하는 틀이요, 생각한 바를 나타내는 표현의 틀로서 이해하고 교육되어야 한다. 문법만이 아니고 어휘도 사고와 행동을 규제한다. 명명(命名)을 어떻게 하느냐에 따라 사고에 미치는 영향은 어마어마하다. '동학란, 동학운동, 동학혁명'이란 개념의 차이를 생각해 보면 사고와 표현의 관계를 쉽게 이해할 수 있다.

여섯째, 지식교육이 단순한 지식 교육이 아닌, 생활언어 교육을 지향해야 한다.

문법교육은 바람직한 언어생활, 올바른 생활언어의 준거를 제공하여 바람직한 언어생활을 하게 하기 위한 것이다. 이는 "언어 지식교육"으로 시종할 것이 아니라, 생활언어 교육을 지향해야 한다. 그런데 단순한 '언어지식' 교육으로 오인되어 용어교육 내지 불필요한 이론교육에 치중함으로 학습자의 외면을 받고 있는 것이 오늘의 현실이다.

학문문법이라면 몰라도 실용문법에서는 필요한 생활교육이 돼야 한다. 다 아는 '불규칙 활용'이 아니라, 대부분의 한국인이 잘못 발음하는 연구개음화(軟口蓋音化)와 양순음화(兩脣音化) 같은 음운변동현상을 교수·학습해야 한다.

많은 잘못이 빚어지고 있는 대우법, 형용사의 명령형 등을 지도하여 문법적으로 바르고 정확한 표현을 하되, 화용의 면을 고려해 수용 가능한, 적격(適格)의 표현을 하도록 해야 한다. 지식교육으로서의 국어사(國語史)의 지도도 "국어의 본질"을 이해하게 하기보다 언어생활에 도움을 주는 방향으로 유도하여 재미있는 교수·학습이 되도록 하여야 한다.

일곱째, 국어교육에서 한자교육이 행해져야 한다.

한자교육은 1970년 폐지되었고, 국민의 여망에 따라 부활되려 하고 있다. 정부에서는 2018년부터 교과서에 한자를 병기하겠다는 정책을 발표한 바 있다. 한자교육에 대한 찬반 이론은 여러 가지가 있을 수 있으나, 국어 어휘의 과반수가 한자어로 되어 있고, 전통문화를 계승하고, 학습효과를 촉진하기 위해서는 한자교육을 하여야 한다는 것이 올바른 견해라 할 것이다. 실제 언어생활에 한자를 사용하느냐, 마느냐의 여부는 문제가 아니다. 한자교육을 하되, 이의 사용여부는 사용자와 표현 내용의 변별성에 따라 각자의 판단에 맡겨 결정하도록 하면 된다. 한자교육은 동양 삼국의 한자문화권을 의식해 교육한다고 할 때 이는 한국어의 세계화와도 직접 연관된다.

여덟째, 명칭, 내지 용어중심 교육을 지양해야 한다.

명칭 내지 용어 교육을 많이 한다는 것도 반성해야 한다. 이는 학습자의 행동에 변화를 가져오게 하는 교육이 못된다. 이름을 아는 것이 사상(事象)을 아는 것은 아니다. 그런데 국어교육 현장에서는 이러한 현상이 많이 빚어지고 있다. "세종대왕이 만든 우리의 문자는?", "훈민정음", "월인천강지곡은?" "석가의 공덕 찬양가"라 하는 식이다. 사물의 실체에 대한 교수·학습이 아니라, "사물=명칭"이란 유아형 교육을 하고 있다(박갑수, 2015).

　'훈민정음'은 '백성을 가르치는 바른 소리'라 한다. 왜 '바른 글자'가 아닌 '바른 소리'인가? '월인천강지곡(月印千江之曲)'은 석가를 칭송한 노래라며 왜 이런 이름이 되었는가가 교육되어야 한다. 작품, 사물 등의 명칭만이 아닌 실체를 교육해야 한다. 그래야 배우고 안 것이 된다. 이름만 대고 안다고 하는 것은 그 본질을 아는 것이 못 된다.

　아홉째, 국어교육에 외국어로서의 한국어교육을 포섭해야 한다.

　우리는 입버릇처럼 단일민족이라 하였다. 그런데 우리 사회는 최근 급속도로 다민족·다문화 사회로 변화·발전해 가고 있다. 한국어를 잘 아는 학습자에게만 국어를 가르치는 것이 아니라, 한국어를 잘 모르는 학습자에게도 국어를 가르쳐야 하는 상황이 빚어지고 있다. 따라서 종래의 국어교육이란 좁은 울타리 안에 안주할 수 없게 되었다. 국어교육은 한국어교육의 영역까지 확대하여야 한다.

　또한 자국인끼리는 평범한 언어 현상의 실상에 대해서 그리 신경을 쓰지 않는다. 그러나 외국인의 경우는 그렇지 않다. 당연한 언어사실에도 질문이 쏟아진다. 그러기에 이러한 질문을 받고 한국어 교원은 국어에 대해 너무 무식하다는 것을 깨달았다고 한다. 이러한 당연한 언어 현상에 대한 지식이 국어연구에 포함되고, 이것이 광의의 국어교육에 활용되어야 한다. 이런 면에서 국어교육과 한국어교육은 상보적인 관계를 지닌다. 그리고 한국어교육의 이러한 이론과 지식이 국어교육에 수용될 때 국어교육은 한 층 발전하고 풍성해질 것이다. 이런 의미에서도 국어교육은 한국어교육을 포용해야 한다. 더구나 현대는 '지구촌 시대'라 한다. 세계는 일일생활권이 되었고, 매일 국제적 교류 속에 살아간다. 이런 면에서도 국어교육은 한국어교육의 언어문화 자산을 끌어안아야 한다. 국어교육과 한국어교육은 공생(共生)하고, 더불어 발전하여야 한다.

3.2. 국어교육의 현대화 및 한국어교육의 국제화·세계화 방안

박갑수(2015)를 중심으로 국어교육의 개선방향에 대해 살펴보았다. 다음에는 국어교육의 현대화 및 한국어교육의 국제화·세계화 방안에 대한 제의를 몇 가지 하기로 한다.

첫째, 언어교육을 통한 사회개조를 하도록 한다.

언어교육관은 교육의 성격을 바꾸어 놓는다. 근자에는 전인교육이란 말이 자주 입에 오르내린다. 언어교육은 인간행동의 변화를 초래한다. 언어는 인간행동을 규제하고, 이는 나아가 사회조직을 변화시키고, 사회형태를 개혁하기도 한다.

예악사어서수(禮樂射御書數)를 육예(六藝)라 교육 받은 세대의 사람들은 이를 끊임없이 연마하였다. 그러나 오늘날 육예를 연마하는 사람은 없다. "신체발부(身體髮膚)는 수지부모(受之父母)라 불감훼상(不敢毁傷)이 효지시야(孝之始也)라"를 암송하던 학습자는 개화기의 단발령(斷髮令)에 죽음으로써 머리 자르는 것을 반대하였다. 오늘의 우리 사회는 민주화를 이상으로 여겨 무엇보다 이를 추구하고 있다. 촛불시위, 대통령 탄핵은 "풀뿌리(grass roots) 민주주의"가 승리한 대표적 사례이다. 이들은 광의의 언어적 교육과정으로, 이의 추구가 개인과 사회의 개혁을 초래하게 한 것이다. "불경이부(不更二夫)"나 "삼종지도(三從之道)는 종래의, 자유롭던 여인의 사생활을 바꾸어 놓았다. 개의 "오륜(五輪)", 닭의 "오덕(五德)"은 인사(人事)를 풍자한 것으로 사람들로 하여금 "오륜"과 "오덕"을 추구하게 한 것이다. "생삼사칠(生三死七)"은 인생 금기(禁忌)의 법도였다. 이렇게 언어교육 내지, 커뮤니케이션은 인생과 사회를 바꾸어 놓는다.

언어 내지 언어교육이 인간행동을 규제하고, 사회를 개혁한다는 언어관, 및 교육관은 명명(命名) 내지 감화적(感化的) 커뮤니케이션과 밀접한 관련을 갖는다. 앞에서 말한 "동학란"을 "동학혁명"이라 하거나, "육이오동란"이나, "육이오사변"을 "육이오전쟁", 혹은 "조국해방전쟁"이라 하는 것은 엄청나게 다른 사회적 문제를 야기한다. 요새 문제가 되고 있는 "명예 과세"와 "징벌적 증세"의 문제도 명명과 커뮤니케이션에 관련된 문제다. 그리고 이는 나아가 언어교육의 문제로 사회적 개혁과 관련된다.

적극적인 언어의 교육과정, 그리고 커뮤니케이션은 이렇게 사람과 사회를 개조한다. 국어교과는 단순한 도구교과가 아니다. 언어관과 교육관에 따라 국어교과는 사람과 사회를 개조할 수 있다. 국어교육은 이상적인 인간적·사회적 모델을 제시하여 학습자로 하여금 이들 목표로 변혁·개조하는 교육을 지향할 수 있다. 그리고 그런 방향으로 나아가는 것이 바람직하다. "매표소(賣票所)"가 "표사는 곳"이 되는 순간 국어교육은 주체성 있는 시민 교육으로 변환된다. 국어교육이 이렇게 인간 및 사회개조를 지향할 때 국어교육은 더 이상 도구교과란 소리를 듣지 않게 될 것이며, 중요한 내용교과, 핵심적 교과로서 각종 교과교육의 중심이 되는 위치에 서게 될 것이다.

둘째, 개별어의 특정 언어 이론이 아닌, 보편적 언어 이론에 의한 설명을 추구한다.

언어는 특수성과 함께 보편성을 지닌다. 언어의 연구와 조사는 대체로 좀 더 특수성에 주의를 기울이게 한다. 우리의 대우법이나, 공손법은 특정 언어에 나타나는 언어현상이다. 이 개별언어의 특수성을 특정언어의 특수성으로만 파악하게 되면, 언어 일반, 보편성과의 관계는 제대로 파악할 수 없다. 따라서 이는 개별언어의 차원이 아니라, 언어의 보편적 차원에서 고찰할 필요가 있다. 편협하고 폐쇄적인 이론이 아니라, 언어 전반을 대상으로 한 보편적 언어 이론을 추구하는 것이다.

"공손법"은 영어 Politeness에 해당된다. 이는 대우법의 일종으로 상대방을 높이는 공손한 표현이라 설명한다. 요즘 광고에 보이는 "엄마, 아 해

봐!"는 공손법의 입장에서 보면 불손한 표현이 된다. 그러나 언중들은 불손하거나, 불경스러운 표현으로 보지 않는다. 오히려 모녀간의 친근한 애정어린 표현이라 본다. 여기에 "공손법"의 이론이 벽에 부딪치게 된다. 설명에 문제가 불거진다. 그런데 Brown, P.와 Levinson S.(1978)는 그들의 Politeness: Some universals in language usage(Cambridge university press.에서 Politeness를 "안면위협행위(face threatening act: FTA)"로 설명한다. 앞의 광고 용례와 같은 표현은 소극적 폴라이트니스 전략에 대한 적극적 폴라이트니스 전략이라 본다. 이렇게 어떤 특정한 언어 사실은 보편문법을 적용할 때 자연스럽게 분석·설명이 가능해진다. 따라서 어떤 언어 사실을 분석하고 설명할 때, 개별언어의 이론에만 집착할 것이 아니라, 거시적으로 언어의 보편성에 눈을 돌리도록 해야 한다. 보편문법(어법)을 추구하는 것이다. 그렇게 되면 이 이론은 좀 더 확실하고, 국제적인 것이 된다.

셋째, 구어(口語)교육을 강화한다.

언어는 구어와 문어가 있다. 세계 각국의 문화권에서는 구어교육에 비해 문어교육을 높이 평가해 왔다. 따라서 구어교육에 대한 연구 성과는 별로 많이 축적되어 있지 못하다.

문어는 구어, 곧 말을 문자로 기록해 놓은 것이 아니다. 이는 사회적, 심리적, 인지적 요인에 의해 문법적, 통사적, 화용적으로 달리 실현된다. 구어는 가까운 거리, 일반적으로 상대방을 잘 아는 사이에서 사용된다. 따라서 그 구성은 몇 가지 특성을 보인다. 우선 상대방이 알고 있는 것은 암묵적으로 공유하고 말하지 않는다, 문장은 비교적 짧고 단순하다. 문장 성분이 종종 생략된다. 말을 맺지 않고 끝내는 일이 있다, 지시사가 비교적 많이 쓰인다, 경어가 많이 쓰인다, 어말(語末) 종결어미로 "...이에요, ...습니다" 같은 말이 사용된다(박갑수, 1996) 같은 것이 그것이다. 이는 달리 말하면 맥락에 많이 의존하는 고맥락(high contex) 문화의 언어를 사용한다는 것이다. 참고로 고맥락문화와 저맥락문화의 특징을 보이면 다음과 같다(박갑수, 2013).

고맥락 문화	저맥락 문화
① 말의 수나 설명이 적다	말의 수나 설명이 많다
② 주로 동아시아 어족의 말	주로 구미어족의 말
③ 폐쇄적 커뮤니케이션	개방적 커뮤니케이션
④ 배려하고 사양함	솔직히 자기주장을 함
⑤ 모호하고 간접적인 표현이 많음	명료하고 솔직한 표현이 많음
⑥ 조화·협조·타율적·온건	대립·독립·자율적·마찰

구어는 이와 같이 문어와 다른 특성을 지닌다. 더구나 한국어는 고맥락 문화에 속하는 언어라 본다. 따라서 한국어의 구어적 특성을 인식하고, 문어교육과 다른 구어교육을 별도로 수행해야 한다. 게다가 국어교육에서 그동안 구어교육이 제대로 수행되지 못했음에랴? 끝으로 한국어의 고맥락적 양상을 확인할 수 있게 간단한 예를 영어와 비교하여 제시하기로 한다. 장면은 공항(空港) 입국장이고, 낸시와 영수는 친구 사이다.

낸시야!	Hello, Nancy?
응, 영수구나.	Oh, You are Youngsu.
우리 어머니야.	This is my mother.
안녕하세요?	Hello, Mrs. Park.
어서 오너라.	Hello, Nancy.

넷째, 한국어 세계화를 위한 정책 개선이 필요하다.

언어의 세계화는 국제적으로 상호 우호국가로 만들고, 세계문화 발전에 기여하게 하는가 하면 국가 브랜드의 가치를 격상시킨다. 따라서 늦게나마 우리도 적극적으로 한국어 세계화를 추진하고 있다.

그런데 이러한 세계화를 위해 정책적으로 반성·개선해야 할 점이 몇 가지 있다.

① 교원양성의 문제다. 교육의 질은 흔히 교사의 질을 능가하지 못한다고 한다. 한국어교원은 학위과정을 통하거나, 연수를 받고 교육능력검정시험을 치르는 두 가지 방법이 있다. 그런데 이들의 기준이 너무 낮게 설정되어 있다. 한국어 교원이 되기 위해서는 필수적 이수학점이 주전공의 경우 45학점이고, 시험기준은 120시간 연수로 되어 있다. 이는 부실 교원을 양성하는 정책이다. 이 기준은 상향 조정해야 한다. 서울대학교의 경우 국어교육 전공도 전공학점이 60학점으로 되어 있다. 기준을 강화하여 한국어교원의 질을 높이도록 하여야 한다.

② 외국의 많은 초·중·고교에 한국어가 정식 과목으로 채택되도록 독려해야 한다.

세계적으로 외국어와 외국문화가 필수적으로 학습되고 있다. 미국을 비롯하여 EU 등은 그 대표적인 경우에 해당한다. 이런 때에 외국의 제도권 안의 학교에 한국어가 정식 교과목으로 채택되도록 해야 한다. 이는 우선 외교 채널을 통해 하는 방법이 있다. 그리고 이런 성공 사례가 실제로 보고된 바도 있다. 그리고 NGO에 의해 추진하는 방법도 있다. 미국과 같은 경우는 지방 정부, 그것도 학교가 주도권을 가지고 있는 것으로 알려진다. 따라서 교섭의 여지는 충분히 있다. 동남아와 같은 경우도 좋은 교섭 대상이 될 것이다. 이는 안보, 취업 등과 같은 직접적 필요성과, 문화교류와 같은 간접적 필요성을 강조해 추진하는 방법을 생각할 수 있다.

③ 고급 한국어교육에도 신경을 쓰도록 한다. 한국어교육은 우선 기초적인 한국어를 널리 보급하는 데에 주안점을 두고 있다. 세종학당의 교육목표도 이런 것이고, 한류의 확산에 따른 한국어교육의 목적 또한 이런 것이다. 그러나 한국어교육이 이에 그쳐서는 안 된다. 엘리트 교육, 고급 한국어교육에도 주목해야 한다. 그래야 한국어교육이 좀 더 시너지 효과가 나타나게 되고, 고급 한국문화의 교류가 가능해진다. 이는 미국에서의 한 대표적 태권도 사범의 태권도 보급 경위가 이를 잘 설명해 준다.

4. 결어

국어교육의 역사를 교육과정의 변천을 통해 간단히 살피고, 아울러 한국어교육의 역사도 간단히 살펴보았다. 그리고 국어교육의 현대화와 한국어교육의 세계화의 문제와 대책에 대해서도 여러 가지 살펴보았다.

국어교육이 본격적으로 가동된 지 100여년이 지났고, 이제 학문적으로 본 궤도에 들어섰다. 그러나 우리의 국어교육은 아직도 해결해야 할 과제가 많고, 발전·개선해야 할 점이 많은 것이 사실이다. 꿈과 발전은 종점이 없다. 이는 후대(後代)들에게 지워진 사명이라 하겠다. 어린 알렉산더는 아버지가 세계 곳곳에서 개선·제패하자 자기가 할 것이 없을 것 같아 울었다는 일화가 있다. 후대들에게 국어교육과 한국어교육의 한 층 온전한 발전과 개선을 기대하는 바다.

국어교육의 현대화·국제화와, 한국어교육의 세계화를 위한 개선책으로는 10여 가지를 제시하였다. 이들의 문제는 앞으로 연구 검토를 통해 점검하고, 국어교육이 발전에 발전을 거듭하게 되기를 기대한다. 아무쪼록 국어교육이 만족스러운 경지에 이르고, 한국어교육의 세계화로 온 세계가 우리와 친근한 이웃이 되고, 국제적인 문화교류로 한국의 언어문화가 세계문화 발전에 기여하게 되길 바란다.

참고문헌

교육부(2015), '2015 개정 교육과정' 공청회 검토자료
교육부(2015) 문교부 고시 제2015-74호[별책 5] 국어과 교육과정, 문교부
박갑수(1984), 국어의 표현과 순화론, 지학사
박갑수(2005), 국교육과 한국어교육의 성찰, 서울대학교 출판부
박갑수(2012), 한국교육의 이론과 방법, 역락

박갑수(2013), 한국어교육과 문화교육, 역락

박갑수(2014), 한국인과 한국어의 발상과 표현, 역락

박갑수(2015), 언어, 문학, 문화, 그리고 교육 이야기, 역락

박붕배(1987), 한국국어교육전사, 대한교과서주식회사

우리말교육연구소 편(2003), 외국의 국어 교육과정, 나라말

정준섭(1996), 국어과 교육과정의 변천, 대한교과서주식회사

Deracroix(1930), Le langue et la pens'ee, P.U.F, 言語と思考, 白水社

教科書の研究センタ編(1987), 教育課程의 國際比較, ぎおせい

國立國語研究所(1995), 世界の言語教育・日本の國語教育, 日本 國立國語研究所

鹽田紀和(1977), 諸國語の混亂と統一, くろしお出版

瀧浦眞人(2008), ポライトネス入門, 研究社

文部科學省(2008), 學習指導要領, 東山書房

박갑수(2012), 한국어 세계화, 그 실상과 새로운 추진방안, 국학연구논총, 제9집, 택민국
　　　　학연구원

　　　　　(2017. 8. 8.)

▪ 이 글은 제2회 국어교육학자대회(이화여자대학교, 2017년 8월 25일)에서 주제발표를 한 원고
이다. 미발표 논문임.

찾아보기

ㄱ

ㄴ